U0694534

社会科学研究方法 导论

李 志 潘丽霞◎主编
金 莹 何 波◎副主编

重庆大学出版社

内 容 提 要

本书由李志教授、潘丽霞博士联合重庆、四川等地多所高校多位教师共同编写。全书以社会科学研究进行的过程顺序为主线,从社会科学研究的基本概念入手,重点阐释了社会科学研究过程中涉及的资料搜集和分析方法,同时在书中穿插实际案例和资料,并在每章结尾为读者提供阅读书目,增强了本书的实用性。本书适合学习社会科学研究的高校学生和有志于社会科学研究的人员阅读参考。

图书在版编目(CIP)数据

社会科学研究方法导论/李志,潘丽霞主编.—重庆:重庆大学出版社,2012.1(2019.9 重印)
ISBN 978-7-5624-6490-7

Ⅰ.①社… Ⅱ.①李… ②潘… Ⅲ.①社会科学—研究方法 Ⅳ.①C3

中国版本图书馆 CIP 数据核字(2011)第 266033 号

社会科学研究方法导论

李 志 潘丽霞 主 编

策划编辑:王 斌

责任编辑:庄婧卿 版式设计:王 斌
责任校对:谢 芳 责任印制:赵 晟

*

重庆大学出版社出版发行
出版人:饶帮华
社址:重庆市沙坪坝区大学城西路 21 号
邮编:401331
电话:(023)88617190 88617185(中小学)
传真:(023)88617186 88617166
网址:http://www.cqup.com.cn
邮箱:fxk@ cqup.com.cn(营销中心)
全国新华书店经销
重庆俊蒲印务有限公司印刷

*

开本:720mm×1020mm 1/16 印张:30.5 字数:484 千
2012 年 1 月第 1 版 2019 年 9 月第 6 次印刷
ISBN 978-7-5624-6490-7 定价:56.00 元

前　言

　　社会科学研究质量的全面提高,社会科学研究成果的繁荣发展,研究方法是基础和关键。让更多学习社会科学的学生掌握科学的研究方法,对于全面提升未来社会科学研究的质量有着非常重要的意义。

　　十多年来,我一直在从事研究生、本科生的社会科学研究方法教学工作,指导研究生、本科生撰写学术论文、毕业论文,在这期间我深刻地体会到让学生掌握科学研究方法的重要性和必要性,于是一直注意收集和整理相关资料,希望撰写一部对学生有实际指导意义的社会科学研究方法教材。尽管有良好的愿望,但是由于多种原因始终都没有落到实处。所幸的是重庆大学教务处、重庆大学研究生院一直在致力于学校本科生和研究生教材质量建设工作,对社会科学研究方法教材建设给予了极大的鼓励与支持,为这部教材高质量的出版给予了充分保障。

　　为了便于学习和掌握教材内容,本书在编排体例和写作思路上有一些特点:一是在每章中增加了一些案例和小资料,以增强读者对书中内容的理解;二是在每章的结尾列出了思考题和推荐阅读书目,以满足读者进一步提升学术水平的需要;三是尽可能地适应学习的需要,从学生做研究的角度出发,让希望做研究的人员尽可能查找自己希望了解的内容,解决研究中的困惑。

　　本书呈现的研究成果由重庆大学李志博士、教授,潘丽霞博士主编,西南政法大学金莹讲师、西南科技大学何波博士副主编。全书由主编、副主编共同统稿,最后由李志、潘丽霞定稿。各章节的撰写人分别是第一章潘丽霞;第二章李志、程珺(重庆大学);第三章李志;第四章陈培峰(重庆大学);第五章谢朝晖(长江师范学院);第六章金莹;第七章何波;第八章陈永进(重庆大学);第九章糜薇(重庆理工大学);第十章第一节徐涵(重庆大学)、第二节朱敏晓、魏顺宝(重庆大学)、第三节胡颂(长江师范学院);第十一章潘丽霞;第十二章陈小异、赵晨鹰(重庆师范大学);第十三章王麒凯(重庆大学);第十四章贺芒(重庆大学)。

本书在写作过程中,查阅了大量国内外文献资料,引用了许多相关研究成果。谨向文献资料的著作权人和作者表示衷心的感谢。

感谢重庆大学研究生院、重庆大学教务处对本教材出版的资助!感谢重庆大学出版社的大力支持!

社会科学研究无论是选题、资料收集,还是资料分析、报告撰写都是较为复杂的工作。要编写出高质量、具有很强指导性的社会科学研究方法教材,这是具有很强挑战性的工作,并非容易的事情。虽然我们力图编写出具有很强系统性、操作性和实效性的高水平教材,但仍存在需要完善之处。由于水平有限,本书疏漏甚至不当之处在所难免,恳请教育界同行和广大师生批评指正,以使本书更加完善。

李 志

2011 年 9 月

目　录

第一章

绪 论

潘丽霞

第一节 科学简论

第二节 社会科学研究

第三节 社会科学研究的方法

体系及发展趋势

在社会科学研究方法课程开设的这些年间,经常有学生们这样问我:我今后不想继续攻读更高的学位了,为什么要学习社会科学研究方法这门课程呢?什么是科学研究方法呢?社会科学研究的科学性如何体现?

人们是以一种有别于社会研究的方法学到关于这个世界的大部分东西的。在没有掌握科学方法之前,人类获取知识的主要方式是惯常法、权威法和思辨法。科学研究是人类追求知识以解决问题的一种活动。经由这种活动,人类的知识领域大为扩展,逐渐挣脱了懵懂、无知、迷信及神秘的笼罩,而人类自身及其生存环境的各方面也获得适当的解释和有效的改进。科学方法之所以卓有成效就在于科学是从确定研究对象的性质和规律这一目的出发,通过观察、调查和实验等方法而得到的系统的知识;科学是个减少虚假的过程,是一群人全心全力、不屈不挠地以一种谨慎的、有系统的、心灵开放的方式开展的追求最佳答案的活动。科学研究方法的核心是它采用了一类特殊的方法或程序。

现代社会对社会研究的需要比以往任何时代都更加迫切,人们越来越意识到,只有对社会和人类行为有更深入的了解,才能适应急剧的社会变迁,才能把握和预测社会发展的趋势,才能克服危机,解答各种社会问题。很多人会用到社会研究的技术,有些可能想要寻求实际问题的答案(例如:一个工作团队由10人增加为15人,可以提高工作效率吗?);有些想得到决策的信息(例如:我们的公司应该实行工资保密制度吗?);有些想要改变社会(例如:能够采取哪些措施来降低离婚率?);还有些想要建立关于社会的基本知识(例如:为什么重庆的幸福指数比北京高?)。这些研究的结果可以使人们做出比早先的猜测、预想、直觉和个人经验更为正确且无偏见的决定。虽然研究并不总是会产生正确无误的知识,但是较之于其他方法,它确实不太可能出错。社会科学研究有自身的特点,从研究对象客观性、精确性、可重复性和可实验性、定量化及可预见性等问题上都体现了社会科学的科学性。

第一节 科学简论

一、科学的概念与分类

(一)科学的概念

科学对现代人类非常重要,人们在日常生活中也经常用到"科学"一词,但对其含义却常有误解。最直接的误解是将科学等同于技术,认为科学就是尖端技术。另一种常见的误解,是把科学视为某些特定的科目,问题在于有些学科,如文学、伦理学等并不具备实证科学的特征。同时随着新科目的不断增加,如果继续以特定的科目作为标准,将难以判断新的科目是否科学。还有一种看法将科学界定为"有系统、有组织的正确知识",这个定义明显的缺点是将科学的部分特征看成了它的全部特征。科学是有系统性、组织性及正确性的,但有系统、有组织而又正确的知识却未必是科学,例如一些哲学知识和宗教知识。科学不能囊括所有的知识体系,科学是这些特征的充分条件,但这些特征却并非科学的充分条件。

根据《现代汉语词典》(中国社会科学院语言研究所词典编辑室,2005),"科学"一词被解释为:"(名)反映自然、社会、思维等的客观规律的分科的知识体系。(形)合乎科学的。"[1]科学学的创始人贝尔纳认为:"科学在全部人类历史中确已如此地改变了它的性质,以致无法下一个合适的定义。"这段话的意思是指只能从不同的侧面去理解和认识科学。他还指出"科学可作为:一种建制;一种方法;一种积累的知识系统;一种维持或发展生产的主要因素;构成我们的诸信仰和对宇宙和人类的诸态度的最强大势力之一。"[2]可见,科学的含义是复杂的,要想从某个单一的角度给科学下一个包含科学的全部内涵的定义几乎是不现实的。

基于本书写作的目的,我们采用《韦伯斯特新世界大辞典》给出的科学定义:科学是从确定研究对象的性质和规律这一目的出发,通过观察、调

---

① 许晓东.定量分析方法[M].武汉:华中科技大学出版社,2008:1-2.
② 许晓东.定量分析方法[M].武汉:华中科技大学出版社,2008:2.

查和实验等方法而得到的系统的知识。①即用系统的实证性研究方法所得的系统知识便是科学。科学的基本特征是人的有目的的活动与客观的、可实证的知识体系的结合,也就是说,科学是科学研究与科学知识这两种形式的结合。此项定义的核心是"有系统的实证研究方法",即科学的方法。不管所研究的对象是什么,只要所用的是有系统的实证性研究方法,便可以算是科学。科学方法的探讨,不但有助于对科学的了解,而且有助于对科学与非科学的辨认。

(二)科学的分类

广义的科学大体上可以分为自然科学和社会科学。自然科学研究物质世界,社会科学研究与人类行为相关的社会和精神世界。台湾杨国枢教授将科学大致分为三大类:物理科学、生物科学、社会及行为科学。②物理科学所研究的主要是无生命物体或物质的种种现象,而生物科学所研究的则是有生命物体或物质的种种现象。物理科学与生物科学所研究的都是自然现象,因此可以统称为自然科学。社会及行为科学③主要包括经济学、政治学、历史学、社会学、人类学、心理学、精神医学、大众传播学及企业管理学等学科。无论是为了实用或是理论的目的,社会及行为科学所探讨的主要是个人或团体在社会或其他情境中所表现的行为及行为的结果,而所采用的方法则是有系统的实证性研究方法。

二、求知方式辨析

(一)人类求知探索中的错误

人类探索的目的在于回答"是什么"和"为什么",但是人类探索中却常犯以下错误:

---

① 林聚任,刘玉安.社会科学研究方法[M].2 版.济南:山东人民出版社,2008:4.
② 杨国枢,文崇一,等.社会及行为科学研究法(上册)[M].重庆:重庆大学出版社,2006:10.
③ "行为科学"一词为美国芝加哥大学的一群科学家在 1949 年前后所创造,用以代替"社会科学"一词。他们采用这个新名词的理由有二:一是这一名词是比较中性的,容易被社会科学家及生物科学家接受;二是他们预见将来须向富有人士寻求研究资助,而此等人士可能会将"社会科学"误为"社会主义"。引自杨国枢,文崇一,等.社会及行为科学研究法(上册)[M].重庆:重庆大学出版社,2006:11.

1. 不确切的观察

日常观察通常都很随意而不经心，以致常常会在观察中犯错，更谨慎的观察可以减少错误的发生。和一般的探索相比，科学观察是一种自觉的活动。简单或是复杂的测量手段都可以帮助我们避免不确切的观察，而且还会增加精确度。

2. 过度概化

当我们探讨周围事物的模式时，通常会把一些类似的事件当作某种模式的证据。这发生在当你握有某些你相信的证据，然后假设这些证据也适用于其他的状况之时。有限概化才是比较正确的做法，在某些情况下，少量的证据就可以解释某个较大的情形。问题是人们进行概化时，可能类推到远超过证据有效的范围之外。科学运用足够多的样本量来避免过度概化，还可以通过重复验证方法来避免过度概化可能犯的错误。

3. 选择性观察

当人们特别注意某些人或事，并且根据被观察对象的特性进行概括时，过度概化的危险之一就是导致选择性观察。一旦观察者认为存在某种特别形态，且获得了对于该形态的一般性理解，就很可能只注意符合这种形态的事物或现象，而忽视其他不符合的状况。通常每项科学研究设计都会事先设定观察事项，并以此作为推论的基础。《威尼斯商人》中描述的那个犹太人，他的行为使人容易得出犹太人不诚实、不讲道义的结论。但当另一个犹太人表现出拾金不昧的品德时你便会重新对此作出解释：他或许不是真正的犹太人，或许是为了出名，或许是借还钱之机查看房址以便行动。如果你看了电影《美丽人生》，那你会认为犹太人是很聪明、很智慧的，如果你了解马克思、弗洛伊德，你会认为犹太人很伟大，智商很高。科学通过确定足够多的观察数量，找出异常案例来观察事物。在对某个事件进行直接观察时，社会科学家会努力去找出"异常案例"——也就是不符合一般模式的情形。

4. 非逻辑推理

当观察到的事物和日常生活中所得到的结论相抵触时，处理的方式之一就是"通则中的例外"，即认为"这根本不合逻辑"。"赌徒谬误"是常见的一个不合逻辑的例子，输了的情况下会叫骂，说相信风水轮流转，所以不愿离开牌桌。虽然每个人在日常生活中都难免有让自己难堪的非逻辑推理,但是,科学家会有意识地运用逻辑体系来避免这样的窘境。

5. 过早妄下断语

当观察者觉得自己掌握了全部的答案之时,容易过早妄下断语,因而不再去倾听、向外寻找信息或是提出质疑。不幸的是,大多数的人都有些懒惰或马虎。当观察者找到一些证据,或者注意某事一段时间之后,就认为已经完全弄清楚了,甚至会去找些证据来确定或拒绝某个想法。

6. 光环效应

光环效应又称晕轮效应,是指在人际相互作用过程中形成的一种夸大的社会印象,正如日、月的光辉,在云雾的作用下扩大到四周,形成一种光环作用。常表现在一个人对另一个人(或事物)的最初印象决定了他的总体看法,而看不准对方的真实品质,形成一种好的或坏的"成见"。所以晕轮效应也可以称为"以点概面效应",是主观推断的泛化、定势的结果。在光环效应的作用下,我们给予我们所尊敬的事情或人物一个光环,或者一个强大的声望。我们纵容声望"传染"给那些我们所知不多的事情或人物身上。

(二)传统求知方式

个人求知,总的来说有两种途径:一是认同别人的知识,二是直接观察体验。来源不同,知识的性质与可信程度也就不同。区分知识来源主要看以下三个方面:提供知识的是什么人;知识是通过什么方式得到的;知识的作用是什么。在科学方法产生之前,主要有惯常法、权威法和思辨法等求知方式。

1. 惯常法

此法诉诸习惯、传统及先入为主的印象或观念,认为过去总是或曾经如此的事情,便是真实的或可信的。人们凭借常识、经验、传统得以在社会中相互沟通和共同生活,对各种事物和现象作出判断并发现问题。例如,"有其父必有其子""分久必合、合久必分""天阴必然下雨"。知识是累积的,继承已有的信息和知识体系,正是发展更多知识的起点,也可以节省人们不少亲自去探索的时间。但有些常识可能带有一些错误、误传、矛盾和偏见,例如,"没有死刑的国家中谋杀率会比较高","穷苦家庭的年轻人比中产家庭的年轻人更可能出现越轨行为",以及"大多数的天主教徒不会实施节育"等。人们只是接受它，极少去研究和验证。由于它没有经过严格和系统的证实，只是按照"众所周知"的观念来判别是非或合理与否，违反一般的习惯和做法就不合理。我们中国人讲量入为出，过日子的人总要有储蓄、积蓄，以备不测之需，甚至留给后代，从常识来看这是合理的。而美国人持有"消费主义"观念，并不按省吃俭用多积蓄行事，我们看来难以接受，但并非别人就错了。

惯常法的负面效应比较明显。首先，它有时会阻碍人类的探索，新知识的发现。如果你对某种事件或现象有新的与众不同的看法，便可能遭到众人的非议、排斥，以致你对于一些已有解释和结论的事件不愿再去探究其是非，同时在将它们概括为系统的知识时，常常会出现以偏概全、主观武断等推理错误。其次，可能造成"谎言变真理"的后果。因袭意味着无需去核实。有些媒体的广告、宣传就是利用人们知识上的因袭，将谎言或谬误重复千百次，也可能暂时被人们当作正确事实而接受。而且，一旦形成"谎言变真理"的状况，要改变就很困难。人们可能根本不想对已知的事物去做不同的认识。最后，前人的经验和个人的日常观察往往是不精确的，有很大片面性，个人经验也可能会误导你。亲身经历与直接接触的力量是相当强大的。即使我们心知肚明，人们也难免会犯错或陷入幻觉中。有时人们还是宁愿相信他们看到或经历过的事情，而不相信精心设计以避免陷入这些错误的研究发现。

2. 权威法

此法诉诸权威（个人、团体或典籍），认为某方面的权威所说的事情，便是真实的或可信的。人们在读书、看报、学习、听广播、看电视时都在接受权威的知识。任何个人过去、现在和将来都不得不求助某些领域的权威和专家，以求最快捷而有效地获取知识、解决疑难。我们对新知识的接受程度通常和发现者的地位有关。譬如，如果是流行病理学家说流感通过接吻传染，会比普通人说的更容易让人信服。人们的知识许多来自心目中的权威。当人们遇到困惑不解的问题时，尤其是遇到有争议的问题时，经常看看权威们是如何讲的，在几种不同的意见中，人们更相信权威的意见。人类知识的进展需要这些权威。人们在接受权威意见时，有时还要求提出证据或证明。值得注意的是，有些权威知识是缺乏证据或无法验证的，例如巫师通过"神的启示"；哲学家通过理性思维得知，人类社会必将进入"大同世界"，其证据是社会在一天天进步。对于这类无法验证的知识，是

"信则有(或真),不信则无(或假)"。但更多的知识是可以检验的,只不过人们没有能力或精力去实际验证罢了。因此人们一般是有条件或无条件地接受权威提供的知识。某个领域的专家可能试图把他的权威用在某个不相干的领域。在商业广告中,摩托车由明星出面宣传,药品则邀请著名影星现身说法,都是利用人们相信权威知识的心理。使用权威法的主要原因是认知经济原则、权威压力和特殊心理效应等因素。

权威法求知是把双刃剑。当我们对专家如何获得他们的知识一无所知时,我们就会失去某些独立判断的能力。权威在自己专长的领域内犯错时,也会严重地阻碍我们的探索。管理学上的德尔菲法,主要就是为了克服在群体决策中领袖或权威对决策的不利影响。权威的知识可以作为研究的出发点,但必须注意的是,这些知识有些错误的成分,它们有可能把研究引入歧途。引用权威的论点或者研究结论的时候要注意只有当两者的研究对象、条件相一致的时候,权威的观点、结论才可靠。

3. 思辨法

思辨法是依靠直觉、洞察和逻辑推理来获取知识。在涉及人的价值观和偏好的领域以及发现新知识的过程中,以逻辑思维为主的科学方法迄今为止还往往难以为力,只能仰仗于运用直觉判断和个人洞察力获取知识的思辨法。直觉的特点是一种没有经过有意识推理而直接获得知识的行为或过程,快速获得解答方案和不能为自己的解答步骤提供明确的解释是直觉行为的标志。逻辑推理就是从"先验原则"或"公理"出发,运用推理的方法获得各种具体知识,只要"公理"是真实的,那么由它推论出的知识也是真实的。思辨法的缺陷在于,它无法证明"公理"是真实的,因为"公理"是超验的,无法被经验证实。思维推理中的常见错误主要表现为以偏概全和非逻辑推理。爱因斯坦在一封信中写道:"无论是在写作的时候,还是在论述的时候,所使用的单词或语言对于我正在进行的思维活动几乎不起丝毫作用,作为思维元素的心理实体只是某些符号以及时而清楚、时而模糊的意象,它们可以'自愿地再生和复合',对我来说,上面所说的思维元素是形象的,并在这种思维过程中,往往还伴随着一些无意识动作。只有当这种思维的前因后果已为我完全确定并能再现的时候,我才去努力寻找表达思想的语言或符号"。高斯曾描述他的一段奇妙经历:"有一个花费了好几年没有证明出来的算术定理,但在两天前,我突然证出来了,这简直不是我自己努力的结果,而是由于上帝的恩赐。如同一个闪电那样突然出现在我脑海中,而且问题就这样解决了,我自己也说不清现在这种思路与以前我所认为颇有成功希望的想法之间究竟存在什么联系。"思辨方法不强调客观性和实证性,所得结论不必建立在直接观测和经验基础之上,也不用服从所谓规范,对结果和实际事实之间的许多中间层次,研究者自己也说不清楚,无法清晰表达思考的过程和步骤。这些特点带来思辨结果的歧义性和不可检验性。因此,思辨方法和科学方法的功能也就不同。

例1-1　社会研究的各种求知方式可能如何应对女性洗衣服的议题

例子:在家务劳动的性别分工中,为什么妇女倾向于洗衣服?

权威　专家说:当她们还是孩子时,女性就被教导着制作、挑选、缝补和清洗衣服,这些是女性注重外表、照顾孩子和其他家人的一部分。女人洗衣服是基于她们孩童时期的准备。

传统常识　女人已经洗了几个世纪的衣服,所以这是很长时间内都在发生的事情的延续。男人不如女人注重服饰,所以女人更经常洗衣服才说得过去。

个人经验　我的母亲和我所有朋友的母亲都洗衣服,我的女性朋友都为她们的男友洗衣服,但是男性都不为女性洗。女人洗衣服是理所当然的。

思辨　男性理性思维能力强,理应更多从事注重逻辑与分析的工作。而女性比较感性,当然应该更多负责像洗衣服一样的简单的工作。

(资料来源:劳伦斯·纽曼.社会研究方法:定性和定量的取向[M].5版.郝大海,译.北京:中国人民大学出版社,2007:9-10,有删改)

(三)科学方法

1.科学方法的涵义

科学方法能够系统地消除个人经验观察中有可能出现的主观偏差或观测误差,以便得到共同接受的、可靠的知识。它使人类对未来的预测和探索变得更自觉、更确实、更精巧。科学方法与一般探索、其他求知方式不同之处主要在于科学的研究程序。科学程序是科学方法的核心,它由以下几个步骤所构成:通过对理论的演绎建立研究假设;操作化;搜集资料;分析资料；利用归纳推理得出研究结论。假设是对待解决问题所提出的暂时的或尝试的答案。科学研究的假设可能是来自研究者的猜想，可能是以往的研究所暗示，也可能是从某一理论推论而得。操作化将抽象的理论与具体的经验现象连接起来，使科学知识能够被经验事实所检验。此外，在操作化阶段，研究者制订出一套系统的、有条理的经验观察方案，以保证研究结论的客观性和准确性。研究所搜集的资料必须尽量直接与假设有关，尽量针对所要验证的假设。单纯的搜集资料并不能算是科学研究，搜集资料是为了验证假设或解决问题。但是，经由直接观察或其他方法所获得的初步资料，常是杂乱无章的，无法直接用来验证假设或解决问题，而必须采用适当的统计方法先加分析，以使原始的资料成为分类化、系统化及简要化的结果。科学方法的最后一步是获得结论。科学研究的结论必须根据证据（资料），验证研究假设，判定究竟是哪些事项对所研究的主要事项发生影响或与所研究的主要事项有关。

科学方法的上述各步骤，实际上是由两个主要的成分所组成，即归纳法与演绎法。归纳法是先观察、搜集及记录若干个别事例，探求其共同特征或特征间的关系，从而将所得结果推广到其他未经观察的类似事例，而获得一项通则性的陈述。科学方法中兼含归纳与演绎两种成分，建立假设必须运用演绎法，从某种理论推演出可加验证的陈述，作为研究的假设；搜集资料、分析资料及获得结论三个步骤主要是运用归纳法。用归纳法所获得的结论，可以用来建立新的理论，或据以修改原先所根据的理论。建立了新的理论或修改了旧的理论以后，可以再用演绎的方法，从理论中导出新的假设，然后再以归纳法加以验证，并根据所得结果修改理论。如此周而复始，便可使所建立的理论愈来愈正确，于是就能成为精致的科学知识。但却以归纳成分最能代表其特色，而归纳活动所涉及的程序几乎全是实证性的，因此我们可以说科学方法主要是一种实证性的方法。

例如，研究下岗与婚姻家庭状况之间的关系。首先为大规模的下岗影响家庭的稳定性寻找逻辑依据，家庭的稳定性依赖于常规、习惯和一定的经济收入等。当下岗出现时，家庭生活的原有模式被破坏，家庭日常生活必定作出相应的调整，有可能政府会介入取代部分家庭功能，比如领取最低生活保障金；实施化的过程形成一个可被检验的假设，比如下岗导致离婚率上升；观察，通过一些研究方法搜集、统计资料验证假设。这可以说是一种演绎的科学解释方式，也可以采用归纳的科学解释方式。

2. 科学方法的特点

（1）客观性

科学方法以事实为依据，研究"是非命题"而非"价值命题"，回答"如何"和"为什么"，即"实然"的问题而不是"应然"的问题，有客观的衡量标准。个人偏好和价值观念可能会导致错误的结论，排除个人偏好对观测结果的影响已成为科学方法的有机组成部分。例如，公布全部研究过程，使其他人能够评价所得出结论的过程是否合理，同时，让具有不同偏好和价值观的其他研究人员能够重复进行此项研究。如果能得出同样的结论，则说明此研究方法科学，未受个人主观影响。尽管在科学研究中需要尽量排除价值和主观偏好的影响，但是研究者的个人偏好和价值观仍然难以和科学研究分割，如研究课题的选择就与个人的偏好及价值取向密切相关。个人偏好和价值观总会浸透到科学研究的过程之中，但整个科学研究方法和过程却要避免和减少主观的不利影响。

（2）实证性

实证性意味着科学建立在直接观测现实世界的基础上。科学的精神有双重含义[①]。一是认为世界是物质的，人是物质世界里一个神圣的组成部分，因而他们的需要、生命和权利就是现实世界里最高的召唤，而不是传统认为的神或其他超自然力量。另一层意思是，既然世界是物质的，人的需要、生命权利是最高的召唤，这种物质世界就是可知的，可以通过科学的方法来了解和解释。因而，知识的源泉是实践，知识是可以通过经验实证来验证的。科学家尽管离不开理论概括、推断、臆测等工作，但必须观测现实世界以弄清这些概括、推断或臆测是否符合事实。科学要依靠可以由实践检验的信息，使不同的人在不同的地点和不同的时间运用同样的方法可得出一样的结论。伽利略的重力实验标志着以观测和实验为基础的现代科学的诞生。显然，能够经受科学审察的领域和问题是有限的，而大量的不能通过观测解决和验证的问题都不属于科学范围。例如，上帝和灵魂是否存在，或者某种职业应树立怎样的价值观，这些问题无法通过观测来判断真伪，都不是科学而是信念和偏好问题。

（3）规范性

规范性指科学家进行研究的程序和步骤都是有序、清晰和结构化的，

---

① 范柏乃，蓝志勇. 公共管理研究与定量分析方法[M]. 北京:科学出版社,2008:11.

并能为其他科学研究人员了解。这有两重含义：一是研究者能用文字和语言清楚地报告取得研究结果的整个过程，使得其他研究人员可据此判断此观测数据的获取和分析结果以及导出的结论是否可靠；二是指研究结果的可重复性，即其他人能应用相同的程序和方法得出同样的结果，重复观测能够减少一次观测所得结论不正确的错误。

（4）概括性

研究者观测事实总是在有限的空间和时间以及一定的环境下进行的，然而科学研究结果往往只有适用于更广泛的范围才体现出价值，研究结果的共性越大，其价值也越大。科学研究将具有同一属性的不同事物事态作为研究对象，要求探索事物的普遍规律，重在共性，不可以撇开个别事件，而是寓于各种个别事件之中的共性。科学研究的想象力和创新性往往在于人们发现原先未曾注意到的各种差异事物和现象之间的同一属性及两者之间的关联。

3. 科学方法的局限性

从科学的方法看，主要适用于可直接观测的现象，它对那些无法直接观察的、非重复出现的社会文化现象则缺乏有效的研究手段。著名的科学家贝尔纳（J. P. Bernal）指出："今天的科学的同一缺陷的另一方面在于它不能妥善地处理各种包含有新颖事物、不容易归结为数学数量公式的现象。为了把科学扩大应用到社会问题上去，就需要扩大科学以补救这个缺陷。"它主要是用于检验已有的知识，而很少用于发现新知识，科学尚未将科学发现的过程纳入科学方法的体系中。"爱因斯坦认为'科学家的工作可分为两步：第一步是发现公理；第二步是从公理推出结论'。哪一步更难些呢？他认为，如果科研人员在学生时代已经得到很好的基本理论、推理和数学训练，那么他在第二步时，只要有'相当勤奋和聪明，就一定能够成功'。至于第一步，即要找出作为演绎出发点的公理，则具有完全不同的性质，这里没有一般的方法。"①体现原创能力的公理的发现，只能依靠研究者的洞察力和直觉判断。从科学的程序看，科学是依靠对抽象概念的操作化，即对概念的明确界定和精确测量。但在实际研究中往往很难做到完美的操作化。科学知识虽然都曾得到经验事实的检验和证实，但它也是一种相对真理，它也可能是错误的，由于新的现象的出现往往会导致现有理论

① 李怀祖. 管理研究方法论［M］. 2 版. 西安：西安交通大学出版社，2004：10.

的失效或过时。

　　不管是在人类日常探索中，还是在科学研究中，人们都利用观察、逻辑推理、权威的论述、前人的经验、直觉和想象等手段获得知识，无论哪一种求知方式都有其局限性和适用范围，没有哪一种求知方式可以完全排斥其他的求知方式。只不过人们对不同来源的知识的信任程度不同罢了。在各种类型的求知方法中，以客观、实证和规范为特征的科学研究方法是获取新知识的最精确方法。

第二节　社会科学研究

一、社会科学研究的内涵

（一）社会科学研究的定义

　　社会科学的形成与发展受到自然科学的鼓舞，人们尝试在社会及人类行为的研究中应用科学方法，并在人文学科的有些领域取得进展并从传统的人文学科中分化出来，形成新的学科分支，主要包括社会学、政治学、经济学和法学等。

　　社会研究则是一种由社会学家、社会科学家，以及其他一些寻求有关社会世界中各种问题的答案的人们所从事的一种研究类型。社会研究是一种以经验的方式，对社会世界中人们的行为、态度、关系，以及由此所形成的各种社会现象、社会产物所进行的科学的探究活动。社会研究是科学的一个部分，它的目标是探索和理解我们生活于其中的社会世界，是在一定的理论和方法论的指导下，运用系统的经验观察和逻辑推理方法，通过建立科学理论来解释具体现象，并力图说明普遍的因果规律。而从事这种活动所用的方法，就是社会研究方法。[①]

　　在西方，社会科学研究不同于社会调查。社会调查又被称为抽样调查和问卷调查，是一种结构化的资料收集方法。国内有学者也认为社会科学研究与社会调查不同，认为社会调查是一种感性认识活动，是直接收集社

[①]　风笑天. 社会学研究方法 [M]. 2 版. 北京：中国人民大学出版社，2005：2.

会资料或数据的过程,只是社会研究的一种途径。而社会科学研究是一种通过对感性材料进行思维加工来探索真理的理性认识活动,社会科学研究包括收集资料的过程,但收集资料并不局限于社会调查,人们还可以采用实验法或文献法等方式。本书认为"社会科学研究方法"与"社会调查""调查方法""社会调查方法""社会调查研究方法""社会调查研究"等概念存在一定程度的区别。社会科学研究是人们从一定的社会科学学科角度出发,应用某些方法和技术对社会现象或事物所作的系统分析或解释,简称为社会研究。它是一种有目的的智力活动,也是一种社会活动。通过这种活动,我们可以获得有关社会现象或事物的知识,解决一定的理论或现实问题。[①]

(二)社会现象的特点

1.社会现象的特殊性

在自然科学获得突飞猛进发展的同时,社会科学并未取得同等地位的发展。社会科学落后于自然科学有很多原因。社会科学研究的对象是社会现象,它具有一定的特殊性。

(1)社会现象比自然现象更为复杂。

社会科学研究对象不仅包括客观环境因素,还涉及个人心理和生理因素及人际关系等社会因素。社会现象很难像自然科学那样在控制外界环境和影响因素的条件下加以研究,很难采用严格的实验方法和精确的观测手段。自然现象同质性强,自然科学家可以从一滴水或一个物体的研究中概括出普遍的定律,而社会现象异质性突出,社会科学家不能通过一个人或一个组织的研究得出普遍适用的结论。这意味着社会科学需要抽取更多的样本,并且研究结果的推广范围较小。

(2)社会现象具有不确定性、偶然性、不断变化性。

自然现象规律性强,自然科学往往能由此作出长期预测,而社会现象受多重因素影响,规律性弱,社会科学不可能像自然科学那样作出长期预测。科学家能预测出日食出现的准确日期,却无法准确地预测近期政治事件或经济危机的爆发。在人类社会中不存在永恒的、普遍适用的社会定律,社会定律只适用于一定的历史时期和一定的社会条件。因此,社会科

---

① 林聚任,刘玉安.社会科学研究方法[M].2版.济南:山东人民出版社,2008:22.

学理论的适用期较短,适用范围也有限。

(3)社会科学研究更多地受到情境因素的影响。

贝尔纳指出,"社会科学的落后主要不是由于研究对象具有一些内在差别或仅仅是复杂性,而是由于统治集团的强大的社会压力在阻止对社会基本问题进行认真的研究"。[1]社会科学研究往往更容易受到研究者的阶层地位、政治倾向、文化观念、宗教信仰、知识结构和时空环境等因素的影响。虽然绝大多数社会现象是不以认识主体的意志为转移的,但主体的感受性、主体的判断力、主体的价值观在整个研究过程中的作用显然要比在自然现象研究过程中要大得多。由于研究者的介入,被研究者往往自觉不自觉地改变自己的行为方式。在某些情况下,被研究者还参与到研究过程本身,这就使研究过程更加复杂了。[2]

2. 社会现象的规律性

任何科学的前提或基本假设是,它的研究对象是有规律可循而不是杂乱无章或偶然的。社会现象虽然具有自身的特殊性,但社会现象仍然有一定的规律可循,社会科学理论的终极目的在于寻找社会生活的规律性。大量的、正式的社会规范直接造就了高度的社会现象的规律性。例如,到了一定年龄才能投票。这类正式规定规范了社会行为,使其规律化。除了正式规范以外,还有部分社会规范在无形中让社会行为产生规律性。例如大学教授通常比没有专业技能的劳工赚更多的钱;男性平均收入比女性高,等等。人本身的一些特点也使社会现象呈现出一定的规律性。社会规律性主要表现为统计规律,即总体的规律。社会研究所关注的正是由许多个人组成的总体的行为倾向或发展趋势,而不是个人行为的规律性。例如,人们生育子女的个人原因是各种各样的,并受各种偶然因素的影响,但是一个社会的总出生率却是相对稳定的;从不同社会、不同国家的出生率的差异中可以发现一些有规律的影响因素,如热带地区比温带地区出生率高,落后国家比发达国家的出生率高等,由此可以发现影响人口生育的因果规律。如果没有各个国家出生率的相对稳定性,也就无法进行科学研究了。

在谈到社会现象规律性时要注意:

---

① 许晓东.定量分析方法[M].武汉:华中科技大学出版社,2008:4.

② 林聚任,刘玉安.社会科学研究方法[M].2版.济南:山东人民出版社,2008:9-11.

（1）一些社会规律可能微不足道，似乎每个人都知道，但是要弄清楚理由却并不容易。

例 1-2

第二次世界大战期间伟大的社会学家萨弥尔·史托佛（Samuel Stouffer）在美军中进行了军人士气的研究，军中长久以来认为晋升会影响军中士气。当有人获得晋升而且晋升制度看起来公平时，军人士气就会上升。而且，获得晋升的人通常认为晋升制度公平，反之则相反。晋升速度的快慢也会影响军人对制度公平性的评价。研究集中在两个单位，一是宪兵，美军中晋升最缓慢的单位，另一个是空军特种部队，晋升最快的单位。根据一般人的想法，宪兵应该认为晋升制度不公平，而空军特种部队成员应该认为晋升制度公平。然而实际的调查研究得出了相反的结论。罗伯特·默顿（Robert Merton）"参照群体理论"可以用来解释这个结论。一个人评判自己生活的好坏，并不是根据客观的条件，而是和周围的人相比较，周围的人就构成参照群体。宪兵的参照群体是宪兵，空军特种部队的成员则是把他们内部的成员作为参照群体。

（资料来源：艾尔·巴比.社会研究方法［M］.10 版.邱泽奇，译.北京：华夏出版社，2005：13-14.）

例 1-2 告诉我们，不言自明的事物对于自然科学或社会科学都有极大的功用。屡见不鲜的是，很多不言自明的事最终被证明是错误的，因此，微不足道不再是阻碍科学研究的正当理由。

（2）社会科学研究的是一般规律，研究规律对于整体而言是正确的，而对个体而言则可能是错误的。社会规律代表的是概率模式，它不需要百分之百地反映研究个案。反例的存在说明"规律性"不是百分之百的规律。例如，如果总体上，北方人的身高高于南方人，即使某南方人比某北方人身高高也不重要。因为北方人的身高高于南方人的模式依然存在。

（3）人为干扰。有的社会规律被某些人有意识地颠覆。例如有人故意想扰乱政治学家对某次选举的研究，联合很多人把票投给相反一方。在规律性中的人只要愿意，就可以颠覆整个规律。上述情形发生的概率并不足以威胁到对社会规律的观察，对社会科学并不构成很大挑战。

（三）社会科学研究的目的

1. 描述事实

描述是指对研究对象的基本特征的阐述，准确地描述社会客观现实，即说明社会"什么样"或"怎么样"的问题。例如我们在研究人们的婚姻问题时，首先要讲清楚目前的婚姻形式是什么，人们的择偶途径和择偶标准是什么，婚前认识时间的长短，婚龄长短，目前的婚姻质量，以及配偶双方的年龄、教育程度、职业、家庭收入等；然后要说明在不同地区、城乡之间婚姻形式、择偶途径、择偶标准有什么差别，以及研究对象的基本状况与婚姻形式、择偶途径、择偶标准有什么关系等。因此，准确地描述现象的基本状况是社会研究的基本作用，也是解释、预测等进一步研究的基础。

2. 解释现象

解释就是要说明社会现象发生和变化的原因，或者在概率上说明社会现象之间的因果关系，要解决"为什么"的问题。通过研究找出事物产生的原因、本质和发展规律，才能更为深刻地认识社会现象，实现从实践到理论的升华，从而更好地指导实践。例如，在学习心理学的强化理论中，有一条法则是：一行为发生时如果受到奖励（强化），它便会一再发生。这一法则便可用来解释为什么同一行为会一再重复发生，原因就在于这个行为过去曾经受到某种方式的奖励。

3. 科学预测

预测是建立在对社会现象准确描述和正确解释的基础上的，主要是指研究者在大量观察和反复观察的基础上，发现和认识事物变化发展的规律，从而对事物的发展趋势作出准确的判断。预测是社会科学研究较为高级的任务，预测结果可以直接运用到政策制定上。以上述婚姻问题为例，我们发现在经济落后地区，尤其是在农村非自主婚姻仍然要占很大的比率，结合过去五年该地区经济状况和非自主婚姻比率等有关资料，我们大致可以估计出今后若干年非自主婚姻的比率。

4. 有效控制

所谓控制是指操纵某一事项的决定因素或条件，从而产生控制者所希望获得的后果，使社会现象按照期望的方向发展。如果社会科学研究得出结论——受教育程度是生育率高低的最主要的影响因素,那么通过提高全民的受教育水平,就应该能够降低整个社会的生育率,控制人口总量。

小资料:查尔斯·布思的《伦敦人民的生活和劳动》

英国 19 世纪最著名的调查要算是查尔斯·布思(Charles Booth,1840—1916)的《伦敦人民的生活和劳动》了。他从 1886 年始,苦心奋斗 18 年,写成了 17 卷本之多的鸿篇巨作。布思原本是个务实的造船业企业家,在亲眼目睹了工业化给社会带来的巨变之后,他决定开始规模宏大的社会改良研究。他只承认"合乎科学的事实",并努力探讨"事物的本来面貌",他曾一度深入到普通家庭观察生活。布思的工作遍及整个伦敦。他将伦敦划分为 50 个区,依 5 个不同标准排列:贫穷率(伦敦的贫穷平均数被定为 30.7%)、人口密度、出生率、死亡率、早婚率。而居民被划分为高级、中级和低级也是与这 50 个区相对应的。为了区际比较,布思制定了综合指数(根据上述五标准的平均值得出),并对 50 个区用不同色彩在伦敦地图上画出,形成一幅直观的社会世态生活图。英国政府依据布思的调查报告,于 1908 年颁布了《老年抚恤金条例》,实行了失业保险,并规定了重体力劳动的最低工资限度。由此,布思成为英国通史上"一位杰出的人物"。20 世纪初,英国的郎特里(B. S. Rowntree)继承并发展了布思的方法。他从生理学和营养学中的"体力效应"出发,提出了维持这种"体力效应"的最低工资,从而为制定合理的社会福利制度提供了可能性。

(资料来源:袁方.社会研究方法教程[M].北京:北京大学出版社,1995:47-48.)

二、社会科学研究的科学性

(一)社会科学研究的性质

近几十年来,大多数社会科学家已放弃了完全照搬自然科学方法的做法。不少学者主张社会科学应当摆脱传统的实证主义和经验主义的影响,建立自己的理论和方法论体系。但这并不是说要放弃实证的或经验的研究方法,重新回到思辨哲学的老路上去,而是要发展适用于研究社会现象的科学方法。社会科学研究具有以下性质:

1. 明确性

自然科学家对他们所研究的概念必须作出明确的定义,并严格地规定一套测量的方法,如对"重力""速度""加速度"的定义和测量。在社会科学中,对概念的明确定义显得更加重要。因为日常生活中使用的概念通常是相当含糊的,人们对这些概念有不同的理解和定义,验证或论证结果的可重复性实现难度更大。例如用"死亡人数"来表明"受灾"的不同程度。尽管有些人可能不赞同仅仅用"死亡人数"来衡量"受灾程度",但他们起码明确地知道科学家在这一研究中是如何定义和测量概念的。社会科学对于清晰性的要求比自然科学显得更重要。

2. 逻辑性

指研究过程的逻辑性。科学研究是建立在系统的观察和正确的逻辑推理基础之上的,科学研究过程是归纳与演绎方法的结合过程。在社会研究中,研究者或者是从一定的理论出发,演绎出系统的理论假设,经过资料的收集、分析和综合,通过归纳概括出研究结论,证实或证伪原先的理论假设;或者是在大量观察的基础上,掌握大量的事实,运用归纳方法、经过抽象思维,提出对社会现象具有解释和预测功能的一般理论。

3. 实证性

指的是研究结论的实证性,研究结果必须来自经验事实,一切事实来自调查,一切结论来自经验,并且研究结论具有可验证性和重复性。也就是说,研究者经过调查充分掌握第一手资料和必需的文献资料,才能获得可靠的结论。不是纯粹依靠抽象归纳的推理,而是主要依靠经验事实来说明自己的结论。社会科学理论必须通过经验资料的验证,也就是说,理论必须与资料所显示的结果相一致。为了使他人能够判断理论的真伪,研究者还必须说明资料来源及获取资料的方法。同时,具有确定的研究程序,使其他研究者可以依据确定的研究程序重复研究,以验证原有结论的真伪。在科学研究中,不可重复的结论都是不可靠的,不具有实证性。

4. 客观性

客观性的含义不是那种无人介入的纯自然的客观性,不是不依赖于人的客观性,而是存在于人的活动中不以人的意志为转移的本质联系。从某种意义上说,在社会研究中,任何实证资料都很难说是"纯客观"的,它是与研究者先有的理论、概念分不开的,是通过这些理论和概念来"摄取"

的。所以,调查的事实和客观存在的事实或"本原"事实总是存在一定的差距。科学的社会研究方法只是尽可能地去缩短它们之间的差距。任何科学研究者,不管他们属于哪个阶级、哪个党派,信仰哪一宗教,只要他们采用同样的科学方法,就能够得出同样的研究结论;只要操作过程是严格按照科学规定进行的,那么对同一现象得出两种不同的结论只可能是由于采用了不同的研究设计或不同的方法。韦伯指出,尽管社会科学的研究者在选择研究课题和研究角度上受其价值观的影响,但当他进入研究阶段之后就应当排除价值,做到"价值中立",就同样能得到客观的知识。科学的客观性是依靠科学家集体的共同认识来维护的,他们共同评判哪一种方法更符合科学原理,并且共同制定标准的科学程序和测量尺度。

(二)社会科学研究成果科学性的标准

社会科学研究成果就是指人们在研究和探索各种人类社会现象的本质及其发展规律的实践过程中创造出来的具有一定学术价值、社会效益或经济效益的精神产品,是社会科学工作者聪明才智的结晶。社会科学研究成果的科学性不是靠口才、靠雄辩来确定的。社会科学研究成果是否科学是用可操作性、可重复性、可证伪性与可公开性等标准来衡量的。

1. 可操作性

又称操作性定义,是将抽象的概念转换成可观测、可检验的项目,从具体的行为、特征、指标上对变量的操作进行描述。在实证性研究中,操作性定义是研究是否科学、有价值的重要前提。如果社会科学研究者在同一个层面使用同一个概念,都清楚所用概念的涵义,就不会产生误解或歧义。如果社会科学研究者在不同的层面,从不同的角度,用不同的定义来探讨同一个问题,如果对所探讨的概念没有明确客观的操作性定义,那么一定会产生很多误解和歧义,很难获得一致的结果。如果大家有遵循一个共同的框架,即使对某一个概念产生疑问,也可以通过重复测量操作性定义予以验证。可操作性的主要目的是为了能客观准确地测量变量;为他人重复验证提供具体的做法;便于同行之间的学术交流;避免不必要的歧义和争论。例如"智商越高,寿命越短"这个研究具有可操作性,而"如果我到火星上去学习,成绩会更好"这个研究目前是不具有可操作性的。即使通过研究验证了这个假设,这个研究成果也是不科学的。所有的实证性研究都必须有测量,并且所有的测量都必须把一般的抽象概念操作化为具体的行为指标,这样得出的研究成果才是科学的。

2. 可重复性

是指在相同测量条件下,对同一被测量对象进行连续多次测量所得结果之间的一致性。主要表现为:相同的研究者在同样的测量环境下,不同的研究者在同样的测量环境和测量方法下,对同一对象测量得到的某一结果是可以重复实现的。对现有科学范式中归纳逻辑的接受,是确立可重复性的一个前提。自然科学的"可重复性"成为检验有实际效用的知识以及思维经济性的一个核心标准。在实证主义方法论前提下,社会科学研究向自然科学研究看齐,认为社会规律是可以被重复呈现的,在相同研究环境下,运用同样的研究方法和研究程序就应该得出一致的研究结果。

3. 可证伪性

卡尔·波普尔在其著作《猜想与反驳》中提出判断理论(命题)是否科学的标准是:可证伪性。[①] 指从一个理论推导出来的结论(解释、预见)在逻辑上或原则上要有与一个或一组观察陈述发生冲突或抵触的可能。所有社会科学研究成果都要有可证伪性。占星术不具有证伪性,他们把预言表述得非常含糊,使预言简直不会失败,把任何有可能驳倒他们理论的事情都能解释得通,对任何不利的证据都完全无动于衷。而爱因斯坦的引力理论显然满足可证伪性的标准。即使当时的测量仪器不容许人们十分有把握地对检验的结果下断语,但是驳倒这种理论的可能性显然是存在的。社会科学家必须中立、公正、敏锐,广纳所有非预期的观察或新的观念,不应该僵化地与某个特殊的概念或观点结合,应该接受甚至找寻与他们立场相反的证据,并且应该诚实地接受所有高质量研究的发现。

4. 可公开性

创造科学知识是一项公开的行动,社会科学研究成果需要通过各种形式被公开,供全社会享有和使用。社会科学研究成果需要通过实践来验证。如果社会科学研究成果不予以公开,就没有办法在实践领域检验它的效果,社会科学研究者之间也无法进行交流探讨、社会科学研究成果也不能被全面深入地认识、甚至得以修正。在迪尔凯姆的《自杀论》发表之前,人们更多的是从个人心理因素等方面寻找自杀的影响因素,而在这本著作

---

① 佚名.卡尔·波普尔《猜想与反驳》[DB/OL].中华励志网,2009-10-12.[2011-03-03].
http://www.zhlzw.com/lzsj/mz/88077.html.

问世之后,人们对于自杀影响因素的解释上加上了社会因素,也为国家社会以创造良好社会环境来降低自杀率的政策措施提供了坚实的理论基础。

第三节　社会科学研究的方法体系及发展趋势

　　面对我们赖以生存的人类社会,面对纷繁复杂的社会现象,人们时时渴望着解开种种社会之谜。然而,研究初期的障碍主要在于缺乏研究法,我们需要探寻社会奥秘的方法。随着社会发展和科学研究的深入,人们提出了社会科学研究这样一种新型的科学研究方法。社会科学研究是一种复杂的认识活动。在这种活动中,研究者将面临一系列问题,并要求作出抉择。比如,具体的研究问题该如何确定? 为了寻求特定问题的答案,应该采用什么样的研究方式和研究程序? 用什么样的方法才能收集到研究所需要的资料? 怎样对所收集的资料进行分析和解释? 如何将研究的结果清晰明了地告诉他人? 在研究过程中,解决这些问题需要研究者对社会科学研究方法的总体框架以及这个框架中的各个具体部分都十分了解和熟悉。社会科学研究的方法体系是一个有机的整体,主要是由社会科学研究的方法论、社会科学研究的基本方式、社会科学研究的具体方法和技术三大层次。①

一、社会科学研究的方法体系

(一)社会科学研究方法论

　　方法论是指导研究的一般思想方法或哲学,包括研究的基本假设、逻辑、原则、规则、程序等问题。社会科学研究领域存在着两种基本的,同时又相互对立的方法论:实证主义方法论和人文主义方法论。

　　实证主义方法论认为社会科学研究应该向自然科学看齐,将社会现象当作纯粹客观的现象来测量分析,通过对社会现象进行具体的观察,对经验事实作出客观的研究结论。在研究方式上,定量分析是其最典型特征。

---

　　① 风笑天.社会学研究方法[M].2 版.北京:中国人民大学出版社,2005:6.

长期以来,实证主义方法论一直占据主流位置。

而人文主义方法论主张用阐释或理解等主观方法来说明具体的社会历史事件。其特点是注重直观和切身体验、强调对人和社会的主观理解或阐释。从人的自然属性、特殊性和个体行为出发观察和解释社会现象,强调人在社会活动中的主动性和核心地位。人文主义者结合人类行为主体对社会世界的认识能力和能动特性、思维和意志等,来描述或建构研究对象的经验世界。在研究方式上,定性研究是其典型特征。

在做具体研究时,研究者一般是根据研究课题的性质来选择更适于这一课题的方法论作为指导。

(二)社会科学研究方式

研究方式指研究采取的具体形式或研究的具体类型。如果说方法论确定了研究的方向,研究方式则主要是确定研究途径和研究路线。社会科学常用研究方式主要有问卷法、访问法、实验法、观察法、个案法、文献法。

依据不同的研究目的和不同的研究对象,人们可以采取不同的研究方式。每一种方式都具备某些基本的元素或特定的语言,构成一项具体社会研究区别于其他社会研究的明显特征。同时,每一种方式可以独立地走完一项具体社会研究的全部过程。

(三)社会科学研究的具体方法和技术

研究的各个阶段使用的具体方法技术主要包括资料收集方法、资料分析方法和其他技术手段、程序或工具。社会研究的主要资料来源有:问卷、量表、询问记录、观察记录、统计数据、文献资料等。与以上不同的研究方式相对应,研究者可以采用多种不同的资料收集方法,比如自填式问卷法、结构式与无结构式访问法、参与观察与非参与观察法、随机抽样、概念操作化的方法,等等。不同的研究类型对这些方法的使用,通常都是一种为主,兼采它样。分析数据资料的主要方法是统计方法、数理方法等。分析文字资料的一般方法是比较法和构造类型法。研究的具体技术还包括问卷与观察表格的制作技术、调查指标的设计、观测仪器、录音录像设备、实验设备、计算机技术资料整理的方法与技术,等等。

社会科学研究方法体系的三个部分之间虽然有层次上的差别,但三个层次是相互联系的。由于方法论是指导研究的一般思想方法和哲学基础,因而它与研究方式之间的关系尤为密切。方法论观点影响研究者对研究方式的选择,而一定的研究方式又规定了一套与其相应的具体方法和技术。例如,实证主义者常采用问卷法或实验法,这类研究是像自然科学那样建立研究假设,收集精确的数据资料,然后进行统计分析和检验。而人文主义者则趋向于运用观察法或个案研究的方法。他们多利用访问、观察和文献收集资料,并依靠主观的理解和定性分析。反过来,不同的方法论倾向及其与之相适应、相配合的研究方式,又在一定程度上制约和影响着研究者对研究领域,特别是对研究问题的选择。

二、现代社会科学研究的发展趋势

(一)基础研究以质量为主,大量关注应用研究

社会科学研究可以分为基础研究和应用研究。基础研究也称为学术研究或纯研究,以增进人们对社会世界的根本了解为目的,重点在于支持或摒弃社会科学的理论,通过经验研究发展出某种一般性的社会知识;应用研究把实际研究结果应用到具体社会问题的解决作为主要目的,很少建立、检验或与大的理论建立连接,这意味着快速、相对小规模的研究。因此,基础研究强调高科学标准,应用研究关注快速获取可用的结果。

重大的理论突破和知识进展通常来自于基础研究。社会科学基础研究的水平往往标志着一个国家科学文化的发展水平,社会科学基础研究的质量决定了社会科学研究的发展方向。世界上一些经济和科技发达国家,为了保持科学研究的领先地位,在大力加强应用研究的同时,也十分重视基础研究。各国对基础研究一般都采取"少而精、高水平"的发展战略,通过处于科学前沿的基础研究的突破性进展,努力抢占学科建设的制高点。而从学科建设来看,基础研究与应用研究是相辅相成的关系。基础研究为应用研究、决策咨询提供理论指导和科学依据。应用研究的丰硕成果需要进一步理论概括,反过来又推动基础研究的发展。

近些年来,人们比以往更加认识到社会科学研究的目的和重心在于改造世界,这种认识改变了社会科学领域重基础研究轻应用研究的倾向。社会科学研究工作者大量关注应用研究,各国政府不断调整科学政策,加大对应用研究人力、物力、财力的投入。同时,社会科学基础学科与应用学科

的分化日益明显,很多学科都在向应用的方向发展,传统的基础学科以应用研究为桥梁,不断生长出新兴应用性学科。应用研究成果被广泛采用,进一步增强了发展应用研究的势头,也使社会科学在整体上出现了前所未有的繁荣局面。

(二)多学科、多方法的综合运用趋势明显

随着全球化和信息化时代的到来,现代社会的社会关系、社会结构呈现出高度复杂化、整体化、系统化等发展趋势,与此相适应的社会科学研究也呈现出高度综合的趋势。这种综合的趋势表现在以下几个方面①:

1.综合性研究课题的选择

人类面临着诸多重大而又迫切的社会问题,需要社会科学加以研究解决,而这些社会问题无一不是综合性的研究课题。在我国,社会科学研究的主攻方向应当是社会主义现代化建设中提出的重大理论问题和实际问题,这些问题也往往是综合性的研究课题。

2.跨学科、多种研究方法的运用

社会科学要研究重大的综合性的研究课题,必须依靠具有不同知识结构的多学科的专家学者,采用跨学科的研究方法协作完成。例如,研究震后灾区重建问题,单靠某一学科的专家学者采用单一研究方法是很难奏效的,必须有各门学科密切协作才行。这里涉及水文学、地质学、环境科学、心理学、管理学、经济学、政治学、公共政策学等多个学科。仅仅依靠社会科学研究的具体方法显然是不能满足研究要求的,需要综合运用数学、决策学、计算机等学科的研究方法。当今世界社会科学与自然科学、技术科学在理论和方法上的相互渗透、补充,共同解决人类面临的许多重大而又迫切的问题,大大提高了人类认识与改造客观世界的能力。

3.综合性学科(含边缘交叉学科)的涌现

随着综合性研究课题的选择、综合性研究方法的采用,社会科学各学科之间,社会科学与自然科学、技术科学之间相互渗透的新兴综合学科、边缘交叉学科不断应运而生。例如,管理学与心理学结合形成管理心理学,

① 吴同瑞.现代社会科学研究的特点和发展趋势[J].北京大学学报:哲学社会科学版,1995(3):59-62.

与经济学结合形成管理经济学,与工程学结合形成管理工程学等。

(三)定性研究与定量研究的密切结合

1.定性研究

"定性研究方法指的是在自然环境下,使用实地体验、开放型访谈、参与型和非参与型观察、文献分析、个案调查等方法对社会现象进行深入、细致和长期的研究;其分析方式以归纳法为主,研究者在当时当地收集第一手资料,从当事人的视角理解他们行为的意义和他们对事物的看法,然后在此基础上建立假设和理论,通过证伪法及相关检验等方法对研究结果进行检验;研究者本人是主要的研究工具,其个人背景及其与被研究者之间的关系对研究过程和结果的影响必须加以考虑;研究过程是研究结果中一个不可或缺的部分,必须详细加以记载和报道。"①

小资料:定性研究与质的研究

陈向明教授对"质的研究方法"进行了定义:"质的研究是以研究者本人作为研究工具,在自然情境下采用多种资料收集方法对社会现象进行整体性探究,使用归纳法分析资料和形成理论,通过与研究对象互动对其行为和意义建构获得解释性理解的一种活动。"(陈向明,1998)这一定义包括以下几方面的意思:研究环境,是在自然环境而非人工控制的环境中进行的。研究者的角色,研究者本人作为研究工具,通常长期深入实地体验生活从事研究。收集资料的方法,采用多种方法,如开放型访谈、参与与非参与型观察、实物分析等方法收集资料,一般不使用量表和其他测量工具。结论或理论的形成方式,归纳法,自下而上在资料的基础上提升出分析类别和理论假设。理解的视角,主体间性的视角,通过研究者与被研究者互动的角度理解后者的行为及其意义解释。研究者与被研究者的关系,互动的关系,要考虑双方的关系对研究的影响,要反思有关的伦理道德及权力关系。

陈向明老师认为,"定性研究"与"定量研究"目的都是为了寻找事物中普遍存在的"本质"。而"质的研究"已经超越了自己早期对自然科学的模仿,开始对"真理"的唯一性和客观性进行质疑。"质的研究"十分强调研究者在自然情境中与被研究者互动,在原始资料的基础上建构研究的结

---

① 陈向明.社会科学中的定性研究方法[J].中国社会科学,1996(6):94.

果或理论,其探究方式不包括纯粹的哲学思辨、个人见解和逻辑推理,也不包括一般意义上的工作经验总结。在这一点上,"质的研究"与"量的研究"有一定的共同之处,即:两者都强调研究中的经验主义成分;尽管收集资料类型以及分析资料和利用资料的方法有所不同,但是都必须有深入、细致、系统的调查资料作为基础,从研究者自己收集的资料中寻找意义解释或理论的根据。虽然在对社会现象的理解和解释上,"质的研究"与"定性研究"似乎存在某些共同之处,但是前者更加强调研究的过程性、情境性和具体性,而后者比较偏向结论性、抽象性和概括性。今后对"定性研究"本身的定义和运作方式及其与"质的研究"的区别和融合将是今后一个十分重要的、有待探究的课题。

(资料来源:郭强.调查实战指南:定性调查手册[M].北京:中国时代经济出版社,2004:23-24.)

定性研究侧重和依赖于对事物的含义、特征、隐喻、象征的描述和理解,主观性较强。如对大学生综合素质的调查研究,对国家对外关系政策发展演变的调查研究,都可作为定性研究。定性研究是从纷繁复杂的事物中探寻其本质特征和要素,在调查方式上多通过大量个案调查获得资料、得出结论,所得出的结论多具有概括性或概貌性。定性研究的特点决定了它一般用于对社会结构和社会关系的研究、历史问题的研究、探索性研究或者是对难以定量的问题的研究。在定性研究中,研究者的主观意志起着较为重要的作用。研究者本人的素养在很大程度上影响着研究结果的可信度。本书中没有严格区分定性研究与质的研究。

小资料:研究大学校园中的男同性恋兄弟会

金·尤恩和闵帝·斯塔布勒(King-To Yeung and Mindy Stombler, 2000)研究了 Delta Lambda Phi,即大学校园中的男同性恋兄弟会。

选择主题 兄弟会是一种全部由男性组成的校园社团,其传统是强化和保护异性恋男子汉气概的认同。作者将男同性恋兄弟会视为一个悖论。

聚焦研究 学校兄弟会通常是一个非常憎恶同性恋的组织,作者希望了解男同性恋如何使这个组织来适应自己的需求。他们将研究焦点集中在男同性恋如何混进大学兄弟会并在其中平衡同性恋亚文化。

研究设计 首先,其中一个作者在形成中的某个兄弟会的分会开展了为期一年的参与观察;其次,其他作者和研究者电话访谈了全美各种各样的兄弟会分会成员。

收集数据　参与观察的数据包括参与分会的会议、社会事件、社区计划以及各项典礼。作者进行了面对面的开放式的访谈，并出席了全国男同性恋兄弟会大会。作者也对电话采访进行了录音和转录。此外，他们收集并研究报纸和杂志文章、兄弟会文件以及一个兄弟会网站。

分析数据　作者利用定性资料分析技术来研究和组织访谈记录、田野笔记以及其他文件。部分技术创造了新的概念，从而使他们的发现有意义。

解释发现　作者发现，男同性恋利用兄弟会的组织形式建构一种认同，并反抗他们拒斥的同性恋文化中的某些方面。兄弟会成员也吸收同性恋社区的资源来缓和传统的兄弟会中常见的制度性压抑。通过混合相互矛盾的因素，男人们试图创造一种男性间无性的亲密，同时宣称自己的男同性恋身份。混合两种矛盾因素的结果是：这种组织被证明不但流动性强而且非常不稳定。

告知他人　作者在《社会问题》上发表了研究结果。

（资料来源：劳伦斯·纽曼.社会研究方法：定性和定量的取向[M].5版.郝大海，译.北京：中国人民大学出版社，2007：22.）

定性研究具有合理性，可以克服对活生生的事物的机械认识。但是，社会现象不仅具有质的规定性，还有量的规定性。有些社会调查研究是要直接说明事物是什么，而有的社会调查研究则要说明事物有多少，通过量的研究来了解事物的性质，或者通过量的分析了解某一社会现象各要素之间量的关系，说明其发展规律。例如对某县农民负担的定性研究，只能反映某县农民负担的基本性质，而不能通过数量指标对农民的每项负担作具体程度的说明。定性研究由于缺乏精确数据的支持，势必造成可比性较差。它使社会科学停留在对研究对象的推理分析和描述界定上，其结论往往是仁者见仁，智者见智，缺乏自然科学的那种客观性、权威性、普遍性和精确性，难以得到验证。因而影响人们对社会科学的认可。

2. 定量研究

定量研究通常是通过严格的研究程序设计，采用实验、问卷等方法搜集数字资料，并通过统计分析结果来描述社会现象。定量研究的目的在于把握事物量的规定性，即通过具体的数学统计、运算和定量分析，揭示研究对象的数量关系，从量的关系上发现社会现象的本质联系及其发展变化的内在规律。

定量研究具有科学性、客观性的特点,使观察更加明确、调查结果更为细化、资料集合或总结更为容易,同时为统计分析提供了可能性。定量研究是提高科学研究的严密性和精确性的可靠途径。可以说,使用数量分析进行定量化研究是使社会科学成为更为完备的科学形态的一种标志,它使社会科学从单纯分析性和描述性的科学变为既是分析又是实证性的科学。马克思认为:"一种科学只有在成功地运用数学时,才算达到了真正完善的地步。"这主要是讲的数学使科学达到严密。美国著名社会科学家贝尔纳也认为:"经济学只有把文字表述为数学命题才能取得进展。"在定量研究中,为了客观公正的研究,强调研究者必须与研究完全分开,以避免偏见。

定量分析方法在实际应用中是有局限性的。社会现象的复杂性决定社会科学不可能完全定量,数学分析只能揭示研究对象的数量关系,不能揭示其内在的本质联系。在定量研究中有可能会错失一些意义,比如说年龄在不同的时候人们会赋予它不同的意义——成熟度、外表上的年轻还是苍老、生活经验世故程度上的差异等。同样是对年龄的理解,定性资料的意义似乎比定量资料更加丰富。社会处于不断变化之中,一些定量的内涵及其对社会现象的解释能力,也必然处在变化过程之中,对于这些变化的分析,可能就需要定性研究者的观察与概括。大家都承认量变发展到一定程度可能会导致质变,那么质变发生的这个临界点在哪里? 在什么时候、什么条件下会发生质变,从而导致一般的定量分析无法真正客观地认识已经在性质上发生变化的客观事物? 这是社会科学研究中必须关注的问题。

3. 定性研究与定量研究的密切结合

总的来说,定量研究与定性研究是我们在社会研究过程中可以采取的两条途径,它们之间也不存在谁优谁劣的问题。具体运用哪种方式,这不仅取决于研究者个人的兴趣,而且取决于他所要解决的问题。比如,要研究人的智商与学习成绩之间的相关关系采用定量方法为宜;而研究政府高级官员腐败的影响因素采用定性方法则显得更妥当。因此,定性研究与定量研究的结合是社会调查研究的最佳形式,从定性出发,经过量化过程,再返回到定性,这样才能更加深入、准确地认识社会现象和社会事物。

当代社会研究中,定量研究和定性研究都达到了一个新的高度。社会统计不断普及且日趋成熟,量化技术重在揭示复杂社会关系并提出预测方程,精确性已成为一个共同的追求目标。定性研究已经拥有了确定研究现象、陈述研究目的、提出研究课题、了解研究背景、构建概念框架、抽样、收集材料、分析材料、得出结论、建立理论、检验效度、撰写研究报告等完整的研究程序。近年来,国外社会研究从实用主义的角度出发,把定性研究和定量研究方法结合在一起,发展出混合研究方法。混合研究的具体方法是把定性研究和定量研究各自的研究逻辑、收集和分析资料的方法结合在一起,并建立了具体的研究策略。有人把这一现象称为"方法论上的折中主义"。两种方法的融合可以通过如下途径达到:一是将两种不同性质的方法结合在一起使用。例如,我们在对某个问题的具体研究中,可以先从开放式访谈开始,然后采用问卷调查的方法收集可供统计分析的数据。前期的开放式访谈资料可以为后续的问卷设计提供帮助,并能相互验证资料的可信性。二是同时使用两种方法收集资料,即不分时间的先后,并对资料相互验证。①

综上,现代社会科学研究的三个发展特点之间是相互联系、不可分割的。重大社会问题的研究往往既是综合性研究,又是应用研究,需要采用定量研究方法。这些特点的综合表现,构成了现代社会科学整体化、高速度的发展趋势。

本章思考题

1. 有哪几种传统求知方式?
2. 社会科学研究的性质与目的是什么?
3. 社会科学研究的方法体系由哪几部分内容构成?
4. 定性研究与定量研究有哪些区别与联系?
5. 科学方法区别于传统求知方式的主要特征是什么?

推荐阅读

1. 奥古斯特·孔德. 论实证精神[M]. 黄建华,译. 北京:商务印书馆,1996.
2. 卡尔·波普尔. 猜想与反驳[M]. 傅季重,等,译. 上海:上海译文出版社,2005.
3. 托马斯·库恩. 科学革命的结构[M]. 金吾伦,胡新和,译. 北京:北京大学出版社,2003.
4. 马克斯·韦伯. 社会科学方法论[M]. 北京:中央编译出版社,1999.

---

① 仇立平. 社会研究方法[M]. 重庆:重庆大学出版社,2008:34.

第二章

社会科学研究的过程与要素

李志 程珺

科 学研究的结果是靠正确的研究程序来保证的。缺乏恰当的研究过程就无法保证研究结果的有效性。正如我们要做一个恰当的决策必须经过明确问题、分析问题，然后才能解决问题一样。

没有受过专门研究方法训练的人往往对研究结果很关注却不在意对研究过程的考查。在研究方法的教学中，有教师曾经多次问本科生和研究生下面这个问题：在你看来，下面两个结论中哪个研究结论更科学呢？研究一的结论是：高生育率与贫穷是联系在一起的，即越是贫穷家庭生育的子女越多。因为越贫穷的人，生育观念越落后，因此，生育子女较多。而研究二的结论是：富有家庭生育子女较多。因为，超生子女要罚款，而只有家庭经济状况较好的家庭，才有较多的费用可以接受罚款。遗憾的是，不少学生都会马上告诉老师，研究一或者研究二结论更科学更可信。事实上，对于研究一还是研究二更科学的回答，必须先考证这两个研究的研究过程，究竟这两个研究是根据什么得出这些结论的？是否有事实根据？获得结论的方法是否可靠？获得的结论是否客观？解释是否合适？只有在明确整个研究的过程后才能有信心对研究的科学性下结论。

第一节　社会科学研究的一般过程

一、社会科学研究步骤的文献考察

社会科学研究究竟应该遵循哪些步骤？国内外专家学者进行了广泛的讨论。

(一)华莱士的"研究圈"模型

社会学家华莱士(W. Wallace)1971年提出了社会研究的逻辑模型，它也称之为"研究圈"(Research Cycle，也有称"科学环"或"科学之轮")。

从图2-1中可以发现，研究圈指出社会研究是从理论—假设—观察—概括(得出结论)—新的理论这样一个周而复始、循环往复的过程。它没有始点，也没有终点，具体的研究过程可以从任何一点开始，在任何一点结束。社会研究的基本程序只是说明了研究的一般的共同的程序，即社会研究必经的几个步骤或阶段，但各项具体的研究并不一定与基本程序相一致,并不一定经历一个完整的过程。

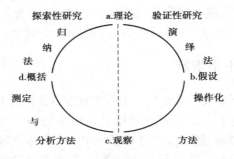

图 2-1　研究圈

(资料来源:W Wallace. The Logic of Science in Sociology[M]. N. Y. Aldina degruyter,1971.)

(二)肯尼思·D. 贝利的"五步循环"模型

美国学者肯尼思·D. 贝利认为每一个研究计划,由于其实施的特定时间、特定地点不同,会在某些方面具有独特性。然而所有的研究计划都具有某些基本的步骤,尽管这些步骤的具体细节可能有某些不同。他认为每一个研究计划都必须有一个清楚阐明了的,以假设的方式提出的、具体的研究课题或者目的。此外,每个计划都应该制定一个研究方案,而且每个计划都必须搜集资料,分析资料和解释资料。具体包括 5 个步骤(图 2-2)。

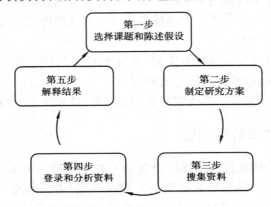

图 2-2　研究过程的步骤

(资料来源:肯尼思·D. 贝利. 现代社会研究方法[M]. 许真,译. 上海:上海人民出版社,1986:13.)

这五步是一环扣一环的,每一步都与其他各步相依赖。前面的步骤是后面步骤的基础,一个研究人员如果对前几个步骤中的任何一个开展得不充分,就会对研究造成不可弥补的损失。他指出,研究是一个由相互依赖的相关步骤组成的体系,弄懂研究的每一环节十分重要。

(三)杨国枢的十个步骤

台湾大学杨国枢教授认为[①],一个好的研究通常包括 10 个步骤:

1. 选定研究课题。选定研究课题是最困难的一个步骤。研究者不仅要选择一个问题领域,而且要选择该领域中一个具体问题来进行研究。

2. 建立研究假设。研究问题选定之后,研究者通常都是利用归纳与演绎的逻辑过程,去预测研究的可能结果。换言之,研究者要对研究问题中所有相关概念之间的关系,予以推测或假设。

3. 选定并表明变量。建构假设后,研究者必须选定并表明变量,通常包括自变量、因变量、控制变量、中介变量。

4. 建构操作性定义。将有关变量从抽象化、概念化的形式转化为可以观察、测量的形式,以便研究和检验。

5. 操纵与控制变量。为了探讨变量之间的关系,研究者必须操纵与控制变量。

6. 拟订研究设计。列出详细的检查假设的计划、步骤。

7. 选定并建立观察与测量的方法。如何对变量进行测量。

8. 设计问卷与访问表。很多社会或行为科学的研究都会用到问卷、访问表等工具收集资料。

9. 从事统计分析。资料搜集后,研究者利用统计分析的方法,将复杂的资料予以简化,以便得到结论或判断。

10. 撰写研究报告。将研究结果写成报告,这是研究的最后一步。

(四)范伟达的四阶段模型

复旦大学范伟达教授将社会研究的一般程序划分为 4 个相互关联的步骤:1. 选题阶段(确定研究课题);2. 准备阶段(初步探索、成立假设、研究设计);3. 实施阶段(抽取样本、收集资料、整理资料);4. 总结阶段(统计分析、验证解释、撰写报告)。这一划分为研究者把握研究过程提供了一个

① 杨国枢,文崇一,等.社会及行为科学研究法(上册)[M].重庆:重庆大学出版社,2006:31.

清晰的思路。

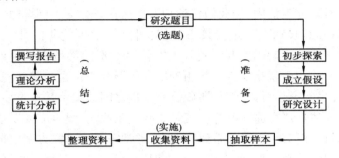

图 2-3　研究四步骤

（资料来源：范伟达.现代社会研究方法［M］.上海：复旦大学出版社,2001：52.）

二、社会科学研究方法的过程

（一）选定课题

　　科学研究究竟从什么开始？有人认为是从方法开始,应该根据研究的方法来决定自己的研究。而大量的专家学者认为科学研究是始于问题的,首先,没有问题就谈不上研究,任何研究都是基于问题的研究；其次,特定的问题需要特定的方法,从方法入手是无法解决特定的研究问题的。比如,我们选定实验研究方法,而这个特定的方法只能研究特定的问题,假如要研究大学生自杀现状,引起社会不稳定的因素等问题,用实验法来做就显得力不从心,或者说根本没有办法操作。

　　科学研究始于问题,问题为研究指明了具体方向,这有利于我们集中所有的精力去思考去论证。因而,开始社会科学的首要步骤是选定自己需要研究的课题。

（二）进一步明确研究问题变量或者变量关系假设

　　研究问题一般都是外延比较丰富的概念,如：社会稳定问题、大学生就业问题、心理压力问题、人力资源管理问题,这些问题包含的因素比较多,要作为一个问题研究会因为涉及方面太多,影响因素复杂,而难以有效操作控制；加之研究者的时间精力有限,以及发表成果的篇幅有限,一个研究问题如果不深入分析确定更清楚的研究内容,则会使研究肤浅而不深入,而且也无法研究下去。

在日常研究生活中,当我们告诉别人自己在研究某个问题时,如:研究大学生就业问题,别人一定会禁不住问:研究大学生就业的什么问题呢?是大学生就业的影响因素呢?就业的对策呢?不同类型大学生就业水平的差异呢?一句话就是要进一步明确研究问题究竟包含了哪些内容变量。此外,从许多专家学者论述看,明确研究变量之间的关系是很重要的步骤,对于一些描述性研究而言不存在变量之间关系假设,但也需要明确究竟研究什么变量。而对于因果关系研究而言,常常需要在研究方案之前就要明确变量之间的关系。如:研究青年的心理压力问题,在研究中,需要进一步明确研究心理压力与成就动机两个变量关系,对此根据已有文献和经验,我们可以建立这样一个研究假设,即成就动机与心理压力呈正相关关系。

(三)制定研究方案

在明确了研究问题内容或者研究变量之间的关系后,很重要的步骤就是要制定一个详细、可操作的研究方案,也就是要作出一个科学有效的研究计划。

研究方案的核心内容是研究思路的设计包括准备对什么群体进行抽样,采用什么方法,利用什么工具去收集资料,在资料的收集中有哪些干扰因素需要控制,等等。

(四)采取有效方法具体搜集资料

在完成了前面阶段后就进入实地搜集资料环节。社会科学研究中资料的收集是一项十分艰苦而且需要严肃对待的工作,因为在收集资料的时候面对的是人,方法稍有不甚就难以有效收集到自己想要的有价值资料。作为社会科学研究人员需要熟练地掌握搜集资料的方法和技术。社会科学研究中搜集资料的方法通常有个别访谈、实地观察、问卷调查、文献档案查阅等方法,只有清楚每种方法的优缺点、操作的要领才能更好地搜集到想要的资料。比如,采用问卷调查法进行调查,而调查的内容涉及个人隐私,那么就有必要采取有效措施以使调查对象既能客观真实填写问卷,又不至于因为担心隐私泄露而形成心理压力,这不仅需要在问卷设计时加以注意,也需要对具体搜集资料的环境加以有效控制。

（五）对资料进行分析处理

资料的分析处理是获得研究结论的重要基础,因此这个环节十分重要。这个阶段主要包括:对调查资料的筛选整理、对资料的编码统计、对统计资料的分析等环节。

1. 要对调查来的资料进行科学分析,剔除缺乏可信度的资料,以保证资料的科学性和有效性。

2. 对资料进行统计编码。一般而言,对定性资料采取内容分析法进行分类整理;对于数据资料采用 SPSS、Excel 等软件进行统计。

3. 对资料进行统计分析和理论分析,得出相应的结论。值得注意的是,根据数据资料得出的结论可能与假设是一致的,那时就可以顺理成章地予以解释。但是,当研究结论与原来的假设不一致时,不要盲目推翻原来的假设,首先要回头认真审视每一个研究环节是否存在不严谨之处,如果存在问题就需要修正这些环节并重新进行研究的每一个环节;假如通过审视发现每个环节都没有瑕疵,研究整个过程是科学的,这时的假设不能验证也许其中蕴含着新的发明和发现,可能是由于意想不到的其他种种原因造成了现在的研究结论,就需要寻找及说明为什么与原假设不一致。

（六）撰写研究报告

在研究的数据和相关资料搜集并分析完成后,最后一个环节就是撰写研究报告。从时间分配上看,研究报告的撰写一般占整个研究过程的30%以内。有的人一拿到个题目,马上就开始撰写论文,这是一种不恰当的做法。必须清楚,论文是做出来的,不是靠笔下生花写出来的。因此,撰写研究报告不能急于求成,要有耐心地作好前面的每一个环节,否则巧妇难为无米之炊。

上述研究步骤是研究中最基本的而且是较为重要的环节。值得注意的是,研究"步骤并不是一成不变的,研究者可视其实际需要而增减"。[①]

---

① 杨国枢,文崇一,等. 社会及行为科学研究法(上册)[M]. 重庆:重庆大学出版社,2006:35.

第二节　选择研究问题

　　研究问题(通常也称为研究课题)是需要通过科学研究去解决的有关矛盾、疑惑、观点以及需要寻找的方法。它通常以研究内容的方式表现出来。选择研究问题(简称选题),即是要找到值得研究的内容。判断一个研究是否值得研究通常可以从研究的理论价值和应用价值两个方面来考虑。从理论价值方面,选定的研究问题正好是目前研究的盲点、空白点或者问题点,能够为学术界贡献新的知识或者观点;从应用价值看,主要是选择的研究问题能够解决实际工作和生活中的问题,有实际工作者值得借鉴和学习之处。

一、选题的意义

　　选题是一件十分重要的事情,对此,爱因斯坦曾十分深刻地指出:"提出一个问题往往比解决一个问题更重要,因为解决问题也许仅仅是一个数学上或实验上的技能而已,而提出新的问题、新的可能性,从新的角度去看待旧的问题,都需要有创造性和想象力,而且标志着科学的真正进步。"[①]著名学者李四光在总结自己长期进行科研的实践,特别是开创地质力学这个新学科领域的经验时也指出:"做科学工作最使人感兴趣的,与其说是问题的解决,不如说是问题的形成。任何一个实际问题很少是单纯的,总要对于构成一个问题的各项事物,实际上就是代表事物的那些语句的意义,和那个问题展开的步骤,有了正确的认识,方才可以形成一个问题。做到这一步,问题可算已经解决了一半。"[②]他在这里高度强调了形成研究问题的重要性。

　　对于选题,至少具有三个方面的意义。

(一)选题是研究的出发点

　　一个科学的研究从什么地方出发? 没有找到问题能不能进行研究?

---

① 爱因斯坦,L.英费尔德.物理学的进化[M].上海:科学技术出版社,1962:66.
② 李四光.地质力学的基础与方法[M].北京:中华书局,1945:1.

对此答案应该是十分明确的,科学研究始于问题,科学研究看作是能动的、创造性的活动,没有问题就无法进行科学的研究。在实践中经常见到有的人想做点小研究,却不知研究什么,正是由于找不到研究问题,因而后面的一切研究工作都没有办法进行。

选题是研究者思考研究如何进行的出发点,也是科学研究的第一要素。有人认为以纯学术性或理论探讨为目的的研究可以不需要问题的存在,误认为只有在应用性研究里才有问题存在。持这种观点的人,无疑不了解问题的本意。无论是理论研究还是应用研究,研究人员只有找到了明确的研究问题,才能进行有效的研究工作。

(二)选题为研究提供了明确的思维框架

一个研究应该如何进行必须取决于研究问题,研究的选题就直接决定了整个研究的基本内容和设计方向。作为研究人员才知道如何设计各种方法去获得资料,以解答问题。在研究步骤里,问题是目标和方向,其余都是工具。比如:"中国企业管理者的管理人性观结构的实证研究"这一选题,就决定了我们的研究对象是中国企业管理者,研究内容是管理人性观的结构要素,研究方法要选择定量为主的方法。

(三)选题奠定了一个研究的基本价值

一个研究是否有价值,关键要看这个选题工作做得好还是不好,选题是否具有理论和实践的意义。我国著名哲学家张世英指出"能提出像样的问题,不是一件容易的事,却是一件很重要的事。说它不容易,是因为提问题本身就需要研究;一个不研究某一行道的人,不可能提出某一行道的问题。也正因为要经过一个研究过程才能提出一个像样的问题,所以我们也可以说,问题提得像样了,这篇论文的内容和价值也就很有几分了。这就是选题的重要性之所在。①"

---

① 王力,朱光潜.怎样写学术论文[M].北京:北京大学出版社,1981:59.

二、选题的基本步骤

(一)研究问题的初步确定

初步寻找研究问题是根据自己对理论和现实生活中有关问题的把握,初步确定研究问题的一些意向。如,从目前的公务员招聘看,采取凡进必考的方式,报考人员无需原单位签字盖章,这样为党政人才流动提供了更为开放的条件,一些经济落后的地方原本就党政人才不稳定,在这种新的人才招聘方式下,如何稳定党政人才,使他们更好地为原单位服务就变得更加艰巨,对此我们可以初步确定一个问题:新形势下贫困地区党政人才的稳定机制研究。这样,我们就有了一个选题的基本意向,至于这能不能成为一个研究选题还必须进一步做好下面工作。

(二)选题的文献考察与内容的确定

选题的文献考察是对有关课题的历史、现状及发展趋势进行调查研究,要掌握前人对有关课题采用什么方法在研究,研究了哪些问题,研究还存在什么不足,问题的关键在哪里,已经得出什么结论,有什么经验和教训,以便能够站在新的起点上选择课题。课题的文献考察需要注意,由于初步寻找到的研究问题往往范围比较大,研究内容比较粗糙,这就必须在课题的文献考察方面做得更深入一些。假如我们已经初步考虑了要做"大学生感恩心理"这一研究,我们通过文献资料发现,关于大学生感恩心理的研究大多是一些定性的经验分析,而定量研究不多,在研究内容上较多的是考察对父母的感恩,而对社会、政府的研究很少。由此,可以考虑采用定量方法研究大学生对党和政府的感恩心理。通过对文献资料的分析,初步确定自己的研究选题,课题的大致内容便确定了。

(三)选题的深入分析与论证

选题的深入分析与论证是指对选题科学性、可行性、操作性、创新性等进行深入系统的考察。通常情况下在这一阶段都需要写出明确的课题计划书或申报书,对课题研究的价值、目前国际国内的研究现状、研究的具体步骤与思路、研究中的难点与创新等进行深入的论证。而作为以撰写一篇学术论文为目的的研究这一步骤通常会较为简略,不需要有专门的文本,但是在大脑中我们仍然需要对选题进行深入分析与论证,以使研究思路能够更加清晰,确保研究的有效操作和结果的可靠。

(四)选题的确定

所谓选题确定顾名思义即是最终定下了一个研究课题。对于向政府有关部门或者企事业单位申报的研究项目而言,通常是指选题经过有关部门组织的专家进行论证并获得通过;对于研究生或者本科生毕业论文的选题确定通常是指经过与导师的反复沟通讨论最终定下了研究的具体题目;对于一个以发表一篇学术论文为目的的选题确定即是确定了要做的具体研究内容。

三、好的选题的特点

(一)选题必须要有价值

选题的价值通常可以从选题是否符合学科发展的需要和是否符合社会实际工作的需要两个方面考察。是否符合学科发展的需要主要考察问题的理论价值,看这一选题的研究能否填补现有研究的某些空白,或者克服现有研究的某些缺陷,创造新知识,产生新理论,提出新观点;是否符合社会实际工作的需要主要考察研究选题是否主要针对工作中的实际问题,通过这一选题的研究是否能够有效解决工作中的现实问题。

小资料:《大学生沟通主动性与心理健康的相关性研究》的研究价值论证

1. 本研究的理论意义

第一,近年来,国内外学者对大学生沟通方面进行了一定的研究,在这些研究中对大学生沟通现状做了一定描述。但已有研究缺乏对大学生沟通主动性的内部心理因素的探讨,本研究在国内率先以大学生沟通主动性作为研究主题,进行深入研究,从而丰富对大学生素质教育的研究内容,为有关大学生的进一步研究提供理论依据。比如,当代大学生进入未来工作岗位后的沟通主动性、沟通有效性问题,大学生的工作业绩与沟通的关系等,这些都是范围更广、更具深度的研究领域。通过本研究,能在一定程度上为后续相关研究提供理论铺垫。

第二,通过对于当代大学生心理健康方面的定量研究,一方面可以进一步丰富大学生心理健康的实证研究理论,另一方面也可以为提高大学生心理健康水平提供理论基础。

第三,通过严格科学的量表编制程序,编制出信效度高的《大学生沟通主动性量表》,为后续研究提供了工具参考。

第四,本研究从心理学、教育学和社会学的角度,对大学生沟通主动性及其心理健康的相关关系进行研究,为大学生沟通领域研究的本土化提供新的研究视角,增强了理论研究的应用价值。

2. 本研究的实际意义

第一,大学生处于心理迅速发展的关键时期,在这段时期内其心理发展特点极易通过人际交往、沟通行为表现出来。因此,从现实意义角度来讲,对大学生沟通主动性与心理健康的关系进行探讨,有助于社会、学校、家庭及大学生个人对新时代大学生的特殊生活环境、特殊交往方式以及他们特有的心理状态有更为深入的了解,同时对新时代大学生的社会适应能力、生活方式等问题的根源背景有更为深入地认识。

第二,对大学生沟通主动性的研究,有利于客观分析他们在与人沟通过程中出现的各种问题,深入剖析问题产生的根本原因,从而有利于教育者、家庭和社会采取有效的教育引导方式,提出相应的干预对策,以此从根源上促进大学生的成长,提升其社会适应能力。

第三,通过对大学生沟通主动性与心理健康相关关系的研究,有利于为当代大学生心理健康问题层出不穷的现实状况找出其影响因素之一,从而使社会、学校乃至家庭都对大学生沟通问题引起足够重视,为培养大学生沟通主动性、改善心理健康状况构建更为良好的环境。

第四,通过该选题的深入研究,有利于引导大学生重塑其主动沟通、有效沟通的正确沟通理念,对于大学生健康成长成才具有较大的实际指导意义。

(资料来源:黄雪.大学生沟通主动性与心理健康的相关性研究[D].重庆:重庆大学,2010.)

（二）问题要有现实性与科学性

毫无根据的问题不仅费时,而且难以达到预期效果,也得不出正确结论。问题的现实性,主要表现为选定的问题要有事实基础,是现实生活中实际可能存在的问题,能够找到明显的现实事实依据;问题的科学性主要表现为选定的问题应该具有一定的理论支撑,能够符合有关的科学原理原则。比如:学历对寿命的制约因素的研究,这一选题既缺乏理论指导,也缺乏实际事实支撑。因为既找不到理论上的依据能够证明学历高低究竟与寿命之间存在着何种因果关系,也没有任何事实资料对此有相应证明。

（三）问题必须具体明确

一个好的研究选题必须是具体明确的。所谓具体明确意思是研究问题的内涵是清楚的,研究内容的范围是明确的、研究对象是具体的。比如,"重庆市大学生村官适应能力的研究"这一选题清楚地指出研究对象、研究内容,研究问题的含义也较为清楚,没有歧义。相反"封建残余思想对社会全面进步的影响及治理对策研究"这一研究选题就存在诸多问题:什么是封建残余思想含义不清楚,对"社会全面发展进步的影响"这一表述在影响前加上了过多的限制词使得研究的内容变得非常复杂,意思含混不清,根本无法操作。

（四）问题要有新颖性、创造性

研究选题的新颖性和创造性是指选定的问题应是前人未曾解决或尚未完全引起注意的有价值的问题。

要做到有新颖性和创造性,应注意总结前人的研究,了解他人的研究成果动向,避免简单性的重复。著名物理学家李政道说过:"随便做什么事情,都要跳到前线去作战,问题不是怎么赶上,而是怎么超过。要看准人家站在什么地方,有些什么问题不能解决。不能老是跟,那就永远跑不到前面去,要下决心走自己的路,才能作出开创性的工作。"在研究选题之前,一定要查阅文献,看所选问题是否有人进行过研究,如果有人进行过研究那么注意他们研究中存在的问题在哪里,以期寻求突破。

在选题的新颖性和创新性上可注意三个方面:

1. 内容新

即寻找前人没有研究或者还没有注意的研究内容进行研究。随着社会生活的变化发展,新问题、新矛盾会不断产生,因而研究的内容不断更新,如:随着社会管理中大量突发事件的爆发引起的对危机管理的关注,物权法、赔偿法实施后引起的新问题,城乡统筹建设中的新情况,金融犯罪的新特点,等等。寻找新的问题需要我们高度关注社会,及时捕捉社会中出现的各种新现象、新矛盾、新观点,唯有如此才能敏锐地寻找内容新的研究选题。

2. 对象新

不同的研究对象具有不同的特点,同样的研究问题在不同的研究对象上会有不同的表现,因此在研究中尽力去寻找别人没有研究过的对象,会使自己的研究成果产生明显的新颖性。比如:"新生代农民工"的产生便是一个新的社会现象,"80后""90后"的农民工,他们出生以后就上学,上完学以后就进城打工,相对来讲,对农业、农村、土地、农民等不是那么熟悉。另一方面,他们渴望进入、融入城市社会,而在很多方面社会并没有完全做好接纳他们的准备,对于他们的生存状况、职业期望、社会适应等一系列问题都缺乏应有的研究。尽管农民工生存状况、职业期望、社会适应这些问题都有人在进行研究,假如对于新生代农民工这一特殊群体在这些内容上尚未有人注意,选择这一特殊群体率先进行研究就具有明显的新颖性。

3. 方法新

改变研究的方法往往可以使研究问题得到不同角度的论证,使研究产生意想不到的收获。社会科学的研究方法通常包括问卷调查法、访谈法、文献法、观察法、个案法、实验法等多种方法,如果我们发现研究成果在某一问题的研究上使用的方法较为单一,缺乏某种方法的研究,如果经过论证没有采用的方法是可以使用的,那么此时改变一下研究方法对这个问题进行研究是有价值的。比如,对于公务员激励问题的研究,假如我们发现多数研究者都是采用的观察法、文献分析法进行研究,这时我们采用问卷法或者实验法进行研究,其新颖性就立刻凸显出来。

（五）问题的研究要有可行性

缺乏可行性的研究问题无法进行科学的研究设计、获得应有的数据资料,不可能得出应有的研究结论。研究的可行性通常可以从三个方面判断:

1. 研究的客观条件。恩格斯说:"我们只能在我们时代的条件下进行认识,而且这些条件达到什么程度,我们便认识到什么程度。"要考虑研究某问题所具有的人力、物力、技术等条件。比如:我们要采用脑电方法研究人在产生快乐与幸福时的脑电差异,这就需要脑电诊断仪器设备,也要有懂得如何操作这些科研设备的技术人才。

2. 主观条件。主观条件是指研究者所具有的知识、技能、经验等要素。选题时需要考虑自己知识、能力、经验、专长与研究问题的结合点,否则会因为缺乏应有的研究素养而无法进行相应的研究。值得注意的是,重大的研究问题常常需要很多研究人员一起进行,这时并不需要每个人具备研究的全部主观条件,但是需要研究课题组具有合理的人员素质结构。

3. 时机条件。研究问题常常是具有时间性的,不同时期由于社会政治经济条件的变化,值得研究的问题往往会产生变化。因而把握研究问题的时机十分重要。比如,我国从 20 世纪 70 年代末 80 年代初开始实行独生子女政策,随后的 20 年间独生子女的研究十分火热,这便是研究者有效把握了独生子女问题研究的时机。到 20 世纪 90 年代中期的时候,独生子女马上要到上大学年龄了,此时又是很好的进行独生子女大学生的研究时机。时机要善于捕捉,比如,这一年是哪位重要历史人物的诞辰,当前出现了什么重大的社会现实问题。抓住这个时机进行相应的研究,这样的选题很能得到社会认可,产生良好的社会价值。

四、选题的策略

选题是一个很复杂的问题,需要你付出很长的时间,需要有丰富的学科知识和敏感的思维作基础。不同的研究人员有自己不同的选题思路,但是有一些东西是被共同认可需要掌握的选题技巧。

（一）从社会发展的需要出发,关注社会生活中的突出问题

社会科学研究的主要目的之一是解决社会实践、现实生活中的问题。随着经济社会的发展,社会出现大量的新现象、新问题、新矛盾,需要社会

科学工作者加以关注并积极研究对这些问题的认识和解决办法。社会主义现代化建设中的新矛盾,新农村建设中的新问题,"80后""90后"大学生的新特点,思想政治工作面临的新形势,突发自然灾害事件,社会事件引发的新情况新矛盾等,无不需要社会科学研究加以高度关注和认真研究。当前西部经济社会发展问题、城乡统筹问题、各种群体的社会适应以及和谐社会建设问题都成为很多学科共同关注的研究问题。

社会生活随时处于变化发展中,不断有新问题发生,随即会对社会科学研究提出大量的研究需求。比如,突发的非典事件,当时正是我国新的社会保障体系(特别是医疗保障体系)正在建立、医疗卫生体制改革正在进行的时候,这为我国这两项改革提出了许多新问题;抗击非典中防传染、防扩散措施影响到企业生产、市场经营、进出口贸易和证券意向;但同时又激发了相关的医药卫生产业、通信产业和媒体文化产业的活跃。这为我国的经济学家、管理学家等提出许多需要研究的课题。

从社会发展的需要出发,寻找到社会生活中的突出问题进行研究,这样的研究能够迅速引起有关方面的高度重视,并使研究产生良好的社会效果,这就需要研究者保持高度的社会关注,要有捕捉社会现实问题的敏感神经。在这方面我们有较为深刻的体会,近年来在谈及干部人事制度改革时,中共中央政治局委员、中组部部长李源潮多次强调:要重视关心老实人、正派人、不巴结领导的人。"重视不巴结领导的老实人"在网络上引起了强烈反响,在百度搜索中就出现超过上百万条网络留言,根据网络上的留言进行分析,我们迅速选定巴结现象与老实人重用为研究选题在全国率先进行了公众对"巴结领导"及"重视老实人"认识的实证研究,对巴结领导者行为动机,以及应该重用什么样的老实人进行了研究,所得研究结论一经公开就在社会上产生了较为强烈影响。

(二)关注学术动态,选取理论领域研究问题

理论领域的研究问题对于一个学科发展而言往往具有较为重要和深远的影响。要从理论领域选择好的研究问题,就必须要高度关注学术研究动态,发现现有的研究成果存在的不完备、不深入、不妥当之处。当前在学术界争论较大较多的问题是什么? 争论的原因是什么? 争论的焦点在哪里?

在学术研究中常常存在着理论之争,比如在发展心理学研究领域,对

独生子女儿童是否是"问题儿童"的争论长期不休；在教育领域，究竟是灌输教育重要还是自我教育重要；在心理学领域，遗忘的原因究竟是痕迹消退还是动机性遗忘或者受到信息干扰；在管理学领域，是战略决定成败还是细节决定成败；企业应该以人为中心还是以企业效益为中心等。对于这些理论之争，我们可以利用新思路新方法去设法整合、调节现有的矛盾，创造新的理论和方法。

在理论领域选择研究问题必须要有不迷信权威、敢于挑战权威的勇气，要敢于对现有理论进行质疑并提出研究问题。要用批判眼光和求实的态度，努力去寻找现有理论所存在的不足之处，善于在人们认为已有答案的地方发现答案的漏洞。

要在理论领域选好研究问题，就要高度关注学术文献，注意发现原有研究的薄弱点、问题点、盲点。一般而言，正式的学术研究成果都会指出自身研究所存在的问题和不足。如在博士硕士学位论文的最后都会有专门部分写"本研究存在的问题及进一步研究的建议"，国外发表的学术论文在论文后面也会对自己的研究局限进行专门阐述，还有一些文献述评的论文对述评内容存在的学术之争，产生的分歧都会进行较为深入的阐述与评析，这都是我们在学术领域选择研究问题时应该去关注的。

（三）注意不同学科的研究内容方法，从学科交叉点选择研究课题

社会科学研究越来越呈现综合化趋势，很多时候研究者面临的问题很难说得清楚究竟是哪个学科的问题，或者说没有哪个学科能够独立完成这一问题的研究。这就要求学科之间要融合要交叉，由此研究者可以在学科交叉处选择相应问题进行研究。比如：经济学学科在发展过程中，先后与教育学、心理学、数学、管理学、法学等学科产生交叉，经过研究人员的研究从而出现了教育经济学、经济心理学（也称心理经济学）、经济数学、管理经济学、经济法学等学科。再如，心理学在发展过程中，先后与教育学、管理学、历史学、文学、政治学、犯罪学等学科发生交叉，从而产生了教育心理学、管理心理学、历史心理学、文学心理学、政治心理学、犯罪心理学等交叉学科。因此，选择学科交叉处存在的问题，应用多学科方法去研究解决很有意义。

（四）研究过程中进一步发现研究选题

在科学研究过程中，随着研究的深入、新问题不断发现也可能引出新课题，作出重要的科学发现。或者是当我们在研究某个特定问题时，由于某个偶然的机会出乎意料地发现与所研究问题无关的问题，或者是现实生活中某些令人不解的现象偶然激起我们的探索欲望。或者发现已有研究存在的不足，进而提出或构思出需要研究的许多新课题。

许多人的研究都存在着一个需要加以矫正的现象，那就是在研究中不断变换自己的研究选题，一个研究结束马上又开始另外一个与前一个研究几乎毫不相干的研究选题，这样的研究无法使自己的研究形成一个科学链条，同时研究成果的深度往往不够，效果不佳。对此，研究者有必要在研究中不断思考，发现和选择自己研究中存在的疑点、新的发现，由此进一步确定新的研究问题。问题的研究不是一蹴而就的，往往需要不断深入进行。在研究中选题就是要不断发现研究中遇到的矛盾、困惑，在此基础上提出进一步的研究选题。

（五）在与他人交流和沟通中发现选题

"独学而无友，则孤陋而寡闻"，做学问是需要交流和沟通的。与人交流和沟通对于选题而言有着不可小视的作用。通过与实际工作者的交流和沟通，我们可以清楚地知道当前在实际工作中遇到的问题和矛盾，这可以为选题提供初步的研究方向；通过与有关研究人员的交流和沟通，我们可以获得其在研究中的感想和体会，获得其对研究选题的意见和建议。当然要在与人交流和沟通中获得有价值的选题就必须要有明确的沟通意识，在与人沟通之前要简单的查阅一下文献资料，准备大致的问题，或者准备一个简单的问题结构，然后在与人交流中去获得相应的答案，发现相应的选题。

在研究选题中尤其要注意与某些领域有研究成就的专家学者沟通，因为在与他们的沟通中常常可以获得更大的帮助，而且获得的选题质量会更高。

（六）从自己的兴趣、专长选择研究问题

选题要有高质量、可行性，就要根据自身特长量力而行、注意扬长避短。只有根据自身的研究能力及专长，综合考虑自己的知识结构、思维特

征、科研兴趣等进行选题，才能取得明显的研究效果。兴趣在研究中具有重要的推动作用，贝弗里奇（W. I. B. Beveridge）曾说："对于研究人员来说，最基本的两条品格是对科学的热爱和难以满足的好奇心。"①研究者只有选择自己感兴趣的课题，才能在研究中将创造性发挥到最佳状态，才能克服研究过程中的种种困难，坚持不懈，最终取得突破性的研究成就。

对于研究素养而言，不同的研究者因为知识结构等差异，研究方式方法也会不相同。有的人习惯于定量研究，对数学统计分析十分娴熟，对此研究中选择定量研究的问卷调查、实验研究的问题会更好些；有的人不熟悉定量统计方法，善于定性分析，则可以选择定性研究的问题。即便在同一个学科中，也会存在有些内容熟悉、感兴趣，有些内容不熟悉、不感兴趣的问题，需要清楚地知道许多课题申报都要考虑申请者的前期研究基础和相关素质，如果对有的问题不感兴趣，没有前期研究，获得这一选题资助的可能性就会明显变小。因而，在选题时，要先理清自己的兴趣、爱好、知识结构等方面，然后选择自己能够很好驾驭的研究课题，体现自己在研究上比他人所具有的优势。

（七）从政府机关及有关部门公布的课题中选择问题

从国家、省、地市机关制订的课题指南中选题是一个选题的捷径，其中包括全国社会科学规划办公室提出的国家社科基金课题指南、国家自然科学基金委管理学部发布的招标课题，我国教育科学规划领导小组提出的全国教育科学规划课题指南，各省（市）社会科学规划办公室以及有关部门提出的研究课题等。这些课题会定期向社会公布。政府机关的选题指南为研究指明了重点方向，如果能够获得政府的相应支持对于促进研究的顺利进行是十分有益的。值得注意的是政府机关公布的选题往往范围较大，研究者可根据自己对文献资料的分析，以及自己的兴趣、研究实际及能力、专长加以修正，以期增强选题的科学性和操作性。此外，政府的一些职能部门也会定期向社会公布招标课题，这些问题往往带有很强的应用性，需要通过研究加以解决现实问题，同样值得关注。

---

① 贝弗里奇. 科学研究的艺术[M]. 北京：科学出版社，1979：143.

小资料:管理类毕业论文选题的方法

毕业论文选题分为自创性选题和规定性选题。自创性选题是由学生自定选题,规定性选题是由指导老师拟定题目,经学科(系)和学院审定批准后,由学科(系)向学生公布,由学生选做。学生可以自选专业范围内,符合实践需要的论文题目,也可以选择规定性选题开展毕业论文工作。毕业论文选题的一些具体方法主要有如下几种:

1. 学习心得法

在几年的专业学习过程中,学生对所学课程内容会有自己的心得体会。它们或者是对课程内容有独到的理解,或者是对课程内容的发展、延伸有新的发现,或者是对课程内容做不同角度的审视,甚至包括对课程内容有不同意见等。这些心得体会往往是研究课题的生长点,在此基础上形成的论文选题,一方面可加深学生对所学知识的综合理解,提高毕业论文撰写的效率,另一方面学生往往能够做到有感而发、观点鲜明,论文有思想、有内容。当然,心得体会的内容往往只是特定的观点、见解、建议等,学生要将它们转化为论题,还要全面了解相关领域的基本知识,建立相应的背景知识体系;然后在背景知识的学术范畴和知识架构内对观点、见解、建议进行审视,确定其所要解决的问题,这就是论文题目。

2. 查阅文献法

通过查阅文献资料,了解本学科的研究历史与现状,特别是选题涉及领域的研究历史与现状,然后决定自己的选题。

了解本学科的历史,能知道本学科已经进行了哪些研究,有些什么成果;明确本学科的研究现状,能知道现阶段的研究达到了什么程度,哪些问题尚未得到解决,本学科发展的新动向、新问题是什么。有关这两方面的资料占有得越多,情况就越清楚,选题就不会盲目,就可能产生出新颖、独创的选题。

3. 实践调查法

论文写作在本质上是一种科学认识活动,确定论文选题实际是确定科学认识对象的社会活动。实践及其发展的需要是认识、知识产生的根源和发展的动力。参与实践活动,调查分析实践问题也是形成、确定毕业论文选题的一条重要的途径。在毕业实习参与实践中,需要解决的问题很多,只要深入下去,就可以找到"真题真做的题目"。另外为适应教学改革的发展,实现教学方式的多样化,结合毕业生就业形势及用人单位的要求,学校鼓励学生到有关单位完成毕业实习和毕业论文。学生毕业之前如已与用人单位签订合同,可结合用人单位要求选题,这类选题既具有实际价值,又可使学生真正做到理论联系实际。

4. 指导性选题法

高校本科生在做毕业论文之际,都配备有相应的指导老师,指导老师的工作职责就是帮助学生根据自己的专业背景和学习经验,从中总结并提升适合理论阐述的论文选题,尤其是引导学生运用思维方法来认识问题、分析问题和提出自己的看法。因而,从教学过程来说,指导老师对毕业论文开题所作的指导,是极其重要的选题机会。如果把握好这样的机会,对于学生来说,往往能够事半功倍。再有,像高校开设的毕业论文写作指导课程或选题报告会等,都是较好的选择论文选题的机会。甚至,还有的高校编写《毕业论文选题指南》,把各个学科或专业可以开展的学术研究课题罗列出来,引导学生做选题的思路,所有这些都是切实可行的选题途径或范围的确定。

采用指导性选题法,应注意克服完全依赖思想。完全依赖是绝对不行的,上了论文指导课程、听了开题讲座或看了《毕业论文选题指南》之后,还需依指导去翻阅有关的信息资料,经过自己一番思索之后才确定选题。

5. 任务性选题法

所谓任务性选题法,这种选题一般是指导老师主持的研究项目或科研课题,因时间紧迫人手不足,需要学生参与合作,或是出于对学生的培养要求,特地将一部分适合学生来做的课题任务交给学生,由指导老师负责指导学生去完成。这种选题虽属被动选题,但它有任务压力,有专家带领,成果出路明朗,对学生来说锻炼大,成长快。遇上这种选题,最好不要太强调个人兴趣,抓住机会,大胆地给自己压担子。一般来说,指导老师把任务交给学生之前,会考虑学生的能力,学生要做好规划,尽量在指定时间内完成交给的任务。

(资料来源:何玲玲.管理类毕业论文选题的探讨[J].高教论坛,2010:4.)

第三节　研究假设

　　研究假设是研究问题的具体化。研究假设是研究者根据有关事实和已有知识，对研究结果提出的一种或者几种推测性的判断或结论。研究假设是研究者提出的需要证实的观点或者结论，研究的结果最终将证明假设是正确的，也可能是错误的。在研究中需要我们搜集数据或者证据去证明或者否定它。

　　科学研究一般都以假设为起点。通过研究假设使研究目的更明确，研究范围更确定，研究内容更具体，把研究数据的收集工作限定在一个更特定的方面和范围，因此，研究假设可以起到一种纲领性作用。一定程度上讲，科学研究的过程实质上就是检验假设的过程。

一、研究假设与研究问题的区别

　　研究假设与前面的研究问题具有一定的共性，都是研究的内容，回答的都是"研究什么"这一问题。但是研究假设与研究问题存在着明显的区别，主要表现在：

　　1. 研究假设涉及的变量比研究问题涉及的变量会更少。一般而言，一个研究问题可能会涉及若干变量，比如：专业技术人员的激励问题，这个问题可能会涉及激励的模式、激励的影响因素、激励措施、激励效果等若干问题，而作为研究假设一般只涉及两个或者三个变量。

　　2. 研究假设变量之间的关系是较为明确的，而研究问题变量之间的关系是模糊的。在研究设计中，对于研究假设变量之间的关系需要给予明确的推测，如：员工的薪酬待遇与员工积极性呈现正相关，改革会引起社会的动荡；而作为研究问题而言，前者研究的是薪酬待遇与员工积极性问题，后者则是研究的改革与社会动荡关系问题。

　　3. 研究问题需要深入分析才能变为研究假设。研究假设是从研究问题而来的，但不是研究问题的简单转化，而是对研究问题的有关变量的关系、原因或者结论的科学推测。

二、研究假设的几个要求

　　一个好的假设，必须符合以下几点要求：

1. 假设要具有科学性

假设不能与已有的科学理论和事实相违背。假设不是胡乱猜想，提出的假设要合乎事物的规律，合乎逻辑，它是建立在已有的科学理论或事实的基础上的，而不是毫无事实根据的推测和臆断。比如，我们根据理论分析可以揭示：主动沟通的人会有更好的人际关系，得到的社会支持多，而且在心理学研究中大量的关于人际关系好、善于沟通是心理健康的重要手段的研究结论，在现实生活中可以发现，善于主动沟通的人遇到不顺心的事情时会主动找人沟通，而不憋闷在心里，因此，在研究主动沟通与心理健康关系问题时，可以提出一个研究假设"主动沟通的人心理更健康"。"父母皆祸害"作为一个研究假设便缺乏明显的科学性，因为从大量的事实和科学研究都发现天下的父母是爱子女，即便个别子女受到了父母的伤害，"父母皆祸害"也不能成为一个普遍性的结论。

2. 假设陈述具有明确性

即假设要以清晰、简明、准确的陈述方式，说明两个或两个以上变量间的可能关系，切忌宽泛、冗长、模糊。一般而言，研究假设的变量都有明确的操作性定义，研究假设之间的关系是明确的、具体的。

3. 假设具有可检验性

即研究变量之间的可能关系能为研究及以后的实践所证实，这是科学假设的必要条件。比如，研究假设"努力学习的学生考试成绩会更好"中，努力学习可以通过学习行为或者学习态度量表进行测量，考试成绩可以根据学生的期末或者期中考试成绩获得，然后通过二者之间关系的分析便能证实或者证伪研究假设。而"一切问题都是可以由人解决的"这一假设由于涉及的范围太大，则无法通过相应的研究手段加以检验。

三、假设的陈述方式

假设，是对选题提出的问题所作的假想性的回答，并根据这种回答建立有关变量关系的陈述。假设通常包含有自变量、因变量，以及对象特征等基本成分。假设是有待于验证的变量关系陈述，因此需要有清楚明晰的陈述方式，一般而言，假设的陈述有以下几种方式：

1. 差异式

差异式陈述主要是表述两组变量在某个因素上有无差异，基本形式是

"A 组与 B 组在变量 x 上无差异。"如:教师与学生在基本道德素质上没有显著性差异;学业成功者与学业失败者成就动机有差异。

2. 函数式陈述

函数式陈述主要是表述两个变量之间的相互变化关系。基本形式是:$y = f(x)$。它说明若 x 发生变化,y 也将随着发生变化,反之亦然。这种形式在自然科学的研究中较为常见。在社会科学的研究中,这种完全以数学公式表达的假设很少见到,通常会以"本研究的目的在于探讨 x 与 y 之间的关系"这种说法来代替。

3. 条件式

"如果 x,则 y"。x 是 y 的先决条件,y 是结果。这种方式说明两个变量之间有因果关系,有时也只表示相关关系。人长得越漂亮,学习成绩越差;汽车开得越快,越容易出事故;只有收入水平提高了,人们的生活满意度才会高等便属于这类假设。

第四节　文献分析

一、文献分析其意义

文献分析也称为文献回顾、文献评论或者文献考察。它是指搜集、整理与研究问题相关的各类文献资料,并通过对文献的研究,更好地了解和把握研究问题的过程。简而言之,文献分析就是一个系统的查阅和评价与本研究选题相关的文献资料的过程。

全面的文献分析是研究的基础,一般来说,当研究者对一个问题感兴趣之后,就需要比较宽泛的查阅相关文献资料,根据文献资料中发现的问题初步确定研究选题,在此基础再次更为系统地详细查阅文献资料,经过对文献资料的科学分析,最终才确定研究选题。文献分析也是获取学术研究现状和未来研究趋势的重要途径。例如,要分析人力资源管理学科的研究现状,研究者就需要运用文献分析法,对主要学术期刊发表的论文进行各类要素的统计和分析,从中获取有关选题和方向的发展变化情况。

在决定研究选题前,研究者必须关注以下几个问题:研究所属领域或者相关领域对此研究问题已经研究了多少;已经完成哪些有代表性的研究;以往的建议与对策是否合理;有无新的研究方向和研究议题。不少研究者在实际研究中并不考虑这些问题,往往在短时间内找到现有文献做简略引述和归纳,没有对文献深入分析和批判性思考。

文献分析对于一项具体的社会研究所具有的作用主要体现在以下几个方面:

1.有利于研究者熟悉和了解本领域中已有的研究成果,明确研究选题的突破点和创新点。系统的文献分析,有利于研究者比较全面地了解本领域中的研究状况,特别是研究中存在的问题和已取得的研究成果。只有熟悉研究选题的背景,才能使研究选题具有创新性、突破性,寻找到自己应有的位置。

2.为研究者提供一些可供参考的研究思路和研究方法,完善研究设计。科学的研究总是需要站在前人的肩膀上进行的,通过查阅文献资料,研究者可以更加清楚地知道在相同的选题上前人是采用什么样的研究思路,采取了哪些研究方法研究这一问题,在面临有关干扰因素的时候他们是如何控制的,他们的研究中存在什么问题是需要我们在研究中加以注意的。由此,可以使我们在研究中少走弯路,研究方法更加科学合理。

3.为解释研究结果提供相关的背景资料,丰富研究成果。文献分析对于解释社会科学研究中发现的一些规律和现象具有明显的作用。比如,我们在对一家单位员工积极性的定量诊断中发现,员工学历越高反而发展性需要越低,这很不合常理,一般而言是学历越高发展性需要越突出,这个问题使研究人员都感到很困惑。结果,我们通过文献分析发现,在心理学研究理论中有一个典型的阿德佛的挫折—回归理论,意思是当人的高层次需要遭受挫折以后,反而会去追求低层次的需要。根据这一理论便能很好地解释这一问题产生的原因。要合理、有效地理解和解释社会科学研究中发生的新问题、新现象,必然离不开文献分析所给予我们的背景资料。

二、文献分析的方法

(一)文献来源

社会研究的文献来源比较广泛,但通常包括4个部分:书籍类;报纸和网络信息类;学术期刊类;统计资料和档案材料类。

1. 书籍类

书籍类主要包括专著、论文集、教科书和资料性工具书。专著是就某一学科或是某一问题进行的全面系统论述,且多为作者多年研究成果,有较高的学术价值;论文集是某一位或几位专家的学术论文合集,论题比较集中,观点各异;教科书阐述了某一领域的基础知识、基本结构和研究成果,严谨性高,结构性强;资料性工具书主要包括有关的手册、年鉴、百科全书、辞书等,这类书籍对有关问题的各种观点进行较广泛客观的阐述。

2. 报纸和网络信息类

报纸和网络以刊登新闻和评论为主,信息较快较新,但分布较零散,不成体系。目前互联网已经成为各种信息的重要来源,部分专业性网站也会对某一问题进行专题讨论和研究,因此值得研究者仔细阅读。

3. 学术期刊类

期刊是定期或不定期的连续出版物。学术期刊直接反映该专业领域的最新研究动态和研究成果,如各高校学报的社会科学版以及各专业核心期刊,均为研究者深入研究某一个课题时,必须查阅的资料。

4. 统计资料和档案材料

政府、科研机构等单位都会建立相应的资料档案,用以保存没有发表的研究报告、专题论文、各项制度措施等资料。比如,一些单位通常会定期做一些与己相关的调查报告,这些报告往往专题性强,而且会分析得较为深入,但是一般不予以公开发表。研究者在研究该单位的情况时,查阅这些报告对于我们的研究会非常有帮助。

(二)检索途径

随着互联网络的发展,数据库资料的作用越来越大。高等学校一般都建有数字图书馆,里面的内容非常丰富,通常包含电子图书、研究报告、专题论文、学术趋势、摘要查询等。比如,CNKI系列数据库就包括了中国重要报纸全文数据库、中文期刊全文数据库、博士硕士论文全文数据库、会议论文全文数据库等资料;书生之家数据库内有数十万种图书。而且,当前数据库的内容越来越丰富,只要有一台联网的计算机,就可以查阅到研究者需要的大量国内外文献资料。目前查阅数字图书馆的数据库资源已经成为文献查阅的新方式,必须予以充分的重视。

当前,有的研究者在研究中仅仅通过数据库资料的查阅而不再光顾图书馆等文献资料存放的地方。事实上,有些数据资料并非通过数据库能够查阅到的,一方面是因为这些资料的特点不可能被收录到相关数据库中,另一方面即便像期刊、图书这些资料也并没有被当前的数据库收集齐全。因此,要查找到全面系统的数据资料,需要在利用数据库资源的同时,采取更多元的办法查找更多的文献资料。

(三)文献阅读

在查阅了大量文献之后,如何高效阅读文献就尤为重要,因为阅读全部文献不仅不太可能,实际上也不必要,因此研究者要清楚,要精读哪些文献,要浏览哪些文献,哪些文献可以不用阅读。笔者从长期的实践中总结出以下几种文献选择的方法:

1. 根据文献的学术影响力和权威性进行选择。一些学者在某些领域有长期的研究,并且有了较为丰富的研究成果,因此要在该领域进行更深入的研究,就必须精读这些较有影响力的学者在该领域的相关成就。另外,目前学术期刊数量众多,存在良莠不齐的现象,在阅读学术期刊的文献时,要注意期刊的等级。对于社会科学的研究者来说,对于进入 CSSCI 的期刊文献有必要进行认真阅读。中国人民大学出版的复印报刊资源也应该成为研究者重点关注的期刊。

2. 根据文献的发表时间进行选择。文献发表时间越近,越代表了该课题最新的研究成果和研究方向,尤其要注意研究中出现的新方法、新思维和新领域。

3. 根据文献的摘要进行选择。一般而言摘要能提供文献的主要内容,包括研究的目的、方法、对象、结果和结论等,摘要具有独立性和自明性,拥有与文献几乎等量的主要信息,可以使得研究者在不阅读全文的情况下,获得想要的信息,因此研究者可以根据摘要的内容判断是否需要对文献进行精读。

对于研究者,在选定了需要研读的文献后,建议文献研读的顺序为:中文综述文献—中文期刊文献—英文综述文献—英文期刊文献,中文综述文献是研究者初步了解所研究领域基本内容的较有效途径,然后再读中文期刊的非综述文献,帮助研究者了解在综述文献的框架下有哪些具体的科研成果,接着就去找代表性的英文综述文献,一般英文综述性文献有较高的学术价值,而英文综述性文献后的参考文献也值得研究者关注,并可以通过参考文献"按图索骥",寻找该领域之前的部分有价值文献。在具体阅读过程中,首先要深入分析文献中提出的理论框架和研究背景,了解该研究的研究目的和研究的出发点;其次要关注该研究的研究方法,研究方法的科学性决定了研究的质量,研究方法中主要包括研究对象、研究方式、抽样设计、样本特征、资料分析方法等;再次是研究的主要结果,包括研究的讨论部分;最后研究者需要对该研究进行分析和评价,认识该研究的特点和独到之处,以及该研究存在的不足。

在阅读多个文献时,需要对文献进行比较阅读,通过深入比较几篇文献的异同,发现研究者对同一研究事物的不同看法、思路的演变,多比较几个同类文献,看其共同点在哪里,不同点又在哪里,各自有何创新性,采用什么实验方法、测量手段、研究对象等,从这些比较研究中,可以改进研究者自身的实验设计,提升对研究课题的认识和把握。

(四)文献综述的撰写

1.文献综述的目的

文献综述是以清楚的、合乎逻辑的方式阐述迄今为止完成的相关研究成果,它是要针对某个研究主题,就目前学术界的成果加以研究。文献综述的目的是让读者熟悉现有研究领域的有关研究进展与困境;提供后续研究的思考;使得未来研究可以找到更有意义的研究方向;对各种理论的立场说明,可以提出不同的概念框架;整合研究主题特定领域中已被思考过与研究过的信息,将此改进和批评现有研究不足,发掘新的研究方法和途径,验证其他相关研究等。文献综述以其独特的研究形式对社会科学的发展起到重要的推动作用。

2.文献综述的格式与写法

文献综述的格式与一般研究性论文的格式有所不同。这是因为研究性的论文注重研究的方法和结果,而文献综述要求向读者介绍与主题有关的详细资料、动态、进展、展望以及对以上方面的评述。因此文献综述的格式相对多样,但总的来说,一般都包含以下4个部分:前言、主题、总结和参考文献。撰写文献综述时可按这四部分拟写提纲,再根据提纲进行撰写。

前言部分,主要是说明写作的目的,介绍有关的概念及定义以及综述的范围,扼要说明有关主题的现状或争论焦点,使读者对全文要叙述的问题有一个初步的轮廓。

主题部分，是综述的主体，其写法多样，没有固定的格式。刘凤朝提出文献综述的三种方式①：（1）先按时间顺序的先后，将以往研究分成几个发展阶段，再对每个阶段的进展和主要成就进行陈述和评价。这种方法的优点在于能较好地反应不同研究之间的先后继承关系，梳理出清晰的历史脉络。（2）以流派或观点为主线，先追溯各观点和流派的历史发展，再进一步分析不同流派、观点的贡献与不足，以及他们之间的批判与借鉴关系，这种方法的优点是能从横向的比较中发现问题与不足。（3）将历史的考察与横向的比较有机结合，这种方法的优点是既能反映历史的沿革，又能揭示横向的管理与互动。不管用哪一种方式的综述，都要将所搜集到的文献资料归纳、整理、分析、比较，阐明有关主题的历史背景、现状和发展方向以及对这些问题的评述，主题部分应特别注意代表性强、具有科学性和创造性的文献引用和评述。

总结部分，与研究性论文的小结有些类似，文献综述的总结是将全文主题进行扼要概况，对所综述的主题有研究的作者，最好能提出自己的见解。

参考文献部分，参考文献虽然放在文末，但却是文献综述的重要组成部分。因为它不仅表示对被引用文献作者的尊重及引用文献的依据，而且为读者深入探讨有关问题提供了文献查找线索。因此，应认真对待。参考文献的编排应条目清楚，查找方便，内容准确无误。

3. 文献综述写作中需注意的事项

由于文献综述的特点，致使它的写作既不同于读书笔记，也不同于一般的科研论文。因此，在撰写文献综述时应注意以下几个问题：

（1）搜集文献应尽量全。掌握全面、大量的文献资料是写好综述的前提，随便搜集一点资料就动手撰写是不可能写出好的综述的，甚至写出的文章根本不能称为综述。

（2）注意引用文献的代表性、可靠性和科学性。在搜集到的文献中可能出现观点雷同，有的文献在可靠性及科学性方面存在着差异，因此在引用文献时应注意选用代表性、可靠性和科学性较好的文献。

---

① 刘凤朝. 撰写文科博士学位论文开题报告应注意的几个问题[J]. 学位与研究生教育，2005：5.

　　(3)引用文献要忠实文献内容。由于文献综述有作者自己的评论分析,因此在撰写时应分清作者的观点和文献的内容,不能篡改文献的内容。

本章思考题

1. 社会科学研究方法的一般过程是怎样的?

2. 好的研究问题具有哪些特点?

3. 选择研究课题有哪些策略?

4. 研究问题与研究假设有什么区别?

5. 研究假设的基本要求是什么?

6. 如何查找研究所需要的资料?

推荐阅读

1. 杨国枢,文崇一,等. 社会及行为科学研究法[M]. 13 版. 重庆:重庆大学出版社,2006.

2. 劳伦斯·纽曼. 社会研究方法:定性和定量的取向[M]. 5 版. 郝大海,译. 北京:中国人民大学出版社,2007.

3. 袁方. 社会研究方法教程[M]. 北京:北京大学出版社,1997.

4. 艾尔·巴比. 社会研究方法[M]. 10 版. 邱泽奇,译. 北京:华夏出版社,2005.

5. 廉思. 蚁族:大学毕业生聚居村实录[M]. 桂林:广西师范大学出版社,2009.

第三章

社会科学研究设计

李志

社会科学研究设计主要探讨社会科学研究的计划,即科学研究中澄清问题、有效获取资料、分析资料、得出科学研究结论的详细计划。虽然,研究设计的细节会因为研究问题的性质或者研究对象的差异而有所不同,但是几乎所有的研究设计都涉及如何进一步明确要研究的问题,如何采用恰当的方法进行资料搜集,并通过分析得出有效结论。

由于不同的研究问题有着不同的研究设计,因而在研究设计之前有必要先对研究类型做一个较为详细的介绍。

第一节 研究类型

一、按照研究的目的——探索性研究、解释性研究、描述性研究

(一)探索性研究

研究者选定的问题比较陌生,他人也很少进行这一问题研究,能够为研究者提供的文献资料有限,通常我们称这类研究为探索性研究。探索性研究的目的在于对所研究的现象或问题进行初步了解,获得初步印象和感性认识,为今后的深入研究提供基础和方向。艾尔·巴比(Earl Babbie)指出"探索性研究主要有三个目的:1.仅仅为了满足研究者了解某事物的好奇心和欲望;2.探讨开展更为周密的研究的可能性;3.发展可用于更为周密的研究方法"。

探索性研究常常在一种更正式的研究之前帮助研究者确定某个问题的研究价值,将问题定义得更具体准确,帮助确定相关的行动路线或者更有效的获取资料的方法。在探索性研究阶段,研究者的研究问题往往不是十分明确,所需要的信息也可能是不精确定义的,研究过程的灵活性强、研究方法也不够严格。通常采用文献查阅、专家访谈、实地观察等方法收集定性资料,调查对象范围较小,所获得的资料多不推论到总体特征上去,主要是对某一现象的范围、状况和特点有一大致的把握,为以后的研究思路和方法提供一些依据。

（二）描述性研究

描述性研究是回答"是什么""怎么样""如何"的研究,主要是对社会现象的状况、过程和特征进行客观准确的描述。如:大学生报考公务员动机,我国社会工作者的学历、收入、工作条件方面的基本现状,新生代农民工职业意愿等研究都是希望把握研究对象的一般状况,均属于描述性研究。

描述性研究没有明确的研究假设,但是在研究之前,需要对研究内容框架有一定的构想,以避免研究的盲目性。这些构想主要包括:

1. 研究的时间性。对于研究内容是为了了解其过去、现在还是将来的发展。如:大学生消费状况的研究,这一选题在描述性研究中就需要确定是研究什么时间段的大学生的消费状况,究竟是过去某个时期的大学生,还是现在或者将来的大学生。

2. 研究的空间范围。某一个研究内容,研究空间范围不同研究对象的特征就会有所不同,在描述性研究中需要明确研究的空间范围究竟是一个地区、几个城市,还是特定国家等情况。

3. 研究的问题。一个描述性研究可对一个或多个问题进行描述。比如:研究青少年的心理压力问题,可以研究压力产生的原因、压力类型、压力应对方式、对压力的态度等多方面的问题,也可以仅对压力的应对方式等个别问题进行描述。不管是对多个问题还是个别问题进行描述都需要对研究问题进行分解,以便使研究描述能够更加深入。

4. 研究层次。是仅仅在经验上描述,还是需要在经验基础上抽象出这些现象的普遍意义?比如:研究大学生考研中的性别比例状况后是否需要讨论其背后的深层次原因,或者对我国以后的科研发展问题作出推论。

5. 操作化。要对研究问题进行具体定义,并使之能够测量。

6. 调查对象的选取。选取的比例多少,什么类型,如何去选择,等等。

（三）解释性研究

解释性研究主要是关于"为什么"的研究,它旨在说明社会现象发生的原因,预测事物的发展后果,探讨社会现象之间的因果联系。

解释性研究主要运用假设检验逻辑,在研究之前需要建立理论框架

（理论假设）并提出明确的研究假设,然后将这些假设联系起来,构成一个因果模型。所谓模型,简言之就是对变量关系的统计陈述①。例如,一个相关模型表示的是两个变量之间的双向关系。有无理论假设存在是区分解释性研究与探索性研究和描述性研究的关键之处。

由于解释性研究的目的主要在于探讨社会现象发生的原因,并且有明确的理论假设,因此在研究中通常需要紧密围绕研究假设进行研究。在解释性研究中首先需要对研究假设涉及的变量进行明确的操作性定义,围绕变量进行数据资料的收集,再通过资料的分析处理,最后确定变量之间的因果关系以检验假设是否成立。比如:关于创造性与人际和谐度关系的研究,假定本研究的假设为"创造性强的个体人际和谐度差",为验证这一假设,研究中会紧紧围绕研究对象的创造性和人际和谐度两个变量,通过科学的测量工具搜集资料,然后采用统计方法分析资料,最后得出研究结论。在这一研究中,不像描述性研究、探索性研究会涉及很多因素,本研究中除了两个变量以外,像研究对象的学历、职业、性别等其他因素都不予以考虑。

三种研究并不是截然分开的,它们之间具有密切的联系。一个研究往往侧重于一个研究目的,但同时也包含有其他目的研究在内。一般而言,如果对研究问题的情况几乎一无所知,那么研究就要从探索性研究开始。如果要对调研问题作更准确的定义;如果要确定备选的行动路线;如果要制定调查问卷或理论假设;如果要将关键的变量分类成自变量或因变量都需要从探索性研究开始。

一般而言,在整个研究方案设计的框架中,探索性研究是最初的步骤。在大多数情况下,还应继续进行描述性研究或因果关系研究。例如,通过探索性研究得到的假设应当利用描述性研究或因果关系研究的方法进行进一步的研究和检验。当然,是否在研究之初使用探索性研究取决于研究问题的情况,如果是研究者较为有把握的问题可以不从探索性研究开始。

探索性研究通常都是作为起始步骤的,但有时在描述性研究或因果关系研究之后也需要进行适当的探索性研究。比如,当描述性研究或解释性研究的研究结果让研究者难以理解时,利用探索性研究将可能提供更深入的认识。

---

① R H Hoyle. Structural Equation Modeling: Concepts, Issues, and Applictions [M]. Thousand Oaks, CA: Sage, 1995.

二、按照研究的时间维度——横断研究和纵贯研究

（一）横断研究（Cross-sectional Study）

横断研究也被称为截面研究，是在某一个时间点（可能也是一段时间，但不考虑这段时间事物的变化）对研究对象进行横断面的研究。所谓截面指的是研究对象的不同类型在某一时间点所构成的全貌。

很多研究都选择一个时间点，仔细研究某种现象。探索性和描述性研究通常都是横向研究。比如，笔者曾经做过1 287名大学生看和谐社会的问卷调查研究，研究的时间点是 2008 年，笔者通过这一时间点考察了1 287名大学生对和谐社会建设的认识、信心程度以及责任心状况。这个研究从研究的目的上划分属于描述性研究，而从时间维度划分便属于横向研究。

横向研究的优点：横向研究的内容范围很广；多采用统计调查的方式，资料的格式比较统一；由于来源于同一时间，因而可对各类型的研究对象进行描述和比较，从而在一定程度上区分不同类型研究对象的特征差异。

由于横向研究是研究的某个时间点的状况，因而缺乏纵向资料作比较，对事物发展趋势难以有效把握，深入的深度也显得不够。

（二）纵贯研究（Longitudinal Study）

纵贯研究也称历时研究、纵向研究，指的是在不同时间点或较长的时期内观察和收集社会现象的资料，以描述、分析事物的发展趋势和有关规律的研究方法。如，中国经济体制改革变化规律的研究，青年价值观变化趋势的研究。这些研究都属于纵向研究，必须考虑在一个较长的时间内研究对象的变化。

根据对象变化的特点，纵贯研究分为趋势研究、同期群研究和追踪研究。

1. 趋势研究（Trend Study）

趋势研究是对研究对象随时间推移而发生变化的研究。趋势研究实际上是通过搜集不同时间点的相同问题资料，然后对相同问题进行不同时间点异同的比较，从而揭示研究对象随时间推移而产生的变化趋势。比

如,研究大学生的恋爱心理变化趋势,可以通过搜集20世纪"文化大革命"期间、20世纪90年代、21世纪初大学生对恋爱的认识、恋爱的方式、恋爱中有关问题的处理等来分析随着时间的推移大学生恋爱心理的变化趋势。

趋势研究让我们能更好地把握事物的发展变化趋势,更好地把握事物运动规律。

2. 同期群研究(Cohort Study)

对具有同一特征的研究对象(如同一年龄段、经历过同一事件)随时间推移而发生变化的研究。如:第一代独生子女大学生父母养老观变化的研究,研究对象的共同特征为第一代独生子女大学生父母,研究中将对具有这一共同特征的对象在不同时期的养老观进行调查,然后比较他们随着时间推移养老观的变化趋势。在每次的研究中具体的研究对象可以不同,即每次调查的具体人员可以不同,但是需要他们具有共同的特征。在上述例子中,只需要每次的调查对象都是第一代独生子女大学生父母即可。

3. 追踪研究(Panel Study)

对同一批特定的研究对象随着时间推移而发生的变化的研究。与横断研究和同期群研究不同的是,追踪研究的研究对象是恒定的,每次研究的都是曾经被访问或者调研过的固定的同一批对象。比如,不同家庭教养方式儿童家庭学习行为特点的追踪研究,这一研究需要研究者首先选定民主型、专制型、放任型家庭教养方式下的儿童若干名,然后每隔一定时间段对他们家庭中的学习行为的有关特点进行测量,一定时间后比较这三种家庭教养方式下的儿童在学习行为上特点的变化规律以及三种方式相互之间的差异,从而得出有关的发展趋势的结论。

纵贯研究的三种方式尽管都是在研究时间维度上引起的变化趋势。但是三者在研究对象上存在着一定的差异,趋势研究注重的仅仅是研究对象在时间顺序上的变化,对研究对象没有更多的限定;同期群研究对研究对象做了一定的限定,要求必须是某一特定时期的研究对象。而追踪研究与前面两种研究不同,对研究对象有更严格的要求,要求研究对象在不同时间都是完全相同的特定个体。

纵贯研究由于考虑了时间变量上研究内容的变化,因此更能对事物的发展变化规律给予清晰的解释,逻辑关系更加清楚,因而研究比横断研究更深入。也正是因为纵贯研究考虑了时间维度上的变化,因而在研究上需要研究者搜集资料的时间变长、研究的难度加大,尤其是追踪研究对研究对象有严格的规定,在实际研究中研究对象因为特殊情况的出现会导致研究对象的丢失。由此,我国社会科学研究人员在研究中大都不使用纵贯研究方法,在我国社会科学研究成果中纵贯研究成果缺乏,社会现象发展趋势的解释力不强,值得引起研究者的高度重视。

在研究中,横向研究和纵贯研究并不是截然分开的,在纵贯研究中通常包含有横断研究。在研究中为了更好地描述纵向的变化趋势,通常会对在不同时间点的横断状况作较为详细的描述,这便是横断研究。比如,研究不同时期大学生的消费观的特征比较,这一纵贯研究中可能会涉及对不同时期大学生消费观的具体水平的描述。

三、按照研究问题的性质——理论研究和应用研究

(一)理论研究(Theoretical Research)

理论研究是指以揭示社会现象的本质及其规律为目的的研究。理论研究侧重于丰富和完善有关社会现象认识的基础知识,探讨社会现象之间的因果关系,增加对社会世界与社会现象内在规律的认识。理论研究比较注重社会现象的描述和因果关系解释。理论研究属于基础性研究,对于任何学科都是不可缺少的,理论研究虽然不能在较短时间直接应用于现实和帮助解决实际问题,却可以产生许多被应用研究所广泛吸收和利用的思想、理论和方法。

(二)应用研究(Applied Research)

应用研究是指为社会现实问题提供有针对性的对策措施的研究。应用研究的关注点集中体现于社会现象发生的原因及如何解决的对策及效果等方面。与理论研究比较,应用研究更关注对社会现象的预测和控制。应用研究的进行必须充分了解研究对象存在的问题状况,需要实际工作部门的配合以收集大量的一手资料,因而这类研究常常是由应用部门提出需求的。

理论研究注重社会现象的内在规律、现象之间因果关系的探讨,因而理论研究水平的质量对于解决社会现实问题有着不可估量的作用。

但是,由于研究条件的制约,要完成高水平的理论研究难度很大,这对研究人员而言也有着不同寻常的要求。对于一般的研究人员而言,关键是借助有关理论指导做好应用研究,注意针对社会现实问题,采取行之有效的方法去探讨社会现实问题产生的原因,导致问题的症结,寻找可行的对策。

四、按照研究的方法划分——定性研究与定量研究

社会科学研究的对象是人和人类社会,而社会是一个多变量、多因素、多层次的复杂动态系统,难以用数量方法加以确证。由此,长期以来,社会科学工作者总是把事物质的规定性作为研究的出发点和归宿,满足于定性研究,而很少使用定量研究方法。

从认识论角度看,两者存在根本的区别——基于不同的范式。定性研究从纯粹意义上来说从属于非实证主义的范式,核心是整体地理解和解释自然情境,研究的结果和意义也适用于这种特殊的条件。定量研究来源于实证主义,更接近于科学的范式。从研究的逻辑过程来看,定性研究基于描述性分析,本质上是一个归纳的过程,从特殊情景归纳出一般的结论,定量研究与演绎过程更为接近,从一般的原理推广到特殊情境中去。从理论与研究关系上,定性研究通常与理论的建构目标相伴随,并不强调一开始对于研究的问题有明确的理论基础,理论是在研究过程中被发现和形成的,同时理论被修正、放弃。定量研究常常是用来进行理论检验的,具有演绎性,所以一开始就倾向于以理论为基础。在研究方式上,定性研究强调研究程序、研究方法的灵活性,定量研究强调研究程序的标准化。实地研究是定性研究的常见方式,问卷调查是定量研究的常见方式。资料收集技术等方面的差别,使得他们在获得资料的性质和结果的说明方式上存在明显差异。定性研究获得的是具体的、个别的实例,结果靠文字的描述来说明,结果具有丰富性、细致性和理解的深入性等特征;定量研究获得的资料是数量化的资料,结果主要靠统计分析数据来表达,结果具有概括性、精确性等特征。[①] 对于定性研究与定量研究的详细区别请参见表3-1。

---

① 　郭强. 调查实战指南:定性调查手册[M]. 北京:中国时代经济出版社,2004:22.

表 3-1　质的研究与量的研究比较

比 较 项	量的研究	质的研究
1. 研究目的	证实普遍情况、预测、寻求共识	解释性理解、寻求复杂性、提出新问题
2. 对知识的定义	情境无涉	由社会文化所建构
3. 价值与事实	分离	密不可分
4. 研究内容	事实、原因、影响、凝固的事物、变量	故事、事件、过程、意义、整体探究
5. 研究层面	宏观	微观
6. 研究问题	事先确定	在过程中产生
7. 研究设计	结构性的、事先确定的、比较具体	灵活的、演变的、比较宽泛
8. 研究手段	数字、计算、统计分析	语言、图像、描述分析
9. 研究工具	量表、统计软件、问卷、计算机	研究者本人（身份、前设），录音机
10. 抽样方法	随机抽样、样本较大	目的性抽样、样本较小
11. 研究的情境	控制性、暂时性、抽象	自然性、整体性、具体
12. 资料收集方法	封闭式问卷、统计表、实验、结构性观察	开放式访谈、参与观察、实物分析
13. 资料的特点	量化的资料、可操作性的变量、统计数据	描述性资料、实地笔记、当事人引言等
14. 分析框架	事先设定、加以验证	逐步形成
15. 分析方式	演绎法、量化分析、收集资料之后	归纳法、寻找概念和主题、贯穿全过程
16. 研究结论	概括性、普适性	独特性、地域性
17. 结果的解释	文化客位、主客体对立	文化主位、互为主题
18. 理论假设	在研究之前产生	在研究之后产生
19. 理论来源	自上而下	自下而上
20. 理论类型	大理念、普遍性规范理论	扎根理论、解释性理论、观点、看法

续表

比 较 项	量的研究	质的研究
21.成文方式	抽象、概括、客观	描述为主,研究者的个人反思
22.作品评价	简洁、明快	杂乱、深描、多重声音
23.效度	固定的检测方法,证实	相关关系、证伪、可信性、严谨
24.信度	可以重复	不能重复
25.推广度	可控制,可推广到抽样总体	认同推广,理论推广,积累推广
26.伦理问题	不受重视	非常重视
27.研究者	客观的权威	反思的自我、互动的个体
28.研究者所受训练	理论的、定量统计的	人文的、人类学的、拼接和多面手的
29.研究者心态	明确	不确定、含糊、多样性
30.研究关系	相对分离	密切接触、相互影响、变化、信任
31.研究阶段	分明、事先设定	演化、变化、重叠交叉

(资料来源:陈向明.质的研究方法与社会科学研究[M].北京:科学教育出版社,2000:11.)

上面从不同的角度对研究方法进行了划分。在具体研究中,上述研究方法并不是分离的,常常结合着使用。

小资料:多种研究方法的结合使用案例——生活习惯与健康关系的研究

1965 年,美国的 Nedra 等人开始了一项个人生活习惯对健康影响的研究,他们以大约 7 000 名 20～70 岁以上的成人为研究对象,要求他们回答两组问题。

一组:过去一年的健康状况:是否因为生病长期不能工作,减少了自身活动,或者中断了持续性工作,降低了工作能力。

另一组:要求他们回答以下 7 个方面的问题:

每天睡眠 7～8 小时;

每天按时吃早餐；

正餐之外不吃零食；

保持和身高相协调的体重；

从不吸烟；

从不酗酒；

经常运动。

然后对不同年龄组的健康状况与生活习惯进行比较。发现：实践上述生活习惯数越多的人，身体健康状况越好。同时，还发现，实践其中 7 个项目者身体健康状况与比他年轻 30 岁而一项未实践者的身体健康状况一致。

1965—1975 年期间，研究者对研究对象进行了追踪研究，发现在 9.5 年的时间中，无论什么性别、年龄，实践生活习惯数量越多，死亡率就越低。以男性 80 岁组（75～84 岁）为例，实践生活习惯 3 项以下者，死亡率 73%；实践 4～5 项者死亡率 38%；实践生活习惯 6～7 项者死亡率 25%。

研究结论：随着实践生活习惯项目数的增加，死亡率降低，对年龄越大者影响越明显。生活习惯与人的生理健康密切相关。

点评：从上述资料发现，Nedra 的研究 1965 年进行的是横断研究、描述性研究，他采用的定量研究方法（问卷调查），1975 年的研究（采用了横断研究、描述性研究与定量研究）与 1965 年的研究的比较属于纵贯研究。这一研究重点在于探讨人的生活习惯与健康的关系这一理论问题，属于理论研究，研究中对身体健康与生活习惯之间的关系也进行了相应的解释，有明显的解释性研究特点。

（资料来源：李志，陶宇平.大学生心理及其调适[M].重庆：重庆大学出版社，1998.）

第二节　社会科学分析单位与研究内容

分析单位是研究者所要描述和分析的对象，是研究的基本单位。社会科学研究需要明确研究的基本单位方能更好确定收集信息的对象。研究内容是分析单位的属性和特征，它们是研究者所要研究的具体项目或指标。研究者只有清楚地明确了分析单位和研究内容，才能具体地进行搜集资料的工作,完成对研究对象有关特征和规律的揭示工作。比如:要研究企业的人力资源管理制度,企业是分析单位,人力资源管理制度是研究内容。如果没有前者,研究内容缺乏对象基础显得模糊不清,如果没有后者仅有"企业"使研究无具体内容而无法进行。

一、分析单位

分析单位就是研究者所要研究的对象。由于社会科学研究需要揭示不同对象的特点和规律,这就自然的导致了社会科学研究中分析单位的复杂多样性。针对同一现象,往往可以从不同的分析单位去研究。比如,研究心理压力问题,既可以从每个个体的角度去研究心理压力产生的原因及对策,也可以从不同团体的角度探讨压力产生的差别及其原因,还可以从不同国家的人们压力感差异进行探讨。在这里,分析单位分别是个体、团体和国家。

(一)社会科学研究的主要分析单位

1. 个体

个体是社会科学研究中最常用的分析单位。社会科学研究通常是通过对个体的数据资料搜集来描述和解释群体的行为及其互动关系。

在社会科学研究中,任何个体都可以成为分析单位,但是要对所有的个体进行研究,以此概括出同类个体所具有的共同特征是不太可能的。因此,人们对个体的研究,通常是分析特定群体中的个体。比如,大学生中有单亲家庭的学生个体,或者贫困家庭的学生个体,有自杀倾向的学生个体,学业优秀的学生个体等。

社会科学研究一般不停留在个体层面的分析上,大都通过对部分个体的分析来概括同类个体所具有的群体特征。如通过对 500 名大学生个体组织归属感特征的研究,可以概括出大学生群体的组织归属感特点。

2. 群体

群体指具有某些共同特征的一群人。比如,由若干个有着婚缘关系或血缘关系的个人所组成的家庭、由若干个学生所组成的班级、由若干个有着共同兴趣和爱好的人所组成的朋友群体、由若干个长期共同从事盗窃罪的人所组成的团伙等,都可以成为社会研究中的分析单位。此外,社交圈、青少年、幼女、儿童、老人、军人、工人、农民、干部、帮派、朋友、非正式群体等具有某些共同特征的一群人都可以构成群体作为分析单位。

群体是由个体构成的,因而群体的特征在一定程度上与个体的特征有关。比如家庭的收入就与个人的收入有关。当群体作为分析单位时,有时可以通过个体特征来反映群体特征。但是,把群体作为分析单位,与个体作为分析单位得出结论的对象是不同的。群体作为分析单位时,需要考察的是群体的特点。比如,以帮派群体作为分析单位,研究出的可能是帮派群体的形成原因,帮派特点之间的差异等具有明显帮派属性的特点。相反以帮派中的个体作为分析单位时,得出的是帮派个体的某些特征。

3. 组织

组织是指为了实现既定的目标,按一定规则和程序而设置的多层次岗位及其有相应人员隶属关系的权责角色机构。如政府机关、企业、学校、医院等。在社会科学研究中,这些组织同样可以成为分析单位。例如,我们对企业人力资源管理水平进行一项评价研究,我们以企业人均人力资源管理经费投入、企业人均培训时间、企业人力资源管理信息化水平、企业人力资源管理者的专业化程度等特征来进行企业人力资源管理水平的描述,并在不同企业间进行比较,这里企业便是分析单位。

由于组织与群体一样,都是由若干个人组成,因而作为分析单位的组织所具有的某些特征,往往也在一定程度上与组成它的个人有关。由于不同的组织复杂程度上存在差异,对于一个相对较大的组织而言,要清楚地描述组织特征,有时会依据研究的侧重点的不同而使用不同的分析单位,这样就大大地增加了分析单位的复杂性。比如,我们要研究高校的学术氛围,这既需要以高等学校作为分析单位,分析学校的学术理念、学术制度、学术环境等方面,也需要以学校的教师和学生群体为分析单位,对教师、学生的学术态度、学术行为和学术成果进行分析,还可以以个别典型的教师和学生个体作为分析单位加以研究。但是,不管如何,由于研究的分析单位是组织,则始终要围绕分析单位下结论,概括出组织的有关特点。

4. 社会产物

社会产物是人类所创造的物质或精神的成果,诸如各种类型的社会活动、社会关系、社会制度、社会产品等。在社会科学研究中,社会产物是常见的分析单位,具体而言包括以下几个方面:一是经济活动、政治活动、文化活动、体育活动、教育活动、管理活动等各种社会活动;二是各个历史时期各个国家的政治制度、经济制度、教育文化制度、国际关系、区域关系、家族关系、婚姻关系等社会关系与制度;三是建筑物、交通工具、书籍、服装、报刊、电影、歌曲等社会产品,也可以作为独立的分析单位。比如研究者可以通过建筑、住房的不同风格来研究不同民族的生活方式,还可以分析不同时期歌曲的主题、内容、表现的精神等特征,来探讨不同时期价值观的倾向。

分析单位的选择在很大程度上决定了调查对象取样方法与资料搜集方法。一项研究课题往往可以使用多种分析单位,比如,研究股票购买问题,既可以采用个人、群体为分析单位,也可以直接以购买行为这一社会产物为分析单位,在研究中究竟选取哪个分析单位需要考虑研究的主题需要、研究取样的方便,以及使用什么样的分析单位能够使结论更加科学可靠。应该清楚的是社会科学研究中,有的问题较为复杂,有时采用单一的分析单位往往难以有效支撑研究结论,因而常常需要研究者采用多个分析单位进行研究。社会科学研究中的博士、硕士论文选题,以及一些大型的社会科学研究选题便常常如此。

(二)分析单位的几种典型错误

1.层次谬误或生态错误

层次谬误或生态错误是指用一个层次的分析单位做调查,却用另一个层次的分析单位做结论。社会科学研究中的研究结论必须是与分析单位紧密联系的,研究结论是基于分析单位的,当出现研究结论与分析单位不一致的时候,研究结论自然不可靠。

比如,用文理工科研究生作为分析单位调查学生的论文发表情况时,发现文科研究生在读期间人均发表了3篇学术论文,理工科研究生人均发表了1.5篇学术论文。同时还发现文科研究生恋爱的比率占45%;理工科研究生恋爱的比率为17%。于此,便得出"谈恋爱有利于研究生多发表论文"的结论。实际上这个结论并不正确。在这个例子中,我们并不清楚谈恋爱的人究竟发表的论文多还是不谈恋爱的人发表论文多,并没有对谈恋爱与发表论文之间的关系进行考察。研究者要想得出谈恋爱是否有利于写论文的结论就不能以"文理工科研究生"作为分析单位,而应该以谈恋爱的学生作为分析单位。由于研究结论与分析单位并不统一,因而结论不能成立。再比如,用城市为分析单位研究犯罪问题时,发现 A 城市犯罪率高,B 城市犯罪率低。同时还发现 A 城市农村人口比例高,B 城市农村人口比例低。于是得出结论,农村人口是造成城市犯罪率高的原因。分析单位是城市,却用另一分析单位"农村人口"下结论,在研究中并未具体探讨农村人口在两个城市的犯罪情况,其结论也不能得到支持。

在用统计资料做分析时,很容易出现这种层次谬误。例如:由"国有企业比民营企业的工资成本比重高",推出"国有企业工人比民营企业工人工资高"。前者是用企业作为分析单位,下结论时却以工人下结论。由于没有研究工资成本是否都用于发给工人工资了,也可能工人只是获得工资的部分员工,因而结论可能是错误的。

层次谬误在日常生活中的最主要表现在于:根据群体的特征对个人下结论。比如:根据女生成绩总体比男生好,就得出某个女生成绩就一定比其他男生好。这都是由于调查与结论使用的不是同一个层次的分析单位引起的。

因此,在研究中一定要注意分析单位是什么,便要基于什么下结论;换言之,要对什么下结论就要以此为分析单位。

2. 个体谬误

个体谬误主要是根据个体的特殊情况来否定整体的一般情况。社会科学研究中通常会以个体作为分析单位而得出一个整体分析单位的一般结论。如,要研究大学生整体的就业竞争力的一般结论,常常会通过一个个大学生个体作为分析单位加以研究。这里所谓的"一般结论"主要是讲社会科学研究的结论反映是分析单位的一般概率模式,并不需要保证百分之百的反映每个个体的特点。如,在研究中,我们通过对大量个体的研究发现,绝大多数努力学习的学生,学习成绩会比较好,于是得出一个结论努力有利于提升学习成绩,这反映的是一般规律。而在具体现实生活中,我们不难找到个别的学生很努力但是成绩却不好的例子,由此试图推翻努力有利于提升学习成绩的结论,这种错误便属于个体谬误。其错误的根源在于对社会科学群体结论属于概率模式的认识不足,期望群体的结论必须要反映每个个体的特点,因而在找到一个与群体结论不一致的时候便想推翻群体结论。

3.简化论

简化论是用一个特别的、狭窄的概念来看待和解释所有的事物。换言之,研究一个很宏观的问题,而用很微观的因素做分析单位。诸如在解释人的行为时,经济学家只考虑经济因素,心理学家只考虑心理因素,社会学家只考虑社会因素,政治学家只考虑政治因素便属于此。再比如,研究是什么原因造成了中国的"文化大革命",在选择分析单位时只选择领导人或者群众做分析单位,或者国家制度做分析单位;研究是什么原因导致了中国经济与美国经济的差异,在选择分析单位时以中国人作为分析单位。对于这些宏观问题,仅仅以微观因素考虑都不足以能对一个宏观层次的问题分析和解释清楚。

简化论的错误在于分析单位的使用不当造成。研究一个非常宏观的问题,使用了一个非常微观的分析单位,其结果必将造成错误。因而,在研究宏观问题时一定要注意选择能够与宏观问题相匹配的分析单位,如,研究中国和美国经济的差异原因,在选择分析单位时就需要以经济发展历史、经济基础、经济制度等宏观因素作为分析单位,而不能仅仅选择一个微观因素作为分析单位进行研究。

二、研究内容

研究内容是分析单位的属性和特征。分析单位仅仅告诉了研究的对象,研究内容则告诉了我们应该着重研究分析单位的哪些方面。

分析单位的属性和特征通常包含很多方面的内容,如以国家作为分析单位时就包括政治、经济、文化、组织、发展等诸多方面;以人为分析单位时可以研究人的心理、生理、精神等。不同的分析单位有不同的属性和特征,一般而言,可以将研究内容划分为:特征、意向性和行为三个方面。

(一)特征

特征是指不同分析单位所具有的各种特点。比如,个体个人存在年龄、性别、身高、体重、职业、收入、文化程度、婚姻状况、出生地等特征;社会群体和组织存在规模、结构、组织成员年龄和性别等特征。比如,要研究人们的政治态度与哪些因素相关时,可选择个人的年龄、职业、文化程度、经济收入等特征变量作为主要因素进行探讨。

探讨分析单位的特征是社会科学研究中的常见选题,通过 CNKI 数据库在文史哲、政治军事与法律、教育与社会科学综合、经济与管理等社会科学内容中检索"特征"一词发现,自 1981—2010 年标题中有"特征"一词的论文达到 16 万篇以上,内容涉及有关个体、群体、组织、社会产品的一系列方面。

(二)意向性

意向性是分析单位的内在属性,是一种主观变量。

以个人为分析单位时,常常以"意向"为研究内容。个人的意向通常包括态度、信仰、偏见、喜好、满意度、幸福感等。社会群体和正式组织也可以表述为他们的目的、政策、规范、行动过程以及组织成员的整体取向。

意向是主观性的东西,而事实则是一种客观实在,在科学研究中要有效分清楚意向和事实。在研究中不能用意向取代事实,也不能用事实代替意向,否则会出现研究上的混乱。比如,我们在曾经的企业调查中,通过问卷调查发现公司员工对薪酬的满意度不高,后来在与公司负责人交流中,负责人矢口否认,认为公司员工不可能对薪酬不满意,他的依据是"我们公司才给大家涨了工资"。在这里,"员工满意度不高"是意向,"公司涨工资"是事实,事实和意向可能会不一致,尽管涨了工资,但是涨幅不够、内部公平性差等情况仍然会导致员工薪酬满意度不高的主观意向出现,因而在研究内容中必须分清楚事实和意向。

(三)行为

行为是个体和组织表现出来的可以观察到的表现。有时候,研究的关注点是行为。这里包括个人行为和群体行为(组织行为)。

研究者可以通过直接或者第二手资料来了解个体的行为。比如,投票、抗议、购买债券销售等。

同时,也可以通过群体行为加以研究。比如,群体从众行为、群体上访行为、群体暴力事件的研究。

第三节　社会科学研究设计

关于研究设计,国内外许多学者都曾作过专题研讨。艾尔·巴比在《社会研究方法》一书中这样界定研究设计:"研究设计是指对科学研究做出规划,即制定一个策略去探索某种事物。研究设计包括两个主要内容:第一,确定研究课题;第二,确定研究的最好途径。"①

社会科学研究设计是对具体研究选题的研究构思、设计和安排,通常包括对研究目的、研究意义、研究对象、研究内容、研究方法、研究工具、统计分析方法等的具体设计。

一、研究设计前的基本准备

研究设计之前,需要对研究题目、研究总体、研究方法与研究目的等有比较清楚的把握。具体而言:

(一)要进一步查找与本选题有关的文献资料

在研究设计之前,需要进一步明确研究选题的意义、研究题目的内涵和外延以及研究的技术路线等内容,这些问题的回答都离不开有关文献资料。因此,在研究设计之前要做的第一个准备工作就是研究的文献资料准备。

首先,需要明白与本选题有关的文献资料的形式以及在什么地方能够查找到相关的文献资料。在文献资料的查找中,必须要清楚文献资料绝不仅仅只有我们通常使用的 CNKI 数据库上的论文资料,还包括专著、教材、档案材料、报纸杂志,以及一些网络上的资料等。有些研究选题所涉及的资料可能不仅仅是国内的资料,还会涉及一些国外的文献资料,也需要研究人员认真加以查找。

其次,查找到这些文献资料后,需要在具体文献资料中去弄清楚以下问题:目前在自己希望进行的这个选题方面有哪些人做过研究?他们采用

---

① 艾尔·巴比.社会研究方法[M].成都:四川人民出版社,1987:63.

什么方法进行研究的？对他们的研究如何进行归类分析？这些研究得出了什么样的结论？还存在什么问题？从这些研究看，自己选择这个研究题目是否有价值？……

(二)进一步明确研究选题的内涵和外延、研究意义，确定研究题目

没有明确的研究题目，研究设计就无法进行。研究题目不明确通常是不清楚研究选题的内涵和外延。对此，在研究设计前需要充分考虑：

本研究选题中的概念的内涵是否能够清晰界定，外延是否清晰，研究题目如何确定才有意义。

在概念的内涵和外延上要注意研究选题涉及的核心概念是否有人研究过，如果有人研究过一定要把这些研究中的概念的内涵和外延整理出来，以便形成自己的清晰概念。如果很少有人研究，而且这些研究中几乎对概念没有介绍，那么在准备阶段就务必思考能不能给这个概念下一个较为清晰明确的定义。比如，有人曾经选择了这样一个题目"封建残余思想对社会持续发展进步的影响研究"，对于"封建残余思想"我们很难明确其内涵和外延，"社会持续发展进步"也很难定义，这样一个题目作为选题意思很不清晰难以做出高质量的成果。

研究的概念清楚之后需要进一步弄清楚选择这个研究题目有无意义。如果意义不大，能不能通过研究题目的改变使之有意义等。要弄清楚研究题目的意义，首先要从文献资料上弄清楚研究选题的理论价值。重点弄清楚本研究选题是不是目前学术界较为重要而又缺乏相应研究的选题，研究选题的内容将涉及研究的空白点和矛盾点，研究的成果能够弥补当前学术界的有关缺陷。在此基础上，还需要看看具体的有关实践部门是否需要本选题的有关研究成果。

如果在这个步骤发现自己的研究选题缺乏新意，可以通过改变研究对象、研究方法等增强研究选题的新颖性。例如，假如研究者最初选题是"大学生归属感特征的研究"，但是在文献资料中发现，大学生归属感研究的文献较多，要在自己的研究中创新比较困难，对此可以考虑改变研究对象，将大学生改为：贫困大学生等较少有人研究的选题进行研究。此外，也可以通过改变研究方法等办法来增加研究选题的新颖性，使研究题目更具有研究价值。

（三）研究思路的初步考虑

一个好的研究思路必须要具有很高的信度和效度,研究中能够采用恰当的方法找到研究所需要的资料,对研究问题给以正确的回答,得出高效度的研究结论。在撰写研究计划书之前进行研究思路准备中需要重点考虑:

1. 用什么方法去获取研究数据或者有关资料

一个研究选题往往可以采用多种方法进行研究,在这些方法中究竟选择一种还是几种方法进行研究,需要从主观和客观等多方面加以深入考虑。首先,该选题究竟最适合什么样的方法这是研究方法确定中首先要考虑的。其次,要考虑自己对这个研究方法的熟悉程度,能够有效驾驭;第三,也要考虑这些方法的可操作性,即是否具备采用该研究方法进行研究的各种所需条件。

2. 研究总体与抽样

研究总体是我们希望对其下结论的分析单位,通常由个体组成。取样是从总体中抽取一定的研究个体作为样本加以研究。研究选题确定后一般就确定了研究对象,但是究竟选取多少样本以及如何选取样本在此就需要考虑。比如,研究选题是"大学生心理压力现状的研究",采用问卷调查法进行研究就需要考虑需要调查多少大学生,调查哪些类型的大学生? 假如这个选题想采用访谈法进行研究就需要考虑具体找多少什么样的大学生进行访谈。

3. 如何进行具体的数据资料收集工作

由于在数据资料的收集中常常会存在各种干扰因素,从而导致数据资料的污染,因此在研究设计中需要考虑究竟在研究中会出现哪些因素会阻碍数据资料的搜集工作,哪些因素会导致数据资料失真,应该采取哪些办法来确保数据资料的真实性? 我们曾经在进行公务员需要特征与激励措施的调研中发现,如果让公务员把问卷表填写好后直接交给部门负责人会导致他们填写中不愿意说真话,后来在反复研究的基础上,我们采取了每个公务员发一个信封,匿名填写密封后直接交给调研组的办法加以解决,从而在很大程度上增强了填写的真实性。如果是实验研究,需要在这一阶段充分考虑会有哪些干扰变量会影响因变量的反应,思考如何有效控制住干扰变量。

4. 数据资料如何进行统计分析

数据资料是采用统计分析方法还是逻辑分析方法,在研究设计的时候需要有初步的考虑。因为不同的分析方法决定最终成果的表现形式,不同的分析又决定在收集资料中需要注意的若干问题。

二、研究计划书的撰写

阿泰(Atting)和温尼查古(Winichagoon)(1993)指出,研究计划书就是一份可供接受或者拒绝的计划,是一份基于特殊目标,精心设计的活动计划的具体陈述。莱弗特兹(Lefferts,1982)指出研究计划书具有5个重要的功能:1. 研究计划书是对研究者将要从事的项目或方案的书面陈述。研究发展过程的一部分工作是让他人了解该研究计划和目的;2. 从研究基金组织获得资金需要研究计划书;3. 研究计划书是说服工具,试图说服研究基金组织提供财政支持,并使研究项目合法化;4. 研究计划书是研究者给研究基金组织的承诺,以保证研究计划书定期完成和研究经费的合理使用;5. 研究计划书是行动计划,作为项目组织和执行的指南。①

撰写研究计划书对于研究者而言最大的好处在于帮助研究者理清研究思路,使在研究中能够一步一步地按照科学研究程序和有关方法进行研究。对于申报有关部门的课题而言,研究计划书有利于他人更好地明确研究的方案与步骤,以便更好地获得他人的支持。

一般而言,制订好的研究计划要将其内容填写到项目计划书或者课题申请书中。我国每年从中央到地方政府,以及政府各有关部门都有大量的社会科学研究项目向社会公开招标,一旦中标将会得到相应的项目资金支持,从而保证项目的有效实施。而参加项目招标必做的工作就是填写好项目申报书。即便不参加国家有关部门的项目招投标,研究生、本科生完成毕业论文也会涉及项目计划书的填写(即开题报告的填写)。因此,掌握项目计划书的写法很有必要。

---

① 普拉尼·利亚姆帕特唐. 质性研究方法健康及相关专业研究指南[M]. 重庆大学出版社, 2009.

（一）项目计划书的一般内容

根据一般项目申请的要求,项目计划书通常主要包括以下内容:

项目名称(课题名称);

国内外研究现状、水平及发展趋势;

本课题研究的内容、研究意义;

研究的思路与方法;

研究的预期成果;

研究进度。

（二）研究计划书相关内容的撰写

1. 项目（课题）名称的撰写

能否清楚地表达自己想要表达的意思,是否容易被项目或者课题评审专家接受,项目名称或者课题名称的表达清晰与否十分重要。在项目(课题)名称的撰写中要注意:

以容易了解的词句陈述问题,以专业人士能够了解为原则,尤其重要的是,阅读计划书者可能不是同行专家。因此,使用的语言必须简单清晰,以便一开始就能深深地引起其注意,而且透过简要的文字,使他了解你整个的研究计划。

界定与限制研究的主要问题和对象等范围。一项研究不可能研究所有的问题,研究内容总会有时间、对象等方面的限制,所以在研究课题陈述中,需要界定研究的范围。比如"高层次人才成长规律研究",这一课题名称的表达就需要表达得更清楚,是什么地方的高层次人才或者什么单位的高层次人才研究。

预示所要检验的假设或者将产生的问题。在这里,把整个研究的大概轮廓勾勒出来,暗示可能产生的价值。

2. 国内外研究现状、水平及发展趋势

国内外研究现状、水平及发展趋势部分内容的撰写实际上是在课题计划书中表明作为课题承担人已经清楚地掌握了本研究课题的国内外研究的整体态势、存在问题,自己已经站在本项目研究的国际国内最前沿。

本部分的撰写中要清楚地表明以下几个方面的内容：

（1）清楚地表明自己熟悉目前国际国内在本课题上的研究状况。在计划书中要用有代表性的文献资料清楚地概括出国际国内在本课题上的研究状况与特点；

（2）明确指出当前国际国内研究中存在问题与不足。当前国际国内在本课题研究中存在的问题与不足是本计划书申报的重要基础，如果找不到当前国际国内在本课题研究中存在的问题与不足，那么本计划书的填写和申报实际上已经没有什么必要。因而在计划书的撰写中必须要清楚地表明国际国内在本课题方面存在的不足。

值得注意的是，在撰写这部分的内容的时候，必须选择好当前国际国内有代表性的权威文献资料，如果文献资料缺乏代表性，那么对国际国内在本课题研究上的状况描述可能会产生明显偏差，对此应高度重视。

（3）在表明现有研究不足的基础上作出适当的展望，以便在一定程度上表明本研究课题的意义。

3. 课题研究意义的撰写

课题研究的意义关键要表述清楚本课题的研究的独特性与典型性，阐明研究课题的重要意义。需要重点阐述清楚：

（1）指出研究的学术意义，即阐述清楚课题研究在理论上有所突破的地方，它将如何改善、修正、扩充现有的理论知识，丰富和完善现有的研究方法。需要特别说明的是，一个课题理论意义的阐述一定要有大量文献资料为基础，不要轻易夸大课题的理论意义，而且用语一定要准确。在实际的研究计划书中，不少人都写到"本课题具有研究方法的创新性"，表面上看以为课题申报人会创造性地探索出一种研究方法来，而仔细阅读计划书才知道，仅仅是计划书填写者在本课题研究中要"使用多种方法进行研究"，这显然和研究方法的创新有本质区别。

（2）阐明研究的应用意义。指出课题研究对于当事人服务的机构、或者从事的领域等方面所具有的应用价值。对此在计划书中需要简单阐述清楚应用部分遇到的实际问题和困难，在研究中将如何解决应用部分的问题，能够达到什么样的效果。

4. 研究内容的撰写

研究内容是研究问题的具体化、明细化。任何一个研究计划都需要有

明确的研究内容,在撰写研究内容时需要注意:

(1)一个研究计划书的研究问题通常包含多个研究内容,而且这些内容之间往往需要具有密切的内在联系。如"重庆市三峡库区社会工作人才的研究"这一课题的研究内容可以分为:重庆市三峡库区社会工作人才现状研究、重庆市三峡库区社会工作人才队伍发展的影响因素研究、重庆市三峡库区社会工作人才队伍建设研究。

(2)研究内容必须具体明确,表述清楚,从研究内容上看概念是明确的,研究是可行的。

(3)研究内容要有一定的创新性。意思是研究的内容应该是目前别人尚未研究的,或者别人研究中还存在明显缺陷的内容部分。

5. 研究思路与方法的撰写

(1)清楚地表达研究过程的逻辑顺序。即表述清楚研究的出发点,研究的基本进程、采取的有关方法,最后获得的结果等。常见的表达方法有图示法和语言表达法两种方式。

(2)清楚地表达研究的主要方法,即获取资料的主要方法。社会科学的研究方法一般包括个案法、文献法、问卷调查法、实验方法等,在研究方法使用上最好采用多种方法的有机结合,这样更能保证获取信息资料的多样性与丰富性,从而提高研究的信度与效度。

(3)清楚地指出研究的抽样对象与抽样方法。详细介绍研究对象是根据什么抽样方式选择出来的。抽样方式不同,研究的样本结构就不一样,可能研究结果就会不一样,所以抽样的方式也十分重要。如果是实验研究则需要较为明确地指出实验对象如何选择,如何分组,从而尽可能地控制实验可能产生的一些误差。

(4)简要描述研究中将采用的研究工具。如果是现成的,则必须对工具的来源、信度、效度等指标加以说明;如果是自己制作,则需要对制作工具的过程加以介绍。

(5)资料分析方法的介绍。对于定性定量的资料,分析方法会有明显的不一样,需要介绍采取什么统计分析方法或者逻辑分析方法对资料进行分析。

6. 时间进程

科学的时间分配对于有效完成研究项目有着十分重要的意义,需要清楚地介绍研究计划开始时间,在不同时间段做什么,预计什么时候完成。值得注意的是,一个研究计划的大多数时间应该用在研究资料的搜集和分析处理上,而不是研究报告的撰写上。

7.预期成果

预期成果主要包括阶段成果和最终成果两部分,前者主要是在项目研究过程中产生的一些成果,主要是基于某个具体问题的研究所产生的;后者则主要是本项目研究完成后形成的综合性成果,则需要回答研究的主要问题。研究成果一般包括论文、调研报告、著作等,在撰写时需要指出每一个预期成果的名称,在可能的情况下也可以简单写一下这些成果的内容框架。

8.其他需要注意的事项

(1)计划的提出者要能够表明自己具有长久而成功的工作经验或者指出所在的机构设备良好,可以处理问题,而且能够超越竞争者。

(2)草拟计划时,最好请求一位对研究方案有相当了解的人帮助,了解当前研究的热门课题。

(3)借助有关获得研究资助成功的人,从那里获取研究经验。

小资料:科研项目未被批准的主要原因

1.选题不当,不符合资助条件;

2.课题论证不充分;

3.负责人的素质或水平不宜承担此项目;

4.课题组力量不强或分工不当;

5.资料准备不够;

6.最终成果不明确;

7.不具备完成本项目所需的其他条件;

8.经过比较,本项目有更合适的承担人;

9.其他原因(加以说明)。

(资料来源:国家社会科学基金项目申报表。)

本章思考题

1. 探索性研究、描述性研究与解释性研究三者之间有哪些区别与联系?

2. 趋势研究、同期群研究与追踪研究三者之间有哪些区别?

3. 一份完整的研究计划书包括哪几部分内容?

4. 分析单位有哪几种典型错误?

5. 查阅两三项研究计划书,分析其研究方案撰写的特点。

推荐阅读

1. 费孝通. 江村经济[M]. 南京:江苏人民出版社,1985.

2. 朱光磊. 当代中国社会各阶层分析[M]. 天津:天津人民出版社,2007.

3. 周敏. 唐人街——深具社会经济潜质的华人社区[M]. 北京:商务印书馆,1995.

4. 折晓叶. 村庄的再造:一个超级村庄的社会变迁[M]. 北京:中国社会科学出版社,1997.

5. 沈传亮. 公务员群体的政治文化研究[M]. 郑州:郑州大学出版社,2007.

第四章

抽样设计

陈培峰

在社会科学研究中,常常需要收集和统计多种信息。如何更好地收集和利用各种信息,对于社会科学研究具有重要的意义,而正确的信息收集和统计方法是研究结果可靠性的重要保证。

抽样调查是收集信息资料的一种常用和高效的科学方法和手段,是社会科学的入门研究者容易掌握和使用的研究方法。掌握常用的抽样技术对于社会科学研究具有重大的帮助。例如,当想了解某一地区的居民的收入情况,必须收集到有效和准确的收入情况才能得出正确的结论。采取挨家挨户询问登记的方式可以保证收集到准确的数据,但这将是一项不可能完成的任务,就算有足够的人力和物力在短时间内收集到所有的信息,也无法统计这项庞大的数据。然而,如果采取抽样调查的方式,就可以避免这种情况的发生,能够在保证信息的准确性的同时大大提高效率。因此,采用合理的信息收集方式是社会科学研究成败的关键。

抽样调查是一项系统工程,从什么总体中抽样,如何抽样,抽取多少样本? 这些问题都是在实施抽样之前需要回答的问题。

第一节　抽样的基本知识

在社会科学研究中,根据调查对象的不同范围,可以将调查分为全面调查和非全面调查。全面调查是对被调查对象中的所有单位全部进行调查,即普查。如工业普查、人口普查等。非全面调查是对调查对象中的一部分单位进行调查,常用的是抽样调查。

一、抽样调查的概念、特点与作用

(一)抽样调查的定义

抽样调查(Sampling Survey)是按照一定程序,从所研究对象的全体(母体)(Population)中抽取一部分(样本)(Sample)进行调查或观察,并在一定的条件下,运用数理统计的原理和方法,对母体的数量特征进行估计和推断。抽样的本质就是从母体中选取具有代表性的样本,根据样本的特征估计和推测母体的特征。

（二）抽样调查的特点

1. 随机性

按照随机原则抽取样本,这是抽样调查有别于其他非全面调查的特点。所谓随机原则,就是使总体每个单位都有同等机会被抽中的原则,或者说是不受主观意志决定抽中单位的原则。

2. 推断性

在数量上以样本推断总体,这是抽样调查区别于其他调查方法的特点。根据大数定律的要求,按照随机原则抽取足够多的单位进行调查,样本各单位之间的差异相互抵消而趋于稳定,以其平均结果推断总体特征是完全可行的。

3. 误差可控性

抽样调查是以样本推断总体,必然存在一定的误差。依据中心极限定理,在样本单位数足够多的条件下,无论总体的分布如何,此时产生的误差通过有关资料事先计算出抽样误差的大小,并采取一定的方式把它控制在允许的范围之内,保证抽样推断结果达到一定的可靠程度。

（三）抽样调查的作用

在 20 世纪 60 年代,德敏（Demin）发现抽样不但比普查经济,且比普查所得结果质量更好。对一些不可能或不必要进行普查的社会经济现象,可用抽样调查方式解决。例如,对有破坏性质或损耗性质的商品质量检验;对一些无限总体的调查（如,对森林木材积蓄量调查）等。

与普查相比,抽样调查至少具有以下三个方面的特点（优势）：经济、高效和准确。抽样调查在人力、物力和财力上投入更少,能够更加省时和快速地得到研究结果,更能满足实效性要求,可以避免收集到有缺失、可疑和有误的信息。

抽样调查还可以起到一些特殊的作用:可以采用抽样调查对同一现象在不同时间进行连续不断地调查,可随时了解现象发展变化状况;还可以运用抽样调查对普查进行验证,例如人口普查,前后要用几年时间才能完成,为了节省时间和经费,常用抽样调查进行检查和修正;另外抽样调查还可运用于企业管理,尤其是产品质量管理（QC）,能更好地使企业为生产和市场服务。

小资料:民意测验

1984 年 11 月,罗纳德里根以 59% 比 41% 的优势当选为美国新一任总统。正式投票选举的前夕,一些政治民意测验机构就已根据他们抽样的结果预言了里根的胜利。下表就是美国的一些全国性的民意测验机构在 10 月底或 11 月初所作出的预测结果与实际投票结果的比较。

1984 年美国总统选举预测与实际结果比较(%)

	里根	蒙代尔
《时代》/《扬基拉维奇》	64	36
《今日美国》/《黑蛇发女怪》	63	37
哥伦比亚广播公司/《纽约时代周刊》	61	39
盖洛普民意测验/《新闻周刊》	59	41
美国广播公司/《华盛顿邮报》	57	43
哈里斯民意测验	56	44
罗珀民意测验	55	45
实际投票结果	59	41

从上表中可以看出,尽管各种民意测验的结果互不相同,但是,他们一方面都正确地预言了谁将获胜;另一方面,他们所预言的结果基本上都是紧紧围绕在实际投票结果的周围。那么,在将近 1 亿的美国选民中,他们究竟调查了多少人就得到这种结果的呢? 他们的调查对象不到 2 000 人! 这就是抽样所具有的力量和效率。

(资料来源:风笑天.社会学研究方法[M].2 版.北京:中国人民大学出版社,2005:119.)

二、常用术语

为了更好地掌握抽样调查技术,有必要了解有关抽样的一些术语和概念。

(一)母体(Population)和样本(Sample)

母体是指所要调查对象的全体,是研究中所有元素的集合,也是我们借由样本想要推论的全体。样本是母体的一部分,是指从母体中按一定程序所抽出的个体或元素的小集合体。例如,要了解某高校应届毕业生的就业倾向,可以按抽样理论从该校全部应届毕业生中抽取部分学生进行就业倾向的调查,那么全部应届毕业生就是调查的母体,抽中的那部分学生就是样本。这个过程就是抽样。经过抽样方法抽出的样本唯有与母体具有共同的特质,研究结果才有意义,故样本必须具有代表性。因此,好的样本应该具有正确性(Accuracy)和精准性(Precision):正确性指样本能否代表母体群特征值之程度;精准性是指标准误差(Standard Error)之估计值,值越小表示精准性越高,由于抽样的过程会有随机变异产生,使得样本与母体间有抽样误差,导致样本与母体很难完全一致吻合。

(二)抽样框(Sampling Frame)和抽样单元(Sampling Unit)

抽样框是指对可以选择作为样本的总体单位列出名册或排序编号,以确定总体的抽样范围和结构。设计出了抽样框后,便可采用抽签的方式或按照随机数表来抽选必要的单位数。若没有抽样框,则不能计算样本单位的概率,从而也就无法进行概率抽样。例如要从 5 000 名员工中抽取 60 名员工组成一个样本,则这 5 000 名员工的名册,就是抽样框。抽样单元,是指构成母体的个体项目。抽样单元与抽样框是抽样的一对基本范畴。包含所有抽样单元的总体称为抽样框,构成抽样框的单元称为抽样单元。抽样单元不一定是组成母体的最小单位。抽样单元可能包含一个或一些基本单元。例如在整群抽样中,群即为抽样单元,而群可能包含相当多的基本单元。

(三)重复抽样(Sampling with Replication)和不重复抽样(Sampling without Replacement)

重复抽样又称有放回抽样,是一种在母体中允许重复抽取样本单位的抽选方法,即从母体中随机抽出一个样本单位后,将它再放回去,使它仍有被选取的机会,在抽样过程中母体单位数始终相同。不重复抽样又称无放回抽样,即先被抽选的单位不再放回到母体中去,即任何单位一经抽出,就不会再有第二次被抽取的可能性。

（四）母体参数（Population Parameter）和样本统计量（Sample Statistics）

母体参数又称为全及指标，是根据母体各个单位的标志值或标志属性计算的，反映母体某种属性或特征的综合指标。常用的母体参数指标有母体平均数、母体标准差（或母体方差）和母体变异数等。样本统计量又称样本指标，由样本中各单位标志值计算出来反映样本特征，用来估计母体参数的综合指标（抽样指标）。统计量是样本变量的函数，用来估计母体参数，因此与总体参数相对应，统计量有样本平均数、样本标准差（或样本方差）、样本比例和样本变异数等。

（五）抽样误差（Sampling Error）和非抽样误差（Non-sampling Error）

在调查中，无论是普查，还是抽查，都有可能发生误差，调查误差是指调查的结果和客观实际情况的出入和差数，一般有两种误差存在：即抽样误差和非抽样误差。

在抽样调查中，通常以样本做出估计值对总体的某个特征进行估计，当二者不一致时，就会产生误差。因为由样本做出的估计值是随着抽选的样本不同而变化，即使观察完全正确，它和总体指标之间也往往存在差异，这种差异纯粹是抽样引起的，故称之为抽样误差。抽样误差即用样本估计母体而产生的误差。抽样误差无特定偏向，其误差大小主要受被研究母体各单位标志值的变异程度、抽取的样本数和抽样调查组织方式等的影响。

非抽样误差通常是指在抽样调查中除抽样误差以外，由于各种原因而引起的一些偏差。一类是调查误差，即在调查过程中由于观察、测量、登记、计算上的差错而引起的误差；一类是系统性误差，即由于违反抽样调查的随机原则，有意抽选较好单位或较坏单位进行调查，这样造成样本的代表性不足所引起的误差。常见的非抽样误差有：资料的说明与调查目的不一致或不相称；地区单位界线不清或查记不明，引起数据的遗漏或重复；访问技术及度量方法不当，或列表、定义、说明等不清晰；缺乏熟练的访查员；抽样对象故意掩饰、回答误差和其他形态的回答误差（包括不回答误差）；缺乏熟练的督导人员；研究者的疏忽和作弊；基本数据的审查不当；编码、打印、确认及制表等误差；排版、印刷及绘图等误差，等等。

（六）置信度（Confidence Level）和置信区间（Confidence Interval）

置信度也叫可靠性或置信水平,代表来自母体的样本对表征母体的参数(如平均数)进行估计的统计可信程度。由于样本的随机性,用样本来估计母体参数时,结论总是不确定的,因此采用一种概率的陈述的方法。估计值与母体参数在一定允许的误差范围以内,其相应的概率有多大,这个相应的概率称作置信度。抽样调查中的置信度通常有90%、95%、99%。

置信区间又称估计区间,是用来估计参数的取值范围的。一个概率样本的置信区间是对这个样本的某个总体参数(如平均数)的区间估计。置信区间展现的是这个参数的真实值有一定概率落在测量结果的周围的程度。

例4-1

在一次大选中某人的支持率为55%,而置信水平0.95上的置信区间是(50%,60%),那么他的真实支持率有95%的几率落在50%和60%之间,因此他的真实支持率只有5%的可能性小于50%。置信水平一般用百分比表示,因此置信水平0.95上的置信区间也可以表达为:95%置信区间。置信区间的两端被称为置信极限。对一个给定情形的估计来说,置信水平越高,所对应的置信区间就会越大。

第二节　常见抽样方法

根据抽选样本的方法,抽样调查可以分为随机抽样法(也称机率抽样法,Probability Sampling)和非随机抽样法(非机率抽样,Non-probability Sampling)。

一、随机抽样法

随机抽样是按照概率论和数理统计的原理,根据随机原则从母体中抽取一定数目的单位作为样本进行观察,以其结果推断总体的一种抽样方式。它对研究总体中每一个样本单位都给予平等的抽取机会(即等概率抽取),完全排除了人为的主观因素的选择,从而使根据样本所做出的结论对母体具有充分的代表性。这也是它与非随机抽样方法的根本区别。

(一)简单随机抽样(Simple Random Sampling)

简单随机抽样又称纯随机抽样,就是在总体单位中不进行任何有目的的选择,完全按随机原则抽取样本单位。它是随机抽样中最简单的一种。在随机抽样中,母体中的每个元素被选出的机会是相同的。可以分为重复抽样和不重复抽样两种形式。而一般实行的随机抽样采取不重复抽样这种形式。

简单随机抽样一般可采用掷硬币、掷骰子、抽签、查随机数表(Random Number Table)等方法抽取样本,在市场调查中,由于母体单位较多,前两种方法较少采用,主要运用后两种方法。

抽签法:就是给母体的每个单位编号,并做成号签,把号签混合之后,抽取所需单位数,然后,按照抽中的号码,查对调查单位,加以登记。

随机数表法:随机数表是将0~9十个数字用完全随机顺序排列编制而得的表。步骤包括:确定准确的抽样框;对抽样框中的所有元素进行编号;利用随机数表选择元素。

简单随机抽样的优点突出,简单直观,当母体名单完整时,可直接从中随机抽取样本,由于抽取机率相同,计算抽样误差及对母体参数加以推断比较方便。

尽管简单随机抽样在理论上是最符合随机原则的,但在实际应用中则有一定的局限性,表现在:

1. 采用简单随机抽样,一般要对母体各单位加以编号,而实际所需调查母体往往十分庞大,单位非常多,逐一编号相当困难。

2. 某些事物无法适用简单随机抽样,例如,对连续不断生产的大量产品进行质量检验,就不能对全部产品进行编号抽样。

3. 当母体的标志变异程度(变异数)较大时,简单随机抽样的代表性就不如经过分层后再抽样抽取的样本代表性。

4. 由于抽出的样本单位较为分散,所以调查所需要的人力、物力、费用消耗较大。

因此简单随机抽样适用于母体规模小、母体分布比较均匀、母体框完备且定期更新、母体框是唯一有关母体信息来源等情况。总体内部各单位之间的差异程度较大,一般不直接使用这种方法抽样,而是与其他抽样方法结合使用。

(二)系统抽样(Systematic Sampling)

系统抽样又称等距抽样或机械抽样,就是先将母体各单位按一定顺序排列起来,然后依固定的顺序和间隔抽取样本单位。

单位顺序的排列方式有两种:一种是排列顺序与调查项目无关。例如,在住户调查时,选择住户可以按住户所在街区的门牌号码排序,然后每隔若干个号码抽选一户进行调查;另一种是按与调查项目有关标志排序。例如,住户调查时,可按住户平均月收入排序,再进行抽选。

在排序的基础上,还要计算抽样距离(间隔),计算公式为:抽样距离 = N/n。确定抽样距离之后,可以从第一段距离中随机地抽取第一个单位,也可以从任何一段的随机位置开始,并按抽样距离继续抽取余下的单位,直到抽足为止。

例 4-2

从 600 名大学生中抽取 50 名大学生进行调查,可以利用学校现有名册按顺序编号排序,从第 001 号编至 600 号。抽取距离 = (N/n = 600/50 = 12(人)。如从第一个 12 人中用简单随机抽样方式,抽取第一个样本单位,如抽到的是 8 号,依次抽出的是 20 号、32 号、44 号……

系统抽样与简单随机抽样相比,可使选中单位比较均匀地分布在母体中,尤其当被研究现象的标志变异程度较大,而在实际工作中又不可能抽选更多的样本单位时,这种方式更为有效,因此,系统抽样是市场调查中应用很广的一种抽样方式。

系统抽样也有一定的局限性。当抽样间隔和被调查对象本身的周期性重合时,就会影响调查的精确度。如对某商场每周的商品销售量情况进行抽样调查,若抽取的第一个样本是周末,抽样间隔为 7 天,那么抽取的样本单位都是周末,而周末往往商品销售量较大,这样就会发生系统性偏差(即各样本值偏向一边),从而影响系统抽样的代表性。

（三）分层抽样（Stratified Sampling）

分层抽样又称类别抽样或分类抽样,它是先将母体所有单位按某些重要标志进行分类(层),然后在各类(层)中采用简单随机抽样或系统抽样方式抽取样本单位,而不是在总体中直接抽样的一种抽样方式。

分层抽样首先要确定目标总体,然后决定样本数,接着是根据相关变量(如年级、性别、文化程度等)将总体分成若干不同的层(群、次级总体),最后按照一定的比例,从各个层中抽取适当数量的元素组成样本。

例 4-3

对大学生课外兼职状况进行调查,可将大学生按年级不同,分为大一、大二、大三和大四共 4 层,再从各层中抽取大学生。当然也可以按照性别、生源地、学科等分层。下表是按年级分层的情况。

母 体		样 本
大一　3 000 人	⟹	大一 90 人
大二　2 500 人	⟹	大二 75 人
大三　2 000 人	⟹	大三 60 人
大四　2 000 人	⟹	大四 60 人

分层抽样必须注意以下问题:1. 必须有清楚的分层界限,避免具体划分层次时导致混淆;2. 必须知道各层中的单位数目和比例;3. 分层的数目不宜太多,否则将失去分层的特征。

分层抽样的方式,一般有等比例抽样与非等比例抽样。等比例抽样,要求各类样本单位数的分配比例与母体单位在各类的分配比例一致,即 $ni/n = Ni/N$(ni 为从各层中抽出的子样本数,n 为样本数,Ni 为各层的母体单位数,N 为母体单位总数)。上面的例子使用的就是等比例抽样,此种抽样在实际工作中应用较广。

非等比例抽样,又称分层最佳抽样。这种抽样法不按各层中样本单位数占总体单位数的比例分配各层样本数,而是根据各层的标准差的大小来调整各层样本数目。适用于各层的单位数相差悬殊,或层内变异数相差较大的情形。在这种情况下,如按等比例抽样,可能在母体单位数少的层中抽取样本单位数过少,代表性不足;同样,层内变异数较大的,也可多抽些样本单位。因此,该方法既考虑了各层在总体中所占比重的大小,又考虑了各层标准差的差异程度,有利于降低各层的差异,以提高样本的可信程度,故也可将不等比例分层抽样称为分层信任程度抽样。

分层抽样比简单随机抽样和系统抽样更为精确,能够通过对较少的抽样单位的调查,得到比较准确的推断结果,特别是当母体较大、内部结构复杂时,分层抽样常能取得令人满意的效果。同时,分层抽样在对母体推断的同时,还能获得对每层的推论,并且利于层和层之间的比较。另外,分层抽样还能够增加样本的统计效率;提供各次群体充足的分析数据;不同的层次可使用不同的研究方法及分析步骤。

进行分层抽样的时候,需要注意以下情况:

1. 用于划分总体的变量(分层变量)除了考虑常见的人口统计特征变量、比较容易得以辨识的变量外,还要考虑与研究变量相关的一些变量。例如性别和许多研究变量相关,且容易辨识,所以常常作为分层变量。

2. 分层抽样的时候应该是各个层内之间的元素的差异比较小,而各层之间的元素差异比较大。各个层的划分要根据研究者的判断和研究目的。

3. 当研究者感兴趣的层占总体的比例很小的时候,若采用简单随机抽样方法就可能会漏掉该层的元素,此时常用分层抽样。

4. 在某些特殊情况下,研究者可能想让某个层在样本中的比例不同于其在总体中的真正比例,此时也常用分层抽样。

(四)集群抽样(Cluster Sampling)

如果若干小的抽样单位可组合成一个较大的抽样单位,抽样按大的抽样单位抽取,一旦某个抽样单位被抽取,则调查其中每个小的抽样单位,这种抽样称为集群抽样,又称分群抽样。应用于当抽样的母体群非常的大,或母群体之抽样单位分布非常广且散,或个别元素组成的抽样主体不易取得时。

例 4-4

在对学生成绩进行调查时,若以班级为群,抽样时可先抽取班级,再调查每个被抽到的班级中的每一名学生。下表是按群体抽样示意。

	群体的成员	被抽取的样本
集群一	S1,S2,S3,…S8,S9,S10	没有被抽中
集群二	S11,S12,…S19,S20	S11,S12,…S19,S20
集群三	S21,S22,…S19,S20	没有被抽中
集群四	S31,S32,…S39,S40	S31,S32,…S39,S40
集群五	S41,S42,…S49,S50	没有被抽中

集群抽样具有如下特征:1.以集群(Cluster)为单位,而不以个体为单位。2.将群体按某种标准(如班级、地区)分为若干类,称之为集群。3.对集群中各成员全部加以抽取。

集群抽样的优点是组织工作比较方便,花费较少,确定一组就可以抽出许多单位进行观察。但正因为以群为单位进行抽取,抽取单位比较集中,明显地影响了样本分布的均匀性。因此在抽样单位数目相同的条件下抽样误差较大,代表性较低。在抽样调查实践中,集群抽样一般都要比其他抽样方式抽取更多的单位,以降低抽样误差,提高抽样结果的准确程度。为了改进样本代表性,也可以在集群抽样的每一阶段采取分层技术,而非简单随机抽样法。

当然,集群抽样的可靠程度主要还是取决于群与群之间的差异大小,当各群间差异越小时,集群抽样的调查结果就越准确。因此,在大规模的市场调查中,当群内各单位间的差异较大,而各群之间差异较小时,才可考虑采取集群抽样方式。

集群抽样和分层抽样都是把母体分成几组,二者不同的地方在于:1.分层抽样时每一层至少有一个抽样单位被抽出;集群抽样只有部分层被选为样本。2.分层抽样时对每一层进行抽样取得样本;而集群抽样对部分层进行普查。3.分层抽样的目的在于减少误差,提高样本估计值的可靠性;集群抽样的目的在于减少成本。

表 4-1　分层抽样与集群抽样的比较

分层抽样	群体抽样
母体被分成少数次群体,每个次群体所含元素数目相当多,其分类系依据与研究变量有关的特定标准为之。	母体被分成相当多个次群体,每个次群体所含元素少,其分类系依据资料搜集时简单易得的标准为之。
企图使次群体内同质,而次群体间异质。	企图使次群体内异质,次群体间同质,但通常结果相反。
抽样时从次群体内随机抽取元素。	抽样随机抽取次群体作为研究对象。

(五)多阶段抽样(Multi-stage Sampling)

当母体非常大时,如果采用简单随机抽样法,其抽出率相对的会很小,母体参数估计的准确度相对的也会变小;如果采用分层抽样,为了将相类似的元素放在同一个层级中,层级个数势必也相对的变大,如此便失去分层的意义;同理,如果采用集群抽样,每个集群也会相应地变大,集群抽样便失去了同时达到经济与准确的目的了。在这种情况下,通常是采用两阶段或多阶段抽取的办法,即先抽大的调查单位,在大单位中抽小单位,再在小单位中抽更小的单位,这种抽样组织方式称为多阶段抽样。例如一般全国性的意向调查可先从全国抽取若干县市,再在县市中抽乡镇市区,然后,在各乡镇市区中抽选住户家庭。

多阶段抽样在抽取样本及组织调查时很方便,但在设计抽样调查方案、计算抽样误差和推断母体上比较复杂。

多阶段抽样有以下两个特点:一是对抽样单位的抽取不是一步到位的,至少要两步;二是组织调查比较方便,尤其对于那些基本单位数多且分散的母体,由于编制抽样框较为困难或难以直接抽取所需样本,就可以利用地理区域或行政系统进行多阶段抽样。

例 4-5

一次关于暨南大学校本部学生时间分配和消费状况的调查。

(一)分层

因为暨南大学的学生类型比较多,包括本科生、硕士研究生和博士研究生,本科和研究生又分为内招生(大陆)和外招生(港澳生),所以为了保证调查的广泛性,我们以宿舍为初级单位将宿舍楼分为四层,具体见下表:

层数 (人数)	宿舍和每栋楼 (房间数)	学生类型	层内各群体比例	备 注
第一层 (1 227)	旧建阳一栋(192) 旧建阳二栋(42) 真如A区南和北(410)	内招 本科男生	644/1227 = 52.49%	每间一般4人
	万家乐楼(64) 真如B区北(240) 裕华楼(32) 真如B区南(247)	内招 本科女生	583/1227 = 47.51%	每间房4人
第二层 (675)	真如23栋(242) 金陵三栋(240)	研究生男生	482/675 = 71.40%	1人,3人 或4人
	真如26栋(69) 金陵二栋(124)	研究生女生	193/675 - 28.60%	3人或4人
第三层 (1 076)	新建阳一栋(144) 新建阳二栋(153) 新建阳三栋(153) 新建阳四栋(153) 新建阳五栋(153)	外招 本科男生	756/1076 = 70.26%	2人或3人
	真如24栋(320)	外招本科女生	320/1076 = 29.74%	2人或3人
第四层	真如25栋(270) 金陵四栋(363) 金陵一栋(289)	混合型	1:1.3:1.07	1人(博士)、 2人或3人

由于调查的指标对于同一宿舍的学生来说具有一定的相似性,所以以宿舍作为最小的抽样单元,抽取150个宿舍作为样本,每个宿舍调查一位同学。若宿舍只有一人在,则以此人作为调查对象,若调查时多于1人,选取学号最小的学生作为调查对象。

(二)每层进行一阶抽样

抽样时考虑到宿舍比较多且比较杂,我们对每一层采取不同的处理方法。

第一层:内招本科男生(简称:男本内)有三栋宿舍楼,我们在这三栋中抽取一栋,内招本科女生(女本内)有四栋,我们抽两栋。具体抽样过程:准备1—10十个号码,1表示旧建阳二栋,2、3、4表示旧建阳一栋,5—10表示真如A区南和北,随机抽取一个号码,抽中的号码为5号,所以"男本内"我们选取真如A区南和北为调查楼。同理在"女本内"中也根据房间数按比例抽样,最后抽中万家乐楼和真如B区南。

第二层:纯粹的男研究生楼和女研究生楼,我们在男生楼和女生楼中各抽一栋,其中真如26栋和金陵二栋按1:2的概率抽,编1—3号签,1表示真如26栋,2、3表示金陵二栋,结果抽中1号签,所以以真如26栋为调查对象。两栋男生研究生楼则按1:1的方法抽取,抽中金陵三栋。

第三层:外招男生本科(男本外)和外招女生本科(女本外),"男本外"有五栋宿舍楼,大小几乎相同,楼与楼之间的差异较小,我们在五栋楼中采取简单随机抽样抽取其中一栋作为调查对象,而"女本外"只有一栋楼,我们直接把真如24栋作为调查对象。

第四层:混住情况的楼,因为情况比较复杂,里面既有本科生,又有硕士和博士生,我们决定三栋楼都调查,这样保证样本具有广泛的代表性。具体抽中的楼列表如下:(括号内是每一层的房间总数和每栋楼的房间总数)

第一层(1 227)	第二层(675)	第三层(1 076)	第四层(922)
真如A区南北(410) 万家乐楼(64) 真如B区南(247)	真如26栋(69) 金陵三栋(240)	新建阳二栋(153) 真如21栋(320)	真如25栋(270) 金陵四栋(363) 金陵一栋(289)

(三)样本的分配和每栋楼再进行二阶和三阶段抽样

总的样本数我们确定为150个,我们根据初级单元的房间数按比例分配。每一层又根据层内不同群体的房间数再大致按比例分配,具体样本分配见下表。

第一层(47)	第二层(26)	第三层(42)	第四层(35)
真如A区南北(24) 万家乐楼(5) 真如B区南(18)	真如26栋(9) 金陵三栋(17)	新建阳二栋(28) 真如24栋(14)	真如25栋(10) 金陵四栋(15) 金陵一栋(10)

要调查的每栋楼样本的抽取方法,我们以真如 B 区北栋为例。此楼居住楼层为 2—9 楼,每层楼有 33 个房间,共要抽 18 个样本,我们先从 2—9 层中不放回的抽取三个楼层,分别抽到 6、7 和 9 楼,第三阶段是每个楼层再抽 6 个房间。在第一盒子里装上 4 个签,分别标号 0、1、2、3,第二个盒子放置 0—9 号 10 个签,从两个盒子中任意抽取一个号码,例如第一个盒子抽到 2 号,第二个盒子抽中 5 号,表示 25 号房间,记录下来后把号码放回盒子里再抽,直到抽到六个房间号码为止,如果抽到坏样本如 00、35(因为每层楼只有 33 个房间)等,则放回重抽,遇到抽取楼层房号重复也重抽。

考虑到抽取样本工作量比较大,我们 4 人分工同时进行,对某些楼每层楼房间数较多的如真如 A 区南和北栋每层楼 52 个房间,我们用 EXCEL 生成 01—52 的随机数,房间比较少的则人工抽取。

(资料来源:杨巧梅.统计抽样调查方法的实例分析[J].市场周刊:理论研究,2009,5:90-91.)

(六)随机抽样法的比较

表 4-2　随机抽样的类型比较

类　型	叙　述	优　点	缺　点
简单随机抽样	母体中每个元素被抽出的几率相同。实施的方法有抽签法及随机数表法。	1. 于学理上最精确。 2. 仅受随机误差影响。	1. 母体若很大时不易实施。 2. 需要母体全部的名册方能实行。
系统抽样	将抽样架构中各元素依次编号分组,选取架构中第 k 个元素组成的样本。	较随机抽样容易实施、节省成本。	若抽样架构具有周期性则样本可能不具代表性。
分层抽样	为前两种抽样法的混合体。先将母体分成几个同质的次集合,再从其中抽出样本。	比前两者更具抽样效率,研究者若想研究次母体特质时,是一个不错的方法。	正确的分层不是件很容易的事,可能要花费许多成本。

续表

类　型	叙　述	优　点	缺　点
集群抽样	先将母体分成若干群，再以随机的方式抽出若干群之中的数群，对群内的样本全数访问。	1. 节省研究时间与财力。 2. 抽样架构中每个元素数据不易得到或不完整时，使用此法会较方便。	1. 群集的大小差异会影响抽样正确性。 2. 依目的可能要抽样二次以上，例如先抽村里，再抽户。发生抽样错误的机率较高。

（资料来源：William G Zikmund. Business Research Methods [M]. 7th ed. Mason, ohio：Thomson/South-Western, 2003：393.）

二、非随机抽样法

非随机抽样是以方便为出发点或根据研究者主观的判断和经验来抽取样本。它不是严格按随机抽样原则来抽取样本，所以失去了大数定律的存在基础，也就无法确定抽样误差，无法正确地说明样本的统计值在多大程度上适合于总体。虽然根据样本调查的结果也可在一定程度上说明总体的性质、特征，但不能从数量上推断总体。非随机抽样简单易行，尤其适用于做探索性研究。另外，在某些情况下，如，受客观条件限制，无法进行严格的随机抽样；为了快速获得调查结果；母体各单位间离散程度不大，且调查员具有丰富的调查经验；调查对象不确定，或无法确定等，都可以使用非随机抽样。

（一）方便抽样（Convenient Sampling）

方便抽样又称偶遇抽样，顾名思义，即是以选样的便利为基础的一种抽样方式。电视节目的街头访问、杂志的读者问卷等都是。调查中研究人员自由选择遇见的任何人，如采取"街头拦人法"，即在街上或路口任意找某个行人，将他（她）作为被访者，进行调查。例如，在街头向行人询问对市场物价的看法，或请行人填写某种问卷等。

方便抽样简便易行，能及时取得所需的信息数据，省时、省力、节约经费，效率很高，并能为非正式的探索性研究提供很好的数据源。但取得的样本偶然性很大，存在着选择偏差，如调查者的自我选择偏差、抽样的主观性偏差等,因而样本的代表性较差,调查结果的可信度较低。只有当目标总体各单位间差异不大,即个体同质时,采用方便抽样获取的样本才具有较高的代表性。它可以通过调研发现问题,产生想法和假设,对问卷进行测试。实际操作中,便利抽样多用于探索性调查或正式调查前的预调查。

(二)判断抽样(Judgment Sampling)

判断抽样又称目的抽样(Purposive Sampling),它是凭着研究人员的主观意愿、经验和知识,主观设定某些标准,从母体中选择具有典型代表性样本作为调查对象的一种抽样方法。常用于探索性研究或田野调查中。

判断抽样一般包括两种方式。一种是由专家判断决定所选样本,即选择最能代表普遍情况的群体作为样本,一般选取“多数型”或“平均型”的样本为调研单位。“多数型”的样本是在调研总体占多数的单位中挑选出来的样本;“平均型”的样本是在调研总体中挑选出来的代表平均水平的样本。也就是说,通过构成“平均型”典型样本,可以实现把握目标总体平均水平大体位置的调研目的;通过组成“多数型”(也称众数型)判断样本,可以实现掌握目标总体中多数单位所处现状的调研目的。

另一种是利用统计判断选取样本,即利用调研对象(总体)的全面统计资料,按照主观设定的某一标准选取样本。如选择一些“极端性”的总体单位来查找问题的根源所在。我们通常所说的重点调查和典型调查都是判断抽样的特例。

判断抽样的样本代表性如何,完全凭调研者本身的知识、经验和判断能力而定。正是由于判断抽样是“有目的”地主观选取一些可以代表总体的个体组成判定样本,所以使得调研人员对目标总体有关特征的较深入的了解成为应用这种抽样组织形式的前提。此种抽样比较适合以下情况:

1. 如果研究者要选择一个信息量大的独特个案时适用。例如要研究女性时尚文化方面的主题,可以选一本非常流行的时尚杂志。

2. 当研究总体是难以接触的一群特殊对象时,可以使用研究者的主观信息和专家的判断来界定研究计划所要包含的样本。例如:吸毒人员、艺术家、乞丐和游民等。

3. 当研究者要找某一类特殊个案进行深入研究时。

（三）配额抽样（Quota Sampling）

配额抽样又称定额抽样，是按照总体特征予以配置样本的抽样形式，是非随机抽样中最流行的一种。配额抽样类似随机抽样中的分层抽样，它也是首先将母体中的所有单位按一定的标志分为若干类（组），然后在每个类（组）中用方便抽样或判断抽样方法选取样本单位。配额抽样方法可以保证母体的各个类别都能包括在所抽样本之中，故与其他几种非随机抽样方法相比，样本具有较高的代表性。

采用配额抽样，事先要对母体中所有单位按其属性、特征分为若干类型，这些属性、特征称为"控制特征"。如被调查者的年龄、收入、职业、教育程度等，然后，按各个控制特征分配样本数额。用以分配的属性须符合两点要求：可用来推估母体分配；与研究主题有直接关联。

其基本的步骤如下：

1.先用各种变量（例如：性别、年龄阶段、受教育水平、宗教信仰、民族、城乡、居住地地理位置等人口统计特征变量）对总体进行交叉分类，建立描述总体特征的矩阵或表格；

2.考查总体中的矩阵或表格中每一个格子（Cell）所占的比例；

3.决定样本中每一个格子抽样数；

4.采用随意抽样抽取个体。

例 4-6

假设某高校有 4 000 人，其中男生占 60%，女生占 40%；文科生和理科学生各占 50%；一二三四年级学生分别占 40%，30%，20%，10%。现采用定额抽样方法，按照上面的 3 个变量抽取一个规模为 100 人的样本。

	男生（60 人）								女生（40 人）							
	文科（30 人）				理科（30 人）				文科（20 人）				理科（20 人）			
年级	一	二	三	四	一	二	三	四	一	二	三	四	一	二	三	四
人数	12	9	6	3	12	9	6	3	8	6	4	2	8	6	4	2

（四）滚雪球抽样（Snowball Sampling）

滚雪球抽样是以"滚雪球"的方式抽取样本。即通过少量样本单位以获取更多样本单位的信息。这种方法的运用前提是母体样本单位之间具有一定的联系，是在不甚了解母体的情况下对母体或母体部分单位情况进行掌握。

滚雪球抽样的基本步骤为：

1. 找出少数样本单位，通常是随机选取的；

2. 访问这些被调查者之后，再请他们提供另外一些属于所研究的目标总体的调查对象，根据所提供的线索，选择此后的调查对象；

3. 通过新的样本单位去了解更多的样本单位，依此类推，如同滚雪球，使调查结果愈来愈接近母体。

滚雪球抽样主要是用于研究对象不易识别，但可循特定网络寻找的对象。例如名字不能/不愿公开的（吸毒者、帮派活动、宗教活动……）；特别的群体（私家车的车主、某一产品的用户……）等。滚雪球抽样的主要优点是便于有针对性地找到被调查者，而不至于"大海捞针"，可以大大地增加接触总体中所需群体的可能性。使用滚雪球抽样法可以大大减少调查费用。然而这种成本的节约是以调查质量的降低为代价的，整个样本很可能出现偏差，因为那些个体的名单来源于那些最初调查过的人，而他们之间可能十分相似，因此，样本可能不能很好地代表整个总体。例如，要研究退休老人的生活，可以清晨到公园去结识几位散步老人，再通过他们结识其朋友，不用很久，你就可以交上一大批老年朋友。但是这种方法偏误也很大，那些不好活动、不爱去公园、不爱和别人交往、喜欢一个人在家里活动的老人，你就很难把雪球滚到他们那里去，而他们却代表着另外一种退休后的生活方式。另外，如果被调查者不愿意提供人员来接受调查，那么这种方法就会受阻。

（五）非随机抽样法的比较

非随机抽样法的比较见表4-3。

表4-3 非随机抽样法的比较

类型	叙 述	优 点	缺 点
方便抽样	研究者使用最方便或是最经济的方法来进行抽样。	1. 不需要母体的名册。 2. 快速、便利。	1. 正确性和估计偏差不能衡量或控制。 2. 研究者的主观意识可能影响抽样，选出的样本可能不是很适合代表母体。
配额抽样	研究者将母体依特质区分为数类，而抽样时按比例从各类中抽出；其样本元素具有某种特质的比率和母体元素具有某种特质的比率大约是一致的。	1. 较机率抽样中的分层抽样成本低。 2. 具有分层抽样的效果。	1. 虽采用配额的方式抽样，但在抽样时若不是随机选取，选出的样本也会有误差，而不能代表整个母体。 2. 在研究者将母体分类时可能会产生偏误。
判断抽样	依研究者的判断进行抽样，研究者对母体必须有深入的了解。	1. 在某种类型如选举预测上是很有用的。 2. 在搜集样本时，较节省成本及时间。	1. 研究者在抽样时可能会因主观因素而影响了抽样，造成偏差。 2. 由抽样资料来推估母体时较不适合。
雪球抽样	先搜集目标母体的少数成员，再由这些成员引出其他的母体成员。	在寻找少数难以寻找的母体时，此法是一个很好的方法。	1. 因为抽样单位不独立，会产生较高的偏差。 2. 由抽样资料来推估母体时较不适合。

（资料来源：William G Zikmund. Business Research Methods[M]. 6th ed. Fort Worth：Dryden Press，1999：362.）

三、随机抽样法和非随机抽样法的比较

表4-4　随机抽样法和非随机抽样法的比较

	抽样设计种类	
	随机抽样	非随机抽样
1.成本	要花较多成本	成本较低
2.正确性	较正确	较不正确
3.时间	要费较多时间	费时较少
4.结果的接受度（Acceptance of Results）	普遍的,可被接受	尚好
5.结果可概化性（Generalizability of Results）	良好	较差

（资料来源：Duane Davis. Business Research for Decision Making[M]. 6th ed. Pacific Grove：Duxbury Press,2004:238. ）

第三节　样本容量

　　样本是从总体中抽出的部分单位集合,这个集合的大小就叫做样本容量。样本容量也代表一个样本的必要抽样单位数目。

　　确定样本容量的大小是比较复杂的问题,既要有定性的考虑也要有定量的考虑。样本容量的确定通常是介于理论上的完善方案与实际上可行方案之间的一个折中方案。从定性的方面考虑样本量的大小,其考虑因素有:决策的重要性,调研的性质,变量个数,数据分析的性质,同类研究中所用的样本量、发生率、完成率、资源限制等。具体地说,更重要的决策,需要更多的信息和更准确的信息,这就需要较大的样本;探索性研究,样本量一般较小,而结论性研究如描述性的调查,就需要较大的样本;收集有关许多变量的数据,样本量就要大一些,以减少抽样误差的累积效应;如果需要采用多元统计方法对数据进行复杂的高级分析,样本量就应当较大;如果需要特别详细的分析,如做许多分类等,也需要大样本。针对子样本分析比只限于对总样本分析,所需样本量要大得多。

　　另外,在组织抽样调查时,抽样误差的大小直接影响样本指标代表性的大小,而必要的样本单位数目是保证抽样误差不超过某一给定范围的重要因素之一。一般来说,样本的容量越大的话,样本的误差就越小。但样本大,耗费的成本也高,而且一个项目可支配的资源也不允许样本无限大。

虽然抽样成本随着样本容量的增加呈直线递增（样本容量增加 1 倍，成本也增加 1 倍），抽样误差却只是以样本量相对增长速度的平方根递减。即如果样本容量增加了 3 倍，数据搜集成本增加了 3 倍，但抽样误差只降低了 1/2。因此，确定抽样样本的容量不仅涉及财务和统计方面的问题，还涉及管理的问题。在抽样的时候要求多高的估计精确度，实际总体指在所选定的置信区间内的置信度是多少，这些都是要考虑的问题。

一、抽样误差

前面章节对抽样误差已经进行了定义。简单来讲，就是指样本指标和总体指标之间数量上的差别。这些指标包括平均数、方差（Variance）和标准差（Standard Deviation）等。

方差用来度量随机变量和其数学期望（即均值）之间的偏离程度。在许多实际问题中，研究随机变量和均值之间的偏离程度有着很重要的意义。样本中各数据与样本平均数的差的平方和的平均数叫做样本方差；而样本方差的算术平方根叫做样本标准差。样本方差和样本标准差都是衡量一个样本波动大小的量，样本方差或样本标准差越大，样本数据的波动就越大。标准差与方差不同的是，标准差和变量的计算单位相同，比方差清楚，因此我们分析的时候更多的使用的是标准差。

总体指标是根据总体各单位标志值计算的、反映总体属性的指标。主要有总体平均数、总体方差、总体（平方）标准差。它们的计算公式分别是（N 是总体量；X 是样本值）：

$$\text{总体平均数：} \mu = \overline{X} = \frac{\sum X}{N}$$

$$\text{总体方差：} \sigma^2 = \frac{\sum \left(X - \overline{X} \right)^2}{N}$$

$$\text{总体（平方）标准差：} \sigma = \sqrt{\frac{\sum \left(X - \overline{X} \right)^2}{N}}$$

抽样指标：根据样本各单位标志值计算的、反映样本属性的指标。主要有样本平均数、样本方差、样本标准差。它们的计算公式分别是（n 是样本量，x 是样本值）：

$$\text{样本平均数：} \mu = \overline{x} = \frac{\sum x}{n}$$

$$样本方差:s^2 = \frac{\sum \left(x - \bar{x} \right)^2}{n}$$

$$样本标准差:s = \sqrt{\frac{\sum \left(x - \bar{x} \right)^2}{n}}$$

例 4-7

　　某年级 100 名同学的平均体重是 55 kg,现随机抽取 10 名同学为样本,其平均体重为 52 kg。若用 52 kg 估计 55 kg,则误差为 52 - 55 = -3 kg,如果重新抽 10 名同学,若测得数据是 57 kg,则其误差为 2 kg。这种只抽取部分样本而产生的误差,都被称为抽样误差。

　　抽样误差的作用在于说明样本指标的代表性大小。误差大,则样本指标代表性低;误差小,则样本指标代表性高;误差等于 0,则样本指标和总体指标一样大。

二、样本容量的确定

　　怎样根据具体的情况来确定样本容量的大小呢?下面介绍一些常见的样本容量计算方法。

(一)置信区间法

　　运用差异性置信区间、样本分布以及平均数标准误差或百分率标准误差等概念来创建一个有效的样本。

　　由于调查研究的目的不同,对抽样调查置信度及置信区间要求有所不同。在抽样调查中,要求的置信度越高,抽取的样本单位就越多;反之,置信度越低,抽取的样本单位就越少。抽样调查的置信区间是指用样本指标推断总体指标时的误差范围,它也被称为允许误差范围。允许误差与抽样数目成反比,允许误差愈大,抽样数目愈少;反之,允许误差愈小,抽样数目愈大。

1. 差异性的概念

　　差异性是指某一样本值(如被试对某一特定问题的回答)在相异性(或相似性)方面的总括。如果多数回答都接近同一个数字,而且大多数的回答都集中在某一小范围内,则差异性小;反之,则差异性大。

例 4-8

驾驶员的年驾驶里程分布体现了差异性。

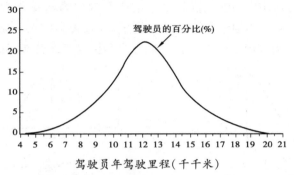

驾驶员年驾驶里程(千千米)

从上图可以看出,如果答案曲线图显示十分集中或呈"尖峰"状态,则差异性小。如果曲线图显示受访者在各种可能的答案选项间平均分布,则差异性大。而用来测量差异性的指标就是标准差。那么如何用标准差来测定差异性呢?只要将两个样本的标准差进行比较,就能判定相关的差异性。

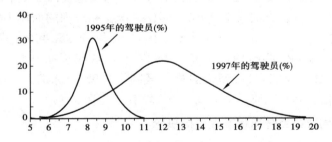

不同年份的驾驶员年驾驶里程(千千米)

如上图中两个曲线,1995 年的驾驶员年驾驶里程较少(平均),而且差异性也不大(标准差),但 1997 年的驾驶员年平均驾驶里程较多,差异性也较大。

---

2. 正态分布的概念

虽然 1995 年的车主和 1997 年的车主年驾驶里程的曲线差异很大,但是两个曲线的分布都呈现了共同的特征——正态分布。

正态分布是一种概率分布,呈钟型,两头低,中间高,左右对称,如图4-1。正态分布是具有两个参数 μ 和 σ^2 的连续型随机变量的分布,第一参数 μ 是遵从正态分布的随机变量的均值,正态分布的均数、中位数、众数相同,均等于 μ;第二个参数 σ^2 是此随机变量的方差,所以正态分布记作 $N(\mu,\sigma^2)$。遵从正态分布的随机变量的概率规律为取 μ 邻近的值的概率大,而取离 μ 越远的值的概率越小;σ 越小,分布越集中在 μ 附近,σ 越大,分布越分散。当 $\mu=0$,$\sigma^2=1$ 时,我们称之为标准正态分布,如图4-2。

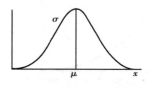
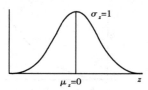

图4-1　正态分布　　　　图4-2　标准正态分布

正态分布的密度函数的特点是:关于 μ 对称,在 μ 处达到最大值,在正(负)无穷远处取值为0,在 $\mu\pm\sigma$ 处有拐点。它的形状是中间高两边低,图像是一条位于 x 轴上方的钟形曲线。曲线与横轴间的面积总等于1。正态曲线下方任意两个变量值之间的面积,等于在这一范围内随机抽取一个观察对象的概率。正态曲线下,横轴区间 $(\mu-\sigma,\mu+\sigma)$ 内的面积为68.26%,横轴区间 $(\mu-1.96\sigma,\mu+1.96\sigma)$ 内的面积为95.44%,横轴区间 $(\mu-2.58\sigma,\mu+2.58\sigma)$ 内的面积为99.73%。这叫正态分布的比例性。根据这个比例,我们发现,95% 的置信区间 = 1.96 个标准差（±）均值;99%的置信区间 = 2.58 个标准差（±）均值。

3. 平均数或百分率标准误差的概念

标准误差表示实际总体值与所预期的典型样本结果的差距。标准误差可以用于平均数(样本均值的标准差)和百分率(百分率标准误差)的调查。因此,分别称为平均数标准误差和百分率标准误差。其计算公式分别为:

$$平均数标准误差 = S_{\bar{x}} = \frac{\sigma}{\sqrt{n}} \quad （\sigma\ 为样本标准差）$$

$$百分率标准误差 = S_{\bar{x}} = \sqrt{\frac{pq}{n}}$$

$$（p\ 为样本中的百分率;q = 1-p）$$

例 4-9

驾驶里程调查中,样本容量 n 是 100 名驾驶者,标准差是 3 000 千米,则平均数标准误差等于 300。

假设抽选中的 100 名驾驶者中有 40% 的人表示其汽车上配有 GPS。则百分率标准误差为 4.899。

4. 用平均数确定样本容量

其公式如下:

$$n = \frac{s^2 z^2}{e^2}$$

在公式中,n 为样本容量;z 为所选置信区间对应的标准差;s 为总体标准差;e 为样本估计值相对于总体的精确度或可接受误差。

置信水平 z 和误差 e 的确定需要由调研人员在精确度、置信度和成本之间进行衡量。估计总体标准误差的常见方法有:利用以前的结果、进行试验性调查、利用二手资料、通过判断,把许多管理人员的判断集中起来进行分析等。

5. 用百分率确定样本容量

在确定百分率后,该公式如下:

$$n = \frac{z^2(pq)}{e^2}$$

在公式中,n 为样本容量;z 为所选置信区间对应的标准差;p 为总体的估计差异性;q 为 $100 - p$;e 为可接受误差。

(二)教条式方法

按照"经验"来确定样本。如"凭经验,为保证精确,样本至少应该是总体的 5%"。这种方式简单易行,但不是一种高效率、经济的方法,教条式方法忽略了抽样的精确度问题。

(三)约定式方法

认为某一个"约定"或某一个数量就是正确的样本容量。这种方式确定的样本容量是一个恒量,不受总体容量的影响。其缺点是总体容量可能少于恒量;精度的要求也会发生变化。

(四)成本基础法

按预算控制所要求的调查成本来反推算可接受的样本容量。样本容量的确定不是将调查所获得的信息的价值作为首要考虑因素,而是把预算作为考虑因素,通常会忽视调查结果对管理决策的价值。当估计精度要求不高时,可采用此法。实际研究中,总成本包括固定成本(包括设计费用、宣传费用等)和可变成本(包括调查人员的差旅费用、礼品费用等)。

(五)统计分析法

用于分析样本中的各个子集。多目标抽样估计时或针对不同样本子集进行调研时,有必要将每个子集视为一个单独的总体,通过统计分析计算,获得满足这些子集研究所需要的最小样本量。一旦完成了上述工作,就可以将所有的子集合并起来组成一个大的集合,以获得对整个团体的描述。进行大规模市场调研时,可考虑采用此法。

第四节　抽样方案的具体设计

抽样设计就是依据调查目的,为抽样调查的实施提供一个指导性的文件。在给定的人力、物力、财力等的条件下,在从一定总体中抽取样本资料以前,预先确定抽样程序和方案,在保证所抽取的样本有充分代表性的前提下,力求取得最经济、最有效的结果。它的作用体现在以下几个方面:使调查费用控制在预算范围之内;使调查误差控制在要求的范围内;使调查时间控制在要求的范围内。

一、抽样调查的基本步骤

抽样调查必须遵守严格操作流程才能保证调查的经济性和准确性。整个抽样调查的流程围绕以下几个基本步骤展开:[①]

① William G Zikmund. Business Research Methods [M]. 7th ed. Mason, ohio: Thomson/South-Western,2003:372.

（一）根据调查目的确定目标总体

在抽样调查之前,首先要根据研究的目标界定抽样的总体。调查目的和范围对定义目标总体具有关键性的作用。目标总体是对整个研究具有重大意义的群体,它们之所以有重要的地位,是因为我们可以从它们身上收集到对研究有关键用途的信息。因此,目标总体必须非常明确。戴维斯(Davis)认为详细的母体定义应包含4个因素:元素、抽样单位、范围和时间。

小资料：总统选举抽样预测

1936年,美国《文学文摘》进行了一次最具雄心的民意测验活动:选票寄给了从电话簿与车牌登记名单中挑选出来的1 000万人。收到了200万人以上的回应;结果显示,有57%的人支持共和党候选人阿尔夫·兰登,而当时在任的总统富兰克林·罗斯福的支持率为43%。

然而,选举结果使预测者们大失所望:获胜者不是兰登,而是罗斯福,以历史上最大的优势,61%的得票率,获得第二届任期。其得票反超过兰登20%。《文摘》杂志的声誉一扫而光,不久就因此而关了门。

是什么导致《文摘》杂志的预测失败了呢? 除了抽样方法上的非随机性以及邮寄方式上的原因外,对抽取样本的总体缺乏清楚的认识和明确的界定也是极为重要的原因。因为它当时抽样所依据的并不是美国全体已登记的选民名单,而是依据电话号码簿和汽车登记簿来编制抽样框,再从这些号码中进行抽取的。这样一来,那些没有家庭电话和私人汽车的选民就被排除在其抽样的总体之外了。而在当时,由于1933年开始的美国经济大萧条的影响,一方面大量人口滑落到下等阶级,另一方面,此时的劳动阶层选民希望选个民主党人当总统,因而很多人出来投票。结果,这些未被抽到的民意测验中的较穷的选民压倒多数地投了罗斯福的票,使《文摘》杂志的预测遭到惨败。

这一实例告诉我们,要有效地进行抽样,必须事先了解和掌握总体的结构及各方面的情况,并依据研究的目的明确地界定总体的范围。样本必须取自明确界定后的总体,样本所得的结果,也只能推广到这种最初已作出明确界定的总体范围中。

(资料来源:风笑天. 社会学研究方法[M]. 北京:中国人民大学出版社,2005:126.)

（二）决定抽样框

界定清楚母体之后，就要确定抽样框，也就是确定用来抽样的名册。抽样框是组织抽样调查的重要依据，调查者必须对其抱有严谨的态度，认真地收集和编制。因为抽样框一旦有重复和遗漏，必然会直接影响到样本的选取，从而影响到整个抽样工作的质量。在实际研究进行中，由于客观条件的限制，通常是抽样框决定了目标母体，而不是目标母体决定了抽样框。

（三）选择抽样方式

为了控制抽样误差，提高抽样效果，需要根据调查任务及抽样框确定具体的抽样方式。由于抽样方式有多种，前面的章节也介绍了各种抽样方式的适用范围和优缺点，因此，要选择一个适合研究目的和可行的抽样方式，以便使样本能充分地反映总体，并便于组织实施，节约人力、物力和时间。

（四）规定精度

由于抽样调查是根据样本的数量特征来推断总体的数量特征的，所以它必然存在抽样误差，故抽样的结果常常具有某种不确定性。如果抽取较大的样本或运用精密仪器和工具，这种不确定性可以大大降低，但往往要花费很多的费用和时间。因此，抽样调查前要根据所采取的抽样组织形式、经费和对调查指标准确性程度的要求，规定抽样调查所要达到的精度。

（五）确定样本容量

样本规模的大小涉及人力、物力、财力的消耗问题，在抽样调查前要审慎地加以考虑，要根据既定的经费、工作时间及规定的精度，依据抽样理论估计样本容量，使得调查工作既符合调查质量的要求，又不浪费人力、物力和财力。

在研究进行中，研究者比较关心的是样本到底要多大才能满足研究的需要。样本太大就失去了抽样的意义，在统计结果上也不会有显著的变化。太小了就不能保证抽样的代表性和准确性。样本的大小需要经过统计方法来计算才能确定，不同的抽样方法，需要的样本大小也会有所不同。有些因素会影响那个样本大小，如抽样单位是否具有同质性，置信区间的要求是多少,要求的精确程度是多高,等等。

(六)进行指定元素的数据搜集

抽样过程中最后一个步骤即是实际进行指定元素的数据搜集。在正式调查前要进行小规模的预先实验,以发现问题,改进方案。还要进行现场实地调查工作的组织,包括培训调查人员,监督调查过程,对调查者进行早期检查等工作。

二、抽样调查中常见的问题及处理方式

(一)抽样调查中的样本轮换问题

所谓样本轮换就是在连续调查过程中,每隔一定时间轮换部分或全部的调查样本,即用原样本中的保留单位和新补充的单位共同组成样本。为什么要每定期进行样本轮换呢?长期调查常常会造成样本老化,影响被调查者的合作,例如样本对调查失去兴趣或对调查过于熟悉而影响调查结果的真实性等。另外,长期跟踪过程中,样本可能发展变化从而失去代表性。因此,样本轮换的作用主要是克服固定样本在总体发生变化时代表性低的问题,以及利用总体指标在不同时间上的相关性,降低抽样误差,提高估计精度。

样本轮换时要首先根据具体情况确定适当的轮换比率,通常一次轮换 $1/5 \sim 1/3$;其次要确保轮换后样本结构不变。

(二)抽样调查中的无回答误差

无回答是指调查中被抽选为样本的一些元素未得到其观察值的情况。在调查中,我们总希望能取得全部样本的数据,但在实践中,常有部分调查项目会因种种原因出现空缺,即所谓的无回答现象。因此,总体和样本都被分成两层:回答层和无回答层。对于数据不全的样本我们是不是简单的排除在统计之外就可以了,还是根据我们的主观判断来补充呢?

事实上,无回答层没有提供样本数据,但其指标值与回答层之间有较明显的差异,随着调查次数的增加,初次回答者、第二次回答者、第三次回答者等之间的均值或成数呈明显的差异。① 例如,在对某单位职工兼职人数比重的调查中,不愿回答者的兼职比例要高于回答者的比例。因此,仅由回答层的调查结果来推断总体,就会使样本失去代表性。

要解决无回答误差的现象,需要从两个方面入手:一是提高回答率:可以通过事先通知确认样本、给予激励和物质奖励、合理地设计等方法提高回答率;通过对无回答部分进行再次抽样、追踪和回访等方法补充资料。二是对无回答误差的修正,常用的方式有抽查、替代、置换、主观估计、趋势分析、加权和推算等方式。

(三)敏感性问题的处理

抽样的目的在于获得样本的真实信息,但是有些信息由于具有私密性等种种原因而被调查者认为是不便于公开的,这些问题称为敏感性问题。敏感性问题一般具有隐秘性和可变性的特点,用一般的调查技术难以获得有效的数据资料,若采用直接调查的方法,调查者将得不到可靠的样本数据,无法作出可靠的推断,就会产生无法控制的非抽样误差。例如收入、吸毒、作弊等敏感性问题。如何采用恰当的方法既能保护被调查者的隐私,又能使其如实回答,这也是抽样设计中应考虑的问题。

在实际工作中,敏感性问题的抽样设计首先保护好回答者的隐私,打消被调查者的顾虑,强调抽样仅作为统计之用,而不是调查某一个体的具体情况。其次,可以改变提问的形式②设计随机化、投射等比较隐蔽的方式。最后,还可以借助仪器来辅助收集信息,如采用内因联想测验、生理反馈、脑电记录等技术。

(四)网络调查应注意的问题

在信息时代,网络调查有效地利用国际互联网,实现了信息共享与信息的快速传递,极大地提高了调查的效率。作为一种新型的调查手段,网络调查具有传统调查手段所难以比拟的优势,因而越来越受到社会科学研究者的重视。

---

① 曾凉凉. 抽样设计中若干问题的探讨[J]. 天津市职工现代企业管理学院学报,2004,(3):35-37.

② 于东,肖玉平. 敏感性问题调查的技巧[J]. 数理医药学杂志,2008,21(6):652-654.

但在实际应用中,网络调查的结果却受到了质疑。如果不能正确认识网络调查可能产生的误差并进行必要的修正,那么,这一高效的调查手段就不能发挥作用。网络调查常见的非抽样误差包括抽样框误差、无回答误差和计量误差。[①]

1. 抽样框误差发生的主要原因

(1)网络调查是以网上用户作为调查对象的。网络用户本身就是一个特定的群体,与全国人口相比,存在着性别差异、学历差异、收入差异、地域差异等,因此以网络用户来推断全国总体特征值必然会产生严重的系统偏差。

(2)中国互联网的发展速度很快,上网用户数量逐年迅速递增。一个正在发生巨变的群体,很容易因为抽样框与目标总体不一致而产生误差。

(3)由于其他网络调查特有的原因而发生抽样框重复或遗漏而产生的误差。例如,一个网民可以多次回答;或者,仅在某一网站开展调查,实际上就是把抽样框局限在经常访问该网站的网民范围内。

(4)网络调查中不能及时地进行样本轮换也会产生误差。

2. 无回答误差发展的主要原因

(1)传统调查中的一些激励手段无法应用于电子邮件的调查;网络调查中,调查者不是直接面对被调查者,两者之间缺少直接的感情交流和必要的沟通,从而降低了回答和回复率。

(2)技术方面的问题也会降低回答率。如上网的速度太慢,不稳定或不可靠的连接,低端的浏览器等,可能影响参与者的效率和积极性,另外,网络的使用熟练程度和技巧也会产生影响。

(3)人们对待网页广告和电子邮件的态度也会影响回答率。由于网络广告、垃圾邮件、病毒等的存在,都会影响网民对网络调查的参与。

3. 计量误差产生的原因

计量误差又称登记误差,是指由于各种原因使得调查和计量的结果与真实情况不符而引起的误差。在网络调查中,由于缺少调查者和受访者之间的面对面交流,受访者可能因为调查内容不明确而产生误差。网络是一个虚拟世界增加了一部分被访者故意不负责任回答的可能性。

---

① 曾五一,汪彩玲,王菲. 网络调查的误差及其处理[J]. 统计与信息论坛,2008(2):5-10.

鉴于网络调查存在的隐患,调查设计时应该考虑以下因素:

(1)正确界定网络调查的使用范围;

(2)网络调查与抽样技术相结合;

(3)建立合适的抽样框。

本章思考题

1. 在社会科学研究中,为什么要采用抽样的方式进行调查研究?

2. 有哪些常见的随机抽样方式? 它们各有什么优缺点和适用范围?

3. 有哪些常见的非随机抽样方式? 它们各有什么优缺点和适用范围?

4. 抽样设计的作用是什么?

5. 抽样设计有哪些环节和内容?

6. 抽样设计过程中有哪些需要额外注意的地方?

推荐阅读

1. 庞智强,张鹏程. 精度一定时各种抽样设计的调查费用比较[J]. 统计与信息论坛,2008,23(7):5-8.

2. 张咪咪,徐丽,林筱文. 我国抽样调查方法的最新进展[J]. 统计与决策,2008,8.

3. 魏杰. 论抽样设计中样本容量的确定. 统计与决策[J]. 2004,1:20-21.

4. 张维铭. 各种抽样调查方法的比较[J]. 浙江统计,1995,10:16-18.

5. 杜子芳. 抽样技术及其应用[M]. 北京:清华大学出版社,2005.

6. 金勇进,杜子芳,蒋妍. 抽样技术[M]. 2版. 北京:中国人民大学出版社,2008.

7. 秦怀振. 抽样调查中若干理论与实践问题的研究[M]. 北京:中国统计出版社,2008.

8. 李金昌. 应用抽样技术[M]. 2版. 北京:科学出版社,2010.

第五章

概念的操作化与测量

谢朝晖

社会科学研究遇到的问题常常是抽象的、综合的、模糊不清的,只有使概念具体化、操作化,才能对研究涉及的概念进行科学的、客观的测量,才能使社会科学研究具有实证性、可验证性。本章主要介绍社会科学研究中概念的特点、类型,如何使概念具体化和操作化,以及怎样测量社会科学中的概念等问题。

第一节　社会科学研究中的概念

一、概念的含义

无论是漫步在空气清新的林荫大道,还是徜徉在琳琅满目的商场,无论是静坐在清幽僻静的书斋,还是身处热闹繁华的大街……我们头脑中都会产生对观察到的各式各样的事物的认识。有的是可以观察得到的真实有形的客观事物,如树木、房子、衣服、食物等;有的是需要我们体验得到的抽象无形的主观感受,如爱情、憎恶、丑陋、愤怒、悲伤等。这些客观事物和主观感受就是我们通常所说的概念(Concept),它是人脑对客观事物的本质特征的认识,是我们从事科学研究的砖石,也是我们构建理论的基础。

那么,概念是怎么形成的呢?

概念的形成是人们思维进行分析、综合、归纳、演绎的结果。

为了便于理解概念的形成过程,不妨假设我们头脑之中还没有任何抽象的概念,看看最初的概念是怎样形成的。

日常生活中,我们见多了猪、狗、牛、马等这些具体的事物以后,便开始注意这些形象的细微之处,开始观察它的眼、耳、鼻、头、颈、腿……这时我们已开始用思维把一个个具体的猪、狗、牛、马进行分解了。比较了一个又一个的眼、耳、鼻、头、颈、腿……发现了它们的不同之处,也看到了它们的共同之处。这时,我们观察到的共同也好,不同也罢,都还只是看到的形象或形象的记忆,它们还没有形成任何概念。随后,我们忽略那些不同和差别,用一个符号或声音来代表它们那种像眼、耳、鼻、头、颈、腿的东西,这时,我们便完成了一次归纳过程,形成了眼、耳、鼻、头、颈、腿的概念。接着,我们把某种样子的眼、某种样子的耳、某种样子的鼻……合在一起,就是一个"猪"的样子,再用一种声音或符号来代表这种"猪"的样子,就形成了猪的概念,这就是通过综合而形成的概念。同样,我们通过综合形成了其他动物的概念,甚至通过综合形成了各种虚构的妖魔鬼怪的概念。

根据不同的角度,概念又可以分为不同的种类。

首先,根据概念所包含的属性的抽象与概括程度,可以分为具体概念(Concrete Concept)和抽象概念(Abstract Concept)。具体概念是指按事物的指认属性形成的概念;抽象概念是按事物的内在、本质属性形成的概念。

其次,根据概念反映事物属性的数量及它们的相互关系,可以把概念分为合成概念(Conjunctive Concept)、析取概念(Disjunctive Concept)和关系概念(Connective Concept)。合成概念是根据一类事物中单个或多个相同属性形成的概念;析取概念是根据不同的标准结合单个或多个属性所形成的概念;关系概念是根据事物之间的相互关系形成的概念。

再次,根据概念形成的自然性,可以分为自然概念(Natural Concept)和人工概念(Artificial Concept)。自然概念是在人类历史发展过程中自然形成的概念;人工概念是在实验室的条件下为模拟自然概念的形成过程而人为地制造出来的概念。

最后,根据研究对象,可以分为社会科学概念和自然科学概念。社会科学概念是依据社会科学研究需要而形成的概念;自然科学概念是在从事自然科学研究过程中形成的概念。

此外,依据其他的分类标准,概念还有其他的种类。

二、社会科学中的概念

社会科学中的概念是相对自然科学中的概念而言的,自然科学中的概念往往是比较具体的,是可以直观感受得到或者通过一定的工具测量出来的,在人们生活中,人们比较容易理解和接受。比如,"颜色"可以通过眼睛观察得到,"声音"可以通过耳朵听得到,"长度"可以通过尺子测量得到,"质量"可以通过衡器测量得到……

社会科学中的概念就不像自然科学中的概念那么直观,它具有不同的特性:

(一)抽象性

社会科学中的概念很多都不是我们能够用肉眼直接观察得到的,而且都是比较抽象的。例如,爱情、同情、偏见、忠诚度、价值观、主观幸福感等,这些都是社会科学研究中经常遇到的概念,这些概念都不像自然科学中的概念那样,可以直观观察或通过一定物质工具测量出来,而是比较抽象的概念。

例 5-1

就主观幸福感而言,由于这一概念的抽象性,不同领域的学者依据各自的理论架构和研究方法就作出了许多阐释。美国学者迪纳提出:主观幸福感专指评价者根据自定的标准对其生活质量的整体性评估,这种对生活质量的整体性评估不是用尺子或者容器能够测量出来的,而是对一系列的生活感受的抽象的、主观性的评估。

(资料来源:李志,谢朝晖.国内主观幸福研究文献述评[J].重庆大学学报:社会科学版,2006(4):83-88.)

(二)相对性

社会科学中的概念不像自然科学中的概念那样有绝对的标准,很多社会科学中的概念都是相对的,都是基于一定的学科领域、理论基础。例如,"价值"这一概念,在政治经济学中,它是使用价值的客观体现;在社会学中,价值是衡量事物有用性的一种尺度或者标准。

即便是在同一学科领域,不同的社会科学概念相对于不同的理论、研究方法,相同的概念也会出现不一样的解释。

例 5-2

关于创造性概念的界定一直是理论界争论不休的话题,很多学者都试图通过各种方式去解决创造性概念的界定问题,安德鲁斯(Andrews),史密斯(Smith)(1996)认为创造性是与传统领域相关的有用的新颖的方法的产生,塞思(Sethi),史密斯(Smith),帕克(Park)(1996)认为创造性是产品不同于其他替代品,对于消费者来说是有用的和新颖的,伍德曼(Woodman),索耶(Sawyer),葛瑞芬(Griffin)(1993)则将创造性视为处于复杂社会系统中的个体共同工作来产生有用、创新产品、服务、观点、程序和进程的过程。

(资料来源:李志.企业家创造性与创新行为和企业绩效的关系研究[D].重庆:西南大学,2008:5-6.)

同样的概念,在社会科学研究中,不仅由于学科领域不同,还因不同的理论基础和研究方法的不同,不同的社会科学概念都有不同的理解,而每一种理解都是相对于其他理解而言的。这就是社会科学研究中的概念的相对性。

(三)复杂性

社会科学中的概念往往包含着复杂的含义,包含着不同的意思。有些概念还可以分解为多个维度,不同的维度下面又包含着多个指标等。构成社会科学中的概念有时还包含着复杂的结构体系。

例 5-3

针对忠诚度培养这个概念李志教授采用分层随机抽样的方法对 225 名企业员工进行问卷调查,然后通过因素分析,得出了忠诚度培养这个概念包括对员工的工作态度培养、企业对员工的尊重及沟通、员工的培训提高、人本化的制度管理、激励管理制度、人才录用、企业形象、领导榜样等 8 个维度的 35 个指标。

(资料来源:李志,向征,刘敢新.构建企业员工忠诚度培养模型的实证分析[J].重庆大学学报:自然科学版,2005(12):155-158.)

三、社会科学概念的测量

也许在很多人眼里,尤其是在对社会科学研究缺乏认识的人的眼中,社会科学仅仅是一门逻辑推理、定性分析的科学,社会科学的方法也仅仅是分析、综合、归纳、演绎、推理等,他们认为社会科学中的概念是无法或者难以通过定量的方法来测量。其实不然,美国心理学家桑代克和教育测量学家麦柯尔在 20 世纪初就先后提出了"凡客观存在的事物都有其数量","凡有数量的东西都可以测量"。社会科学中的概念是客观存在的事物,应用相应的研究方法同样可以测量出社会科学中的概念,而且应用测量的方法来研究社会科学中的概念越来越受到社会科学研究者的推崇。

那么,如何来测量社会科学中的概念呢?

由于社会科学中的概念都是人们通过对感性认识的抽象和概括而

得到的,因此,这些概念在刚开始时基本上是模糊的或含义不清的,由一些低层次的亚概念、子概念组合而成,具有一定的综合性。一个概念越抽象,它所包含的信息就越多,也就越难把握。如果不对它们确切定义和具体化,就无法对社会现象和事物进行观察和度量。所以,要对社会科学中的概念进行测量就必须首先明确提出的这些社会科学概念的定义、内涵与外延,理清概念内部之间的各个层次,并将抽象概念逐步分解为具体的和可操作的指标,而且最理想的目标是将概念化解为可测量的指标,以实现社会科学研究的定量化。这样的一个过程就是通常说的概念的操作化。

第二节　概念的操作化

一、概念操作化的含义

所谓概念操作化(Operationalization),就是要把社会科学研究中抽象的、相对的、复杂的概念,用代表它们的外在事实来观察、测量,以便于通过可观察、测量的外在事实来研究社会科学中抽象的、相对的、复杂的概念。简单地说,操作化就是将抽象的概念转化为可观察的具体指标的过程。它是对那些抽象层次、复杂程度较高的概念进行具体测量所采用的方法、程序、步骤、手段的详细说明。比如,将抽象概念"主观幸福感"转化为"对生活的满意""对工作的满意""人际关系的满意""积极的情绪体验"等,这就是对"主观幸福感"概念的操作化。而"将学生的语文、数学、外语等几门课程的成绩按照一定的比例进行加权平均",则是对"智力水平"概念的操作化。

二、概念操作化的作用

概念的操作化在社会科学研究中有着极为重要的作用。

首先,概念的操作化是将社会科学研究中的抽象概念转化为客观具体事物的重要环节,使抽象概念成为了科学研究的可能。存在于研究者头脑中的各种抽象概念,只有经过了合适的操作化之后,才会在普通人可以看得见、摸得着的现实社会中显现出来。

　　其次,概念的操作化是将社会科学研究中的定性概念转化为客观、可测量的定量概念的重要环节,是社会科学定量研究的重要基础。操作化将社会科学概念分解为客观的维度、指标,通过客观的可观察或测量的指标来反映概念的内涵,这就使社会科学中的概念能像自然科学中的概念那样具有了数量意义,从而使社会科学研究具有数量基础。

　　再次,概念的操作化使社会科学中思辨色彩的概念转化为可重复的、可验证的科学概念,使社会科学研究具有可验证性。在社会科学研究中,若要对任何有关社会现实的理论假设进行检验,操作化往往是不可回避的前提。只有通过操作化的过程,将思辨色彩很浓的概念转变成、"翻译成"经验世界中那些人人可见的具体事实,即便不同的研究者采用不同的研究方法,都可以通过这些具体可见的事实来加以验证,从而使社会科学研究具有了可验证性。

　　可以说操作化是社会科学研究中由抽象到具体、由定性到定量、由思辨到可验证性这一过程的"瓶颈"。从抽象思维的"天空",到具体、定量、可验证性研究的"大地"有着相当的距离。而这种操作化过程,就是连接抽象概念与具体事实的一座桥梁,它为我们在社会研究中实际地测量抽象概念提供了关键的手段。

　　例 5-4

　　"同情心"这一概念,虽然我们常常谈到它,也能体会到它。但是,这个概念在现实中没有形状、大小、颜色,看不见也摸不着,它抽象存在于我们头脑之中。当将它操作化为"主动帮助盲人过街""主动给讨饭者钱物""主动为灾区捐款"时,我们就会在现实生活中看到它,并能够测量它了。

　　操作化的作用正是让那些通常只存在于我们头脑中的抽象概念,最终在我们所熟悉、所生活的现实世界中"现出原形",让那些本来只能靠我们的思维去了解、去体验的东西,"变成"我们看得见、摸得着的东西。

　　小资料:创新人格

　　对于创新人格的研究开始于 20 世纪 50 年代,1950 年,吉尔福特(Guildford)在担任美国心理学会主席时发表了一场演说,呼吁心理学家应重视创造性(尤其是创新人格)的研究。他认为创新人格是具有创造性者的人格中的特殊组成部分。在此之后,很多心理学家都对创新人格进行了研究,麦金农(Mackinnon)和巴伦(Barron)(1960)对不同领域中的高创造性个体进行了人格评价与研究,发现这些个体更加复杂,富于想象力,灵活,具有开创性,追求个人主义,有勇气、独立和自信。吉尔福特(1967)认为创造性人格特征有8个方面:有高度的自觉性和独立性;有旺盛的求知欲;有强烈的好奇心;知识面广、善于观察;工作讲究条理性、准确性和严格性;有丰富的想象力和敏锐的直觉,喜欢抽象思维和智力活动;富有幽默感;意志坚定,能够长时间地专注于感兴趣的活动。戴维斯(Davis)1980年在22届国际心理学会上提出:"具有创造力的人,独立性强,自信心强,勇于冒风险,具有好奇心,有理想抱负,不轻信他人的意见,对于复杂的事物感到有魅力,而且有艺术上的审美观和幽默感,他们的兴趣既广泛又专一。

李志等(2008)通过对国内外30位知名企业家传记文献中人格形容词频数的因素分析以及对350位企业家的问卷调查发现,企业家的创新人格主要由自律性、坚持性、探究性、进取性、宜人性、聪敏性、乐群性、果断性、远见性9个维度构成,其中每个维度又包含多个指标,例如自律性包括务实的、敬业的、律己的、公正的、稳健的、严谨的、有条理性的、有社会责任感的、有奉献精神的等。

(资料来源:李志.企业家创造性与创新行为和企业绩效的关系研究[D].重庆:西南大学,2008:8-10.)

三、概念操作化的步骤

按照美国著名社会学家拉扎斯菲尔德的观点,概念的操作化这一过程分为4个阶段:概念的形成—概念的界定—选择测量指标—编制综合指标。在社会科学研究中,概念往往事先已经出现在研究者头脑之中了,要对社会科学研究中的概念进行操作化处理,最重要的往往是后面的三个阶段。

(一)概念的界定

起初我们头脑中出现的概念,往往是比较粗糙的,常常潜在地包含着大量不同的成分,而以这种概念为名组织起来的资料往往具有某些实质性的差异,因此,在研究中需要对概念包含的内容或层次进行澄清和界定。如果不对概念进行澄清和界定,就相当于不同的人使用不同的一套话语体系进行交流,或者说是不同的人在使用同一个概念来表达不同的含义,这样的概念就没有一致性和可比性,无法达到交流沟通的效果,也就失去了意义。

在具体操作上,要对概念进行界定,首先要弄清概念定义的范围。在采用或给出某个具体的定义之前,可以先看看其他的研究者对这一概念所下的定义是怎样的。而对于那些并未对该概念下正式的定义的研究来说,我们就需要从其对概念的运用中来确定他对这一概念的界定。当我们通过收集和查询,了解到有关这一概念的各种不同的定义,从而对这一定义的大致范围有所理解以后,便可以对这些定义进行分类。

例 5-5

由于社会学者研究角度的差异,社会学界对于社区这个概念尚无统一的定义。1955 年美国学者 G. A. 希莱里对已有的 94 个关于社区定义的表述作了比较研究。他发现,其中 69 个有关定义的表述都包括地域、共同的纽带以及社会交往三方面的含义,并认为这三者是构成社区必不可少的共同要素。因此,人们至少可以从地理要素(区域)、经济要素(经济生活)、社会要素(社会交往)以及社会心理要素(共同纽带中的认同意识和相同价值观念)的结合上来把握社区这一概念,即把社区视为生活在同一地理区域内、具有共同意识和共同利益的社会群体。

(资料来源:单菁菁.城市社区情感研究[D].北京:中国社会科学院研究生院,2003:11.)

其次,决定一个定义。列出了有关这一概念的各种类型的定义,或者总结出各种定义中最具共同性的元素后,就该决定采取哪一种定义方式了。我们面临各种不同的选择:既可以直接采用一个现成的定义(即从现有的各种定义中确定一个自认为比较科学、比较确切的),也可以在现有定义的基础上自己创造出一个新的定义;采用现成的定义时,既可以用一个十分经典的定义,也可以用一个比较现代一些的定义。需要特别注意的是,这种选择应该以研究者进行具体社会研究的需要为标准,哪种定义方式最适合研究的目的,就应该重点考虑这种定义方式。

例 5-6

李志等在做一项有关企业家创新的研究中,就对"企业家"的概念进行了操作化。首先在分析国内外学者对"企业家"的定义之后,指出当前基本从素质论、职位论、活动结果论和综合论四个角度定义"企业家";虽然概念有一定分歧,但是所有的研究者都肯定了企业家在企业中的经济效能、决策影响力。所以研究者对企业家概念的界定是:能调配企业资源、影响企业决策、对企业行为起到关键性决定作用的高层管理者。

(资料来源:李志,黄雪,张庆林.企业家创新研究的文献述评[J].科学与管理,2008(6):9-11.)

(二)选择测量指标

概念的界定只是解决了概念名义定义的内涵问题,也就是划定了概念内涵的具体范围。但是要使概念具有可操作化,使其转化成能具体观察和测量的事物,还需要寻找大量的与概念内涵相对应的、客观的、可测量的指标。那么,如何建立这些客观的、可测量的指标呢? 通常来说,首先要构建概念的结构和维度,其次寻找能够反映维度的具体指标。

1. 构建概念维度

许多比较抽象的概念往往具有若干不同的方面或维度,在界定概念定义的同时,指出概念所具有的不同维度,对于概念的操作化,对于概念的测量指标的选择,以及对综合的理论思考与分析,都是十分有用的。比如,"企业员工的忠诚度"就是一个具有多个不同维度的概念,李志等人在研究过程中,就首先对这个进行了界定,指出它是一种心理行为特征,随后把它分为了品德高尚、关爱企业、爱岗敬业、创新进取、乐于奉献、维护企业利益等 6 个方面。

2. 寻找测量指标

概念的维度确定之后就要寻找对应维度的测量指标。一般来说,寻找测量指标可以通过三种方式。

第一种方式是通过文献分析寻找。通过前人已有的文献资料,寻找和利用已有的指标,把相应的指标吸纳进自己的研究指标,尤其是对于一些测量人格、态度方面的量表,往往经过多次的运用和修改,常常可以成为我们可用的指标。当然许多前人的指标不一定完全适合我们的概念,需要做一定的修改和补充。

第二种方式是通过访谈获取。可以根据所要研究的概念的内涵,编制与概念的维度有关的问题提纲,再抽取相应的研究对象进行访谈,尤其是与被研究者中的关键人物进行比较深入的交谈,从这些人那里获得符合实际的答案,从研究对象的访谈中寻找一些相应的测量指标。

第三种方式是通过开放式问卷调查获取。研究者事先编制一些与概念相关的开放式问题进行问卷调查,从被试对问题的回答中获得可供测量的指标。通常来说,开放式问卷收集的指标比较分散,需要对相同、相似的指标进行分类、合并、归纳等。

(三)编制综合指标

编制综合指标包括写出、编辑、预试和修订等一系列过程。在寻找到一个合适的测量指标之前,这些步骤是不断重复的。在这个过程中,研究者和有关专家要对指标反复审查修订,改正意义不明确的词语,取消一些重复的和不适用的指标,然后编制成一套综合指标。通常来说,编制综合指标要注意以下几个问题:1.指标的范围要与概念的范围、概念维度的范围相一致;2.同一个指标不能包含多层意思;3.同一个指标应尽量避免反映概念的多个维度;4.指标的数量要比最后所需的数目多一倍至多倍,以备筛选和编制复本;5.指标的难度必须符合测量目的的需要;6.指标的说明必须清楚。

编制出一套综合性的指标体系之后,便可以应用这套指标体系对社会科学中的概念实施测量了。

小资料:夫妻权力概念的操作化

研究者通常将"夫妻权力"这一概念界定为"夫妻在家庭中的决策权"。对其进行操作化时,不同研究者所用的指标不尽相同。1960年,美国社会学者布拉德和沃尔夫的研究选取他们认为既能涉及丈夫又能涉及妻子在家庭中决策权的8个指标:丈夫的职业选择、买什么样的汽车、是否买人寿保险、到什么地方度假、买什么样的房子、妻子是否应该参加社会工作、有人生病时应该看哪位医生、全家每周在食品方面应该花多少钱等。

他们根据调查测量的结果得出结论说,丈夫和妻子在家庭决策中各有侧重,二者权力相当。这一研究结果被广泛引证,并大大促进了后来的许多研究。

1971年森特斯等研究者在对同一问题进行研究时,将"家庭中决策权"的概念操作化为14个指标,在这8个的基础上增加了6个指标,即请谁来作客或一起出门谁来决定、怎样装饰和摆设房间、收看什么电视节目或广播、家庭的正餐吃什么、买什么样衣服、配偶应该买什么样的衣服。

在他们的研究中,前8个问题的调查结果与布拉德等人的研究结果几乎完全一致,但加上6个新问题时,丈夫的权力下降了。这种结果表明,夫妻权力的对比随着考查的决策方面的不同而不同。

1986年台湾的社会学者陈明穗研究夫妻权力时,通过以下15个指标进行测量的:丈夫的职业选择、妻子的职业选择、看医生、家庭生活费的支配、度假及旅游休闲活动、生育子女数目、购买贵重物品、买房子土地等资产、房子的购置及布置家具、订阅报刊及选择电视节目、子女的教育、谁代表家庭出席婚丧喜庆、谁决定送礼或回赠礼物、是否购买保险、哪种家电产品应该淘汰换新。

1988年伊庆春、蔡瑶玲的研究则是用这样15项指标来进行测量的:丈夫的职业或工作选择、妻子是否外出工作或改变工作、家用支出分配、储蓄投资保险、婚丧喜庆时贺礼的数量、购买房子及房地产、要不要搬家、要不要与上一代同住、生几个孩子(在大陆改为什么时候要孩子)、用哪种避孕方法、小孩上哪所学校、小孩教育、家中的布置及购买家具、娱乐休闲活动的计划、请哪些人到家里做客等。

上述例子告诉我们,就像语言学家在翻译其他语言的作品时,常常会碰到同一部作品由不同的人翻译,译文互不相同、有好坏优劣之分一样,对同一概念的操作化结果也存在着好坏优劣之分。社会研究中众多理论概念的操作化的结果也不是唯一的,各种不同的操作化结果相互之间只是在反映概念内涵的准确性和涵盖性上存在着程度上的差别,唯一的、绝对准确、绝对完善的指标是不存在的。

(资料来源:风笑天.社会学研究方法[M].北京:中国人民大学出版社,2005:100-101.)

第三节　测量的概念与层次

一、测量的含义

在日常生活中,人们通过尺子测量我们的身高,通过衡器测量我们的体重,这些测量我们并不陌生。在社会科学研究中,研究者也进行着另外一些形式的测量。比如,用人口登记的方法来测量一个国家的人口数量和人口结构;用电话访问的方法来测量人们对产品的满意度;用自填问卷的方法来测量大学生们所具有的择业倾向,等等。虽然各种各样的测量在测量的内容、方式等方面千差万别,但它们在一些最本质的方面却完全一致。这些最本质的方面,就是测量所具有的科学的内涵。那么,究竟什么是测量呢?

美国学者史蒂文斯(S. S. Stevens)认为:测量就是依据某种法则给物体安排数字。这一定义被许多社会科学研究人员所采用。在此基础上,本书中则用下述定义来进一步解释测量的含义:所谓测量(Measurement),就是根据一定的法则,将某种物体或现象所具有的属性或特征用数字或符号表示出来的过程和方法。测量的主要作用在于确定一个特定分析单位的特定属性的类别或水平。它不仅可以对事物的属性做定量的说明(即确定特定属性的水平),同时,它也能对事物的属性做定性的说明(即确定特定属性的类别)。而在社会研究中,研究者所进行的大部分测量往往都是这种定性的测量。

二、测量的四个要素

为了更好地理解测量的概念,有必要对构成上述测量定义的 4 个必不可少的要素进行专门的说明。这 4 个要素是:测量的客体、测量的内容、测量的法则、数字或符号。

1. 测量客体,即测量的对象

它是客观世界中所存在的事物或现象,是我们要用数字或符号来进行表达、解释和说明的对象。比如,我们测量一张桌子的高度时,这张桌子就是我们测量的客体或对象。在社会研究中,测量对象又称被试,最常见的测量客体是各种各样的个人,以及由若干个个人所组成的各种社会群体、社会组织、社区等。在测量的 4 个要素中,测量客体所对应的是"测量谁"的问题。

2. 测量内容

即测量客体的某种属性或特征。实际上,在任何一种测量中,所测量的对象虽然是某一客体,但所测量的内容却并不是客体本身,而是这一客体的特征或属性。比如,桌子是我们的测量客体,而桌子本身我们却无法测量,只有桌子的各种特征,比如它的高度、宽度、重量、颜色,等等,才能构成我们测量的内容。同样的道理,社会中的个人、群体、组织,以及社区等等是我们的测量客体,是社会研究中的测量对象,但我们所测量的却并不是这些个人、群体、组织、或社区本身,而是他们的各种特征。比如测量个人的行为、态度和社会背景;测量群体和组织的规模、结构和管理模式;测量社区的范围、人口密度和人际关系等。只有它们的这些特征才是我们的测量内容。在测量的 4 个基本要素中,测量内容所对应的是"测量什么"的问题。

3. 测量法则

即用数字和符号表达事物各种属性或特征的统一标准。也可以说,它是某种具体的操作程序和区分不同特征或属性的标准。比如,衡量学生学习成绩的 5 级分制或 100 分制,那么用什么标准来确定每个学生具体得分是多少就是由测量法则决定的。在测量的 4 个基本要素中,测量法则所对应的是"怎么测"的问题。

4. 数字和符号

即用来表示测量结果的工具。比如,120 厘米、110 厘米等就是测量桌子高度所得的结果;350 元、460 元等就是测量人们收入的结果。在社会科学研究中,研究者进行测量的结果中,不像自然科学那样都是数字型的,它既有数字来表示的,比如,被研究者的年龄、收入等,也有许多是用文字来表示的,比如,被研究者的性别用男和女表示、婚姻状况用未婚、已婚、离婚、丧偶表示等。尽管许多用文字表达的测量结果在统计分析时都转换成了数字,但这种数字并不能像算术中的数字那样进行加、减、乘、除运算,最多只能作为不同类别的代号进行频数统计。

三、测量层次

由于社会科学研究中所涉及的现象具有各种不同的性质和特征,因而对它们的测量也就具有不同的层次和标准。史蒂文斯1951年创立了被广泛采用的测量层次分类法,即有4种类型的测量尺度:定类尺度、定序尺度、定距尺度和定比尺度。与这4种测量尺度相对应,他将测量层次分为4种,即定类测量、定序测量、定距测量和定比测量。

(一)定类测量

定类测量(Nominal Measurement)也称为类别测量或定名测量,它是测量层次中最低的一种。定类测量在本质上是一种分类体系,即将研究对象的不同属性或特征加以区分,标以不同的名称或符号,确定其类别。定类测量的数学特征主要是等于与不等于(或者属于与不属于)。在社会科学研究中,对诸如人们的性别、职业、婚姻状况、兴趣爱好等特征的测量,都是常见的定类层次的测量。

由于定类测量实质上是一种分类体系,因而必须注意所分的类别既要具有穷尽性,又要具有互斥性,即所分的类别既要相互排斥,互不交叉重叠,又对各种可能的情况包罗无遗。这样,所测量的每一个对象都会在我们的分类体系中占据一个类别,且仅仅只会占据一个类别。

例 5-7

将性别分为"男性"和"女性"两类。

将职业分为"工人""农民""干部""专业技术人员""商人""其他"等6类。

由于对任何一门科学来说,分类都是基础。其他几种层次的测量,也都把分类作为其最低限度的操作。或者说,其他的几种测量层次,都无一例外地包含着定类测量的分类功能。在社会现象的测量中,很多的变量都是定类变量,分类更是最基本的目标和最经常性的操作。因此,运用好定类测量,发挥其应有的作用,是社会研究人员的一项重要任务。

（二）定序测量

定序测量（Ordinal Measurement）也称为等级测量或顺序测量。定序测量的取值可以按照某种逻辑顺序将研究对象排列出高低或大小，确定其等级及次序。或者说，定序测量可以按某种特征或标准将对象区分为强度、程度或等级不同的序列。

例 5-8

测量人们的文化程度，可以将他们分为文盲、小学、初中、高中、大专、大学及以上等，这是一种由低到高的等级排列。

在社会科学研究中，研究者可以用定序测量来对人们的社会地位、生活水平、住房条件、工作能力等特征进行类似的等级排列。

定序测量不仅能够像定类测量一样，将不同的事物区分为不同的类别，而且还能反映事物或现象在高低、大小、先后、强弱等序列上的差异；它的数学特征是大于或小于（$>$ 或 $<$），它比定类测量的数学特征高一个层次。定序测量所得到的信息比定类测量所得的更多。

（三）定距测量

定距测量（Interval Measurement）也称为等距测量或区间测量。它不仅能够将社会现象或事物区分为不同的类别和等级，而且可以确定它们相互之间不同等级的间隔距离和数量差别。比如，测量人的智商，测量自然界中的温度就是定距测量的典型例子。在定距测量中，我们不仅可以说明哪一类别的等级较高，而且还能说明这一等级比那一等级高出多少单位。定距测量有"零点"，但是这个零点并不代表没有，例如零摄氏度，并不代表没有温度，因此定距测量的结果相互之间可以进行加减运算，但是不能进行乘除。

例 5-9

如果测得张三的智商为 120，李四的智商为 60，那么，$120 - 60 = 60$，由此可以说张三的智商比李四高 60，但是不能说张三的智商是李四的 2 倍。

同样的道理,我们测量北京与重庆的温度,结果发现北京的温度为摄氏10度,重庆的温度为摄氏30度,我们只能说重庆的温度比北京高出20度,不能说重庆的温度是北京的3倍。

（四）定比测量

定比测量（Ratio Measurement）也称为等比测量或比例测量。定比测量除了具有上述三种测量的全部性质之外,还具有一个绝对的零点（有实际意义的零点）。所以它测量所得到的数据既能进行加减运算,又能进行乘除运算。比如,对人们的收入、年龄、出生率、性别比、离婚率、城市的人口密度、收入增长速度等所进行的测量都是定比测量。它们的测量结果都能进行乘除运算。

例 5-10

如测得张三的收入为480元,李四为240元,那么,480/240＝2,由此可以说,张三的收入是李四的收入的两倍（或李四的收入是张三的1/2）。

是否具有实际意义的零点（绝对零点）存在,是定比测量与定距测量的唯一区别。与定距测量相比,定比测量更有利于反映变量（社会现象）之间的比例或比率关系。

第四节　测量的信度与效度

社会科学研究中任何一种精确的、系统的收集资料的方法,实际上都是一种特定形式的社会测量。而对于任何一种测量工具或测量手段来说,都会涉及这样一些基本问题:测量所得的结果是否正是人们所希望测量的东西？当这种测量的时间、地点及操作者发生改变时,测量的结果将会受到什么样的影响？这就是我们所要了解的测量的信度和效度问题。

一、信度

信度(Reliability)即可信程度,它指的是采取同样的方法对同一对象重复进行测量时,其所得结果相一致的程度。换句话说,信度是指测量结果反映测量对象实际情况的一致性或稳定性程度,即测量工具能否稳定地测量所测的事物或变量。比如,用同一台磅秤去称某一物体的重量,如果称了几次都得到相同的结果,则可以说这台磅秤的信度很高;如果几次测量的结果互不相同,则可以说它的信度很低,或者说这一测量工具是不可信的。

大部分信度指标都以相关系数(r)来表示,其基本的类型主要有以下三种:

1. 再测信度

对同一群对象采用同一种测量,在不同的时间点先后测量两次,根据两次测量的结果计算出相关系数,这种相关系数就叫做再测信度。这是一种最常用、最普遍的信度检查方法。使用这种方法时,两次测量所采用的方法、所使用的工具是完全一样的。再测信度的缺点是容易受到时间因素的影响,即在前后两次测量之间的某些事件、活动的影响,会导致后一次测量的结果客观上发生改变,使两次结果的相关系数不能很好地反映两次测量的实际情况。

2. 复本信度

复本信度采取的是另一种思路:如果一套测量可以有两个以上的复本,则可以根据同一群研究对象同时接受这两个复本测量所得的分数来计算其相关系数。比如,学校考试时出的 A、B 卷就是这种复本的一个近似的例子。在社会研究中,研究人员可以设计两份研究问卷,每份使用不同的项目,但都用来测量同一个概念或事物,对同一群对象同时用这两份问卷进行测量,然后根据两份问卷所得的分数计算其复本信度。复本信度可以避免上述再测信度的缺点,但是,它的要求是:所使用的复本必须是真正的复本、即二者在形式、内容、难度、篇幅等方面都应该完全一致。然而,在实际研究中,真正使用研究问卷或其他类似的测量工具达到这种要求往往是一件十分困难的事情。

3. 折半信度

折半信度即将研究对象在一次测量中所得的结果,按测量项目的单双号分为两组,计算这两组分数之间的相关系数,这种相关系数就叫做折半信度。比如一个态度测量包括 30 个项目,若采用折半法技术来了解其内在一致性,则可以将这 30 个项目分为相等的两部分,再求其相关系数。通常,研究者为了采用折半信度来检验测量的一致性,需要在他的测量表中,增加一倍的测量项目。这些项目与前半部分的项目在内容上是重复的,只是表面形式不同而已。如果被研究者在前后两部分项目上的得分之间高度相关,则可以认为这次测量是可信的。这种方法与复本信度的情况类似,它要求前后两个部分的项目的确是在测量同一个事物或概念。一旦二者所测量的并不是同一个事物或概念,那么,研究者就无法用它来评价测量的信度了。在社会测量中,信度都是相对的。一般来说,信度系数在 0.8 以上,就可以认为测量是可信的。

二、效度

测量的效度(Validity)也称做测量的有效度或准确度。它是指测量工具或测量手段能够真实反映出所要测量的各种变量之间的差异程度,或者说能够准确、真实地度量事物属性的程度。结合前面所介绍的有关概念,我们也可以说,效度指的是测量标准或所用的指标能够如实反映某一概念真正含义的程度。当一项测量所测的正是它所希望测量的事物时,我们就说这一测量具有效度,或者说它是一项有效的测量。反之,则称为无效的测量或者测量不具有效度。

例 5-11

假设我们打算测量某个样本中的大学生的智商分布情况。我们采用一份标准的智商测验量表对他们进行测验,并用他们每个人在测验中所得的分数来表示他的智商。那么,这一测量是有效的。如果我们采用的是一份英文的智商测验量表,那么,当我们同样用所得到的分数来表示他们的智商时,我们的测量就不具有效度。因为此时我们所测量的并不是大学生们的智商,而是他们的英文水平了(我们所测量到的并不是我们所希望测量的东西)。还如,要测量一个家庭的消费水平就不便于用家庭的收入多少做尺度,而应该以家庭消费支出作为尺度。

测量的效度具有三种不同的类型,即表面效度、准则效度和构造效度。

它们分别从不同的方面反映测量的准确程度。同时,人们在评价各种测量的效度时,也往往采用这三种类型作为标准。

1.表面效度

表面效度也称为内容效度或逻辑效度,它指的是测量内容或测量指标与测量目标之间的适合性和逻辑相符性。也可以说是指测量所选择的项目是否"看起来"符合测量目的和要求。评价一种测量是否具有表面效度,首先必须知道所测量的概念是如何定义的,其次需要知道这种测量所收集的信息是否和该概念密切相关,然后评价者才能尽其判断能力之所及,作出这一测量是否具有表面效度的结论。

例 5-12

用问卷去测量人们的消费观念,那么,首先要弄清"消费观念"的定义,然后看问卷中的问题是否都与人们的消费观念有关。如果问卷中的问题明显是有关其他方面的,则这种测量就不具有表面效度。如果发现问卷中的问题所涉及的都是有关消费观念方面的内容,而看不出它们是在测量与消费观念无关的其他观念时,则可以说这一测量具有表面效度。

2.准则效度

准则效度也称为实用效度,它指的是用一种不同以往的测量方式或指标对同一事物或变量进行测量时,将原有的一种测量方式或指标作为准则、用新的方式或指标所得到的测量结果与原有准则的测量结果作比较,如果新的测量方式或指标与原有的作为准则的测量方式或指标具有相同的效果,那么,我们就说这种新的测量方式或指标具有准则效度。

3.构造(念)效度

"构念"本意是指心理学理论所涉及的抽象而属于假设性的概念或变量。构造(念)效度涉及一个理论的关系结构中其他概念(或变量)的测量。

例 5-13

假定我们设计了一种测量方法,来测量人们的"婚姻满意程度"。为了评价这种测量方法的效度,我们需要用到与婚姻满意程度有关的理论命题或假设中的其他变量。假定我们有下列假设:婚姻满意程度与主动做家务的行为有关。婚姻满意程度越高,越是主动承担家务。那么,如果我们的测量在婚姻满意程度与承担家务方面的结果具有一致性,则称我们的测量具有结构效度。如果婚姻满意程度不同的对象在承担家务方面的行为都是一样的,那么,我们测量的结构效度就面临挑战。

需要注意的是,测量的效度与信度都是一种相对量,而不是一种绝对量。对于同一种对象,人们常常会采取各种不同的测量方法、不同的测量指标。也许这些方法和指标都没有错,但它们相互之间一定会在效度与信度这两方面存在程度上的差别。我们对它们进行评价和选择的标准则是:越是在准确性和一致性上程度更高的方法和指标,就越是好的测量方法,就越是高质量的测量指标。

三、信度与效度的关系

测量的信度与效度之间既有明显的区别,又存在着某种既相互联系,相互制约的关系。信度主要回答调查结果的一致性、稳定性和可靠性问题;效度主要回答调查结果的有效性和正确性问题。信度和效度之间的关系有 4 种类型:

1. 可信且有效

如利用全校学生的花名册来统计不同性别学生的比例,那么只要花名册上的资料是及时更新的,并且性别的填写正确,那么得出的数据就是既可信又有效的。

2. 可信但无效

如调查某地粮食产量,但设计的统计指标是播种面积,投入粮食作物生产的劳力、资金等,即使数据可信,对说明当地粮食产量来说,其效度仍然很低。

3. 不可信但有效

这种情况在理论上应该是不存在的。

4. 不可信亦无效

这是测量中应避免的类型。

信度和效度的上述四种关系,见图5-1。

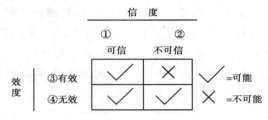

图 5-1　社会科学测量中信度与效度的关系

总之,信度是效度的基础,是效度的必要条件而非充分条件(一般来说,缺乏信度的测量肯定也是无效度的测量;但高信度的测量未必同时也是高效度的测量,即它也许是有效度的,也许仍然是无效度的);效度则是信度的目的和归属,没有效度的信度就失去了其本来的意义。任何社会测量,只有做到信度和效度的统一,才是可信且有效的。

本章思考题

1. 对人们的"婚姻状况""受教育年限""学术水平"的测量属于哪一层次的测量?
2. 试简要说明概念、变量、指标三者之间的联系与区别。
3. 请举例说明操作化在社会科学研究中的地位和作用。
4. 试对概念"越轨行为""上进心""媒介接触"和"生育意愿"进行操作化。
5. 什么是信度? 什么是效度?

推荐阅读

1. 袁方. 社会研究方法教程[M]. 北京:北京大学出版社,1997.
2. 艾尔·巴比. 社会研究方法(上册)[M]. 邱泽奇,译. 北京:华夏出版社,2000.
3. 风笑天. 社会学研究方法[M]. 北京:中国人民大学出版社,2005.
4. 肯尼斯. D. 贝利. 现代社会研究方法[M]. 上海:上海人民出版社,1986.

第六章

问卷法

金莹

问卷法是现代社会科学研究最常用的收集资料的方法之一。问卷调查与抽样技术相结合,在社会研究中得到越来越广泛的应用。但问卷法众多优点的发挥,得益于对问卷编制科学程序和原则的遵循,以及对问卷使用的严格控制,否则无法保证其结果的科学性、客观性。本章主要介绍了问卷法的概念、优缺点、类型等基本知识,问卷结构、问卷设计步骤、原则、具体编制等问卷设计的操作技能,以及问卷的发放与整理的相关知识。

第一节　问卷法概述

一、问卷与问卷法

"问卷"源于法文 questionnaire,其原意是"一种为了统计或调查用的问题表格"。问卷法是研究者用来搜集资料的一种技术,即研究者用统一、严格设计的问卷对研究对象的行为、意见、态度和兴趣等进行调查与测量的一种研究方法。

问卷法主要通过邮寄、个别分送或集体分发、访问等多种方式发送问卷,经被试填答,从而收集到有关被试对某项问题的态度、意见,然后比较、分析研究对象对该项问题的看法,以供研究者参考。科学的问卷法,要求问卷的设计目的性强、内容完整、逻辑合理,以获得准确、科学、广泛的数据资料。当它与访谈法等其他研究方法结合使用时,还可以发挥出更大的优势。

二、问卷法的优点与缺点

问卷法的优缺点主要是与访问法、实验法、观察法等其他社会研究的资料收集方法相比较而言的,具有一定的相对性。

(一)问卷法的优点

1.能在较短的时间内收集到大量的资料,具有较高经济性

访谈法由于整个访谈过程通常是研究者与研究对象进行面对面的调查,因此,在一个单位时间内只能收集到一个被试的数据资料。而问卷法则不同,由于可不受人数限制,它可以在一个单位时间内或短时期内收集

到大量被试的数据资料。特别是当某些主客观条件限制了其他方法的使用，或需要以最快的速度收集尽可能多的数据资料时，问卷法的作用就显得更加重要和突出。

2. 填写时间充分，可自由表达意见

被调研者在填写问卷时相当自由，可以自行选择合适的时间和空间进行，不受别人干扰，相对自由的反映真实情况。在对一些敏感性问题进行调研时，填写问卷比面对面接受访谈要使被调研者感到轻松得多。特别是当问卷是匿名填写的时，就会自由的表达自己的态度和想法，全无遭遇尴尬或者打击报复的后顾之忧。[①]

小资料：问卷调查对敏感问题更有效

Wiseman[②]对社会上一些敏感的问题就面对面采访、电话采访和邮寄问卷三种方式下的回复做了比较。首先采集了波士顿一郊区 640 户居民的信息作为样本，然后根据上述三种方式分为三个子样本。9 个社会热点问题包括军队全部志愿军化、吸食大麻合法化、人工流产合法化、对未婚青年实施计划生育、将饮酒的合法年龄降至 18 岁等。对于 9 个问题中的 7 个，三种方式下获得的回复相差无几。但是对于人工流产和计划生育这两个问题，问卷调查下的支持率要高于采访下的。比如，人工流产合法化在问卷调查、面对面采访和电话采访下的支持率分别为 89%、70% 和 67%。Wiseman 以此论证在社会问题调研无偏数据的采集上，问卷调查是个更有效的工具。

（资料来源：佚名."首届女性研究生班"阅读资料.许晓茵，译.孙中欣，校.调查研究：问卷法[N/OL]. http://www. china-gad. org/Index. html,2010-11-9.）

---

3. 标准化程度较高，容易量化

科学的问卷法须要严格按照操作流程和设计原则展开，从问题的选择与排序、答案的编制、填答方式以及结果处理，都预先进行操作化和标准化

[①]　Sudman, Seymour, Norman M. Bradburn. Asking Questions：A Practical Guide to Questionnaire Design[M]. San Francisco：Jossey-Bass, 1982：89.

[②]　Wiseman, Frenerick. Methodological Bias in Public Opinion Surveys[M]. Public Opinion Quarterly（Spring）：XXXVI, 1972：105-108.

设计。从而保证了问卷法的科学性、准确性和有效性,避免了研究的盲目性和主观性。正因如此,其收集的资料也便于进行定量处理和分析,一般借助于计算机以及相应专业软件进行,如 SPSS(Statistical Product and Service Solutions,"统计产品与服务解决方案"软件①)。

(二)问卷法的缺点

1. 对问卷的设计有较高要求

由于问卷发放后一般由被调查者自行填写,研究者无法从旁解释说明,因而若问题表述含糊不清、问题逻辑混乱,则容易导致被调查者的误解而得不到确实的回答。同时,问题多少也需考虑,问题太多会令填答者生厌,导致漏答、弃答;若问题太少,又无法收集到全面的资料,影响研究科学性。

2. 对调查对象的文化程度和合作度有一定要求

虽然在问题设计时已经考虑了被调查者的接受程度,但问卷中仍然有大量问题需要被调查者阅读、理解,若其文化程度过低,则无法独立完成问卷填写;另外,如果调查前期的引导解释工作不足,被调查者不合作或言不由衷时,所得结果也会不可靠。

3. 灵活度不够,无法对复杂情况进行充分说明

由于问卷多是预先设计好的标准化问题及备选答案,有些事情非常复杂,或被调查者选择某项的理由等,不能用问卷的简单问答来说明。特别是当问卷设计时,若对实际情况了解不足,预设答案(选项)范围过窄,更容易导致乱填或弃填,极少被调查者会主动补充真实答案或说明。

三、问卷的类型

在日常生活中,你可能接触到许多问卷,如报纸中夹的调查表,网页中的调查栏,有的直接选择答案,有的则需要填写文字或数字。其实,这些都是收集资料用的问卷,只是根据不同的标准,可以分为不同类型。

---

① 最初软件全称为"社会科学统计软件包"(Solutions Statistical Package for the Social Sciences),但是随着 SPSS 产品服务领域的扩大和服务深度,将英文全称更改为"统计产品与服务解决方案"。

（一）结构式问卷、无结构式问卷与半结构式问卷

根据问卷中提出的问题的结构程度不同,可以将问卷分为结构式问卷、半结构式问卷与无结构式问卷。

1. 结构式问卷(Structured Questionnaire)

结构式问卷又称封闭式问卷,是对所有被测者应用一致的题目,并且每一个问题都事先列了几个可能的答案,被试必须按照研究者的设计,根据自己的情况在预先编制的答案中选择认为恰当的一个。在实际中,通常是以若干封闭式问题组成结构式问卷。

结构式问卷由于其回答简单、回收率和信度较高、便于统计分析等优点在正式的大型调查中广泛采用。但编制时较为耗时耗力,不便于深入获取信息。结构式问卷根据答案的不同形式还可划分为选择式、排列式、比较式、顺序式、定距式、补充式、填写式等,具体内容将在答案编制部分详细介绍。

2. 无结构式问卷(Unstructured Questionnaire)

无结构式问卷,实际是结构较松或较少,并非真的完全没有结构。一般的,问卷中的问题是统一的,都是围绕研究目的展开,但未事先列出任何备选答案,被试可根据自己的情况自由回答。在实际中,通常是以若干开放式问题组成无结构式问卷。

这种形式的问卷多半用在研究者对某些问题尚不清楚的探索性研究中,或深度访问的场合,对大样本研究也能产生补助功效。无结构式问卷与结构式问卷相比,由于对回答的限制少,便于获得更丰富的资料。当然,也可能出现填答逻辑欠佳、表述不清的问题,且难以进行定量分析和对比分析。

3. 半结构式问卷(Semi-structured Questionnaire)

半结构式问卷就是结构式问卷和无结构式问卷相互结合的一种问卷形式。

在实际研究中,通常是根据具体情况进行搭配。一般是在结构式问卷的最后加上一些开放式问题,这样可以互相补充,取长补短,提高研究的科学性。

（二）自填式问卷与访问式问卷

根据使用问卷的方法不同，可将问卷分成自填式问卷和访问式问卷。

1. 自填式问卷

自填式问卷是由研究者发给（或邮寄给）研究对象，由研究对象自己填写的问卷。由于被试填写过程中，研究者无法从旁指导或解释，因而要求问卷设计时表述清楚、准确，不使用复杂句子，易于被试理解。

2. 访问式问卷

访问式问卷则是由研究者按照设计好的问卷向研究对象提问，然后根据被试的回答进行填写的问卷。访问式问卷主要用于当面访问、电话访问、小组访问等方式。由于问卷调查过程中有访问员进行解释、追问，且可以借助语音、语气、实物等辅助物，在问题设计上可相对详尽、复杂。

第二节 问卷设计

问卷设计是问卷研究中最为关键的一步，在很大程度上决定着问卷的回收率、有效率以及研究结果的科学性。问卷的设计包括了问卷结构、设计原则、设计步骤以及各个部分的具体编制等一系列问题。

一、问卷结构

问卷一般包括标题、前言和指导语、问题、答案、编码号和结束语等几部分。

（一）标题

每份问卷都是根据特定研究目的而设计的，因此，标题可以简洁的反映问卷的目的和内容，使被试一目了然，增强填答的兴趣和责任感。例如"公共服务供给能力初步调查问卷""外经贸企业人才管理调查问卷""大学生创新能力调查问卷"。不宜列一个放之四海而通用的标题，如"调查问卷"。

（二）前言和指导语

标题之下，一般有一个对问卷目的及填答要求的说明，多以信的格式出现，包括前言和指导语两部分。

前言是对问卷研究的目的、内容以及保密措施等的简要说明。让被试了解调查的目的、意义，明白为什么要填答，不仅体现了对被试的尊重，也能增强被试的参与感，赢得更多的支持和配合。而保密措施则关系到被试是否愿意合作以及能否如实填写问卷，常见的如"不填写姓名""仅为科学研究所用""不公开单个样本资料"等，可以消除被试的后顾之忧，以获得更真实的资料。

指导语是对问卷填答的方法、要求、时间、注意事项等的说明，有时还附一两个例题，帮助被试更好地理解如何进行填写。常见的指导语如"请在每一个问题后符合自己情况的答案号码上画圈""答案没有好坏对错之分""请独立完成，不要与别人商量""现在请您按照题目顺序一一回答"。

由于前言和指导语直接影响到被试的填写，关系到问卷研究的信度和效度，因此不可缺少。设计时文字尽量简洁、明确、谦虚、诚恳，用"您"等尊称，并加上"衷心感谢您的合作"等感谢语。下面署上调查单位名称和调查时间。

例6-1

尊敬的女士/先生：

您好！

我们是×××的研究人员，正在进行有关×××课题的调研工作。该研究对优化人才管理机制、改善地区人才环境有重要意义。您的配合将帮助我们更好地了解人才管理的现状，从而提出更具可行性的措施。

本调查采用无记名问卷形式，且我们对您所填写的内容绝对保密，绝对不会对你造成任何不良影响。完成问卷大致需要耽误您15分钟的时间。请认真阅读以下项目，根据题意在相应的地方做出客观、真实的选择。

非常感谢您的真诚合作！

×××× 研究所
××××年××月××日

有的前言中还会包括填答问卷之后的答谢,如"为感谢您的大力支持,我们将在收到您寄回完整填答的问卷三日内给您寄去一份小礼物"。有调查显示,适当的答谢能增加被试对调查的配合度,特别在邮寄问卷中,能提高问卷的回收率。如果是电话访问或入户访问,还需要向被试解释抽样过程,以降低他的担心。另外,必要的寒暄也是不可缺少的。

(三)问题与答案

问题和答案是问卷的主体部分。一般有两大部分:一是被试的基本情况,包括年龄、性别、学历等,其内容并不固定,而是根据研究所需的自变量来选择。如,对"独生子女的生活自理能力"进行调查,需要被试填写"是否为独生子女";但若是对"大学生专业认同感"进行调查,则不必设计此问题。关于"基本情况"部分放置的位置,不同学者的看法不同。有的主张放在前言与指导语之后,即主体部分的开端,引起被试的重视。因为这部分属于事实性问题,容易填答,而且往往是研究的自变量,若缺失会大大降低问卷数据的利用度。也有部分学者提出,由于基本资料可以用于鉴别被试的身份,容易增加被试的不安全感,属敏感性问题,因而应放在最后。

二是研究的主体内容。可以设计多种题型以及填答方式。但要注意问题与研究内容的对应性,不要出现于研究无关的问题。关于这一部分的内容和设计,将在后面做详细的论述。

(四)问卷编号与编码

为方便问卷的统计及以后的检查,每份问卷必须编号,一般在问卷封面的左上方,用"编号_____"或"编号□□□□"等形式出现。

编码是将问卷中的调查项目变成代码数字的工作过程,在大多数问卷调查中都需要先编码,再录入电脑进行处理。通常是在问卷主题内容的右边留一统一的空白,顺序编上1、2、3……的号码,代表问题对应的代码,之后再留出空白用以填写答案的代码。答案的代码在问卷回收后,由研究者核对填答的具体内容后填写在预留空白处。编码既可以在问卷设计的同时就设计好,即预编码;也可以等调查完成以后再进行,即后编码。

(五)结束语

结束语通常有两种方式:一是设计几个开放性问题。让被试补充说明对某些关键问题的深入看法,或谈谈对问卷或研究本身的建议;二是以简短的话语对被试的真诚合作表示感谢。在问卷的末端写上"感谢您的真诚合作!"或"谢谢您的大力支持!"等。

例 6-2

您认为当前企业在人才的激励管理方面最需要解决的问题是什么?

_____

_____

你觉得政府应该做些什么工作,以帮助企业更好地吸引人才、激励人才、留住人才?

_____

_____

再次感谢您的支持和合作!

(六)实施记录

实施情况记录主要用以记录调查的完成情况,便于复查、校订以及明确责任人。有的放在问卷主题内容之前,有的放在问卷最后,格式较灵活,主要内容包括:

1. 受访者姓名、地址、联系电话;

2. 访问员姓名、编号;(在问卷采用访问方式发放时才有)

3. 访问起止时间;

4. 访问(调查)中发现的可供参考的重要情况和问题:

5. 审核员姓名;(问卷回收后对问卷的完整度、真实性进行审核的人员)

6. 需要复查/校订的项目:

7. 编码员姓名;(对问卷进行编码处理的人员)

受访者信息的填写,主要是为了审核和进一步追踪调查,同时减少访问员作假的可能性。但对于涉及被试隐私的问卷,则不宜列入。即使问卷不涉及隐私,也必须在征求被试同意的情况下记录,既是对被试的尊重,也为以后可能的复访和追踪调查奠定心理基础。访问员、审核员、编码员的记录有利于增强他们的责任感。访问（调查）情况记录等有利于进一步完善调查结果。

二、问卷设计的原则

问卷设计决定了整个研究的成败。为了保证问卷的科学、有效，必须遵循相关性原则、逻辑性原则、明确性原则、简洁原则、非导向性原则和方便原则。

（一）相关性原则

调查问卷中，每个题目都必须与研究主题紧密相关。这需要在研究设计时就明确相关要素，再将各要素具体化为问题，并根据研究的需要科学而客观地设计问题的表述和回答方式，没有可有可无的问题。还应当明确问卷设计的重点，避免为了盲目求全而冲淡主题。

例6-3

如"调查某企业技术人才队伍建设"，研究目的是通过了解技术人才的现状，找出问题，根据具体原因，提出切实的对策。

首先明确研究内容，主要可分为四部分：现状、问题、原因与对策。然后考虑"技术人才队伍的现状"这一内容，主要可分解为"技术人才队伍的基本情况"和"对技术人才的管理状况"两个一级要素。"技术人才队伍基本情况"再次分解为"技术人才的数量""技术人才的质量"和"技术人才的结构"三个二级要素。"对技术人才的管理状况"再则分解为"管理理念""管理制度""企业环境"三个二级要素。

（二）逻辑性原则

问卷的设计在整体上应做到结构合理、逻辑性强。问卷所调查的内容往往不止一个，每个内容又可能对应多个问题，因此，研究者可以将不同内容的问题归为不同的版块，安排好版块的条理性，做到整体结构合理。另外，问题的排列以及答案的编排应有一定的逻辑顺序，符合被试的思维程序。一般是先易后难、先简后繁、先具体后抽象。

例6-4

1. 您近两年参加公司组织的培训次数为：

A.0 次   B.1 ~ 3 次   C.4 ~ 6 次

D.7 ~ 10 次   E.10 次以上

2. 您认为公司组织的培训对实际工作帮助大吗？

A. 没有帮助   B. 帮助较小   C. 一般

D. 帮助较大   E. 帮助很大

3. 您希望通过培训获得什么？〔只选一项〕

A. 增加专业知识   B. 了解国家或行业政策   C. 提高工作技能

D. 更新观念   E. 拓展知识面   F. 开拓人际关系

例6-4 中的三个问题都是关于培训的，由于问题设置紧密相关，便于被试集中回忆关于培训的相关信息，填答时较为完整、准确。在例中的第1、2 题，答案编排也讲究逻辑性，培训次数从少到多，从培训中获得的帮助从小到大。

（三）明确性原则

明确性原则要求问题及答案的设置要规范、清晰，提问要清晰明确，不能出现含混、歧义和兼问；答案要便于被试作出明确的回答。

例6-5

1. 您喜欢唱歌、跳舞吗？

A. 很不喜欢   B. 较不喜欢   C. 一般

D. 比较喜欢   E. 很喜欢

2. 您一般要花多长时间完成家庭作业？

A. 极短时间   B. 一般长   C. 较长时间   D. 很长时间

例6-5 中第一题，同时问对唱歌和跳舞两项活动的喜爱程度，被试对两项活动的喜爱程度不同则难以回答。第二题中完成家庭作业的时间可以明确量化，如 30 分钟以内、30 ~ 60 分钟、60 ~ 120 分钟、120 分钟以上，比用"极短""较长"这样的模糊词语更准确。

（四）简洁原则

问卷中的表述应力求简洁明了、通俗易懂，避免大量使用技术性较强的、模糊的术语及行话，尽量使用简短的句子。可以在问卷编制前考察调查对象群体的情况，使表述符合被试的习惯和身份。

（五）非导向性原则

非导向性原则是指，问卷中所提出的问题要设置在中性位置，避免隐含某种提示、假设或期望的结果，避免题目中体现出某种思维定势的导向。

例 6-6

你认为××巧克力对你的吸引力在哪里？

答案一：A. 色泽　　　B. 气味　　　C. 口感　　　D. 包装　　　E. 价格

答案二：A. 迷人的色泽　　　B. 芳香的气味　　　C. 丝滑的口感

　　　　　D. 精美的包装　　　E. 低廉的价格

例 6-6 中答案一的设置是客观的，主要从商品的吸引力要素各方面考虑；答案二的设置则具有了诱导和提示性，可能掩盖了事物的真实性。

（六）方便原则

方便原则体现在两方面：一是方便研究者的后续工作开展，主要是便于资料的校验、整理和统计，如编码明确性、数据类型便于统计分析。二是题目应该尽量方便调查对象回答，不必浪费过多笔墨，也不要让被试花费很多时间思考。

三、问卷设计的步骤

问卷设计是一个严密的工作流程，需要经过明确研究目的与内容、收集资料、形成问卷内容架构、编写问题与答案、编辑问卷、预调查与检验、修正问卷 7 个步骤。

（一）明确研究目的与内容

一项研究的灵魂就在于它的目的，它决定了研究的意义、价值、内容以及方式等。在设计问卷初始，应该再次明确研究的目的，深入理解其内涵。特别是多人合作的项目研究，要确保每个人都对研究目的有统一而明确的认识，保证研究思路和具体研究执行中的协调。

研究内容则是在研究目的的基础上扩展出来，用以实现研究目的的主要版块。通过明确具体的研究内容，进而对应列出所需收集的资料，分析哪些是主要资料，哪些是次要资料；再分析哪些资料需要通过问卷取得、向谁调查等，从而确定调查对象、时间、地点及方式。

（二）收集资料

收集资料阶段主要有两个部分的工作：一方面，围绕研究内容，通过查阅文献资料、现场调查、个别访谈、座谈等方式，尽可能全面的收集有关的论述和看法，以准确掌握研究的关键概念的内涵、各个研究内容之间的逻辑关系等，为将研究内容具体化为指标体系奠定基础。另一方面，收集调查对象的资料。了解调查对象的社会特征、心理特征、学识特征等，以便针对其特征来组织问卷的表述语言。因为即使是同样的研究目的和研究内容，对不同调查对象的问卷设计要求不尽相同。如对基层工人的调查问卷，语言应更加通俗、简单和口语化，问题贴近其工作中的所见所闻的基本、具体情况。而对高层管理人员的调查问卷，语言则可以专业化和书面化，问题可以复杂、抽象一些。

（三）形成问卷内容架构

将研究内容具体化为指标体系，层层分解为一级指标，二级指标，甚至三级指标，直到可以与每一个问题对接。这一体系也就成为了问卷的内容架构，明确了问题的逻辑层次与问题之间的关系。

（四）编写问题与答案

编写问题和答案是问卷的主体部分，因而是设计过程中的重点，耗时较长，要求做到严谨、客观。主要包括问题类型的选择、问题的表述方式和排列方式的设计、题量控制以及回答方式的设计等内容。每个具体的研究指标都需要转化为一个或多个问题,因而,一开始可以尽量详尽地多列出些问题,然后再进行检查、筛选和补缺。

(五)编辑问卷

首先,在主体部分的基础上,加上问卷标题、前言和指导语、结束语等形成完整的问卷。然后,从方便阅读填答、减少误填漏填的角度出发,再对问卷进行整体排版,包括整体结构、篇幅、字体、间距等。这样,就形成了一份初步的问卷。

(六)预调查与检验

问卷初步设计出来以后,不宜直接用于正式调查,必须经过预调查,以检验问卷的信度和效度,进行必要的修改。预调查一般是选取少量样本(样本应与研究的对象是同质的),对初步问卷进行填答,根据回收数据来检验问卷的质量。与此同时,也可以将初步问卷送给该领域的专家和研究人员,征求他们的意见。

(七)修正问卷

根据预调查情况,进行修改。必要时,可以再次进行预调查,再修改,最终形成信度效度都较高的问卷。通常需要注意的问题有以下几个方面:

1. 所得数据和研究目的是否相符;
2. 所得数据与现实是否相符;
3. 指导语是否得当;
4. 问题是否具有区分度、敏感性;
5. 问题次序是否合理;
6. 表义是否清楚,措辞是否恰当;
7. 答案是否穷尽;
8. 在填答过程中是否出现没有预料到的情况。

四、问题的具体编制

(一)问题的类型

问题是问卷的核心内容,反映了研究的目的。在进行问卷设计时,问题的类型、表述、排序必须仔细考虑,否则将影响问卷的信度和效度。

1. 从形式上,问题可分为开放式问题、封闭式问题和半封闭式问题

(1)开放式问题。开放式问题就是只提问,不提供预先设计好的答案,由被试根据自己的实际情况回答的问题。开放式问题一般在某个问题的答案太多、调查者需要收集广泛意见、调查者对问题不了解等情况下使用。开放式问题主要有两种,一是自由回答式,即提出问题让被试在不受限制的情况下,发挥主动性,自由回答,讲出自己的真实想法,如"你认为什么样的政府才是服务型政府?"。二是联想式,即研究者提出一个词或其他刺激物,让被试回答联想到的其他词、事物或理解,以反映被试在某方面的看法和感受,如"提到'网友',您想到了什么?"。开放式问题经常需要通过追问来获得更详细的信息,也能起到引导和帮助被试回忆出完整的答案的作用。

例 6-7

您认为要提高基层政府的公共服务能力,应该获取哪些资源?(就他谈到每种资源追问:为什么需要这种资源?怎么获取?)

您所在社区,公共服务上做得较好的有哪些方面?(追问:还有吗?)

研究的早期阶段,开放式问题的答案往往是封闭式问题的基础。格洛克指出:"调查研究中的主要资料来源,是在研究计划时所做的定性访问。加上访问对象是研究对象中的部分样本,构成了一个获知变量属性以及如何进行操作化的最不可少的方法。[1]

(2)封闭式问题。封闭式问题是不仅提问,而且还提供了可选择的答

---

[1] Glock, Charles Y. Reflections on doing survey research[J]//H O'Gorman. In Surveying Social life: Papers in honor of Herbert H. Hyman, Middletown, CT: Wesleyan University Press. 1987:31-59

案让被试选择的问题。封闭式问题用于研究者知晓可能的答案或只需要被试从设计答案中选择的情况。封闭式问题能增加标准化程度,提高回答效率,节省调查时间;但需要花大量时间来斟酌一系列可能的答案及其逻辑关系、表述方式、排列顺序等。封闭式问题在现在的问卷调查中,广泛使用。

小资料:开放式问题与封闭式问题的比较

开放式问题的优点

——允许无限可能的答案

——回答者能详细地回答并修饰、澄清回答

——发现出人意料的结果

——允许对负责问题的足够回答

——允许创造、自我表达以及丰富的细节

——显示回答者的逻辑、思维方式以及参照系

开放式问题的缺点

——不同的回答者给出不同的回答详细程度

——回答可能不相关或被无用细节隐藏

——对比与统计分析变得非常困难

——答案编码困难

——善于表达的或文字水平高的回答者占有优势

——问题可能对迷失方向的回答者太概括

——回答需逐字记录,这对访问者来讲有困难

——回答、思考以及提供必要帮助的时间很多

——回答者会被问题胁迫

——答案占据了问卷的大量空间

封闭式问题的优点

——更容易也更快被回答者回答

——不同回答者的答案很容易比较

——回答容易编码并进行统计分析

——回答选项有助于回答者弄清

封闭式问题的缺点

——他们会暗示回答者不会有其他的想法

——无论怎样,没有看法或认识的回答者也可回答

——回答者可能因他们希望的答案未被列入选项而感到沮丧

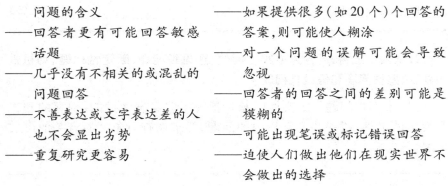

問題的含义

——回答者更有可能回答敏感话题

——几乎没有不相关的或混乱的问题回答

——不善表达或文字表达差的人也不会显出劣势

——重复研究更容易

——如果提供很多(如20个)个回答的答案,则可能使人糊涂

——对一个问题的误解可能会导致忽视

——回答者的回答之间的差别可能是模糊的

——可能出现笔误或标记错误回答

——迫使人们做出他们在现实世界不会做出的选择

(资料来源:劳伦斯·纽曼.社会研究方法:定性和定量的取向[M].5版.郝大海,译.北京:中国人民大学出版社,2007:350-351.)

(3)半封闭式问题。半封闭式问题一般是在封闭式问题的基础上增加了让被调查者可以自由填答的部分,以弥补封闭式问题因答案固定且有限,可能带来的信息遗漏。主要有两种情况:一是在被调查者选择了某项答案后,要求继续填答原因,以追问其动机。如例6-8中的第1题,在被调查者选出了使用最多的交通工具后还被要求填写原因。二是调查者无法列举或不能确保已经列举出所有可能的答案选项,则可以在列举了主要的答案选项后,增加"其他"项,并要求被调查者填答。如例6-8中的第1题,虽然已经列出了目前主要的交通工具(甚至连可能性较低的"飞机"都列出),但还是不能确保已经列举出了所有的可能答案,因而加上"其他"项以便补充;第2题则是客观上水果种类太多,无法全部列举,则可以要求被调查者在"其他"项后的横线上填写正确答案,避免被调查者因在列举答案中找不到适合的选项而放弃填答。

例6-8

1.您本月上下班使用最多的交通工具是什么?

A.飞机 B.火车 C.船 D.地铁/轻轨 E.公共汽车

F.出租车 G.轿车 H.摩托车 I.自行车 J.其他＿＿＿(请填写)

您选择这种交通工具的最主要原因是:＿＿＿＿＿＿(请填写)

2.您最喜欢的水果是什么?[只选一项]

A.西瓜 B.苹果 C.梨子 D.香蕉 E.葡萄

F. 芒果　G. 橘子　H. 桃子　I. 其他＿＿＿＿＿＿＿＿＿＿＿（请填写）

2. 从内容上看,可分为事实性问题、意见性问题,断定性问题、动机性问题,敏感性问题和假设性问题

（1）事实性问题。事实性问题是指关于曾经发生过的、现存的和将要发生的事件,或一些实际行为的问题,要求调查对象回答有关的事实情况。

例 6-9

1. 您在本学期读了多少本专业著作？

A. 0 本　　　　　　B. 1～5 本　　　　　C. 6～10 本

D. 11～15 本　　　　E. 16～20 本　　　　F. 20 本以上

2. 您使用过 SPSS（Statistical Product and Service Solutions,统计产品与服务解决方案)软件处理数据吗？

A. 没有使用过　　　　B. 使用过

它又可分为两类,一类是人口学资料(也有人把它叫做静态资料或静态事实),如姓名、性别、出生年月、民族、教育程度、职业、宗教信仰、家庭成员、经济收入等。这些常识性的问题,一般作为研究的自变量,用于分析不同性别、年龄、教育程度等类型被试在所研究问题上的差异。从而使研究丰富化、深入化,并能更好地解释部分表面数据结果,把问题尽量放在具体的层次上处理,因而往往是必不可少的。

另一类事实问题是关于被试的某些实际行为的问题。被试只需根据自身经历的实际状况选择即可,不必联想、发挥。

事实性问题的主要目的在于求取事实资料,因此问题中的定义必须清楚,让应答者了解后能正确回答。

（2）意见性问题。主要用于调查被试对某些对象、现象的意见或态度。这类问题不仅看重被试是否真实的表达意见,还会关注意见或态度的强烈程度,因而答案一般会用采用程度性表述、百分比、数字等设计。如例6-10。

例6-10

1. 您认为,直接上级的信任对您而言 _____

A. 非常重要　　　　B. 比较重要　　　　C. 一般

D. 较不重要　　　　E. 根本不重要

2. 你对课堂教学式培训的态度是?

讨厌 |——|——|——|——|——|——| 喜欢

　　　1　2　3　4　5　6　7

（3）断定性问题。假定被试在某个问题上确有某行为或态度,然后就其行为或态度作进一步的了解。这种问题由两个或两个以上的问题相互衔接构成。前面一个问题是后面一个问题的"过滤性"问题。

例6-11

1. 您上网浏览新闻吗?

A. 是　　　　　　　B. 否

2. 若是,您上网经常浏览哪些新闻?

A. 财经类新闻　　　B. 军事类新闻　　　C. 政治类新闻

D. 娱乐类新闻　　　E. 社会类新闻

例6-11 中,被试可能从不在网上浏览新闻,所以不能直接问第二个问题,应在前面加上第一个问题作为"过滤",若回答"是",才转为回答后一个问题;若回答"否",则不必回答。

（4）动机性问题。动机性问题是了解被试行为的原因或动机。人们的行为可以是有意识动机的,也可以是半意识动机或无意识动机产生的。被试很可能不愿意暴露真实的动机,或不清楚自己的动机。设计这类问题时,答案的处理很重要,既要尽可能的设想被试可能的动机,又要避免表述上的暗示和引导。如例6-12。

例6-12

在什么情况下,您可能会离开公司? ［选择三项］

A. 得不到重视和信任　　B. 待遇无法提高　　　C. 自身无法胜任工作

D. 人际关系紧张　　　　E. 缺乏个人发展机会　F. 能力得不到发挥

G. 实际困难得不到解决　H. 工作稳定性不足

I. 对组织价值观不认同　J. 对公司发展失去信心

K. 其他＿＿＿＿＿＿＿＿＿＿＿＿＿＿＿＿＿＿　（请填写）

（5）敏感性问题。又称困窘性问题，是指涉及个人利益、社会地位、声誉，不为一般社会道德和法纪所允许的行为、态度以及私生活等方面的问题。如见例6-13。

例6-13

你在读大学期间作弊过多少次？请填写＿＿＿＿＿＿＿＿＿＿＿＿

这类问题，除非是已经败露，否则多数人出于本能的自卫心理，容易产生种种顾虑，不愿意回答或不愿意真实回答。这种问题在问卷中不应该太多，实在非问不可，则需要变换提问方式，尽量减少被试的顾虑，争取他们的配合。方法有以下几种：

第一，转移法。不直接询问被试对某事项的观点，而改问他认为其他人对该事项的看法如何，或根据他人的情况来阐述自己的观点。见例6-14。

例6-14

1. 您的同学对作弊的看法如何？[只选一项]

A. 自己坚决反对作弊，对作弊者反感

B. 自己不作弊，但别人作弊无所谓

C. 当考试关系到重大利益时，自己也会作弊

D. 作弊很正常，不算什么大问题

E. 每个人都想作弊，只是视具体情况而定

F. 其他

2. 您同意他们的看法吗？

A. 很不同意　B. 较不同意　C. 一般　D. 较同意　E. 很同意

第二,模糊法。对敏感问题不要求做出确切回答,而设计模糊的答案区间供选择。见例6-15。

例 6-15

你在读大学期间作弊过多少次?

A.0 次　B.1～3 次　C.4～6 次　D.7～10 次　E.10 次以上

第三,释疑法。在问题前面加上一段消除顾虑的文字,或再次重申研究者会对调查信息严格保密。

(6)假设性问题

假定某种情况已经发生,了解调查对象将采取什么行为或什么态度。这类问题,并不是询问行为或事件本身,而是关注对于行为或事件的意见,从而了解当前的趋势。如例6-16。

例 6-16

如果汽油价格涨至每升 10 元,你是否会减少家用小汽车的使用?

完全不会减少　　　　　　　　　　　　　　　　　　　　　停止使用
　　　　　　10%　20%　30%　40%　50%　60%　70%　80%　90%

(二)问题的编写准则

1.题目的分类是否合适恰当

针对不同研究内容的问题,应采用的题型是不同的。对过去发生的行为、事件的确认,一般用事实性问题、敏感性问题;对行为趋势的了解可用假设性问题;对原因的探究可用意见性问题、动机性问题。题目类型的搭配以全面收集研究所需信息为原则,对每一类问题可预设控制,避免不足或过多,不足会影响分析及结果,过多则影响被试的情绪。

2.问题是否切合研究假设的需要

每一类型中的题目,应该均为验证假设或研究目的所必需,不能浪费和贪多,乱出题目。问题数量直接关系到问卷的长度,一般情况下,问卷的长度应控制到 30 ~ 40 分钟的回答时间,否则会降低被试的配合意愿,导致填答不全。

3. 问题是否含糊不清

含糊不清容易引起误解,造成问卷结果的偏差和失真。通常应设法避免三类问题:

(1)太普遍化、一般化的问题,使被试不知真正目的,所提供的答案也无多大意义。例 6-17 中第一个问题就太笼统,每个被试可能基于不同角度来给以评价。即使都回答"不满意",也可能因为味道、价格、服务、环境等不同的原因。因此可以分解为 2 ~ 5 题,更加具体。

例 6-17

1. 您对本餐厅满意吗?

2. 您对本餐厅提供的食物味道满意吗?

3. 您对本餐厅提供的食物价格满意吗?

4. 您对本餐厅服务人员的服务满意吗?

5. 您对本餐厅的用餐环境满意吗?

---

(2)语意不清的措辞,使被试费解。例 6-18 第一题中的"经常"一词就属于语意不清,每个被试对"经常"的理解不统一;改为第二题的问法就更加明确。

例 6-18

1. 您经常在网上购物吗?

2. 您最近三个月在网上购物的次数是多少次?

---

(3)一个问题包含两个或两个以上的观念与事实,使被试不知如何选择。例 6-19 第一题中,"指导"与"沟通"不是同义语,放在一起无法进行判断,因而需要改为第二、三题分别调查。一般不要在一个问题中用两个研究者自认为语义相同的词,往往造成被试不知所措。

例 6-19

1. 您的直接上级对您的指导与沟通频率如何?
2. 您的直接上级最近三个月与您沟通过多少次?
3. 您的直接上级最近三个月对您工作指导过多少次?

(4)用语太复杂,让人费解。尽量不使用双重否定或多重否定的格式或猜测语句。例6-20的第一题用了双重否定,增加阅读和理解的困难,容易出现偏差,改成第二题的表述就清楚多了。

例 6-20

1. 您是不是不同意那些不想修建公园的人的看法?
2. 这里要建个公园,您同意这个方案吗?

4. 问题是否涉及社会禁忌与隐私

对一些敏感的政治问题、社会问题、道德问题,人们出于自我保护,总要在回答时使自己的答案与社会要求趋于一致,结果都会一面倒,难以了解被试的真实情况。另外,涉及个人隐私的问题,往往也会遭到拒绝。处理方法见敏感性问题的介绍。

5. 问题是否产生暗示与诱导

问题的设计本来暗含着研究者的假设,因而有着某种意向,但如果这种意向比较情绪化、主观,表述出来就会对被试产生诱导或暗示,从而影响被试的思考,甚至产生有意的自我防御,而做出不实的回答。例6-21第一题中,"骂人是不文明表现"会暗示被试骂人是不被接受的行为,得到的答案多是"没有"。删掉暗示性语句,同时明确时间区间,有利于被试作出客观、准确的填答。

例 6-21

1. 骂人是不文明的表现,你骂过人吗?
2. 在最近一个月内,您骂过人吗?

6. 问题是否超出被试的知识和能力

调查对象的知识、理解力、记忆力等有差异,有的问题研究者看来非常简单,可被试可能无法理解或从来就没有想过或无法回忆起。因而,研究者应充分考虑被试的特性,如教育程度、文化背景等,使题目在被试的知识、经验、能力范围内。

(三)问题排序

问题排列方式的设计也是问卷设计中的一个重要问题。如何将各个问题组合成一份问卷,直接关系到问卷研究的实验过程,影响到问卷的回收率和有效率。在具体排列问题时,应当遵循以下几点:

1. 整体逻辑性

遵照逻辑发生次序安排问题先后,时间上可按由远到近或由近到远的顺序,依次排列,有连续性。不同主题的问题分开,同性质的问题按逻辑次序排列。

2. 简繁问题的排序

总体上应遵循由浅到深、由易到难的原则,把容易回答的、人们感兴趣的问题放在前面,把不容易回答的或人们生疏的问题放在后面,使被试更容易接受和配合。具体的:

(1)事实的问题放在前面,而把表示意见态度的问题放在稍后。

(2)封闭式问题放前面,开放式问题放后面。由于开放式问题往往需要时间来考虑答案和语言的组织,放在前面会引起应答者的厌烦情绪。

(3)一般性的问题在前面,具体的、特殊的问题在后面。通过一般性问题的提问,可以探明问题是否需要继续深入下去,使提问更具针对性。同时,一般性问题威胁性低,回答者没有抵触情绪。

3. 敏感问题的排序

敏感性问题容易引起被试的反感,导致他们的不合作,一般放在问卷的较后的位置,但不必全放在最后集中提问,这样也会增加问题对被试的刺激性,造成拒答。同时还要与问题措辞相配合,保证问卷的顺利实施。

4. 配对问题的排序

为了防止被试随意填写问卷,影响信度,一般还会设计检验信度的配对问题,通常是把同一性质或内容的问题以肯定和否定的方式分别表述成题,或加入一些效标题目。这类配对问题应当分开放在问卷的不同部位,否则便失去了检验的意义。

五、答案的具体编制

(一)回答方式

回答方式的设计关系到被试的观感、理解以及填答的便利性,从而影响资料的完整性、正确度。回答方式则较多,应根据不同问题的需要科学选择。

1. 二选一式

又称二项选择式或是否式,指问题只提供了两种互相排斥的答案,如"是"或"否","有"或"无"。被试的回答非此即彼,不能有其他选择。一般适合于简单的事实性问题。见例6-22。

例6-22

1.你的性别(请选一项打√): 男( ) 女( )

2.你是在读学生吗?(请在适当的答案上画圈): 是 否

---

2. 多项选择式

指一个问题提供了两个以上的备选答案,让被试在其中自由选择一种或几种。提供的备选答案不一定涵盖了所有可能的答案,但起码应是研究者关注的或重要的,而且可以增加"其他"项让被试补充。见例6-23。

例6-23

您工作成绩突出时,您最希望得到公司什么样的奖励? [只选一项]

A.奖金 B.奖品(实物) C.休假 D.表扬

E.晋升工资 F.外派培训 G.提干 H.荣誉称号

I.旅游　　　　J.股票期权　　　　K.其他＿＿＿＿＿＿＿（请填写）

若涉及两个及以上不同的问题,但备选答案相同时,可用棋盘式的表格,把两个问题放在同一个表格中,既简洁明了,又节省篇幅,如例6-24。

例6-24

当您生病时,您会选择哪种治疗方式?（请就所列的每种疾病,选择一种治疗方式,在对应栏打√）

	中医治疗	西医治疗	中西医混合治疗
①感冒			
②失眠			
③胃痛			

使用多项选择式,需注意三点:第一,尽量考虑所有可能的答案,但避免答案之间的重复。第二,答案的排列顺序可能导致误差。第三,答案过多时容易使被试产生厌烦,一般应控制在 10 个以内。

3.排列式

先把问题的答案列出,要求被试根据一定的标准排列出它们的顺序。这种回答方式,比较适用于要表示一定顺序的定序问题。见例6-25。

例6-25

以下列出了部分职业人格,请您对这些职业人格的重要性进行排序。（在括号中填 1～10,1 为最重要,其后重要性依次递减）

A.服务意识(　)　　B.谦虚(　)　　C.责任感(　)　　D.自信(　)

E.奉献精神(　)　　F.忠诚(　)　　G.乐观(　)　　H.进取(　)

I.竞争意识(　)　　J.团队精神(　)

当选项太多,依次排序比较麻烦时,可以让被试对部分答案进行排序,如选出最开始的几个或最后的几个。如例6-26。

例6-26

以下列出了部分职业人格:

A.服务意识　　B.谦虚　　C.责任感　　D.自信　　E.奉献精神

F.忠诚　　　　G.乐观　　H.进取　　I.竞争意识　J.团队精神

您认为最重要的3项职业人格依次是:_____、_____、_____

(填写序号)

4.比较式

将多个可比较的答案整理成两两对比的形式,要求被试在每组的两个答案中做出选择。该方式适合可比较项较多的问题,可以让被试的比较更加轻松。见例6-27。

例6-27

请比较下列每一组不同品牌的液晶电视机,您更喜欢购买哪一种?

(每一组中选择一个,并打√)

①长虹 □　　　康佳 □　　　⑥海尔 □　　　索尼 □

②康佳 □　　　海信 □　　　⑦索尼 □　　　夏普 □

③海信 □　　　创维 □　　　⑧夏普 □　　　三星 □

④创维 □　　　TCL □　　　⑨三星 □　　　飞利浦 □

⑤TCL □　　　海尔 □　　　⑩飞利浦 □　　长虹 □

5.顺序式

这种回答方式比较适用于表示意见、态度、感情的等级或强弱程度的定序问题。具体形式主要有以下几种:

(1)直接用文字来表达不同等级。见例6-28。

例6-28

您认为您所在社区的社会治安状况如何?

A. 非常安全　　　　　　B. 比较安全　　　　　C. 一般

D. 不太安全　　　　　　E. 非常不安全

（2）用刻度表示不同等级。刻度一般是个奇数,常用5刻度、7刻度,既可以是从1开始依次排列,也可以是以0为中心向正负方向分别排列。见例6-29。

例6-29

您对您所在的社区的体育健身设施的满意程度如何?（请在合适的刻度上画圈）

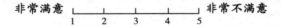

非常满意 ├──┼──┼──┼──┤ 非常不满意
　　　　1　2　3　4　5

（3）用具体数字来表示程度。设计的数字不受限制,根据研究者的需要而定,常用的为1~5、1~10、1~100,可以是打分、度数等形式。见例6-30。

例6-30

如果用1~10分来为您所在的社区现在的公共医疗服务评分的话,您认为应该是多少分?（10分为最高分）＿＿＿＿＿＿＿

（4）如果有一连串问题的答案相同,可以把它集中在一起,设计成表格,其形式也较多。见例6-31。

例6-31

形式一：

请对下列因素进行满意程度的评价,最对应栏打√	很不满意	不满意	一般	较满意	非常满意
①组织的员工间人际关系					
②培训对员工的实际工作的帮助					
③对员工进行职业生涯发展辅导					
④绩效考评制度科学合理					
⑤薪酬体系体现内部公平性					

形式二：

	很满意	满意	一般	不满意	很不满意
①组织的员工间人际关系	□	□	□	□	□
②培训对员工的实际工作的帮助	□	□	□	□	□
③对员工进行职业生涯发展辅导	□	□	□	□	□
④绩效考评制度科学合理	□	□	□	□	□
⑤薪酬体系体现内部公平性	□	□	□	□	□

形式三：

请对下列因素进行满意程度的评价,5 很满意、4 较满意、3 一般、2 较不满意、1 很不满意。

因　素	评　分
①组织的员工间人际关系	（　）

②培训对员工的实际工作的帮助　　（　　）
③对员工进行职业生涯发展辅导　　（　　）
④绩效考评制度科学合理　　　　　（　　）
⑤薪酬体系体现内部公平性　　　　（　　）

6. 定距式

当需要获取有关连续数字的问题时,不可能也没有必要在问卷中列出所有的数字。可以将数字加以分组或归类。见例6-32。

例6-32

您的年龄是:

A. 25岁及以下　　　　　B. 26~35岁　　　　　C. 36~45岁
D. 46~55岁　　　　　　E. 56岁及以上

---

7. 补充式

运用投射技法,给出一个刺激物(字、词、句子或情景),让被试补充出由此想到的内容,从而反映出被试的潜在动机、态度和情感等。补充式是非直接的询问方式,需要被试填写一定的内容,常用于心理学领域的研究,也可用于敏感性问题的调查。见例6-33。

例6-33

1. 请您写出由下面的词引发的联想。

手机_____

2. 请将下面的句子补充完整。

领导信任员工,就_____

---

8. 填写式

主要用于开放式问题的,让被试根据问题要求,在空白处自由的写出自己的理解、意见、态度等,研究者不给出任何的提示或引导。

（二）答案编写准则

1. 互斥

指提供的可选答案应在逻辑上是排他的，不能出现交叉和包容，否则可能出现双重选择，不利于统计分析。

例 6-34

您的工作岗位属于：（单选）

A. 高层管理　　　B. 中层管理　　　C. 基层管理　　　D. 技术开发
E. 市场销售　　F. 生产　　　G. 后勤

例 6-34 中出现了两种逻辑关系分类，一是层级，二是岗位。若一个市场部经理为被试，就可能在"中层管理"和"市场销售"两项上不知所措。如果研究的确需要，应该根据两种逻辑分别设计问题和答案。

2. 穷尽

指提供的可选答案在可能性上是穷尽的，即提供客观存在的所有可能答案，不至于让被试找不到适合的答案。

例 6-35

您的受教育程度是_____

答案一：A. 小学　　　　　B. 初中　　　　C. 高中　　　D. 大学
答案二：A. 小学及以下　　B. 初中　　　　C. 高中或中专
D. 大学（专科或本科）　　E. 硕士　　　　F. 博士及以上

例 6-35 中的答案一，不仅没有涵盖硕士、博士学历，而且忽略了小学未毕业的情况，以及部分被试对专科归属的疑惑。答案二不仅涵盖了目前我国的正规教育的所有等级，并明确了可能的疑虑。

对多项选择式回答中，若实在不能列出所有可能答案，则可以在最后加上"其他"，并要求被试填写。但如果"其他"的填写过多，则说明答案的设计有问题。因而，问卷初步设计后，通过试调查检验和修改问卷是必要的。

3. 留有余地

有的题目应提供中立或中庸的答案,如"不知道""没有明确态度"等,这样可以避免调查者在不愿意表态或因不了解情况而无法表态的情况下乱选答案。

4. 符合被试实际情况

同一问题,对不同类型的被试而言,答案的范围是不同。如收入问题,被试为初级员工,则答案范围应设计为中等及中等偏下,最低可为 800 元以下;而被试为中层管理人员时,则答案范围应设计为中等及中等偏上,最低可为 2 000 以下。若不考虑实际情况,很可能出现答案选择过于集中、区分度低,而降低数据分析价值。

5. 答案形式与分析需要对应

答案形式决定了变量的类型,从而决定了统计的方法以及分析的深度和广度。二选一式、多项选择式的答案,可用于频数分析、求众数、列联表分析、卡方检验等。排列式、比较式的答案,可用于频数分析、列联表分析、卡方检验、相关分析等。顺序式的答案可以用于求平均数、标准差、方差分析、回归分析、因子分析、聚类分析等。

6. 填答标记恰当

明确的填答标记,如"□""[   ]"或"圈选适合项",能让被试将选择意愿准确的传送到研究者。若没有恰当的标记,被试可能根据自己的勾画习惯,在选中项的前面或后面作标记,导致录入偏差。

第三节　问卷的发放和回收

一、问卷的分发

问卷设计好后,一般采用发送、邮寄、当面访问、电话访问等方式进行调查。每种方式都各有利弊,需根据具体情况选择。分发过程也须遵循一定的规则、掌握相应技巧,才能在最大程度上保证问卷的填答质量和回收率。

（一）问卷的分发方式

1. 发送问卷

发送问卷是研究者采取有关办法将问卷送到研究对象手中，由其自行填答后，由研究者收回。发送问卷适合有组织的研究对象，可以比较快地收集到数据资料，且能保证较高的回收率和有效率。例如，在上课期间，让学生填答案；在员工工休期间，让部门或公司员工填答。但有三个问题需要注意，(1)由于填答时被试相对集中在一起，可能相互询问、讨论；(2)若填答时间较宽松，被试可能并不是一次填答完成，这些都可能影响到填答的客观性和准确性。(3)发放的各级负责人都要明确调查目的、填答要求，调动被试的合作积极性，必要时需对负责人进行培训。

2. 邮寄问卷

邮寄问卷是研究者通过邮局向一定范围的研究对象寄发问卷，要求被试按照说明与题目自行填答问卷，并在一定期限内再通过邮局将问卷寄回给研究者。邮寄问卷的优点主要表现在：(1)它可以做大范围的抽样，样本较大，提高了研究的效度；(2)被试填答过程不易受干扰，自由度较大；(3)匿名性强，提高了填答的真实性；(4)总体上的费用较少。

邮寄问卷也有一些缺陷：(1)回收率一般较低，这是最大的弱点。在美国，邮寄问卷的回收率一般为25%，为提高回收率研究者采用了缩短问卷、附上邮资、送小礼物等多种方式。在我国，邮寄问卷方式用得很少。杨国枢在1975年研究民生东路社区时邮寄了一份7页的问卷，第一次抽样1 000人，全部邮寄问卷，收回率大约18%；第二次再寄1 000份邮寄问卷（同样的样本，说明已填寄者免填），收回率约12%。两次共收回问卷约30%，即300份问卷。而且每一次都附了贴好回邮的信封，否则，收回率将更低。[①] (2)由于被试不了解抽样的意义或时间有限，可能出现代填情况，最常见的是夫妻之间的代填，可能使结果产生偏差。(3)被试填答过程出现疑问时无法获得合理的解释，可能乱填或弃填，导致问卷失真或报废。(4)填答过程也可能受他人影响，影响问卷的效度。

[①]　杨国枢,文崇一,等.社会及行为科学研究法［M］.13版.重庆:重庆大学出版社,2006:351.

3. 当面访问

当面访问是研究者或访问员按照统一设计的问卷逐一向被试当面提出问题,然后将被试口头回答的内容填写在问卷中。当面访问的优点在于:(1)回收率是最高的(可达100%),有效率也较高;(2)过程的可控性强,访问员可以根据被试的反应解疑、追问或判断其真实态度,可以避免他人或环境的干扰;(3)访问员可以使用非语言的交流,以及视觉辅助工具帮助被试理解;(4)由于是访问员控制调查的过程,避免了被试根据自我喜好跳答、漏答的情况,因而资料收集完整性较高;(5)能够使用较长的问卷,调查复杂问题。

但访问调查也有缺点:(1)成本高,访问者的薪水、车旅费、电话费、印刷费等花费人力物力较大。(2)耗时长。正常完成一份问卷需花半个小时或更多一点。若遇到热情、健谈的被试,时间很可能被聊家常、谈经历等无关的调查内容延长。(3)保密性相对较低。虽然访问员承诺保密,但对被试而言始终有一人清楚他的想法,增加了被试的不安全感。(4)不适于对分布范围广的样本进行访问。(5)对访问员的要求较高,访问员的外貌、语气、问题措辞用字等都可能会影响到被试,需要对访问员进行严格培训与要求。

4. 电话访问

电话访问是研究者或访问员通过电话联络被试,并按照统一设计的问卷逐一向被试提出问题,然后将被试口头回答的内容填写在问卷中。研究者一般根据研究对象名单、电话簿或使用随机拨号来抽取被试,且能够快速联络上距离遥远的研究对象。大约有95%的人口可以通过电话联络上,而且经过数次联络之后,回答率可达90%。[①]

一般而言,电话访问也是种有弹性的方法,有大部分当面访问的优点,如回收率和有效率较高;可以根据被试的反应解疑、追问或判断弃真实态度;对问卷的依从性好,资料收集完整性较高;能够调查较复杂问题。而且成本还有所降低。其缺点在于:(1)电话访问的时间是有限的,不仅源于电话费用,而且被试对于陌生的调查电话的耐心也是有限的。(2)电话访问时,访问员不能直接接触被试,对外部干扰的可控性降低,也无法使用非

---

① 劳伦斯·纽曼. 社会研究方法:定性和定量的取向[M]. 5版. 郝大海,译. 北京:中国人民大学出版社,2007:366.

语言及视觉辅助工具帮助被试理解。（3）它同样具有耗时长、对访问员要求高的问题。

目前，除了上述几种发放方式外，报刊问卷、期刊问卷、网络问卷也很常见。报刊问卷就是在报刊上印上（或夹有）问卷，要求报刊的读者对问卷进行回答，然后在一定时间以前通过邮局寄回报刊编辑部。期刊问卷，与报纸问卷类似。网络问卷则是在某网站或网页上发布问卷，让浏览网页者在网络上填答，提交后数据在网络管理者终端被收集。但要注意的是，这几种方式的样本范围是特定的，不具有广泛的代表性。

（二）发放过程中需要注意的事项

不论是由研究者自己发放，还是通过相关人员或访问员，都需要注意以下事项，以保证问卷填答的准确性

1. 整个问卷应由被试独立完成

问卷填答过程中不与他人（同事、朋友、家人）交流意见，更不能代填代答。在访问时，访问员也必须排除这些干扰。2009年对基层政府服务能力的调查中，访问员找到被试时，被试正与邻居聊天，调查过程中，邻居对调查表现出了极高热情，对部分问题发表自己的看法。这时，访问员应该追问被试的意见，请求邻居用沉默来配合调查，必要时可请求被试更换环境。

2. 按序逐一填答，不更改答题顺序、不跳答

前面提到过，问题设计的顺序对被试填答是有影响的，被试按照问题的次序逐一填答有利于对问题的理解、增加填答的流畅性和准确性。在访问也要求从第一页的第一题开始提问。若被试在回答前一题时对后面问题也一并作答，应将答案记录后，等到该问此问题时，由访问员重复被试的答案加以确认。如果访问员不管被试已经做答的情况，呆板的重复提问题，则可能导致被试的反感。当然，这就要求访问员对问卷内容非常熟悉，能做到灵活应变。

3. 完整填写，不漏答

问卷中的每一个问题都对应着研究内容，漏答会导致某一具体研究内容上的数据减少；漏答过多，则导致问卷作废。对人口资料的填写，同样重要，关系到不同类型群体比较时的数量比例。

4.尽量在一个时间内完成整个问卷的填答

在发放问卷、邮寄问卷中需提醒被试不要将问卷填答分为多次,而应该一气呵成,以免打断填答思路。当面访谈、电话访谈时,则需首先确认被试是否有时间配合完成整个问卷。

(三)时间控制

发放的时间选择与填答时间的适合度,对问卷的完成质量也有影响。

发放问卷,一般要避免节假日前后和工作繁忙时期,如对学生调查不要在复习考试期间,对企事业管理人员的调查不要在月末或年末。问卷最好是当场完成即收回,即使是通过行政管理关系发放时,也应对最终问卷发放者提出这样的要求,再留出一定的工作组织时间,一般在问卷交给相关人员之后 3~4 天收回。

邮寄问卷,要避免在节假日前,否则被试容易因度假而忘记填答。在第一次邮寄问卷 5~7 天后,还应该写信去追问或电话催问,一般信件 3 天左右送到。对超过寄回时间仍没有消息的被试,可重复寄一份,以引起对方重视。

访问问卷,若在工作日应该选择被试工间休息期间,如访问员工可以选择 12 点 30 分左右,刚用完午餐到午休期间的空隙,就比 1 点,已经开始午休时更合适。若到住处访问或致电家中,选择周日下午或傍晚比周六、周日白天更容易找到被试,因为周末很可能外出。

二、问卷的回收

(一)影响问卷回收率的因素

问卷回收率的高低直接影响到调查研究结果的代表性和科学。因此,在用问卷法进行研究时,应当认真分析影响问卷回收率的各种因素,努力提高问卷的回收率。

董奇研究指出,影响问卷回收率的因素主要有以下几个方面[1]:

---

① 董奇.心理与教育研究方法[M].北京:北京师范大学出版社,2004:223.

1. 设计的问卷是否科学合理

问卷设计得是否科学合理,对问卷的回收率会产生很大的影响。表现为:(1)课题的吸引力。研究课题是否有吸引力,会直接影响被试的兴趣和合作意向,那些与人们生活(特别是与被试本人)有切身利益的问题,人们关心的问题以及新异的问题,往往能吸引被试,取得他们的积极配合,问卷的回收率也因之较高。(2)前言与指导语的表述。前言是否简洁、诚恳,有没有权威性,指导语是否清晰明了,也会影响到问卷的回收率。前言语言简洁、语气谦虚、指导语清晰的问卷回收率相对较高。(3)问卷的内容。问卷中有哪些问题,问题如何排列和表述,回答方式简单与否,也会影响到问卷的回收率。问卷设计水平高的问卷,一般回收率也较高。此外,问卷复杂程度、长短、印刷清晰程度等,也会对回收率产生一定的影响。

2. 选取的被试是否合作、胜任

在问卷实施过程中,被试的合作态度如何,能否很好地填写问卷,也会影响到问卷的回收率。通常,对问卷内容熟悉而且能够顺利填写的被试,初次或较少接受问卷研究的被试,回答问卷的积极性较高,回收率也较高。另外,被试相对集中或有组织的被试,如会议的代表、学校的学生等,对他们进行问卷研究时,也会有较高的回收率。

3. 问卷的分发方式是否合理

问卷分发方式与问卷的回收率有密切关系。访问问卷的回收率很高,甚至可达100%。发送问卷的回收率也较高,可达80%~90%。一般而言,如果能对整个问卷的发送过程进行有效控制,且有专人回收,就可提高发送问卷的回收率,即使有的问卷没有回收上来,也可以通过补发的方式进一步回收。邮寄问卷的回收率一般较低,要提高邮寄问卷的回收率,通常要做一些问卷回收的辅助工作。

4. 问卷研究是否得到有关组织机构的支持

如果一项问卷研究,能得到政府部门或某些知名度较高的机构的支持,其回收率一般是比较高的。所以,为了提高问卷的回收率,应尽力争取权威性大、知名度高、专业性强的机构来主办调查,或以他们的名义,或与他们联合。当然,某些要求不高的问卷研究可以以"有奖"的方式进行,这对提高问卷的回收率是有效果的,但不宜滥用。

(二)邮寄问卷提高回收率的方法

上面提到邮寄问卷的回收率较低,需要用一些辅助方式。国外学者对此研究比较丰富,赫伯利(Heberlein)和鲍姆加特纳(Baumgartner)报道了71 个影响邮寄问卷回答率的因素。[①] 亚马里诺(Yammarino),弗朗西斯(Francis),斯克内尔(Skiner)与奇尔德斯(Childers)对 1940—1988 年间出版的 25 本期刊中有关邮寄调查的 115 篇论文,进行后设分析发现附有说明信、少于 4 页的问卷、邮资已付的回邮信封,以及提供一小笔酬金,都有助于问卷的回复。[②] 范伟达整理国外学者的研究得出几条有趣的规律,如就研究者的身份而言,回收率由高到低依次为政府、商业、大学;双面印刷问卷让被试感觉问卷短些因而要比单面印刷的效果好些;采用诚实的个人化的称呼称他为亲爱的朋友以及在信的最后要加上请你必须在哪一天以前寄回来的手书,可以增加回卷率。[③] 劳伦斯·纽曼整理了众多文献中有关提高邮寄问卷回收率的方法,如下:

小资料:增加邮寄问卷回收率的 10 种方法

1. 说明问卷是寄给某某人填写,而不是"贵住户",并以信件的形式寄出。

2. 附上一封印有机构单位、谨慎措辞、注明日期的说明信。信中,请求被访者惠予合作、保证保密、解释调查目的并且告知访问员的姓名与电话。

3. 要附上邮资已付。写好地址的回邮信封。

4. 问卷版面应该非常整齐、有吸引力,搭配合理的问卷页数。

5. 问卷应是专业印刷、易于阅读的,并且有清楚的说明。

6. 对未回复者寄发两封催询函。第一封于寄出问卷后一个星期寄到,

---

① Heberlein, Thomas A, Robert Baumbartner. Is a questionnaire necessary in a second mailing? [J]. Public Opinion Quarterly. 1981,45(1):102-107.

② Yammarino, Francis, Steven Skiner, Terry Childers. Understanding mail survey response from graduation and symbolic politics[J]. Social Probiems,1991,41:448-468.

③ 范伟达. 现代社会研究方法[M].上海:复旦大学出版社,2001:246-247.

第二封在寄出第一封后一星期寄达。温和婉转地要求对方合作,并表示愿意再次寄上问卷请其回答。

7.不要在重要假日期间寄发问卷。

8.不要把题目印在问卷的背面。相反的,留出空白请被访者表达意见。

9.本地的以及被视为合法的赞助者(例如,政府机构、大学、大企业)会得到比较高的回答率。

10.如果可能的话,附上一笔小额酬金(如一元钱)作为刺激物品。

(资料来源:劳伦斯·纽曼.社会研究方法:定性和定量的取向(第5版)[M].郝大海,译.北京:中国人民大学出版社,2007:363.)

三、问卷结果的整理与分析

(一)问卷的整理

1.初步筛选

将回收的问卷分类整理,挑出不合乎要求的问卷,包括填写不全、理解错误、填答不真实等。如果淘汰的问卷过多,可能反映出问卷设计或分发过程出现了较大问题,需要作出调整和补发问卷,甚至有可能重新设计问卷。

2.资料录入

(1)问卷编号。

对问卷编号常用两种方式,一是对所有问卷进行连续编号;二是按不同类别分别编号,如按照样本的所属地区。其关键是让原始的问卷与电脑录入中的序号一一对应,方便后续查对,如在录入时可能出现漏录或跳录,在数据分析时才发现,则需要按编号找到原始问卷重新录入。

(2)资料编码。

资料编码是指系统地将问卷中的原始信息重新组织成为计算机能识别的数字符号。一是对问题进行编码,一般转化为栏位,栏位根据答案需占用的位数连续编号。二是对答案进行编码。一般在编制答案时就已经将答案的各个项目预编了番号。在很多设计用计算机处理数据的调查中,问卷编制过程就已经将编码表设计在问卷的右边或上方了,研究者只需将问卷中选择的项目代号或所填数字填入相应的编码表栏内即可。也有的研究者认为将编码表设计在问卷的右边或上方容易使被试混淆,故而隐去,那么就要另制编码表,原理与前相同。

例 6-36 中的第一题,不管选择哪个答案都只产生一个一位数,故对应为第 1 栏;第二题由于教育年限可能是两位数,因而要用两栏填写,故对应为第 2 栏和第 3 栏,若是教育年限为 5 年,则在第 2 栏填 0,第 3 栏填 5。然后将问卷上的代码顺序填写到登录表中,方便输入电脑。

例 6-36

1. 您的性别:(1)男　(2)女　　　　　　　　1 _____

2. 到目前为止,你共接受了 _____ 年学校教育　2—3 _____

登录表(部分)

	1	2	3	4	5	6	7
1	1	0	5	…	…	…	…
2	2	1	6	…	…	…	…
…							

若问题的答案编写时使用的□或字母等非数字番号,则需要事先设计编码程序。见例 6-37。

例 6-37

您对所住社区的治安状况满意程度是:

□很不满意　□较不满意　□一般　□较满意　□很满意

答案编码为:很不满意 =1,较不满意 =2,一般 =3,较满意 =4,很满意 =5

对少数开放式问题,则应先对所有回答进行分类,给每类答案一个代号。

现在对社会调查的数据分析多用 SPSS 软件,它提供了许多智能化的操作,简化了编码录入工作。如,可以将编码程序转化为变量定义录入,避免过去需携带编码程序才能解答数据意义的麻烦;每一变量可编制名字加以识别,即可以用问题编号代替栏位;一个变量可设计数据长度,用于多位数的输入,而不必分栏。

问卷的编码、录入工作简单枯燥且容易出错,需要特别的耐心才能尽可能的减少录入中的误差。

(二)问卷结果的分析

对定量数据的分析,先多借助 SPSS 软件(统计产品与服务解决方案)进行,使用时要注意变量类型与分析方法的匹配,具体的见后续章节的介绍。对定性资料分析时,应当尽力避免研究者的主观倾向,可以通过对其强度、频率、顺序性以及专家评价等方法增加其科学性。

值得注意的是,不能简单地依据统计分析的结论而得出研究结论,还需要根据相关理论加以解释。

本章思考题

1. 问卷法有哪些类型?
2. 问卷法的优缺点何在?
3. 如何撰写问卷填写指导语及选择问题表述方式、回答方式?
4. 哪些因素影响问卷法实施的成功率和有效性?
5. 查阅 2~3 项问卷研究,分析其问卷设计和使用的特点。

推荐阅读

1. 刘元亮,等.科学认识论与方法论[M].北京:清华大学出版社,1987.
2. 杰里·加斯顿.科学的社会运行[M].顾昕,等,译.北京:光明日报出版社,1988.
3. 郭强,董明伟.问卷设计手册[M].北京:中国时代经济出版社,2004.
4. 张自利.市场调查完全手册[M].北京:中国纺织出版社,2003.

第七章

访问法

何波

访问法又称为访谈法,是一种最古老、最普遍的资料收集方法,也是社会研究中与文献法、观察法、问卷法并列的四种经典调查方法之一。访问的过程实际上是访问者与被访问者双方面对面的社会互动过程,所获得的访问资料正是这种社会互动的产物。访问调查的方式是多种多样的,站在不同的角度,可以将它分为不同的类型。访问法实施过程中最重要的步骤就是访问过程的有效控制,访问过程大体可以分成访问前的准备,进入访问,访问控制,结束访问几个阶段。用访问法进行社会调查,对访问员的要求很高,需要对访问员进行挑选和培训,要求他们掌握并灵活运用好各种访问技巧。

第一节 访问法及其特点

访问法之所以在社会科学研究中占有相当重要的地位,是和它的本质特点分不开的。同时,访问法在实施过程中有一些基本的原则需要遵循。

一、访问法及其特点

访问,作为一种交谈,包括两个或两个以上的当事人;访问中双方当事人的角色是不同的,访问者是主动者,被访问者是被动者,即访问者主动约请被访问者进行访问;访问是出于一定的研究目的而进行的谈话;访问是按照计划进行的谈话。由此可见,访问是访问者为了通过被访问者了解信息、验证假设而有计划实施的、与被访问者的角色地位不平等的谈话。

访问法是访问者通过对被访问者进行访问而对社会现象进行调查的方法。访问调查,一般都是通过口头交流方式获取社会信息和市场情况的口头调查,但是随着现代科技的发展,比如电话和计算机的普及,访问调查的概念也随着一些新技术的介入,其内容有所扩大。

访问法应用十分广泛,特别是当它与其他研究方法结合使用时,效果更佳。访问法的优点主要表现在以下方面:

1. 获得社会信息的广泛性

通过访问,研究者不仅可以了解正在发生的社会现象,还可以了解曾经已经发生的社会现象;不仅可以获得外在的行为和事实,还可以把握被访问者潜在的想法、动机和感情。可见,访问法能够"听其言,观其行",更加全方位、多角度地了解信息。

2. 研究问题的深入性

访问者不仅可以通过被访问者的言辞、语气、神态、动作等,更加深入地了解被访问者;还可以通过与被访者的反复交谈,对所要研究的问题一层一层地深入探讨,发现社会现象之间的因果联系和内在本质,了解更多深层次的东西。

3. 资料收集的可靠性

访问者可以直接观察到被访者的各种反应,可以不断的追问,可以立即重复,可以运用各种非语言信息进行交流,可以确保被访者独立回答问题不受其他干扰。因此,访问法可提高调查工作的可靠性,并对获得的资料进行效度和信度的评估。

4. 调查方式的灵活性

访问法可以围绕研究的主题为不同的被访者准备各自合适的问题,可以根据不同的研究主题,设计不同的访问形式、访问时间和访问的场所。

当然,访问法也存在一定的不足。访问是访问者与被访问者相互作用的过程,双方具有不同的价值观、社会经验、社会地位、思想方式和生活习惯,这些主观因素都会导致访问误差,因为双方都无法做到完全客观和互不影响。因此,访问法的实施必须依赖具有较高素质和能力的访问员,保证调查的质量。另一方面,对于敏感性问题、尖锐问题和隐私问题,被访者往往不愿意回答或不做真实回答,这类问题都不宜于采用访问法。此外,与其他调查方法相比,访问法的费用较高,时间长,需要投入的人力较多,这些都限制了访问的规模。

二、访问法的原则[①]

(一)访问的目的是了解而不是表达

如果访问者在访问时急于表达自己的意见,就可能产生以下结果:1. 由于访问者夸夸其谈,使被访问者没有机会表达自己的观点;2. 由于访

---

① 颜玖. 访问法在社会科学研究中的应用[J]. 北京市总工会职工大学学报,2002,17(2):44-46.

问者先陈述了他自己的观点,使被访问者受其影响,被迫顺着访问者的思路谈话;3. 被访问者虽然不同意访问者观点,但因为访问者先陈述了观点,被访问者不愿意与其争论,从而不谈自己的观点。这些结果,都会使访问者无法了解被访问者的真实想法。

(二)访问者不能诱导被访问者

访问者在访问过程中可能出现这样的情况:先陈述自己的观点,然后问被访问者的看法;先陈述一些进行判断的"大前提",然后让被访问者说出结论;先说出某些著名人物,如正面的人物或反面的人物的观点,然后让被访问者说出看法。这时,被访问者往往会"因人兴言"而对于著名的正面人物的话加以赞同,或"因人废言"而对著名的反面人物的话加以批驳。无论访问者采用何种诱导的手法,所达到的结果是相同的:与其说访问者听到了被访问者的说法,不如说访问者听到了自己的说法。诱导使访问者不能了解被访问者的真实想法,而只能了解到访问者希望被访问者说出的想法。

(三)访问者不能在访问时对被访问者进行价值判断

没有经验的访问者在进行访问时往往忍不住对于被访问者的看法或说法进行价值判断。其结果可能是:访问者的价值判断使被访问者产生戒备心理,从而不敢、不愿或不屑于真实地表达自己的看法;由于访问者的观点与被访问者的观点不一致,使被访问者三缄其口,不能深入陈述自己的观点;由于访问者批驳了被访问者的观点,使被访问者不得不违心地放弃自己的观点。这些结果都与访问的初衷相违背。

(四)访问中任何信息都有意义

没有经验的访问者往往认为,在访问中只有被访问者的语言信息是有意义的,甚至认为只有去掉了种种"不规范"的语言信息(如语气、节奏、重复、结巴、语病等)的"纯粹的"语言信息才是有意义的。事实上,被访问者的任何表述都是有意义的,只不过其意义需要访问者进行发掘。如被访问者顾左右而言他,被访问者对于访问者的提问方式本身进行批驳,被访问者的沉吟不语,被访问者的自相矛盾的表述,被访问者对于某些细节的不厌其烦的描述,被访问者的某个稍纵即逝的眼神或动作等,往往都隐藏着被访问者的内在动机、价值判断等,都是被访问者经过理智选择或下意识选择的结果。这些信息,往往最真实,最接近被访问者的真实的心理活动,最有助于访问者对被访问者的语言信息进行真伪判断。

由此可以看出,访问法既然是一种面对面的社会交往,交往成功与否将决定调查质量的好坏,即它在很大程度上取决于访问者个人的人际交往能力,访问技巧的熟练程度和对访问过程的有效控制。因此,访问法比其他社会调查方法获得更多、更有价值的信息,也比其他调查方法更复杂,更难于掌控。

第二节　访问法的类型

访问根据研究的目的、性质和对象不同,有各种不同的方式。按照对访问过程的控制程度,访问可以分为结构式与无结构式访问,这是目前社会研究中广泛采用的分类方式;按照访问中访问者与被访问者的交流方式,可以分为直接访问和间接访问,前者是访问双方面对面的交谈,后者则是通过电话等进行的交谈;按照一次被访问的人数,访问还可以分为个别访问和集体访问。到底选择哪一种访问方式,主要是看哪种方式能够更好地为我们的研究目标或问题服务。

一、结构式与无结构式访问法

(一)结构式访问法

结构式访问又称为标准化访问,是一种高度控制的访问形式。这种控制主要表现在以下几个方面:1. 访问对象必须是按照高度统一的标准和方法选取,一般采用概率抽样。2. 访问过程高度标准化。访问通常采用事先统一设计,有一定结构的问卷进行,对所有被访者提出的问题,提问的次序和方式,以及对被访者回答的记录方式等是完全统一的,访问员不能随意对题目做解释和发挥。3. 当被访者不清楚题目含义时,访问员只能重复题目或按照统一口径,如访问指南或访问手册进行解释。

结构式访问的最大优点是所获取的资料便于定量研究,便于做统计与比较分析。其次,与自填问卷相比,能够更好地控制调查过程,最大限度地降低来自被访问者方面的误差,提高调查结果的可靠程度。再次,访问者能够仔细观察到被访者在回答问题之外的非语言信息,分辨其回答问题的真伪,有利于准确评估资料的效度和信度。最后,与自填式问卷相比,结构式访问的另一特点是回收率高,一般的结构式访问回收率可以达到80%以上。

结构式访问的最大不足是访问过程缺乏弹性,易流于表面。由于对访谈过程进行了高度控制,访问者难以临场发挥,不利于发挥访问者和被访者的积极性和主动性,难以对问题进行深入探讨。特别是对于敏感性、隐私性的问题,由于面对面交流的局限,其效度就不如自填问卷。

由此可见,结构式访问法适宜在调查者对调查对象的一般特点已有所了解的情况下使用。在研究的探索阶段,研究目的是考察研究者感兴趣但又不甚了解的现象,从而找出进一步要询问的问题,因此,这时并不宜于用结构式访问。另外,结构式访问法所需要使用的统一问卷显然无法包括事件的全部,只能是其中某几方面的内容,又由于其严格的标准化的访问程序,访问者对被访者在其中生活和行为的感性体验也无法深刻。因此,在实际调查中,往往与另一种访问法——无结构式访问法结合使用。

(二)无结构式访问法

无结构式访问也叫非标准化访问,是一种半控制或无控制的访问。与结构式访问相比,它没有事先制订的统一的问卷、表格和访问程序,只拟订一个粗线条的访问提纲,由访问者给出一个题目或一些问题,与被访者自由交谈。

无结构式访问的最大优点是弹性大,有利于充分发挥访问者和被访者双方的积极性和创造性,有利于调查者拓宽和深化对问题的研究。双方可以围绕题目,就有关问题、事件、现象,从原因到结果,从以前到现在,从动机到行为,从个人到他人,进行深入广泛的讨论。被访者可以随便谈自己的意见和感受,而无需顾及调查者的需要,这样的交谈往往能给予调查者很大的启发,找到研究的新思路和新问题,同时还能够促进调查者对问题做全面深入的了解。因此,无结构式访问通常被用于探索性研究,用于提出假设和构建理论。但如果用这种方法来验证一种理论就不太合适了,那将不容易控制研究方向。

与结构式访问相比,无结构式访问比较费时,调查的规模受到更大的限制。这种访问法获得的资料主要是定性资料而不是定量资料,因此对访问的结构难以做定量分析。此外,无结构式访问的结果更依赖于访问员的素质、经验和技巧,对访问员的要求更高。

无结构式访问根据实施方式的不同,通常可以分为以下4种类型:

1. 重点集中法

重点集中法又叫集中访问或重点访问,最早在媒体,如电视、广播、出版物、电影等社会及心理效果的研究中多次使用。重点集中法关注的不是调查的对象,而是调查的内容。它有几个特征:(1)把被访者安排到一种特殊情境中去,如听一段音乐,看一场电影或阅读一篇文章等;(2)这种情境的重要因素、模式、过程与整个结构已经被调查者分析过,并获得一些结果;(3)经过这个步骤,调查者可以建立起有关搜集资料的访问标准;(4)访问的重点在于调查被访者在情境中的主观经验,即个人对情境的解释。

例如让被访问者听一段广播,然后让他自由说明对这段广播的理解或感受,不管他说了些什么,研究者都能够给予适当的解释,因为这段广播是研究者特意选取的,对其所产生的情境已有控制。

严格地讲,重点集中法是一种半结构式访问法,因为访问问题的内容是事先确定了的。在实际调查中,研究者预设的问题包括封闭式问题和开放式问题两种,访问员可以根据情况,随时提出新的问题,调整预设的问题。

重点集中法在分析特殊经验所引起的态度变迁上效果较好,常被社会心理学家用来研究大众传播的效果。但是目前在社会科学与行为科学界用得并不广泛,因为它需要访问者具有高度的访问技巧和丰富的想象力。

2. 客观陈述法

客观陈述法又叫非引导式访问,其特点是让所调查的对象对他自己和他周围的社会先做一番观察,再客观的陈述出来。调查者鼓励被访问者对他自己的信仰、价值观念、行为以及他所生活的社会做客观的讨论。在访问中,调查者基本上是一个听众,他的所有提问几乎完全依赖于尽可能中立的简短插问,如"为什么""是吗"等,但回答却要求具体,可以通过不断追问获得详细资料。尽量避免调查者因个人偏好、价值观、文化差异等对被访者在调查前形成主观偏见,甚至对被访者形成影响和压力。

客观陈述法的优点在于使受访者有机会说出他的看法或做法,缺点在于容易受主观因素影响,以偏概全。因此,使用客观陈述法时必须对调查对象的背景、价值观念、态度等有深刻的了解,否则将难以判断资料的真伪,影响研究的结果。同时,还应该考察调查对象的地位和处境,例如在一个学校,教师、学生、学生干部和普通学生由于处境各不相同,对同一件事做客观陈述时,结果一定会有差异。

客观陈述法是一种能让被访者发表意见,能使研究者直接接触访问对象的信念、价值观或动机等抽象概念的方法。它常用于了解个人或组织的客观事实及访问对象的主观态度。

3. 深度访问法

深度访问法又称临床式访问,主要用于搜集个人的特定经验(如盗窃、自杀等)的过程及其动机和情感资料所做的访问。最初用于个案研究,其目的是作出临床诊断、挽救罪犯和治疗有精神疾病的人。后来广泛用于对个人生活史及有关个人行为、动机、态度等的深入调查中。

在深度访问中,访问员应该是客观、公正、富于人情味、富有亲和力的,使得访问变得自然。深入访问过程中多以非正式方式询问,不要接受简单的"是"或"不是"的回答,要注意进行试探性询问。深入访问可以应用于对敏感问题或尴尬问题的讨论,如个人收入、婚姻家庭;对特殊行为的深入了解,如奢侈品消费、宗教行为;对特殊人士的访问,如农民工、流浪汉、企业决策层等。

4. 团体访问法

团体访问法就是将众多被访问者集中起来进行访问,典型形式就是开座谈会。具体内容请参考后面的集体座谈法。

二、直接访问和间接访问法

(一)直接访问法

直接访问,就是访问者和被访问者直接进行面对面的交谈,分为"走出去"和"请进来"两种。"走出去",即访问者到调查对象当中去进行实地访问,其好处是有利于访问者在交谈的同时对实地进行观察了解,加深感官的印象,用情境帮助对问题的理解;"请进来"就是访问者将调查对象请到指定的地点进行访问,它是实施无结构式访问中"重点集中法"的必要手段。在运用"团体访问法"时,一般也应采取"请进来"的方式。对访问者来说,"走出去"消耗的资金大,花费的时间多;"请进来"使调查对象脱离了原生环境,可能会导致失去本来面目,影响访问的客观效果。

(二)间接访问法

间接访问,就是访问者通过电话或书面问卷等形式对调查对象进行的访问。电话访问的优点是时间短、费用少、保密性强,在发达国家已得到普遍应用。在我国,随着居民电话拥有率的大幅度上升,电话访问也日益受到重视。其局限是只能询问比较简单的问题,难以进行无结构式的访问。加之人们的传统习惯,以及防范心理使这种访问受到限制。对热点问题或突发问题的快速调查可以采用电话访问法。书面问卷访问可通过报刊登载、邮局传递等方式进行。这种方式具有匿名性强、回答的质量高、被访问者敢于暴露真情实感,有利于敏感性问题的回答、节省时间等优点。缺点是回复率低,难以判断回复者的代表性,难以控制回答的过程,难以了解影响回答的因素等。采用间接访问方式,对资料的分析必须慎重。

三、个别访问和集体座谈

(一)个别访问

个别访问是以个体作为对象的访问。这种访问的优点在于能够根据访问对象的特殊性区别对待,比如可以根据被访问者的职业、教育程度、性别、年龄、民族,以及所属的阶级阶层等不同因素来掌握访问的技巧;同时,由于访问者与被访问者之间的距离较近,便于双方的沟通,访问结果的真实性与可靠性较大。与集体座谈相比,这种访问耗时费资,访问成本较高。

(二)集体座谈

集体座谈,即将许多调查对象集中在一起同时进行访问,也就是通常所说的开"座谈会"。它的最大特点是,访问过程不仅是调查者与被访问者的社会互动过程,也是调查对象之间的社会互动过程,座谈会的质量受到这两种社会互动的影响。因此,这是一种比个别访问层次更高、难度更大的调查方法。用这种方法获取的信息比较广泛而迅速,获得的资料更为完整和准确;由于同时访问若干人,因而还可以节约人力、时间、资金。但是,座谈会也常常容易产生一种"团体压力",在从众心理的支配下,使个人可能违心地顺从多数人的意见而不敢表示异议;由于这是一种"大庭广众"式的访问,对一些敏感性问题,被访问者难以回答;与个别访问相比,这种访问的深度不够。

一般来说,集体座谈最好采用半结构式访问,这样有利于把握方向与重点,有利于局面的控制。否则一旦争吵起来,访问员也难以控制。对参加座谈会的人数也有一定的要求,一般以 5 ~ 7 人为宜,最多不超过 10 人。同时,参加座谈会的人员应以研究目的的不同而做不同的选择,访问前应事先将访问的具体内容、要求和到会人员的名单告诉参加座谈会的全部调查对象。

第三节　访问法的实施步骤和技巧

访问本身不仅仅是一种调查方法,也是一门人际沟通的艺术,必须善于运用各种访问的技巧,才能实现访问过程的成功。一般来说,访问大体分为访问前的准备,进入访问,访问过程的控制,结束访问等几个阶段。下面我们结合每个阶段的特点,介绍具体的访问技巧。

一、访问前的准备

访问前的准备工作包括以下几项:

· 选择适当的访问方法

· 确定访谈对象

· 制订访问提纲或问卷

· 选择好访问员

· 了解并确定被访问者

· 拟订访问程序表或细则

· 准备工具

具体来讲,访问前可以分成两种准备工作,一方面是项目负责人(或机构)的准备,最基本的技巧是做到"三点一线",即把调查研究所需资料的特点与被访者的特点、访问员的特点三者结合起来考虑①。选择什么样的访问方法主要根据访问目的而定。结构化访问多采用随机抽样选取访谈对象,以保证结果能统计分析,无结构化访问的访谈对象的选择主要与研究目的和社区特性密切相关,一般来说,当地或部门的决策者和领导层总是在被访之列,因为这类人对地区事务和文化传统了解较深。访谈提纲或问卷是根据研究目的和理论假设,将其具体化为一系列访谈问题形成的。访问的程序表或细则就是对所要做的工作与时间进行安排,比如访问前应阅读哪些文献资料;是否有特殊人物或事件要事先准备;被访者如何安排和如何联系;访问时如何控制;如何防范和处理突发事件,等等。访问最常用的调查工具有两类:一是照相机、录音机、纸张文具等普通工具;二是访谈提纲、问卷、地图、访谈细则、调查机关所发的介绍信、证件等特殊工具。

另一方面是访问员的准备工作,包括三方面的内容和技巧:

1. 理解上面提到的关于访问的全部内容,并了解相关知识。被访者有时会主动询问访问者相关问题,如果访问员没有相应的知识或应对技巧,被访者可能会轻视访问员,失去回答问题的兴趣,甚至还会故意欺骗访问员。

2. 态度的准备。访问员在态度上应该留意的可归纳为两点:一是基于地缘的原因,二是基于出身的原因。最容易出问题多在城市访问员访问乡村。比如大学生到乡下进行访问,最容易犯的毛病是城市骄傲感,对乡下环境或某种习惯表现不满或厌恶,这很容易引起被访者的反感。我们去偏远少数民族地区进行参观和访问,常会对学生提出警告,不准批评环境,不准掩口而过等。一个好的和成功的访问员,不仅需要充分了解被访者的性格、年龄、职业、文化、经历、当前思想状况、精神状况和身体状况,同时,还应该故意忽略自己的教育和身份,把每个受访者都当作朋友。

① 郭强. 调查实战指南:调查访问手册[M]. 北京:中国时代经济出版社,2004:28.

　　3.选择适当的时间、地点和场合访问。在乡村,不宜在农忙、欲出工的情况下进行访问;在城市,不宜在清晨、中午、深夜或家务繁忙的时候,而宜在傍晚,周日下午等时间,同时如果只是选择周一到周五上班时间进行上门访问,可能只能访问到家里的老人或小孩。

二、进入访问

　　进入访问是访问的开始,它是由请求和第一批问题组成,目的是激发回答者产生回答问题的动机,并做好回答问题的准备。开始访问是一种真正的艺术,全部资料的可靠性在很大程度上取决于访问者一开始的表现。

　　首先,要充分理解被访问者的心理,有效接近被访者。社会学中的社会交换理论认为,人们的行动以他们所期望的报酬为动机。访问调查中,被访问者要付出"代价",他们希望访问者对他们的"代价"有所补偿。最容易想到的报酬是钱或者物(纪念品、小礼品等),比如四川光友薯业有限公司做市场访谈调查时总是同时送出装着公司新产品的"大礼包"。除了钱和物以外,信任也是一种回报。这就是许多访问者一开始要向被访问者说明"您作为全市居民的代表""您是这方面最有发言权的人""您的参与很重要""您的企业是其中做得最好的"等的原因。另一种与信任有关的回报是对被访问者有一个"好的印象和看法",这也是调动被访问者积极性的一种途径。

　　其次,要争取有关组织的支持配合。当访问对象是一个社区或社会组织时,通常都要先与其领导洽谈,以争取他们的支持配合。比如,对某一个民营企业进行绩效考核方面的访谈调查,最好能在调查前召开一次员工大会,请公司负责人召集主持,向员工阐明访谈的目的和意义,调查与员工的利害关系以及对员工的要求,同时积极与公司人力资源部门合作,这样才能使调查获得很好的配合。

　　进入访问主要有这样几个步骤:

　　1.将自己介绍出去,并尽可能言简意赅地说明自己的访问计划和访问目的。此外,还要告诉对方,他是如何被选出来的,根据具体情况有时告诉他是根据科学方法随机抽样的,无特殊目的,他的回答给予保密;有时则告诉他是因为他的重要性而特意挑选的。如果已经取得领导的支持,这个步骤是非常简单的,否则,对访问者是一种挑战。有时被访者会很不配合,但是访问者切忌不要因别人的偏见和兴趣干扰了自己的态度,也不要以自己的偏见和兴趣去批判别人。自我介绍是一种艺术,要做到不卑不亢,使对方了解你,认为你的访问是善意的,至少是没有恶意。

2. 建立友好的气氛,详细说明调查内容,提出第一批问题。设法营造一种愉快友善的气氛,最好的办法是先观察或了解受访者的行动类型,再给以适当的礼貌和尊重,这样才有希望建立较友好的关系,再慢慢使谈话变得生动些。切忌一开始就提出一些大而复杂的问题,必须要让受访者在回答主要问题时有一个预先心理上的酝酿过程。

小资料:访谈小知识

1. 如何说好"开场白"。开场白的一个基本原则是:绝不要请求获得允许! 比如"我可以占用您几分钟的时间吗?""你能花几分钟来参加这个访问吗?"之类的问话开头都是不合适的,因为那样容易得到拒绝的回答。任何不自信和不认真的态度都可能会引起被访者对你的怀疑。总之,能使被访者越早开始回答问题越好。被访者一旦答题,中途拒访率不会太高。

2. 进入封闭小区访谈的技巧。入户访问都有抽样图,访问员可以找到居委会管理员,讲明自己的目的并证明自己的身份,告诉他们自己要找某楼某层某室的住户,但访问员注意一定要自信,不要犹豫,否则会引起别人的怀疑。

3. 访问员在调查中应有安全意识。对访问时间的安排,应尽可能将"危险地区"的绝大部分访问安排在白天的时间进行,如果是晚上进行访问,可以与其他访问员一同进行。在访问过程中,如被访者醉酒或精神不正常或神情异样,访问员应立即停止访问,离开被访者家。

4. 如何回答"你是怎么知道我的电话号码的?"作为访问员你可以这样回答:"事实上,我并不知道您的电话号码,您家(单位)的号码是按照科学的方法随机抽样选择的,我们正在访问许多用这样科学方法抽选出来的人(单位),您(单位)的意见对我们非常重要。

(资料来源:郭强.调查实战指南:调查访问手册[M].北京:中国时代经济出版社,2004:69-72.)

三、访问控制

(一)提问控制

1. 题目的类型

提问是否成功是访问能否顺利进行的关键。在访问过程中,问题本身以及访问者的言谈举止都会影响到调查对象的情绪和回答问题的质量。因此,提问与表情(动作)是控制访问的两个主要手段。结构式访问主要根据问卷来控制访问,本段内容主要是针对无结构式访问而言。

访谈过程提出的问题大致分成两类,即实质性问题和功能性问题。

所谓实质性问题,是指为了掌握访问调查所要了解的实际内容而提出的问题。可以分为4类:(1)事实方面的问题,如姓名、年龄、在校人数、家庭人口等;(2)行为方面的问题,如"你去过重庆吗?""你们地区正在重点发展哪些产业?"等;(3)观念方面的问题,如"你对企业现有的绩效制度有什么建议?""你们单位员工最迫切的要求是什么?"等;(4)感情、态度方面的问题,如"你对目前的薪酬制度感到满意吗?""你赞成经济适用房吗?"等。

所谓功能性问题,是指在访问过程中为了对被访问者发生某种作用而提出的问题。可以分成5类:(1)接触性问题,如"近来工作忙吗?""今年收成如何?"提出这些问题的目的不是了解这些问题本身,而是为了接触被访者;(2)试探性问题,如"你今天有紧急任务吗?""你经常到基层吗?"提出这些问题是为了试探访谈对象和访谈时间的选择是否恰当;(3)过渡性问题,如从工作问题转向家庭问题时,可以问"您的工作真忙,回到家里可以轻松一下吧?"这种过渡性问题可以使谈话容易保持连贯与自然;(4)检验性问题,如先问"您对现在的工作岗位满意吗?"经过一段时间访谈后再问"您是否希望调换一下工作岗位呢?"提后一个问题的目的是为了检验前一个问题的回答是否真实、可靠;(5)引导性问题,这是针对访问中被访者有时会跑题的现象,这时就需要调查者进行适当引导性提问。在转换话题时切忌粗暴的打断对方,或者直接告诉对方"你跑题了!""您没有按要求回答"之类的话,这会使访问对象感到难堪和抵触。在这种情况下,可以将访问对象谈的漫无边际的情况加以归纳说"您刚才谈的是公司的培训问题,很好,现在请您再谈谈公司考核方面的问题。"或者也可以从调查对象所谈的不着边际的材料中,选取一两句跟正题有关的话进行提问,如"你刚才谈到的公司不同工而同酬问题,这是怎么回事呢?"

一般来说,访问者对实质性问题都比较重视,但是提问的技巧恰恰突出表现在功能性问题上。一个熟练的访问者,不仅仅要善于以恰当的方式提出各种实质性问题,而且要善于灵活利用各种功能性问题,促进访问过程的顺利进行。

2. 提问的技巧

(1)提问的方式和语言。

提问的方式很多,有直来直去、投石问路、借题发挥、循循善诱等方式,具体采用哪种方式主要取决于以下三个因素。一是问题本身的性质和特点。对于敏感、复杂或有威胁性的问题,应采取谨慎、迂回的方式提问,反之则可以大胆、正面地提出。二是访问者的具体情况。对思想上顾虑较多,性格孤僻、多疑、敏感或对情况不太熟悉、理解能力较差的被访者最好采取循循善诱、逐步前进的方式提问,反之,则可以单刀直入地连续提出问题。三是访问者与被访者的关系。对于访问者与被访者互不熟悉、尚未建立信任感的情况下,应采取耐心、慎重地提问,反之,则可以直率、简洁地提问。

提问作为一种谈话的艺术,方式没有一成不变的模式,访问者可以综合考虑以上三方面因素,因地因时地选择最恰当的提问方式,使访谈过程在平等、友好的气氛中进行。

提问的语言要尽量做到"一短三化"。"一短",就是提问的语言要简短,以能达意为原则,不要不着边际。一个成功的访谈过程,应该是用简短的提问换取充分的回答,而不应该用很长的提问换取简短的回答。"三化",就是提问的语言应该通俗化、口语化和地方化。不要过多使用学术语言、书面语言和种种"官话",也尽量不要用带有情感的字眼,如先进、落后、保守等。被访者如果是孩子就应用浅显的语言、亲切的口气,如果是老人,则要放慢说话速度。另外,在访谈过程中要始终保持中立的态度,应尽力避免倾向性,不允许对回答者的答案进行诱导。

(2)对问题的追问[①]。

当访问者提问后,如果被访者没给出令人满意的答案,这时访问员应

---

① 郝大海.社会调查研究方法[M].北京:中国人民大学出版社,2004:168-172.

根据具体情况,对被访者进行适当追问。在这个过程中,访问员一方面要根据被访者答案的类型,采取适当的追问策略;另一方面,则需要注意防止出现追问误差。需要追问的被访者的答案通常有以下类型:

第一,追问不精确的回答。当被访者对问题的回答含糊不清、前后矛盾、回答残缺不全时就要进行追问,以期引导被访者做更准确更充分的回答,或至少给以一个最低限度可接受的回答。在追问中,访问者要特别注意,不要进行引导式追问。因为引导式追问向被访者建议了某个特定的答案,使这个答案有更多被选中的机会。判断这个追问是否是引导式的,可以看他能否用"是"或"否"来回答。能用"是"或"否"回答的就是引导式追问,不能的则不是。下面的例子对引导式追问和非引导式追问进行了比较。

访问者:"在最近一周内,有几个晚上您是在家里用餐。"

被访者:"我一般都在家里用餐。"

显然,被访者的回答是含糊不清的。访问者的追问如下:

访问者(引导式追问 1):您的意思是说,在最近一周内,您一次都没在外面用餐?"

访问者(引导式追问 2):您的意思是说,在最近一周内,您在家里用晚餐的次数是 6 或 7 次?"

访问者(非引导式追问 1):"在最近一周内,有几个晚上您是在家里用餐。"

访问者(非引导式追问 2):"您能告诉我,在最近一周内,你在家里用晚餐的次数是多于 6 次还是少于 6 次呢。"

被访者:"多于 6 次。"

访问者(非引导式追问 2 继续):"您的意思是说,在最近一周内,您在家里用晚餐的次数是 6 或 7 次?"

第二,追问不知道的回答。在访问过程中,被访者经常会回答"不知道",如果这种答案的比例过高,会影响访谈的质量。另一方面,被访者"不知道"的回答传递的信息是多种多样的,当"不知道"的答案出现时,访问者最好能分辨一下,尽可能给予适当的追问。对一个询问意见、态度、观点的题目,"不知道"可以表示被访者没想过或不愿回答这个题目,访问者就应该对被访者加以鼓励,特别强调被访者是最适合回答这个题目的人选,然后重复一遍问题。对一个知识性题目,"不知道"可以被理解成一个合理的答案,访问者可以记下答案,继续其他问题。"不知道"也可能只是一种延迟反应模式,被访者在考虑答案时习惯性地以此作为开场白,这时访问者应该给被访者思考的时间,再重复一遍题目。"不知道"也可能表示被访者拿不准自己的答案是否符合访问者的要求,是否"正确",这时访问者应向其说明答案无所谓正确与否,只要如实地将自己的理解和判断说出来即可。总之,访问者当听到"不知道"回答时,不要轻易放弃,而应该试着给予适当的追问。

第三,追问开放式题目。当被访者回答开放式题目出现以下情况时,访问者应该给予适当追问。

情况一:被访者的答案并没有回答题目本身。例如:

访问者:"在您看来,工作场所里最好的事情是什么?"

被访者答案1:"我们这个地方,大家都忙忙碌碌的,大家并不在意维持同事关系。"

这个被访者显然答非所问,访问者应该将题目重复一遍。

情况二:被访者答案里面有一些含糊不清的概念或名词。例如:

被访者答案2:"这里的人。"

这个答案究竟指的是什么并不十分清楚,访问者可以采用以下形式的追问用语,如"请您多告诉我一些您所提及的人们。"

情况三:被访者答案不够详细或具体。例如:

被访者答案3:"这里的人都是些很好相处的同事。"

在这个答案中不同被访者对"好相处的同事"的理解可能是有差异的。访问者可以采用以下形式的追问用语,进一步挖掘出被访者答案含义中的差别。

访问者追问2:"您所谓好相处的同事是指什么呢?"

被访者答案4:"他们自顾自,从不打扰你。你根本不用劳神他们是怎么想的,更不用花时间和他们交往。"

由此可见,适当的追问的确是很必要的。

情况四:开放式题目可以让被访者无限制地提出自己的答案,因此访问者即使得到了非常合适的答案,也要注意到被访者还有可能提出其他观点的答案,访问者可以适当使用追问用语如"还有没有其他的了?"直到被访者回答"没有了"。

追问尤其是正面追问是一种比较尖锐的访问方式,容易引起被访者的反感,因此,追问一般放在访问后期进行,而且应该尽量采用中立的追问。肯尼思·D.贝利认为,一个中立的追问包括:①复述问题。当被访者支吾或看来并未理解时,将问题再次重复。②复述回答。当访问者不能肯定自己理解了被访者的回答时,可复述被访者的回答,以使回答者与访问者确证对回答作出了正确的理解。③表示理解和关心。访问者可表示自己已听到回答,从而激发回答者继续谈下去。④停顿。若认为回答不完全,访问者可停顿不语,表示等待他继续谈完。⑤一个中立的问题或评价。例如:"您讲的这个是什么意思?"或"您是否能给我再多讲一些?"

(3)合适的发问与插话。

访问过程组织的好坏,取决于问题的好坏、提问的方式和提问时机的把握。访问活动是双方互动的动态的过程,不可能完全按照某种模式进行,访问员必须根据具体情况灵活处理,这就要求访问员要善于捕捉时机提问或插话。比如当被访者只谈将来对过去的经历不做任何回答时,或只谈其外在活动不谈内在动机或当时想法时,或陷入过去发生的一些琐事而又举不出特例时,都需要访问员适时、适当地提出一些问题寻求一个肯定的答案。这些问题往往是访问员临时提出的,不一定与正常过程或预先的计划有关。

另外,对一些敏感性和威胁性问题,如何合适的发问是访谈中最困难和关键之处。为了在这些问题上获得回答并尽可能的提高其真实程度,可以利用以下的途径和技巧:把这些问题放在访谈的后半段进行;有意识地逐步创造出一种适宜讨论这些问题的气氛,使被访者感到讨论这类问题不会引起什么麻烦,访问员对此类事情已经听多了;提问时语气自然而不神秘,态度安详而不惊讶。在这方面的发问技巧需要根据被访者的职业、性格、年龄、经历等特点以及当时当地的情况,因人因地而异。从某种意义上讲,访谈的技巧主要是为了淡化与麻痹敏感性与威胁性问题的技巧。

用插话的方式引导提问一般存在以下情况中:有时被访者在谈话中途可能停顿一下等待访问者的暗示,以便开始另一个问题的谈话,这是访问者提出准备好的问题的最好时机,如"过去怎么样呢?""您对此事有什么看法呢?"等。有时被访者答非所问或漫无目的扯得太远时,也需要访问者通过插话打断正在进行的话题。有时为了鼓励被访者,特别是那些不善于说话、欲言又止的人,访问者需要插几句鼓励或表示对刚才的谈话满意的话。有时当被访者对过去的经验不能清楚地回忆时,也可提一些补充问题帮助他回忆。有时插话与提问则完全为了消除回答者的疲劳。

小资料:艾尔·巴比谈访谈的技巧

在访谈互动中你们不能只是被动的接收者,必须用一些希望被解答的问题和希望提出的议题来带动访问,你们必须学会巧妙引导对话走向的技术。大多数人都喜欢与真正感兴趣的人说话,不要中断和他们的对话,这等于告诉他们你们不感兴趣,应该顺着他所说的,再岔开这个意见,回到符合研究目的的方向上来。参考一下这个大学生选择专业的假想例子:

你:你主修什么?

答:工程学。

你:我知道了,为什么选择工程学?

答:我有个叔叔在 1981 年获选为亚利桑那州的最佳工程师。

你:哇! 真了不起。

答:对啊! 他是负责发展图森市新市民中心的工程师,这个消息在大部分的工程期刊上都刊登过。

你:我明白,你曾经和他谈过你想成为工程师这件事吗?

答:谈过,他说他进入工程界真是十分意外。他高中毕业后需要一份工作,所以就去当建筑工人。他花了八年的时间从基层做起,再决定去念大学,回来之后就成了其中的顶尖人物。

你:那你的主要兴趣跟你叔叔的一样是在公共工程,还是对工程学的其他分支更有兴趣?

答:事实上,我的取向比较偏向电子工程,我从高中开始自己摸索微电脑,我的长远计划是……

请注意,这个访问是如何开始漫谈到受访者叔叔的故事。第一次试图将焦点拉回到受访者本身的专业时失败了,而第二次却成功了,这个学生现在开始提供你们所要找的信息了。发展用这种方式控制对话的能力对你们来说是很重要的。

鲁宾夫妇(Herbert & Riene Rubin)[1]为控制这种"引导式交谈"提供了几种方法:第一,当谈话方向从一个议题转向另一个议题时,转换的过程必

---

① Rubin,Herbert J. Riene S. Rubin. Qualitative Interviewing:The Art of Hearing Data[M]. CK:Sage Publications,1995:123.

须平顺而合乎逻辑。"刚才我们讨论了母亲,现在我们再来讨论父亲",听起来就显得唐突。比较平顺的转换应该是"你们说你们的母亲不太关心你们在学校的表现,那你们的父亲会比较关心吗?"第二,作为访问员,表现风趣的欲望会对你们的工作造成反效果,你们应该用感兴趣的态度来使对方变得风趣。

洛夫兰夫妇(John & Lyn Lofuland)[1]建议研究者在访问时扮演"一般人可接受的无知者"(socially acceptable incompetent)这样的角色,你们应该让自己看起来不太知情,即使是最浅显的一面也需别人的援助。这种观望者和发问者将学生角色发挥到了极致。

（资料来源:艾尔·巴比.社会调查方法基础[M].北京:华夏出版社,2004:249.）

（二）访问过程中的非语言信息

访问过程除了"访"和"问"的言语交流,访问员还应该通过各种非语言交流的方式,随时关注双方表情与动作的变化,包括肢体语言、目光、表情等以便更好地控制访问过程。优秀的访问员应该能在最短时间内,判断出最能让被访者感到舒服的态度和被访者最喜欢的谈话方式。

1. 体态语

访问员既可以通过自己的行为来表达一定的思想和感情,又可以通过观察被访者的某些动作和姿态捕捉对方的思想和感情信息。例如,访问员连连点头,表示"很对""同意";访问员用笔记录,表示刚才所谈的内容非常重要;被访者频频看表,说明他希望加快速度或结束谈话,被访者东张西望,表示他对刚才的内容不感兴趣,或注意力已转移,被访者打哈欠或做小动作,表示他已经很疲倦。被访者跑题时,访问员可以利用送水递烟中断他的谈话开始新的话题,可以手掌心向下压表示这个话题谈得差不多了。同时,访问员也要尽量避免个人习惯性的小动作,如挠耳朵、抖大腿、抓头发等。

2. 目光

人们常通过目光来表达各种态度和感情。访问者在访谈过程中,目光

① Lofland, John, Lofand Lyn H. Analyzing Social Settings: A Guide to Qualitative Observation and Analysis[M]. Belmont, Calif: Wadsworth, 1995.

要柔和、自然、放松,通过目光的运用观察对方的感觉,引导访谈的过程,又不至于引起对方的警觉和反感。访问者既不能死死盯着对方让对方觉得紧张,也不能处处回避对方的目光,或只盯着自己的笔记本误使对方觉得自己的谈话令人厌倦,而应使自己的目光在对方的头发、嘴唇和脸颊两侧这个范围内活动,并不时与对方目光做短暂接触(一般不超过 10 秒)。一般而言,对方如果谈得非常好,目光应频频接触表示喜欢和赞赏;对方切入关键内容,应目不转睛表示专注和很感兴趣;对方走题了,可以用目光表示困惑或不理解。访问员要根据访谈的具体情况,及时领悟对方的"目光语言",灵活运用自己的"目光语言",让眼神目光成为访谈过程中有效的指示灯和调节器。

3. 表情

访问员自始至终都要使自己的表情谦虚、诚恳、耐心和有礼貌,在运用表情时首先要防止毫无表情。被访者总是希望自己的谈话能引起访问者的共鸣和重视,因此如果被访者看到的始终是一张毫无表情的脸,将大大降低他谈话的兴趣。其次,要会用表情控制人。访问者要控制自己的表情使其符合调查对象所谈的情境。比如,当被访者谈到失败时,要有同情和惋惜的表情;谈到不公平时,要有义愤的表情;谈到成就时,要有称赞和高兴的表情;谈到隐私时,要有表示理解的表情。总之,访问者要充分利用表情传达思想,起码要表现得心情愉悦。因为访问员事实上介入了被访者的个人生活和态度,他必须要能传达出一种诚恳的兴致来了解被访者,而不至于像在打探一般。

4. 外部形象

外部形象包括衣着、服饰、打扮等,通常是一个人的职业、教养、经济状况和兴趣爱好等内在素质的反映。首先,访问员的穿着应该整洁和得体,被大多数被访者所接受。其次,访问员穿戴要普通化,避免制服或任何标注群体或团体的符号,避免因为过于严肃或轻率的外表导致被访者产生偏见性回答。比如访问员如果染鲜艳的头发,带着尖锐的耳环,身穿前卫的衣服,有可能让被访者觉得你比较激进。再次,访问员的穿戴应该是不引人注目的,以便突出访问本身而不是访问员的外貌。比如访问员不应佩戴过于昂贵的首饰,不宜浓妆艳抹。另一方面,对穿着讲究的被访者,访问员应注意庄重、严肃和彬彬有礼,对不修边幅的被访者就可以坦率、随和一些。

（三）对无回答的处理

访问过程中出现无回答的情况一般是两种情况：一是计划的被访者不在家、不在单位或出差等，另一种是被访者不合作、拒绝访问。出现这两种情况我们一定不要轻易地放弃访谈。因为那些常不在家的人，多是男性、中青年、在业人员，特别是搞经销、跑销售或做外勤工作的人员，那些不合作的往往是知情人或关键人。如果缺少了对他们的调查，调查结果将受到影响。

对于不在场的被访者，必须进行复访。如果入户访问时被访者第一次访问不在家，就要做好详细的时间记录，以便在复访时改变时间或星期，直到发现被访者在家为止。如果连续复访都没有人，可以向邻居打听情况，这样可以省掉几次不必要的来回，降低人工成本。

对于拒绝接受访谈的被访者首先要了解他们拒绝的原因。常见的原因和解决对策有以下几种：

1. 被访者认为调查与自己无关、不感兴趣，或认为调查根本不能解决任何问题，纯粹是浪费时间。访问者应该耐心地解释调查的目的和对被访者的影响，说明调查研究的价值，并举出通过调查解决了问题的实例来增强他对调查工作的信心。

2. 被访者害怕调查结果对自己不利，如增加劳动时间、抽调劳动力等，或害怕得罪别人引起对自己的不良后果，或是觉得访问的主题太政治化或太敏感。访问者应加大法律的宣传，说明调查工作的保密原则和匿名性，使他们消除顾虑。

3. 被访者由于繁忙不想耽误时间，或遇到困难心情不好，没有心思接受访问。访问者首先要理解和体贴他们的困难，然后与对方商量在他们方便时另作访问。

4. 被访者不相信访问者解决问题的能力，或不喜欢访问者，或是访问者触犯了他们的某些禁忌。访问员应着重改进自己的工作，用实际行动证明自己是有能力的、公道的、正派的、有错就改的。如果被访问者还是不能接受，可以考虑更换访问员。

四、结束访问

结束访问是访问的最后一个环节，一般应该掌握两个原则：

1. 适可而止

一方面,访问的时间不宜过长,以 1 ~ 2 个小时为宜。在农村做调查,夏夜乘凉冬闲烤火时可做较长的访谈;如果被访问者对调查的内容既有兴趣又有研究,访谈时间也可以延长。但是延长的时间,一般应以不妨碍被访者的正常工作生活秩序为原则。另一方面,访谈必须在良好的气氛中进行。比如被访者疲倦了,或其他家庭成员在一旁不耐烦了,或家里来了客人了等,良好的交谈气氛一旦被破坏,就应该立即结束访谈。

2. 善始善终

告知对方此次访谈已经取得了预期的结果,对访谈对象的配合表示感谢。感谢应该真诚,因为对方确实因为自己的访谈而耽误了时间,花费了精力。为使调查材料完备,最好询问被访者:"我们忽略了什么没有?""你还愿意告诉我什么吗?"之类的问题以结束调查。如果今后还需要继续调查,应告知对方此次访谈尚有信息不足之处,还需要继续访谈,邀约对方进行进一步的访谈,并与对方商定以后访谈的时间、地点等。最后,告知访谈结束,取得了预期的效果,并向访谈对象提供赠品(酬劳)。

五、访问记录

结构式访问的记录比较简单,只需要按照事先规定,把被访者回答记录在设计好的表格、问卷或卡片上就行了。非结构式访问记录则比较困难,因为当场记录可能会分散被访者的注意力,影响访谈的质量和进度。一般而言,可以采取两人一起访问的方法,一人专门记录,一人专门访谈。如果要使用录音或摄像等方法,必须征得被访者同意。笔记是各种访问记录的最基本的形式。

使用笔记的主要有三种方法:速记、详记和简记。速记需要事后的翻译和整理,简记主要用一些符号或缩写来作出记录,如用"W"表示商品,"G"表示货币,"1"表示男,"0"表示女等。

无论是详记还是简记,在记录内容上都应注意以下几点:1. 记要点,即有特色的事件和情节,有个性的语言和表情;2. 记疑点,便于访谈后期询问;3. 记易忘掉信息,如人名、组织名称、时间、地点、数据等;4. 记自己的感受,便于访谈后期整理。因此,访问者的记录除了被访者的回答与陈述外,还应包括对他的居住条件、邻居情况的描述,在访问中观察到的现象与行为,听到有意义的俗语,访问者自己对被访者语言能力、参与调查的态度、情感的评价等。在访谈结束后,应尽快整理访谈记录,根据记忆及时发现和解决错记、漏记等问题,对所使用的符号、缩写等作出翻译和说明,使访谈的信息更加完备和真实。

小资料:克维尔谈访谈的程序

克维尔(Kvale Steiner)认为完成访谈一般有以下 7 个步骤:

1. 定出议题:将访谈目的以及欲探讨的概念明确化。

2. 设计:列出实现目标需要经历的过程,包括伦理方面的思考。

3. 访谈:进行实地访谈。

4. 改写:建立关于访谈内容的文件。

5. 分析:确定搜集到的资料与研究之间的关联。

6. 确证:检查资料的信度和效度。

7. 报告:告诉别人你们学到了什么。

(资料来源:Kvale Steiner. Interviews:An Introduction to Qualitative Research Interviewing[M]. Thousand Oaks, CA:Sage Publications, Inc,1996:88.)

第四节 访问员的挑选与训练

访问员是调查研究中资料收集工作的主要承担者,访问结果在很大程度上取决于访问员的素质能力和个人品质,挑选和培训访问员是研究者在调查研究中的一项重要任务。访问员的选择主要是寻找的访问员要符合一定要求,包括特殊条件和一般条件,访问员训练的目的,一方面是加强基本条件的要求,另一方面强调访问能力和观察力。

一、访问员的选择

如何选择合适的访问员完成访谈工作,主要取决于两方面的因素,一方面取决于研究主题的特质、调查对象的特点和社区类型,如有关家庭计划的研究,以女性访问员为宜;城市社区,以知识程度较高者为宜,这些类似性别、教育程度等的标准可以称为特殊条件。另一方面如能力、诚实等任何访问员都必须具备的条件称为一般条件。以下就从这两方面来讨论。

（一）特殊条件

特殊条件因访谈的情况不同而对访问员做不同的选择,主要有以下几项:

1.性别

一般而言,男性访问员去访问领导人较宜,对女性的访问则以女性较适宜;对于身份较高的人或影响力较大的领袖人物,则以研究者亲自访问为佳。在访问生产、政治问题时,以男性访问员为宜,而婚姻、家庭调查则以女访问员较合适。在一个大研究计划中,以男女访问员互用为最佳途径。

2.年龄

对年龄较大的被访者,宜以年龄较大者的访问员为佳,在政治经济问题研究中亦不宜以年轻人为访问员。年龄较大者通常对现有社会规范和礼貌比较熟悉,容易取得受访者的信任和好感。

3.教育

研究表明,教育水平高的访问员在提问时造成的差异最小,教育水平对访问的重要性还在于访问技巧的运用和对被访者的反应程度。因此,在研究较复杂问题时对访问员的学历的要求相对较高,而且要求具有一定的经验。

4.地区

我国民族众多,各地区风俗习惯、语言等有很大差异,城乡间也差异较大。因此选择访问员时要尽量选择当地的、同民族的人作为访问员。

总之,访问者在年龄、职业、社会地位、地区、民族等背景条件上与被访者越接近越好。但这也不是绝对的。国内一些学者在进行城市居民家庭调查时,挑选年龄在40岁左右、有高中文化程度、热心负责的下岗工人和50岁左右、身体健康的中小学退休教师作为访问员,取得了较好的访谈效果。

（二）一般条件

1.诚实和精确

要求访问员诚实,一方面是忠于自己的工作,另一方面是忠于访问的事实。任何把不确定的事实肯定下来，替被访者圈选答案，假造记录都是不诚实的。对于访问资料的记录也必须十分精确，不能敷衍了事。

2．兴趣和能力

对访问工作没有兴趣的访问员是不能把工作做好的。能力不等于兴趣，但是兴趣可以提高能力。访问员主要应具备的能力包括观察能力、辨别能力、表达能力和人际交往能力。

3．勤奋和负责

访谈工作是很辛苦的事情，访问员到了工作地点进行访问，不仅要自己安排时间随时作出调整，还可能要面对被访者的冷淡、拒绝等。如果不能吃苦耐劳，只会知难而退，无法完成访谈任务。因此，勤奋负责对访问员而言是相当重要的要求。

4．谦虚和耐心

谦虚体现在尊重被访者，要抱着虚心求教的态度，被访者才能知无不言。耐心体现在访谈中要耐心地听完被访者的回答，耐心地讲解问题，即使碰到无理对待也要有耐心。否则很容易造成双方关系紧张，导致访谈失败。

二、访问员的训练

新进的访问员，除非已经有过相似的训练，都必须给予相当时间的访问训练。如果研究的方法或访问方法改变了，即使曾经有过某些训练，仍需重来。培养一个优秀的访问员需要经过培训、实践、再培训、再实践的过程。在具体做法上，对访问员的训练通常包括下列步骤和内容：

（一）研究项目的全面介绍

研究人员不仅要向全体访问员介绍该项研究的目的、计划、方法等整体情况，还要就访问的步骤、要求、时间安排、报酬等具体问题进行说明。让访问员对研究计划了解得越深，对访问越有帮助。这样，访问员可以随时检查他的资料是否符合研究需要。还可以让访问员了解访问得来的资料如何使用，这样不但可以提高访问员对访问的兴趣，也可以增强访问员在访谈过程中的控制力。

(二)介绍和讲解调查访问的技术与技巧

研究者不仅要指导访问员掌握如何入户、如何说开场白、如何取得对方信任、如何客观提问、如何记录、如何结束访谈等技巧,还要组织访问员集中学习和阅读相关问卷、访谈手册或指南、访问提纲等材料。研究的指导者要逐条对上述文件进行讲解和提示,使被访者明确每个项目的内容和回答方式,明确访问中每一步工作及其对他们的要求。

(三)模拟访问结合集体讨论,并撰写心得

可以在室内让访问员相互访问,熟悉访问内容,掌握访问技巧,也可以找一个实验点,使访问员实际操作一次。研究指导者应从旁边观察和协助,并严格检查访问结果。模拟访问的目的是发现和解决实际访问中可能出现的潜在问题,及时加以改正。之后,访问员和研究的指导者应一起再次逐一复习和讨论访问中的所有问题,并撰写相应的心得报告,解决每一个疑问,提出今后的改进措施和建议。

(四)建立监督管理措施,包括组织管理措施、指导监督措施、复核检查措施、总结交流措施等

访问者与研究指导者,访问者之间都要建立相互联系和相互帮助的方式,制定每天工作的进度安排,资料可靠度和纪律要求,访问记录及工作日志的记法和要求等。只有建立起相互联系、监督和管理的办法,才能保证正式调查工作的顺利进行。在监督的同时还要注意鼓舞访问员的士气,比如安排适当的聚餐,让访问员能轻松的相互沟通和总结,调节状态。

小资料:训练访问员的意义和训练对研究成果的影响程度的实验

下面这个在英国进行的有趣的试验,详细说明了训练访问员的意义和训练对研究成果的影响程度。

参加这项试验的访问员一共有三类:一是来自政府调查组织的职业访问员,二是来自不列颠舆论研究所的职业访问员,三是来自伦敦经济学院的大学生。通过下表我们可以看出,有经验的访问员(前两种职业访问员)和没有经验的访问员(大学生)取得的访谈成果之间的差异是非常明

显的,有经验的访问员获得成功的几率高于无经验的。结果如下表:

	政府调查组织	不列颠舆论研究所	伦敦经济学院
访问成功	83.7%	81.3%	69.5%
拒绝访问	3.5%	3.2%	13.5%
没有接触	5.0%	6.7%	5.8%
不在家	5.4%	7.5%	10.1%

(资料来源:科学院社会学研究所编.社会学手册[M].浙江:浙江人民出版社,1983:492.)

本章思考题

1. 访谈法有哪些类型?

2. 进行访谈的步骤是怎样的?

3. 访谈过程中提问有什么样的技巧和方法?

4. 访谈过程中提出问题时,访问员在什么情况下应该引导和追询? 可以使用哪些方法?

5. 如何对访问员进行培训?

推荐阅读

1. Kvale Steiner. Interviews:An Introduction to Qualitative Research Interviewing. Thousand Oaks, CA:Sage Publications, Inc,1996.[该文是对于深度访谈方法的深刻呈现。作者除了谈到表现技巧之外,也介绍了在后现代背景和其他指导原则下的访谈。]

2. 张彦.社会调查研究方法[M].上海:上海财经大学出版社,2008.[访谈法的应用实例——"参与式农村评估法"中的半结构式访谈。参与式农村评估法是近几年来农村社会调查研究中推荐使用的一种有效方法,作者详细介绍了它的特点,实施步骤、方法和技巧。]

第八章

实验研究法

陈永进

实验作为一种科学认识方法,开始时被应用于自然科学领域,以后逐渐被社会科学研究领域所借鉴。在社会科学研究中,实验法作为一种实证研究方法,具有特殊的意义和重要的作用。本章将侧重介绍实验法的基本原理、应用程序和实验设计等问题。

第一节 实验法及其在社会科学研究中的运用

一、实验法

实验法是一种经过精心的设计,并在高度控制的条件下,通过操纵某些因素,来研究变量之间因果关系的方法。

实验法在自然科学领域内是一种常用的方法。但是自然科学与社会科学存在差异,社会科学研究能不能与自然科学一样进行实验呢? 我们先来探讨一下自然科学实验与社会科学实验的不同点,这些不同点具体包括以下三个方面:

1. 社会科学实验与自然科学实验的最大区别在于研究对象的不同。自然科学实验的实验对象一般是无生命物、植物或低等动物,而社会科学实验的实验对象却是由人组成的组织、群体或者是单个的人,由此带上了人文色彩。这就涉及社会伦理道德问题,因而社会科学实验从实验设计到实验过程都要设想周全,要对实验对象负责。

同时,社会科学实验的对象是与实验者一样的平等的活生生的人,社会科学实验又多在自然条件下进行,相互影响也就在所难免。因此,在社会科学实验中,将实验者与实验对象完全主客体化,实现绝对的客观性几乎成为不可能。而社会科学实验中所体现出来的人文性也正是其区别于自然科学实验的本质所在。

2. 自然科学实验价值中立与社会科学实验价值关涉的不同。自然科学实验法的一大优点是能够保持“价值中立”。在自然科学实验中,真理是价值无涉的。而社会科学实验的对象是处于一定社会中的人,因此社会科学实验必须要使参与实验的个体的利益不受损害,最好是有所受益,否则实验将无法进行。可见,社会科学实验无法绕过“价值”的问题。这就触及到了社会科学实验最敏感的问题——求真还是求善？若以"求真"作为社会科学实验的终极目标,则必然以损害实验被试的身心发展作为代价来换取科学的真理。若以"求善"作为社会科学实验的终极目标,则势必会造成社会科学实验科学性的降低甚至丧失。

3. 自然科学实验严格控制与社会科学实验较弱控制的不同。自然科学实验具有假设、控制和重复验证三大特征,其中,控制是实验法的精髓。自然科学实验向来对有严密控制的实验室实验青睐有加,因为实验室实验便于控制无关变量等特点使得自然科学实验可以严格按照实验设计进行,对于实验结果的推广也极其有利。

然而社会科学实验由于受其实验对象和实验环境的限制,在实验过程中主要采用自然实验法,实验室实验法只是一种辅助手段。因此有学者提出社会科学实验的生命力很大程度上就源于追求环境的真实性。另外,在实验结果的推广上,自然科学实验多是在封闭的实验室中,进行严密的条件控制,因而得出的结论也比较精确,便于推广。由于社会科学对象的特殊性和社会科学情境的复杂多变性,社会科学实验的情境很难重现,在实验结果的推广过程中,会有许多无法预期的变化生成,给实验结果的推广带来了很大不便。

虽然自然科学实验和社会科学实验各有特点,但是作为实验法,二者之间有着基本的共性。这些共同点具体包括以下方面:

1. 既然是实验法,那么就要严格地控制那些影响因素,要将无关因子严格地排除在外,从而保证实验的结果是调控有限影响因素的后果。

2. 选择了实验法,就必须选择可操作的实验方法,因为实验是用手做出来的,而不仅仅是在纸上写出来就行了。

3. 采用了实验法,就要考虑设计的方法是否能够重复,因为重复实验往往是检验实验研究结果的有效方法。如果严格地用设计的方法重复实验,而不能够得出相同的结论的话,那么就说明结论还有待进一步的验证。

4. 在实验之前要有明确的实验假设,然后通过实验来检验假设是否成立。

综上所述,我们认为虽然社会科学实验不能够追求自然科学那样的精确,但是我们仍然可以在社会科学中采用实验法。

小资料:实验法在社会科学中的成功应用案例

著名社会学家、安徽省社会科学院研究员辛秋水教授多年来的研究案例证明,社会科学是完全可以实验的,并且某一个领域课题的实验成功,其对社会的影响或推动意义,不仅不逊于自然科学方面的某一重大发明,甚至还更带有全局性、整体性。

建立村民自治实验区

在中国农村实行民主选举是否可行? 十几年前,关于这方面的议论很多,其中反对者的呼声甚高。反对者主要理论根据在于:农民文化水平太低,缺少参政能力,加上宗族、宗派严重,一搞民主,就会造成混乱,影响稳定。要不要改,如何改,理论上的争论永远不会有定论,应当由实践来证明。辛秋水决定建立实验田,他在 1987 年向中共安徽省负责同志提出并获得赞同的文化扶贫方案中,就有在农村实行民主选举干部这一条。

辛秋水选择了全国最贫困的地区——大别山区岳西县莲云乡进行这项实验。在宣传教育的基础上,于 1989 年 1 月 17 日在该村召开了选举大会,由群众推荐的 4 名候选人分别上台发表竞选演说。经过两轮选举,一名农民技术员当选为村委会主任。这位民选的村委会主任一上任,就运用自己的农业技术在全村推广杂交稻制种,进行科学种田、修堤造坝、兴修水利,群众皆大欢喜。当年秋天该村农民经济收入就比常年翻了一番,群众说一年抱得一个金娃娃。干群矛盾缓解了,社会比以前更加稳定了。以后该村连续三次换届选举都是由他主持的,均获得了圆满成功。1998 年他又将这项实验扩大到来安县邵集乡 8 个村,也同样获得了成功。所有这些村在选举时,群众的参政热情都极高,秩序良好,从未发生人们所顾虑的宗族、宗派把持选举等越轨行为和混乱局面。相反,民选后干群关系在许多村发生了意想不到的可喜变化。邵集乡的刘郢村有个大水塘,民选干部以前,这个水塘一直是由原任村支部书记承包的,原承包金额一直是每年500 元,群众对此极为不满,但又无能为力。民选干部以后,群众说话了,干部也不敢这样做了,就对这口大水塘进行公开招标。在招标大会上,由原来 500 元一年的承包金额一下抬到了 12 000 元,并且还是由原承包户(即原村党支部书记)承包去了。可见民主选举村委员会,实行村民自治的威力有多大! 还有一个村的一位村民患了重病,无钱医治,几乎是束手待毙。而该村民选的村委会主任得知后,主动上门,为他贷款治病。这户农民由喜而惊。他们说,像这类事件过去连想都未想到。辛秋水就此询问那位村委会主任(民选前也是村委会主任)过去为什么不这样办呢? 他的回答很直爽:"过去我这个主任是乡党委任命的,只要工作不出大错,同乡里关系搞得好一点,位子就能坐稳。现在不同了,换届有许多人竞选。如不给老百姓好好办事,他们就不选我。"干部的"乌纱帽"拿在群众手里真是有另一番景象!

辛秋水10多年来进行的村民直接选举村委会、实行村民自治的实验,就是社会科学实验的一个成功事例。而这一事例通过中央和地方各种大众传媒的报道对全国村民自治的推行无疑起到了不可漠视的影响。这同自然科学的某一重大科学实验的成功性质是相同的,其产生的作用也各有千秋。

(资料来源:张春生.社会科学实验的探索者——来自辛秋水教授社会科学实验前沿的报告[N].光明日报,2003-5-27.有删减。)

社会科学实验研究法,也称实验调查法,是实验者有目的、有意识地通过改变某些社会环境的实践活动来认识实验对象的本质及其发展规律的方法。它同时是一种旨在揭示自变量与因变量之间因果关系的可控制的研究方法。根据场所的不同,社会科学实验研究法可以分为在室内进行的可控实验和在室外进行的实地实验亦即自然实验法两种。在一个比较理想的实验中,实验者应该而且可以控制实验环境,保持它的稳定性并控制任何一个可能影响实验的外部因素。在一个严格的实验中,实验者应该对自变量有所控制,这就是我们通常说的实验刺激。最后,实验者可通过在实施自变量之前(前测)或之后(后测)来测量因变量的数值,进而发现自变量作用的结果,探求出事物发展变化的因果规律。

二、实验研究法在社会科学研究中的运用

实验是指为了检验某种科学理论或假设而进行某种操作或从事某种活动,是把客观世界的场景浓缩到一个特定的实验场景中,运用实验的结果反映现实世界的真实情况。实验目的包含了两个部分的内容:其一是把客观世界的逻辑复制到特定的实验场景中来;其二是把实验结果推及到客观世界当中去。

说到"实验",人们自然会想到物理实验、化学实验等属于自然科学领域的科学研究活动。自然科学的实验是较为标准化的实验。因为自然界的东西是没有思想、没有意识的,它们发生、发展以及变化的规律在相同的条件下可以无数次地重复。只要条件相同,从实验室里得到的结果与客观实际会是一致的。正是因为如此,实验法在自然科学领域得到了广泛的应

用,可以说,今天的许多自然科学的研究成果都是从实验室中产生出来的。

然而,社会科学却不同。社会科学是以"人"或者"人"组成的"群体"和"社会"为研究对象的。人是有意识的。同样一个人,面对不同的对象,在不同的场合下,其行为方式也不相同。人是有感情、有思想、有意识的动物,人的行为具有对象性、场景性、随机性等特征,因此其行为方式也必然受随机情绪的影响,其行为缺乏恒常性。正是因为以上原因,实验法在社会科学中的运用遇到了很大的障碍,主要原因在于:一是难以把真实的社会场景浓缩到实验中来,二是在实验室中得到的结果、获得的认识很难具有推及到真实社会场景中的普遍性。因此,社会科学实验和自然科学实验往往不会采用相同的模式,并且许多的实验室实验对于社会科学实验来说存在着很大的局限。

尽管许多社会科学实验都是在实验室中进行的,而且在那里几乎所有的环境都可以得到良好的控制,但是类似的实验只是在心理学研究中的使用最为经常。社会心理学中经常使用的态度测量,就是用针对某一态度对象而设计的态度测量表,对人们的态度做出定量的分析。还有关于人们的遵从实验研究,就说明了在群体当中人们的判断力或判断标准是怎样受群体的制约和影响的。著名的社会心理学家所罗门·阿希1951年设计了一个被认为是有关遵从研究的经典实验,实验的情况如下:六名假被试者(实验助手)和一名真被试坐在一张会议桌前(当然真被试者不知道自己是局外人)。实验者告诉他们说,这是一个视觉判断实验,几张有垂直线段的卡片将出现在他们面前,他们的任务是判断某些线段的长度。然后,实验者拿出两张卡片(见图8-1),一张卡片上有一条线段"X",实验者称其为"标准线段",另外一张卡片上有三条线段 A、B、C,其中一条明显地与标准线段"X"一样长,要求他们找出第二张卡片上与标准线段一样长的线段。进行头两组判断时,大家都选择了同一条比较线,真被试者也很容易地做出了正确的判断。但是在第三组比较时,坐在倒数第二位置的真被试者却发现自己与别人的判断大相径庭。在这种明知道自己正确但是处于少数一方的情况下,被试者会有什么反应呢?结果发现在三所大学123名被试者中有32%的被试者遵从了群体的压力也随着做出了错误的判断。上述实验证明了"遵从"这种客观的社会心理现象,成为社会学实验研究中的典范。

社会学的实验不同于心理学实验,实验地点一般从实验室中移到了实

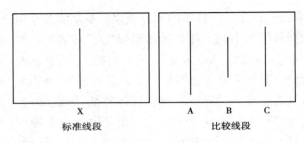

X
标准线段

A   B   C
比较线段

图 8-1　阿希从众实验图

地——学校、医院或街道等。因为社会学家要控制实验几乎是不可能的，有时往往从严格控制的实验中获得错误的结论。因此，他们也经常采用自然实验，即实验是在真实的环境中进行的，实验不设控制组。通过与自然实验相比，实验室实验可以更好地控制变量。但是它毕竟是一个人工环境，这有可能使实验结果被扭曲。虽然在自然实验中调查者更难控制自变量和被试的实验组构成，但它能更好地理解现实生活中社会行为的动态过程。

　　由此可见，鉴于社会科学研究的特殊性，实验室实验与自然实验各有利弊，在具体的实验研究中，可以根据研究的需要和不同的实验内容进行选样。不论采用实验室实验还是自然实验，其基本的实验逻辑是相同的。本章所阐述的是在理想的条件下的实验室实验的逻辑。

第二节　实验法的基本原理和程序

一、实验法基本原理

　　实验法的基本原理就是对社会现象的发生条件进行控制，然后分析引起这种社会现象的原因，阐明现象之间的因果关系。

　　社会科学的研究对象是众多的社会现象，社会现象的存在和发生受到其他很多客观因素的影响，与这些客观因素之间存在因果关系。实验研究的目的是建立或者验证这些变量间的因果关系。在实验之前人们一般会有对于社会现象中因果关系的初步认识或者假设，实验法的功能在于通过实验操作来对这些认识或假设进行检验。以一个关于人的行为结果实验为例，研究者的假设是：人们对他人的行为的期望可导致他人向期望的方向改变。由此他们提出的具体实验假设是:在学校里,那些被教师认为成绩应该好的学生,其成绩会由于教师的这种期望而在实际上变得比其他学生提高得更快。研究者选择一所学校为实验室,让几百名学生参加智力测验,然后从中随机抽取了20%的学生,并且告诉教师说,这些学生是成绩最高的,因此是最有培养前途的。一年以后,他们又对这几百名学生进行了测验。统计分析表明,上述20%的学生平均成绩明显高于其余的学生。实验结果证明了实验假设,即教师的期望和学生的学习成绩的提高之间有着因果关系。

该实验就是著名的罗森塔尔效应实验。该实验首先以一个理论假设为起点,这个假设是一个关于因果关系的陈述,它假定某些自变量(如教师的期望)会导致某些因变量(如学习成绩的改变)的变化。然后进行如下操作:

1.在实验开始时对因变量进行测试(即前测);

2.引入自变量(x),让它发挥作用或者影响;

3.在实验结束前再测量因变量;

4.比较前测与后测的差异值就可以检验假设。如果没有差异,就说明自变量对因变量没有影响,从而推翻原假设。如果有差异,则可以证实原假设,即自变量对因变量有影响。

一般地,实验结束时测得的因变量不仅仅受到自变量的影响,而且可能受到其他因素的影响,因此单纯的一个实验组很可能会导致对自变量和因变量关系的错误描述。通常解决的办法是将受试者分为两组:实验组与控制组。这两个组中的实验对象是随机选派的,他们的所有特征和条件可以假定相同,只不过在实验中,对实验组施加自变量的影响,对控制组则不施加这种影响。如果两组都有差异,且差异相同,则说明自变量对因变量没有影响;如果两组都有差异,且差异不同,则说明自变量和"实验"本身都对因变量产生了影响;如果两组都没有差异,说明实验本身和自变量对因变量都没有影响;如果引进变量组有差异,未引进变量组没有差异,则可以说明是自变量导致了因变量的变化。科学研究的目的是反映客观实际的真实状况,发现事物或现象的规律性。实验法的原理正是为了体现这种研究目的而进行的逻辑设置。对于实验法而言,总体的原理是一定的,而具体的实验方法可以千差万别,不同的方法的运用之目的就在于真实、全面地反映一个具体研究的特性,进而对因果关系做出一个客观的说明和解释。

二、实验法中的变量

实验的主要目的是阐释自变量和因变量之间的因果关系,找出因变量变化的主要原因,实验也旨在证明是自变量而非其他变量引起了因变量的变化。实验中包括三类变量:自变量、因变量和额外变量。

(一)自变量、因变量和额外变量

变量(或变项)(Variable)是指在数量上或质量上可变的事物的属性。例如,光的强度可以由弱变强,呈现时间可以由短变长,智力的 IQ 可以由小到大,这些都属于量的变量。又如,人的性别有男有女,人的宗教信仰有佛教、道教、基督教、天主教和伊斯兰教等,这些是质的变量。质的变量有时也可以用数字代替类别,以便于统计分析。

在自然科学中,常用数学方程式来描述一些现象。用实验法研究心理学问题时,也用数学方程式来探明变量与变量的关系。在实验中实验者所操纵的、对被试者的反应产生影响的变量称为自变量(或自变项)(Independent Variable);由操纵自变量而引起的被试者的某种特定反应称为因变量(或依变项)(Dependent Variable)。例如,要研究灯光亮度对阅读速度的影响时,实验者所操纵的灯光亮度(变化烛光数)就是自变量,而阅读速度(以每分钟多少字来表示)就是因变量。

自变量是由研究者操纵、变化,能够产生所要研究的社会、心理等现象的各种条件(因素)或条件的组合。[①] 在实验中,由操纵自变量而引起的被试的某种特定的反应称为因变量。因此,自变量和因变量是相互依存的,没有自变量就无所谓因变量,没有因变量也无所谓自变量。

除了自变量之外,还有其他许多因素都会影响因变量的变化。上例中,文字的形状、大小、排列方式、清晰度、熟悉度以及材料的呈现位置和呈现先后等都会影响阅读速度。此外,像大气压,被试者的高矮、胖瘦和头发长短等因素对阅读速度就没有什么影响。凡是对因变量产生影响的实验条件都称为相关变量(Relevant Variable),而对因变量不产生影响的实验条件称为无关变量(或无关变项)(Irrelevant Variable)。在相关变量中,实验者用以研究的变量称为自变量,实验者不用于研究的那些相关变量称为

---

① 孟庆茂,常建华.实验心理学[M].北京:北京师范大学出版社,1999:19-20.

额外相关变量(Extraneous Relevant Variable),或简称为额外变量(或外扰变项)(Extraneous Variable)。在实验中,额外变量是必须加以控制的。如果不控制额外变量,就会弄不清因变量的变化是由自变量的影响引起的,还是由因变量的变化引起的。因而就无法得出明确的结论。由于在实验中额外变量是必须加以控制的,所以额外变量也被称为控制变量(Controlled Variable)。评价一项实验设计的好坏的一个重要依据就是看研究者能否成功地控制那些额外变量。

自变量的种类很多,大致可以分为三类:

1. 任务

任务(Task)是指实验中要求被试者做出特定反应的某种呈现刺激,例如,字母串、配对联想词表、缪莱尔氏(Müller-Lyer)错觉图、字谜,等等。如果把这些任务的任何特性作为自变量来操纵,则这种自变量即为一种任务变量(Task Variable)。

2. 环境

当实验呈现某种作业时,如果改变实验环境(Environment)的任何特性,则改变了的环境特性即为环境自变量(Environmental Independent Variable)。例如,我们可以改变实验室内的亮度或噪声(噪音)强度,也可以改变呈现刺激的时间间隔等。

3. 被试者

被试者的特性因素如年龄、性别、健康状况、智力、教育水平、人格特性、动机、态度、内驱力等都可能影响对某种刺激的反应,这些因素为被试者变量(或受试者变项)(Subject Variable)。在这些被试者变量中,有的是实验者可以主动操纵加以改变的,例如内驱力强度可以用禁食或禁饮的时间来加以操纵,而有的则是不能主动操纵的,只能进行测量,例如智力、教育水平、自我强度等。被试者本身固有的、实验者不能加以操纵使其改变的特性称为本性变量(或属性变项)(Attribute Variable)。

在某些情况下,研究者把几个不同的自变量当作一个复合自变量(Complex Independent Variable)来操纵,以确定它们的综合效应。例如,有些学校为提高学生的学习成绩进行实验,采取了一系列的教学改革措施,如使用新的教材、加强课堂管理、奖励成就等。假定这些措施确实提高了学生的学习成绩,那我们是不大可能鉴别出哪一个自变量在起什么作用的,或许其中只有一种措施才真正起作用,但设计这种实验的目的并非要鉴别出某个变量的作用,而是考察其综合效应。因此,只要研究者不对复合自变量做出分析性结论,这类研究无可厚非。由于复合自变量更接近日常生活实际,并能解决某些实际问题,因而常被研究者所采用。因为自变量的变化而产生的现象变化或结果,称为因变量,也就是反应变量(Response Variable)或反应测量(Response Measurement)。

对于被试者的反应可以从下列几方面来测量:

(1)反应速度,例如,简单反应时间或潜伏期,走完一个迷宫所需的时间,在一定时间内完成某项作业的数量等。

(2)反应的正确性,例如,选择反应正确的次数、走迷宫入盲巷的次数、跟追踪盘离靶的次数或距离等。

(3)反应的难度,有些作业可以定出一个难易等级,看被试者或动物能达到什么水平,如斯金纳箱就有三个难度等级。

(4)反应的次数或机率,是指在一定时间内被试者能做出某种反应的次数,例如在心理物理学实验中,根据机率来规定阈限。

(5)反应的强度,例如,情绪实验中的出汗量,皮肤电反射电阻变化的大小,等等。

除了上述反应指标外,被试者的口语报告内容(即口语记录)也是一项重要的反应变量。口语记录(Protocol)是指被试者在实验时对自己心理活动进程所作叙述的记录,或在实验之后,他对主试者提出问题所作回答的记录。在心理学实验中,口语记录是很重要的参考资料,有助于分析被试者的内部心理活动。目前口语记录分析已被用于问题解决的实验中,借以了解被试者解决问题时所使用的思维策略。

(二)额外变量的控制

额外变量是使实验结果发生混淆的主要根源。要提高研究的科学水平,就要采取一定的方法来控制额外变量。对额外变量的控制,通常采用以下几种方法:

1.排除法

排除法(Elimination Method)是把额外变量从实验中排除出去。如果外界的噪声和光线影响实验,最好的办法是进入隔音室或暗室,这样可把它们排除掉。霍桑效应和实验者效应会影响实验结果,最佳的办法是采用双盲实验(Double Blind Experiment)。从控制变量的观点来看,排除法确实有效。但用排除法所得到的研究结果却缺乏推论的普遍性。例如,如果顾虑主试者与被试者的彼此接触会影响实验结果,而采用自动呈现刺激及自动记录实验结果的方法,则所得结果便不能对人们日常生活中的同类行为做出推论和解释。

小资料:霍桑效应的启示

1924—1932 年,以哈佛大学教授乔治·埃尔顿·梅奥为首的一批学者在美国芝加哥西方电气公司所属的霍桑工厂进行了一系列关于员工满意度的研究,即"霍桑实验"。这项实验想验证的是工作条件的改善可以改善员工的满意度并提高产量。结果起初令研究人员非常满意,他们发现,随着工作条件的改善,工人的满足感和生产量都提高了。例如,通过改善车间照明条件,生产量得以提高,照明条件进一步改善,生产量又随之提高。为了进一步证明实验的科学性,研究人员把灯光转暗,但是出乎意料的是生产量还是跟着提高。显而易见的是,与其说配线机房工人因为工作条件的改善而工作得更好,不如说是研究者对他们的注意引起了他们的反应。这一现象被称为"霍桑效应"。"霍桑效应"表明,社会科学的实验与自然科学的实验既有相同点,也有不同之处。由于"实验"本身成为影响实验结果的一个因素,所以导致了需要测量的因变量(生产量)仿佛不仅仅受自变量(照明条件)的影响。这个实验促使社会科学家对于实验本身的影响更加敏感和小心了。因此研究者在配线机房的研究里,采用一个合适的控制组(除了工作条件不变之外,也接受集中的研究),就可以发现这种效应的存在。在社会科学的研究中,这种影响是相当普遍的,因为被实验者知道自己参与了实验,这种"认知"改变了他们惯常的行为方式,从而导致即使在没有"刺激"介入的情况下,因变量仍然发生了变化。为了克服这个弊端,在实验过程中引入"控制组",控制组不进行实验刺激,只进行必要的前测和后测,以此与实验组在得到了实验刺激后的后测结果比较,二者之间的相对变化可以反映出自变量对因变量的作用,从而说明二者之间的因果关系。

(资料来源:杨洪兰,康芳仪.实用管理学[M].上海:复旦大学出版社,1989:40-41.)

2. 恒定法

恒定法（Constant Method）就是使额外变量在实验的过程中保持不变。如果消除额外变量有困难，就可以采用恒定法。不同的实验场所、不同的实验者、不同的实验时间都是额外变量。有效的控制方法是在同一实验室、由同一实验者、在同一个时间对实验组和控制组使用同样的实验程序进行实验。如果实验时强度变化的噪声无法消除，则可以用噪声发生器发生恒定的噪声来加以掩蔽。除上述实验条件保持恒定外，实验组和控制组被试者的特性（如年龄、性别、自我强度、成就、动机等）也是实验结果发生混淆的主要根源，也应保持恒定。只有这样，两个组在作业上的差异才可归于自变量的效果。用恒定法控制额外变量也有缺点：

（1）实验结果不能推广到额外变量的其他水平上去。例如，如果只用男性成人作为被试者进行实验，其结果不能推广到女性成人。

（2）操纵的自变量和保持恒定的额外变量可能产生交互作用。例如，如果被试者是男性，实验者是富有魅力的女性，实验时，实验者可能使被试者分心。这是交互作用产生的额外变量。

3. 匹配法

匹配法（Matching Method）是使实验组和控制组中的被试者的特点相等的一种方法。使用匹配法时，先要测量所有被试者在实验中将要完成的作业具有高相关任务上的水平状况；然后根据测得的结果把实验组和控制组的被试者的特点匹配成相等的。若要做"练习对学习射击成功影响"的实验，先预测一下被试者打靶的成绩，然后把两个预测成绩相等（击中环数相等）的被试者分别分到实验组和控制组，匹配成条件相等的两组被试者参加实验。这种方法在理论上虽然可取，但在实际上很难行得通。因为，如果超过一个特性（或因素）以上时，实验者常感到顾此失彼，甚至无法匹配。例如，实验者要同时考虑年龄、性别、起始成绩、智力等因素，力图使所有因素均匹配成相等而编为两组就很困难了。即使能解决此困难，也将使很多被试者不能参加这个实验。更何况，属于中介变量的诸因素，如动机、态度等，更是无法找到可靠的依据进行匹配。因此，匹配法在实际上并不常用。

4. 随机化法

随机化（Randomization）是根据概率理论，把被试者随机地分派到各处理组中。从界定的被试者总体中用抽签法或随机数字法抽取被试者样本，由于随机取样使总体中的各个成员有同等机会被抽取，因而有相当大的可能性使样本保持与总体有相同的结构。随机取样后，再把随机抽出的被试者样本随机地分到各种处理组中去。例如，有三种处理组：实验一组、实验二组、控制组。给每一处理组指定一个数字，如0、1、2，并定好先分给样本A，再分给样本B、C。如果在随机表上遇到"2"，就把样本组A定为控制组；再遇到"0"，就把样本组B定为实验一，依此类推。从理论上讲，随机法是控制额外变量的最佳方法，因为根据概率理论，各组被试者所具备的各种条件和机会是均等的，不会导致系统性偏差。它不仅能克服匹配法顾此失彼的缺点，还能控制难以观察的中介变量（如动机、情感、疲劳、注意等）。

随机法不仅能应用于被试者，也能应用于呈现刺激的安排。例如，如果有许多处理施加于被试者，为了消除系列效应（即前面的处理对后面的处理的影响），可以用随机法安排各种处理出现的顺序。

5. 抵消平衡法

抵消平衡法（Counterbalancing Method）是通过采用某些综合平衡的方式使额外变量的效果互相抵消以达到控制额外变量的目的的方法。这种方法的主要作用是控制序列效应（Sequence Effect）。如果给被试者施加一系列以固定顺序出现的不同处理，被试者的反应将会受到时序先后的影响。如果先后两种处理在性质上无关，就会产生疲劳的影响。这两种影响都可以使实验发生混淆，因而要加以抵消。如果只有A、B两种处理，最常见抵消序列效应的方法是用ABBA的安排。即对同一组被试者先给予A处理，再给予B处理；然后倒过来，先给予B处理，再给予A处理。如果对几组被试者给予两种以上的处理，为了抵消序列效应则可采用拉丁方实验（Latin Square Experiment）。

6. 统计控制法

上述各种方法都是在实验设计时可以采用的。这些方法统称为实验控制（Experimental Control）。但有时候由于条件限制，上述的各种方法不能使用，明知有因素将会影响实验结果，却无法在实验中加以排除或控制。在这种情形下，只有做完实验后采用协方差分析（或共变数分析）（Analysis of Covariance），把影响结果的因素分析出来，以达到对额外变量的控制。这种事后用统计技术来达到控制额外变量的方法，称为统计控制（Statistical Control)。例如,在对两班学生进行实验以比较两种教学方法的好坏时,虽然实验者事先知道此两班学生的智力不等,但限于条件,实验前却无法对智力因素加以控制使两班学生的智力水平相当。显然智力是影响实验结果的重要因素。实验后,使用协方差分析将智力因素所产生的影响排除后,就可以比较两种教学方法的优劣了。统计控制法除协方差分析外,还可用偏相关等方法。

三、实验的程序

实验的目的是为了发现社会现象之间的因果关系,并且对这种因果关系做出解释。实验不同于一般的观察,它是在特定的条件下按照严格的程序进行的,所以实验需要进行精心的准备,然后才能实施。实验研究的程序可以分为准备、实施和整理汇报三个阶段以及若干步骤。

(一)准备阶段

准备阶段一般需要完成以下几个方面的工作:

1.确定研究问题和研究目的

这需要查阅有关的理论文献,确定研究课题的价值及其可行性。

2.提出研究假设

假设的因果关系是实验设计的依据,也是实验证明或检验的目标,所以提出研究的假设或者问题是实验研究的主要步骤。这需要选择和分析各个有关的变量,将变量分类并建立变量间的因果模型。

3.实验设计

包括选择实验场所,配备各种实验设备,准备测量用的工具,制定实验的日程表,安排控制方式和观察方法。

(二)实施阶段

实施阶段是实验的操作阶段,即进行实验测量的阶段,操作阶段包括选取实验对象和进行实验两个组成部分。选择受试者是实验研究中的抽样过程,对于实验结果有重要的影响作用,一般采用随机、指派等方法进行实验分组(本节将单独介绍)。有的受试者是在实验实施前就确定好的,有的是在实验的过程当中进行选择分配的。实验实施是根据实验设计的方案进行实验,控制实验环境,引入自变量,然后仔细观察,做好测量记录。实验所要求的观察记录应当是定量化的数据,因为自变量对因变量的影响只能通过定量化的指标才能加以评定。测量工具一般有问卷、量表和仪器等工具,测量工具的选择首先要保证它们的准确性和可靠性。

(三)资料整理总结阶段

资料整理阶段是对前面两个阶段的总结,也是对实验结果的陈述,同时也是实验目的的体现。它一般分为两个部分的内容:

1. 整理汇总实验材料,对观测记录进行统计、分析,得出实验结果,以此检验假设,提出理论解释和推论。

2. 撰写研究报告。根据实验的结果和前期的文献资料撰写研究报告。研究报告是实验的最终成果。

四、选择研究对象

所选择的对象一定要能够代表所要研究的大众群体。实际情况是,实验室内的实验招聘的受试者往往有局限性,例如报酬的问题,是否愿意参加的问题等。因此,实验的受试者大多是那些"易得"的群体,像大学生志愿者等,这些受试者并不能完全地代表实验所要研究的对象,反映出社会科学研究中一种潜在的缺陷。第二个是"相似"的原则,即研究的实验组和控制组应当尽可能地做到相同或者相似。因为实验的一个很重要的原则是实验组与对照组应有可比性,这种可比性是以实验前的相似性为基础的,因此理想的状态是对照组应当等同于经过实验刺激的实验组。选择受试者过程中的各种方法都应该体现这种原则。为了体现"概化"的原则,就需要采用概率抽样。应该先把所有的研究对象作为抽样框,再从中抽取两组样本,如果两组样本都各自与总体相似,那么二者也彼此相似。然而,这种抽样方法在实际当中是很难贯彻的,很难使实验样本具有代表性。在社会科学研究中样本的数量太少是没有代表性的,而实验法不同于大规模的抽样问卷调查,无论是实验组还是对照组,都很少包括足够多的受试者。因此,即便对于比较大的人群,实验法也很少采用概率抽样。但是,为了保证实验的代表性和准确性,随机选择的逻辑仍然被应用于一些经过改进的方式当中。

第三节　实验研究的类型与实验设计

一、实验研究的类型

实验研究根据标准的不同分为不同的类型。例如根据实验设计的不同，分为标准实验和非标准实验；根据实验研究场所的不同，分为实验室实验和实地实验；根据社会科学的特殊研究需要而创造的双盲实验，等等。

（一）标准实验和非标准实验

标准实验和非标准实验是针对实验的规范程度以及对实验条件的控制能力而做的区分。一个完备的标准的实验应当具备以下要素：两个或多个相同的组；前测和后测；封闭的实验环境，实验刺激的控制和操纵等。一般来讲，具备这些因素的实验称作标准实验。然而，社会科学的实验不同于自然科学的实验，而是具有自身的特点。这些特点往往使得设置一个标准的社会科学实验比较困难，社会科学研究的性质、对象和内容往往在许多方面限制了严格的实验设计在现实社会中的应用。顾名思义，非标准实验指的是并不具备标准实验所要求的所有条件，为了研究的需要而进行的必要的省略或者特殊设计的实验。例如在社会科学实验设计中常用的单次研究设计（One-shot Case Study）、单组前后测设计（One-group Pretest-posttest Design）、静态组间比较（Static-group Comparison）等实验方法都属于非标准实验，但是这些实验方法对于不同性质的实验却能够发挥各自不同的作用。

标准实验和非标准实验代表着实验规范程度的两个极端，在实际的实验研究中，完全的标准与非标准都是很难做到的。标准实验往往体现出某种弹性（尤其在社会科学实验中）；非标准实验必然以标准实验为依据，在设计和操作上向标准实验靠拢，因而有时也将其称为"准实验"，指类似于、接近于标准实验的意思。在具体的实验中是倾向于标准实验还是倾向于非标准实验，完全取决于研究的性质、研究的目的和研究的精度要求。

（二）实验室实验与实地实验

人们一般认为,实验是在实验室中进行的,这是从自然科学的实验中形成的常规思维定势。由于自然物自身的特点,实验并不受场所变化的影响,在实验室中对于物质活动规律的认识完全反映了物质的本质属性,可以应用到实践当中去。由于实验室中可以进行比较好的条件控制,可以集中配置所需要的实验设备,所以科学实验基本都是在实验室中进行的。社会科学却不同,社会科学研究的对象是人,由于人是具有实践能动性的主体,所以场所的变化以及所研究的人对于事件的认识和感知都会影响到他们的行为。有鉴于此,实验室内的实验对于社会科学研究来说就有许多致命的局限性,需要引进一种能够排除实验设置对研究对象的影响的实验场所,实地实验便是其一。

实验室实验和实地实验都各有其优点和缺点。

实验室实验的优点:在实验室实验中,实验背景的变量都相对容易控制,实验环境比较封闭,受外界因素的干扰较少,实验者能够比较清楚地观察到自变量对因变量的影响,这是其主要的优点。

实验室实验的缺点:在实验室中可以进行的实验内容有局限性,许多社会科学研究者需要研究的内容无法在一个小小的实验室中复制出来。另外,实验室实验的结果在推广性、普遍性和概括性上往往较差。

实地实验的优点:在实地实验中,研究者可以在一个很自然的环境中观察、测量人们的真实反应,其优点是真实、自然,效度较高。

实地实验的缺点:实地实验难以对众多的有可能影响因变量的实验背景、实验条件进行控制,难以孤立出自变量的独立影响。

在社会科学中,有很多现象都没有办法在实验室进行研究。社会科学实地实验所做的主要工作是观察发生了什么事情。对于各种影响因素,必须依靠研究者的分析、观察和调查。例如,在一个研究文化程度与人们的文明礼貌行为的关系的实验中,实验室实验几乎无法做到,可以采用实地实验的方法。比如研究者在公交车中进行观察,见到那些主动起身给老弱病残让座的乘客,要知道他们的文化程度就比较困难,此时他们可以采用观察分析的方法、或者直接访问的方法(难度较大),这必然夹杂着研究者的主观认知成分。

（三）双盲实验

所谓双盲实验（Double-blind Experiments），是指在一项实验中，实验刺激对于实验对象和参与实验的观察人员来说都是未知的。即究竟是实验组还是控制组被给予了实验刺激，参与实验的双方都不知道，实验刺激是由实验人员和实验对象以外的第三者任意分派和给定的。

双盲实验的根源是"主试效应"和"被试效应"。所谓"主试效应"，是指"由于实验者对研究结果的期望而产生的实验偏差"。主试效应常常被称为"皮格马利翁效应"。传说塞浦路斯国王皮格马利翁在雕塑一座少女像时十分钟情于她，竟然使得雕像获得生命变成了真实的少女而与他结为伴侣。心理学家罗森塔尔曾经用实验的方法证实了教育中期望效应的作用，由此，主试效应又被称做为"罗森塔尔效应"。所谓"被试效应"，是指"由于实验对象对其被试身份的认知及态度而产生的实验偏差"。被试效应又被称为"霍桑效应"，源自二十世纪二三十年代，在美国芝加哥西方电力公司霍桑工厂进行的一项有关工作条件与生产效率关系的研究。（参见小资料：霍桑效应的启示）

例如在一个教育实验中，研究者需要研究社会的认同与学生的表现之间的关系。在实验当中必须排除"被试效应"，指那些针对"被试身份"而并不是针对实验处理的"心理作用"。诸如"实验班"的孩子因为不断地有人来观摩油然而生的自豪感及亢进的表现，就是典型的"被试效应"，因为被试的如此反应主要是由"实验场面"造成的，与实验处理之间并没有什么因果的联系。另一方面，在教育实验中主试与被试不可避免地会发生有意识的"心理互动"，甚至有时"教师对儿童的期望"本身就是一种实验处理。在如上所述的教育评价实验中，孩子们对不同的实验处理（老师对自己的评价方式）当然会有不同的心理感受，进而还会影响到孩子的行为。这种行为变化恰恰是实验处理的结果，是实验研究的内容。这既不是实验中必须排除的"被试效应"，也不是歪曲了实验事实的"主试效应"。因此，"双盲控制"的目的，对于被试者而言，就是要尽可能地保证他们在反应变量上的变化确实能够反映实验变量的作用，而不是他们对自己实验身份（实验组成员还是对照组成员）意识的心理作用；对于主试者而言，就是要尽可能地排除其主观意愿对客观地评价实验结果的干扰。

二、实验研究的效度

实验研究的根本目的是对自变量和因变量之间的关系做出客观、准确的反映。因此实验设计必须能够使实验达到足够的效度。[①] 效度包括内部效度和外部效度。探讨影响实验研究效度的因素,对于实验设计非常重要。

(一)影响内部效度的因素

内部效度是指实验变量(处理)能被精确估计的程度。排除对实验结果产生干扰的无关因素,使研究者相信实验结果是由实验变量引起的,这时则说这个研究具有内部效度。反之,如果对与实验无关的因素控制不充分,一些无关的因素可能与实验变量产生混淆,使实验结果受影响,则说这个实验研究缺乏内部效度。一般来说,下面的这些因素会与实验变量相混淆,成为影响内部效度的因素。

1. **历史事件**

在实验过程中发生的历史事件将导致实验结果的模糊。

2. **人们的成熟**

人是不断变化的,这些变化会影响到实验结果,尤其是在持续时间很长的实验中。

3. **实验本身的影响**

实验过程本身会影响人们的行为,从而影响实验结果。

4. **不同的度量尺度**

如果事件的前测和后测度量的尺度不一致,就会影响实验结果。

5. **极端值的影响**

如果因变量是一个极端值,即不可能再低或者再高了,那么无论自变量是否发挥作用,结果都将变化,即变高或者变低,因而会导致研究的错误结论。这称之为向平均值的回归。

---

① 朱滢. 实验心理学[M]. 北京:北京大学出版社,2009:23.

6.选择的偏好

分组时产生的偏差,导致组与组之间缺乏可比性。

7.多种交互作用

有时多种原因的交互作用会影响实验结果。

8.实验处理中的传播与模仿

假如实验组和控制组可以相互沟通,实验受试者就可能把一些实验刺激的因素传递给对照组受试者,影响实验结果。

9.补偿心理

在现实生活中所做的实验,有时会给对照组和控制组的对象带来利益或者损失,于是产生了补偿心理的问题,在这种情况下,控制组就不是真正的控制组了。

(二)影响外部效度的因素

实验研究的外部效度指的是实验研究的结果能被概括到实验情景条件以外的程度。[①] 如果研究数据仅在本实验情境下有效,那么这种实验研究的外部效度就较低。如某些教学改革方法的研究仅适用于城市条件教学,而不适用于农村条件的教学,对这样的研究其外部效度就是低的。又如,我们在一个测验看电影对于人们对精神病人的偏见的影响的实验中,发现看电影的受试者对精神病人的偏见程度确实降低了。但是我们需要反思的是,如果在现实生活当中,例如人们在电影院看完这部影片之后,能够产生同样的效果吗? 显然仅仅包括实验组和控制组在内的古典实验设计(也称简单实验设计)难以解决这一问题。影响一个实验研究的外部效度的因素有以下一些:

1.测验的反作用效果

在采用有前测验和后测验的实验设计时,前测验的作用有可能会增加或降低被试对实验处理的敏感作用。由于被试在前测验时已经觉察本身正处在实验情境中,所以对后来进行的测验就比较注意,致使他们本来的特征被有意或无意地掩盖下来。在这种情况下,用这类有前测验的结果就

---

① 朱滢.实验心理学[M].北京:北京大学出版社,2009:24.

不能够直接推论到无前测的实验中去,否则将会导致错误。

2. 选择偏差与实验变量的交互作用

由于某种原因或抽样出现错误,研究者所选择的被试样本都具有某种特征,而且这种特征与实验处理发生作用对实验结果产生积极或消极的影响。这种在选择中有偏向的样本并不能代表总体,故这种结果的可推广性也就因此而受到限制。

3. 实验安排的反作用效果

在有些实验研究过程中,如果被试在实施处理前了解实验的安排或因参加实验而受到暗示,那么被试可能会产生霍桑效应和安慰剂效应,从而对实验结果产生影响。这样的实验结果自然也就不能推广到非实验情境中去。

4. 重复实验处理的干扰

同一组被试在短期内接受两种或两种以上的实验处理时,前一实验处理往往会对后一实验处理产生积极或消极的影响,使被试产生练习效应或疲劳效应,因此这种实验设计得到的结果就不能适用于非重复实验处理的情境。

由此可见,研究者在选择实验设计时要根据实验假设,对实验情境进行必要的控制,以提高实验设计的内部效度和外部效度。

三、基本的实验设计分类

基本的实验设计要体现出"信度"和"效度"的原则。信度反映测量的稳定性,效度则反映测量的准确性。由于社会科学实验研究的特殊性,每次实验所用的样本不尽相同,实验条件难以控制,所以"信度"的原则比较难以贯彻,在实验中主要贯彻的是"效度"的原则。基本的实验设计分类所依据的正是实验的效度原则。实验设计的分类由简单到复杂,实验的效度也越来越高。总体上实验设计可以分为两类:简单设计和多组设计。简单实验设计也称为经典实验设计或古典实验设计,是最基本同时也是最标准的实验设计。它考察的是一个自变量和一个因变量之间的因果关系。此外,它只分为一个实验组和一个控制组,或仅有一个实验组。多组实验则有三个以上的组,它可以考察多个自变量与因变量之间的关系。

（一）简单实验设计

简单实验设计只考虑一个因变量与一个自变量的关系，所以操作比较容易，实验设计相对比较简单。简单实验设计又可以分为以下几种模式：

1. 单组后测设计

这是一种最简单的实验设计。在单组前后测设计中只有一个实验组，没有控制组。在给予实验组实验刺激后，通过测量得到一个后测成绩。

这种设计的模式见表 8-1。

表 8-1　单组后测设计

	实验操作	后　测
实验组	X	O

这种设计的要求是，首先选择一些受试者作为研究对象，并给予一种实验处理，然后测量实验处理的效果。例如，为试验一种新的教学方法对学习成绩的影响，于是采用一班学生实施这种教学方法，一个学期后，测验学生的学习成绩，并凭研究者主观的判断下结论说：这种教学方法有助于学习成绩的提高。这个结论可能是不正确的，因为，这种设计的内在效度甚差，如"历史""成熟""差异的选择"和"受试的流失"等因素可能干扰实验结果。总之，这种设计虽然简单易行，但因缺乏控制组和可比较的量数，许多因素会混淆实验结果，在一般的教育研究中，这种设计已甚少采用，不过，能认识其优缺点，对于从事更适当的实验设计是必要的。

2. 单组前测/后测设计

单组前测/后测设计是对中组后测设计的一种改进，它增加了在实验处理前的测验，但还是只有一个实验组。

这种设计的模式见表 8-2。

表 8-2　单组前测/后测设计

	前测—实验刺激—后测
实验组	Y1—X—Y2

这种设计的要求是，对受试者进行实验处理前的测验（Y1），然后给予

受试者实验处理(X),再给予受试者一次测验(Y2)。最后比较前测和后测的分数,通常采用两个相关样本平均数差异的显著性的检验(N>30用Z检验,N<30则用t检验),以检验前后两次测验平均数的差异显著性(统计检验的具体方法可参阅有关章节)。

同上例,为试验一种新的教学方法对学习成绩的影响,选取一班学生为实验对象。在实施这种教学方法前测验学生的学习成绩,再对其实施这种教学方法,一个学期后,再次测验学生的学习成绩。若第二次测验的成绩高于第一次测验的成绩,则研究者得出结论:这种教学方法有助于学习成绩的提高。

这种研究设计的优点是:相同的受试者都接受前测和后测,"差异的选择"和"受试的流失"两因素即可被控制。缺点则是:实验效果可能受到"历史""成熟""工具""选择与成熟的交互作用"的干扰,可见其内在效度也很差,少用为宜。

3.两组前后测的实验设计

这是简单实验设计的标准模式,也称为典型的或传统的实验设计。

这种实验设计的模式见表8-3。

表8-3 两组前测后测实验设计

	前测—实验刺激—后测
实验组	Y1—X—Y2
控制组	Y3———Y4

这种实验设计的主要目的首先是为了排除自变量以外的其他因素的影响,从而提高了实验的效度。其次,可以排除由于前测造成的某些干扰因素的影响。例如在有些实验中,由于实验对象在第二次问答问题(后测)时比第一次(前测)更加熟悉,所以,第二次的测验肯定要优于第一次。通过引进控制组,就排除了这种由前测造成的影响。因为这种影响可以通过对控制组的测量而表现出来,在分析自变量对因变量的影响时消去这种因素的影响,因而使实验更为精确。这种实验设计的一般实施步骤为:(1)随机指派实验对象到实验组和控制组;(2)对两个组的对象同时进行第一次测量,即前测;(3)对实验组给予实验刺激,但不对控制组实施这种刺激;(4)对两个组的对象同时进行第二次测量,即后测;(5)比较和分析

两个组前后两次测量结果之间的差别,得出实验刺激的影响。实验刺激的影响=实验组的差分-控制组的差分=(后测1-前测1)-(后测2-前测2)。

4. 两组无前测的实验设计

由于在前面提到的前测时实验结果的影响,所以在有些实验中采用两组无前测的实验设计,可以克服前测对实验造成的负面影响,提高实验的外在效度。

这种实验设计的模式见表8-4。

表8-4　两组无前测的实验设计

	实验刺激—后测
实验组	X—Y1
控制组	Y2

这一设计有一个前提,即实验的对象是随机分配的。由于随机分配排除了人为设置的因素,所以,可以认为实验组和控制组的初始水平是相同的(虽然没有经过前测)。这样,对前测的省略实际上也排除了前测造成的交互作用效应,从而在更高的水平上体现出实验的效度。许多关于敏感问题的实验更适合于采用此种实验设计。因为对敏感问题的前测本身往往会导致后测的变化,而实验刺激本身变得并不重要了。

(二)多组实验设计

简单实验设计有两个主要的缺点:一是某些交互作用效应对实验结果有影响,二是它只考虑一个自变量和一个因变量之间的关系。为了克服这两个缺点,也就是说为了排除交互作用效应的影响,解决外在无效度的问题,同时为了分析多个自变量对因变量的影响,就需要多组实验设计。典型的代表是所罗门四组设计、重复测量设计和因子设计。

1. 所罗门四组设计(Solomon Four Group Design)

所罗门四组设计的核心思想是测量干扰因素和交互作用效应的影响,它综合了典型设计和无前测设计的优点。在以上列举的测量受试者通过看电影减少对精神病人的偏见实验中,影响实验结果"概化"的是实验本身与刺激产生了交互作用。也就是说,这部影片能够奏效可能仅仅是受试者在接受前测时就已经敏感地觉察到了偏见问题,因此导致了实验结果与现实世界中的规律并不一致。为了克服这个缺陷,就需要采用特殊的实验设计方法。前面的简单设计方法无法控制这种可能性,而所罗门四组设计正是针对这类问题设计的。所罗门四组设计涉及四组受试者,从一群人中随机分派,表 8-5 展示了这种研究的基本思路:

表 8-5 所罗门四组设计

组 别	前 测	实验处理	后 测
1. 实验组 1	√	√	√
2. 实验组 2		√	√
3. 控制组 1	√		√
4. 控制组 2			√

这种实验设计实际上是以最简单的形式把前面几种设计组合起来所得到的一种新的实验设计。该设计也是只有一种实验处理,随机选择被试和分组;一共四个组,两个实验组,两个控制组;两个实验组中,一个组有前测与后测,一个组只有后测;两个控制组中,也是一个组有前测与后测,另一个组只有后测。在上面的基本模式中第 1、2 组是实验组,第 3、4 组为控制组;第 1、3 组有前测与后测,第 2、4 组只有后测。

这种设计的优点在于:可以区分出外部因素和测量干扰的影响,克服了实验组、控制组仅施后测设计和实验组、控制组前后测设计两种设计的缺点;实验者可对四个组的实验数据进行多种比较;实验者还可以运用 2×2 方差分析来处理四个组的实验数据。

它的缺点是:设置四个组,必然会增加受试者人数,增加了实验的困难;所得结果需要经过复杂的统计检验,往往使简单的问题复杂化;它只能判断其他外部因素对因变量的影响,但无法确定哪些变量与因变量还存在因果关系。

2. 重复测量设计

在一些实验中,受试者要接受多次相同的测量。例如在学习实验中,受试者常常完成一系列任务,如解决一系列问题,以了解学习是否已经发生了。实验效果不是以不同组的观测值差异值来表示,而是通过每个组对不同刺激的差异来反映。

例如,要测量不同学生解答形象思维和逻辑思维智力测验题的差异做下列设计,见表8-6。

表8-6　重复测量设计

	形象思维测验	逻辑思维测量
第一次	男生(10人)	女生(10人)
第二次	女生(10人)	男生(10人)
比　较	(总、男女)平均分	(总、男女)平均分

可以看出,重复测量是一种轮换的方法,即每个组都先后接受不同的测量,然后通过比较每一组不同测量的平均值就可以检验不同刺激造成的不同差异。

它的优点是:(1)不用随机抽取实验组和控制组,而只需选取几组实验对象让他们参加各种项目的测验,因此,不用担心组间特征值随机误差的影响;(2)只需较少的受试者就可以达到目的;(3)它的实验假设可以有多个。

重复测量设计的缺点在于多次重复测量容易使人们熟悉这一特定的特征。解决这一问题的途径是均衡设计,即打乱问题的排列顺序,对实验处理进行平衡。

3. 因子设计

因子设计是为了考察两个以上的自变量对因变量的影响以及自变量之间交互作用对因变量的影响。它假定外部因素的影响等于零。并且为了消除前测引起的影响和减少工作量,一般都运用无前测的设计。

例如,要测量企业的劳动纪律和福利待遇对劳动生产率的影响时,可以做如下的设计,见表8-7。

表8-7　(2×2)因子设计

	前　测	引入自变量	后　测
实验组(1)	无	X1X2	Y1
实验组(2)	无	X1	Y2
实验组(3)	无	X2	Y3
控制组	无		Y4

　　上述例子中有两个自变量(X1 和 X2),每个自变量有两个值(有和无),因此可以分为 4 个组,称为 2×2 的因子设计。因子设计可以同时包括多个自变量,每个自变量可以有多个取值。但是,随着自变量的增加,实验组的数目也要相应增加。

　　因子设计虽然可以阐明不同因素对于因变量的影响,但是它自身也有缺点。在分析多个因素的影响时,往往需要设置许多实验组,每增加一个变量,实验组的数目都要成倍增加,需要的受试者的数量也就越多,因此,在一般情况下是难以实施的。在实际操作中常见的是 2×2 的因子设计。

　　以上提供了一些实验研究中常见的设计。在进行这些设计的过程中,只要明确了实验设计的思路以及需要关注的因素,也就明确了实验设计的解决之道。

小资料:"威利·豪敦"电视广告做了什么

　　威利·豪敦在 1988 年美国总统竞选期间播出的一个政治广告里出名了。在一个周末,他从马萨诸塞州一个监狱获释,后因实施强奸和虐待,被判谋杀罪。总统候选人乔治·布什通过广告来与他的对手迈克尔·杜卡克斯竞争,当豪敦被释放的时候,后者正是马萨诸塞州州长。姑且不管广告里面有没有误导信息,观察家认为这个广告引起了公众对犯罪的恐惧。批评者认为里面还包含了种族歧视的信息,因为观众都看到了豪敦是一个非洲裔美国人。

　　门德伯格设计了一个实验来检验白人观众是否对犯罪或者种族主义的信息做出来反应。实验的受试者是来自密歇根大学的 77 位非西班牙裔白人学生,中位年龄是 18 岁。受试者填答了一个现代种族歧视指数,这个指数有七个项目,利用五点李克特量表,被分为有偏见的或者无偏见的。学生被随机分到两组里面,看到了一个 50 分钟的电视节目。他们被告知这个研究关于赛马相对于政治竞选中的实际问题报道。实验组在节目的中间看到了一个关于威利·豪敦的新闻板块,而控制组看到的也是批评候选人杜卡克斯的关于污染的报道。

　　在后测中,学生们填答了一系列公共事务,包括犯罪控制和旨在减少种族不平等的政府项目。在结束后测之后,他们听取了报告。实验利用了一个两组后测,仅仅是一个 2×2 的因子设计(是否有种族偏见与是否有威利·豪敦的广告进行交互)。结果显示,实验更多的是种族问题,而不是犯罪问题。豪敦的广告的观看者没有变得更加反对犯罪,但是有偏见的观众却变得更加反对种族平等。作者得出结论道:"当受到豪敦的故事这样的种族暗示性信号的刺激之后,偏见会产生这样的理解:非洲裔美国人的地位提高了,白人正在失业,取而代之的是非洲裔美国人……在看了豪敦的故事之后,有偏见的美国人甚至变得更加反对种族平等了。"

(资料来源:劳伦斯·纽曼.社会研究方法:定性和定量的取向[M].5版.郝大海,译.北京:中国人民大学出版社,2007:317.)

第四节　实验法的评价及其优缺点

　　自然科学的实验法不存在评价的问题,也可以说自然科学本来就是一门实验的科学。然而实验法应用在社会科学的研究当中就存在着利弊得失的问题,利弊的产生在于社会科学与自然科学的研究对象的性质截然不同,前者是有主观能动性的"人",对于研究本身来说,实验法并没有错,后者是被动的"物"。社会科学的研究成果也是经过研究者多次"实验"取得的。不过这里的实验是广义的实验,也可以理解为对现实生活做理解与反思的过程中运用的一切手段。世界本来就是一个由因果链条构成的复杂的整体,作为揭示因果关系的"实验"的应用范围因此也非常广泛。

　　我们所评价的是狭义的实验,也就是在实验室内从事的社会科学的实验,有时也叫做"可控实验"。可控实验是通过在一个特定可控的环境中对部分实验对象的实验结果反映客观世界的真实图景。这种实验方法是脱离开现实世界本身的一种模拟,能否使人们用有限的代价获得关于客观因果关系的正确认识是对其进行评价的基本标准。

一、实验法的优点

(一)有利于明确确立因果关系

　　可控实验的主要优点是能够把实验变量与它带来的影响分离开来。就基本的实验理念而言,这个优点是显而易见的。实验开始时,研究者就可以发现受试者的某些特征,然后引进实验刺激,如果发现了他们在实验之后具有了不同的特征,受试者在实验的过程中又没有受到其他的刺激或其他因素的干扰,那么,他们就可以认为,特征的改变归因于实验刺激,就在实验刺激和特征改变之间建立起了因果关系。相对于在自然的环境中所做的实验来说,这种实验结果在理论上更加明确。

(二)控制程度高

与其他的社会科学的研究方法相比较,实验法对研究对象、研究环境、研究条件等具有较高的控制程度,这对于资料的分析和假设的检验来说是非常重要的。可控实验由于是在实验室内进行的,具有与外部世界暂时隔离的特性,因此研究者可以通过对实验条件和实验对象的控制,减少或排除外部因素对实验结果的影响,减少各种误差的产生。另外,可控实验通过对自变量和实验环境的控制,使得实验结果的可信度显著提高。

(三)具有重复性

由于可控实验有一定的范围限制,所以只需要很少的被试,就可以用几个不同的组来重复做一个实验。其他的调查研究方法一般不具备这种可重复性。对于失败的调查研究,要想重复的话需要花费大量的人力、物力和财力,因而实验研究的这种可重复性是其他的方法不可比拟的。另外,重复一项研究对于获得可靠的结论来说也具有十分重要的意义。这也是许多经典的实验经常被重复的原因。这种对经典实验的重复,有时是在稍微不同的环境中进行的,以保证其结果不是某种特定环境的产物。

(四)成本较低

同其他社会科学研究方法相比较,实验法所需要的费用是比较低的。这主要是因为:1.实验研究所需要的研究对象的数量比较少。受研究目标和特性的限制,实验研究不可能像抽样调查那样确立足够的样本数量,因此受试者的规模一般比较小。2.实验研究持续的时间比较短。为了测量实验刺激带来的因变量的变化,实验一般是在比较短的时间内完成的。一方面因为受试者不可能长期"生活"在实验室;另一方面因为作为受试者的人是不断变化的,实验时间的延长会直接影响实验结果的正确性。3.实验研究所研究的问题数量比较少。4.由于实验研究有较少的研究对象、较短的时间,较少的研究问题,决定了实验的费用不会太多。

二、实验法的缺点

从辩证的角度看,实验法的缺点是内含在它本身的优点之中的,如同那些明显的优点中同样体现着明显的缺点。这些缺点主要有:

(一)人为造作性

实验研究的环境是人为设置的,这些人为设置的环境增强了研究者对于研究的控制力,有利于确立明确的因果关系,但是同时意味着研究离现实比较远。实验室中的社会过程不能代替现实世界中的社会过程。因此,可控实验的人为设置作为它本身的特点同时也是它本身最大的弱点。在这一点上,比起实地实验和自然实验等这些自然的社会过程中进行的研究显然要逊色得多。

(二)样本存在缺陷

实验法所需要的样本的数量比较少,虽然省事、省力、省钱,但是也造成了样本的代表性存在很大的缺陷。这是因为实验研究的目的也是把取得的研究成果推广到更大的总体当中去,为认识群体和社会做出贡献,这一点与调查研究是相同的。但是实验研究中所选择的数量较少的受试者往往缺乏这种广泛的代表性。这就容易造成在实验室中得到的研究结论应用到现实中时产生"失灵"。然而要想造就一个能够反映较大总体的研究样本往往是非常困难的,或者是根本不可能做到的。这便是实验研究法难以克服的弱点,同时也是实验法更多地运用于需要小样本的心理学研究的根本原因。

(三)容易受主观因素的影响

在前面所列举的事例中,我们可以看到对受试者的期望可以导致受试者向别人所期望的方向改变。这一规律在社会生活中是普遍的。在实验研究中,由于研究人员会有意无意地给受试者以某种暗示,某些受试者因此会有意去迎合研究者的期望,因而就有可能出现实验对象的行为受到研究者影响的情况,造成一种虚假的因果关系。

小资料:"第三浪潮"——一位高中历史老师的课程实验

1967 年 4 月,美国加利福尼亚 Palo Alto Cubberley 高中历史课上,老师 Ron Jones 在讲授关于纳粹德国的内容时,一个学生提了个问题:"为什么德国人声称,对于屠杀犹太人不知情? 为什么无论农民、银行雇员、教师还是医生都声称,他们并不知道集中营里发生的惨剧?"Ron Jones 不知道如何回答。下课后他经过思考,开始了一项大胆的试验——成立"第三浪潮 (The Third Wave)",让学生切实理解法西斯主义。

星期一,他站在讲台前命令他的学生,端正坐姿,进行速度训练,要求学生回答问题时要先喊"Jones 先生"。这使得许多平时捣蛋的学生变得很是顺从。

星期二,他踏入教室,迎接他的是一片肃静。Ron Jones 提出"纪律铸造力量"—"团结铸造力量"的思想,并将一个波浪式的手势定为班级的问候礼。接下来的几天,校园里到处都可见学生们见面时用"浪潮"手势打招呼。

星期三,Jones 向 3 个学生委以了特殊的使命:检举不遵守"浪潮"规定的人。随后,Jones 又开始宣讲他的思想。后来竟有 20 个人毫无保留地告发他们拿"浪潮"开玩笑的朋友,出卖他们对"浪潮"表示怀疑的父母。这时 Jones 意识到实验超出了他的控制,他必须中止这场实验。

星期四,课堂里的人数已从 30 人涨到了 80 人,新来的学生都是逃掉本应上的课而来的。Jones 宣布,"第三浪潮"是全国性青年运动的一部分,星期五中午 12 点,将会由总统候选人正式宣布组织的成立。

星期五中午,超过 200 名学生笔直地端坐在学校大礼堂,礼堂挂满了"第三浪"的横幅。Jones 给学生们播放了一部关于第三帝国的影片:帝国党代会、集体、纪律、服从,以及这个集体的所作所为:恐怖、暴力、毒气室。使学生们惊讶地意识到自己的疯狂行为和变化。

短短一周的实验结束,但影响巨大。后来,Ron Jones 在接受采访时说道,实验之所以会产生这样的结果,是因为很多人缺乏家庭的温暖和集体的关心,缺乏对一个群体的归属感。

(资料来源:王志勇.世界中的秩序——秩序的扩散[J/OL].企业库,2010-7-4[2011-8-1].http://www.qiyeku.com/news/1266393.)

本章思考题

1. 在社会学、心理学、社会心理学等杂志上，找两三篇实验研究报告，分析其自变量、因变量以及额外变量是什么，分析其实验刺激的引入，分析实验对象的选择方法。
2. 举例说明"双盲实验"的优点。
3. 分析实验研究法的优缺点。

推荐阅读

1. 朱滢. 实验心理学［M］. 北京：北京大学出版社，2009.
2. 肯尼斯·S. 博登斯，布鲁斯·B. 阿博特. 研究设计与方法［M］. 6 版. 袁军，等，译. 上海：上海人民出版社，2008.
3. 杨国枢，文崇一，等. 社会及行为科学研究法［M］. 重庆：重庆大学出版社，2006.
4. 黄希庭. 心理实验指导［M］. 北京：人民教育出版社，1988.
5. Atkinson，R. C. et al. Stevens' handbook of experimental psychology. 2nd ed，New York：A Wiley Interscience Publication，1988.

第九章

观察法

糜薇

观察是取得社会信息的重要手段。从经验主义的角度看,"知识"是可以直接感知和观察到的。研究者通过自己的感观或科学仪器,可以直接观察到"客观""真实"的"事实"。因此,"科学"的观察方法是获得"事实"和各种直接性"知识"的基本方法。主动的研究者可以(而且也可能)对被动的研究者进行观察,从而获得有关后者的"知识"。

世界著名的生理学家巴甫洛夫,在他的研究院门口的石碑上刻下了"观察、观察、再观察"的名句,以此来强调观察对于研究工作的重要性。达尔文也曾经说过:"我没有突出的理解力,也没有过人的机智,只是在觉察那些稍纵即逝的事物并对它们进行精细观察的能力上,我可能是中上之人。"可见,观察是十分重要的。

第一节　观察法在社会科学研究领域的运用

一、生活观察与科学观察的区别

观察一般利用眼睛、耳朵等感觉器官去感知观察对象。例如,观察天气的变化,察看工作状况是否正常,注视上下级和同事们的举止言谈,即通常所说的察言观色,以及观赏自然界的风光景色,观察动植物的特征,等等。但是,日常生活的观察与科学的观察有很大区别。日常生活中的观察基本上是随意的、无研究目的的、不系统的、不规则的。人类在发展的过程中将原始观察延伸、拓展为科学观察。科学观察是科学研究的基本方法之一,指在自然发生的条件下,通过感觉器官直接地或借助某些科学仪器,有目的地描述客观对象的一种研究方法。科学观察不同于一般的观察,作为科学研究方法的观察法具有如下特点:1. 观察者必须根据研究目的或问题搜集资料。科学观察是在一定的研究目的和研究设想指导下进行的,它是为科学研究服务的。离开了研究目的和研究设想,观察就是盲目的。而在日常生活中,观察虽然也有一定的目的,主要是人们为了获得周围生活的信息,用以安排个人的生活或调节个人的行为,但是很多却是无意识或潜意识的活动。2. 观察者必须在确定的范围内去搜集研究所需要的资料。观察的范围主要是研究课题确定的具体时间、地点等方面的要求,即在一定时期、一定地点,对一定对象进行观察。只有根据研究课题确定观察范围,观察者才能搜集所需要的重要资料。3. 科学的观察必须有系统、有组织地进行。它要求在实地观察以前根据观察对象、观察项目和观察方法制订详细的观察计划,用科学的方法对社会现象进行系统的观察。观察时要积极思考、交流和讨论。4. 科学的观察除了利用人的感觉器官如眼睛、耳朵以外,还可以借助照相机、摄像机、录音机等器材将观察结果准确地、详细地记录下来。5. 观察的记录必须客观,要对观察的结果加以证实,为了确保观察的科学性和客观性,必须对观察员的观察力、判断力、综合能力进行严格的训练。对于观察结果则可以采用反复观察,或其他搜集资料的方法加以对照或验证。

二、社会科学研究中的观察法

科学观察不仅在自然科学领域普遍应用,而且被引入社会科学领域。在社会科学中,观察法是一种搜集社会初级信息或原始资料的方法。英国社会学家莫塞(Moser)说:"观察可称为社会探究的第一等的方法。"①这种方法是观察者有目的、有计划地运用自己的感觉器官和辅助工具,能动地了解社会客观现象的方法。这种方法是通过直接感知和直接记录的方式,获得由研究目的和研究对象所决定的一切有关的社会现象和社会行为的情报。观察虽然主要是依赖视觉获取信息,但它也运用其他感官,如听觉、触觉和直觉等作为辅助。

观察法是社会科学研究的主要方法之一,它不同于日常生活中的观察,它具有高度的目的性和计划性,要求观察者对观察结果作出系统的描述和实质性的解释。它也不同于自然科学中的观察:1. 在对社会现象进行观察时,观察者与被观察者之间存在某种社会联系和相互影响;2. 社会现象很少有完全相同的重复,很难进行反复观察并精确地比较观察结果;3. 观察者的情感、思想观念和社会理论素养等有可能影响对社会现象的理解。在社会科学研究中,观察法通常在实地研究中使用,而且通常结合其他调查方法共同使用。

三、观察法的运用范围

一切科学发现都离不开对具体事物的大量观察。观察可以提供有关

---

① 宋林飞. 社会调查研究方法[M]. 上海:上海人民出版社,1990:271.

社会行为的详细的、第一手的资料,可以对社会情境有直接的感性认识。例如,恩格斯在调查英国工人阶级状况时,通过亲身观察详细地描绘了工人的生活状况和社区环境。他说:我寻求的并不仅仅是和这个题目有关的抽象知识,而是要在工人的住宅中观察他们的日常生活,了解他们的状况和疾苦,亲眼看看他们是怎样为反抗压迫者的社会和政治统治而进行斗争的。① 这种观察为揭示工人阶级的本质特征和行为方式,揭示社会经济状况与工人阶级的思想意识,价值观及伦理规范之间的联系建立了基础。

观察法还用来搜集用其他方法很难获取的信息。特别是当研究者与被研究者无法进行语言交流或处于不同文化背景的情况下,常常采用观察法。英国社会人类学家马林诺斯基为了研究西太平洋突布兰群岛的土著文化,在岛上生活了6年之久。他一方面学习当地的语言,另一方面主要运用观察法了解当地的生活习惯、风俗、宗教礼仪等,以便揭示隐藏在这些非西方文化现象背后的深层文化结构和它们的社会功能。他创立的实地参与观察方法成为社会人类学方法的典范。

观察也是提出理论假设的基础。在理论研究中经常是一开始对所要研究的问题并没有较全面和深入的了解,没有明确的概念和假设。这时一般要先进行探索性研究,初步观察和了解研究对象的特点,并结合其他方法形成一些理论假设,为下一步的深入研究做准备。

四、观察法运用的原则

在运用观察法时,应遵循以下基本原则:

(一)客观性原则

这是观察法的最重要的原则。它要求观察者必须如实地反映客观事物本身,得出的观察结论必须真实可靠。具体地说,观察者在观察过程中,必须不折不扣地如实记录与调查目的和计划有关的一切客观情况,决不能因为个人好恶或长官意志任意歪曲事实,也不能故意摒弃或削减自己不愿看到的事实,更不能凭空捏造事实;在作出观察结论时,一定要以充分的、真实可靠的观察资料为依据,而且一定要全面、系统地说明有关情况,决不

① 中共中央马恩列斯著作编译局. 马克思恩格斯全集(第二卷)[M]. 北京:人民出版社,2005:92.

能无中生有,也不能只顾一点,不及其余。

(二)全方位原则

　　社会中绝大多数事物都是由多层次、多变量所构成的。因此我们在实施观察法时不能是"盲人摸象"或"一叶障目,不见泰山",而是要多方面、多角度、多层次地对有关调查主题的一切客观情况进行全面、立体的观察,否则观察结果必然出现严重失误,从而无法全面、正确地认识事物。例如,我们在某工厂了解企业改制后的情况,不仅要观察生产经营状况和管理状况,而且要观察人们的生活状况;不仅要观察各级各类干部的生活状况,而且要观察技术人员和一般工人的生活状况,等等。

(三)求真务本原则

　　社会现象和事物往往都是复杂的,它所包含的变量之间具有多种多样的联系方式和表现形式,而且时常会出现一些偶然情况,或者因为人为因素和其他因素产生一些假象。如果是不辨真伪的观察或者是走马观花和浮光掠影式的观察,就很难得出真实可靠和深刻的科学结论。因此,观察法除了要求观察必须全面外,还要求观察做到"去伪存真""由表及里""由此及彼"。这并不意味着在观察中对那些虚假内容或偶然现象、表面现象可以忽略不计或敷衍了事,而是要求观察者能够从所记录的观察内容中认清虚假,进一步追求真相;透过表象,进一步看到实质;通过偶然,进一步寻求必然。为此,观察者应深入到观察对象之中,密切注意发生的各种情况及其细节,一丝不苟地做好观察记录。对于较复杂社会现象和事物的深入观察工作往往需要坚持相当长的一段时间,因此要求观察者必须具有极大的恒心和毅力。如美国著名社会学家怀特为了调查研究波士顿意大利贫困移民的生活状况,居住在贫民区观察那些贫民达三年半之久,这种精神值得所有观察者学习。

(四)遵守法律和道德伦理原则

　　和其他的一些调查方法相比,观察法有一个需要特别注意的问题,就是法律和道德伦理问题。在很多观察中,为了保证观察结果的客观真实,调查者并不向观察对象明确自己的身份,而是在私下旁观观察对象的真实的状况和所作所为,这在某种意义上说甚至类似于对观察对象的隐私进行"窥探"。这种情况如果处理不当,很容易引起法律纠纷或者违背社会伦理道德。因此,对于那些不直接牵扯法律法规或不甚敏感的问题,观察者固然不一定要事先告知被观察者,但有些涉及受法律保护的个人权益或个人隐私的观察,例如查证个人的财产、进入民宅、阅读个人书信和日记、了解男女情爱等,则必须事先征得观察对象的同意。在少数民族地区和宗教场所观察时,还要遵守一些特殊的法律、政策、风俗习惯和教规等。另外,有些实验观察需要人为设置一些场景,来观察参与者在这些场景中的反应,对那些被观察者必须遵循自愿参与的原则,同时在观察中,要尽一切可能避免对被观察者造成任何肉体和精神的伤害,这也是一个重要的道德伦理原则。

第二节　观察法的分类

在实际的社会研究过程中,由于研究目的的不同,所需资料的性质不同,研究者为了获得合适的资料,采取的观察形式也往往有着很大区别。从不同的角度,可以将观察法划分为以下不同的类型:根据观察场所的不同,观察法可分为实验室观察和实地观察两大类;根据观察程序的不同,观察法可分为结构式观察和非结构式观察两大类;根据观察者的角色不同,观察法可分为非参与观察和参与观察;根据观察对象的不同,观察法可分为直接观察和间接观察两大类。

一、实验室观察与实地观察

(一)实验室观察

实验室观察(Laboratory Observation)是指在备有各种观察设施的实验室内,对研究对象进行观察的方法。实验室观察通常在具有单向透镜、摄像机、录音机等设施的实验室中进行。有时,这种"实验室"也可以是某些自然场所,如教室、会议室、活动室、俱乐部等。但这些自然的场所事前必须经过一定程度的控制,比如预先设置某些观察工具,规定好观察的程序和内容等。总之,要使它尽可能接近实验室的条件。由于这种实验场所要求资金投入较大,而且即便有了这种实验场所,对于见多识广的成年人来说,也很难避免产生某种压力或者干脆被看破,从而使观察无法如愿进行。

这种观察方式在心理学研究中经常使用。在社会学研究中,由于受到研究对象的限制,由于实验室观察有一定的条件要求;且观察的范围和对象又受到一定的局限,所以在社会研究中采用此法的很少,多半局限于对儿童进行的观察研究。如对儿童的交往、模仿等互动行为的测量等。在这种实验室观察中,核心的问题是不能让观察对象知道被人"监视",否则会影响观察的真实性,研究者一般是借助一种单面镜来进行观察。镜子里面的人看到的是一块不透明的黑板,而镜子外面的人看到的则是一块普通的透明的玻璃。里面的人看不到外面,而外面的人却可以看到里面。这样就使得被观察者意识不到有人在观察他,而观察者却可以看得一清二楚。同时,实验室的各个不同方向都装有隐蔽的摄像镜头,研究者可以根据需要摄下室内的各种活动内容。

实验室观察常常是为了了解人们某些具体的、细微的行为特征,这些行为特征则是作为命题中概念(或变量)的指标被观察的。正因为如此,实验室观察常常采用结构式观察的形式来进行。如,为了检验下列命题,即"社会地位高的人在人际交往中处于主导地位",就要对各个概念进行定义和测量。其中"处于主导地位"可以用一些行为特征作指标,如谈话的方式、语调、握手的方式、交往的主动性和被动性,等等。

国外的一些研究人员设计了一种结构式的观察方案,通过直接观察不同阶层的人在交往中的目光移动方式来检验上述命题。他们假定,交往中在相互对视了一段时间之后首先移开目光的人处于被动地位。然后,研究人员在备有录音、录像设备的"办公室"里介绍不同的人相互认识,每次2~3人。两名观察人员通过单向镜分别进行观察和记录。在谈话结束之后,介绍人(研究人员)分别问被观察者的自我感受,即感到自己在交谈中处于何种地位。对两名观察员的记录可以检验观察的一致性程度,即信度(实际结果约为0.9)。比较观察记录和被观察者的自我陈述及其他行为特征,可以检验以"目光移动方式"作为"交往中主导(或从属)地位"的操作指标的效度。然后,对观察记录和被观察者所属阶层进行相关分析,就能检验上述命题。

实验室观察也可以是无结构的。它预先不建立一套分类系统,而是设计一种情境让被观察者自由活动,通常是设计一些游戏,然后观察者在观察孔或单向镜后面进行观察,并采用投入理解法分析游戏过程中的一系列行为。这种观察的目的在于详细地了解行为的过程和特征,理解被观察者的行为动机和价值规范。有的游戏实验被用于心理治疗,让被试人在游戏中发泄自己的感情,使他们的精神压力得到缓解。实验观察还在其他领域中得到应用,如通过模拟测验、模拟会议或处理文件来观察被试者的素质和能力,以这种方式考核和选拔人才。

(二)实地观察

实地观察(Field Observation)即是指在现实生活场景中所进行的观察。是观察者有目的、有计划地运用自己的感觉器官或借助科学观察工具,能动地了解处于自然状态下的社会现象的方法。这种观察是在自然的环境中进行的,不需要(实际上也不可能)对观察的场所和对象进行控制,而是深入到现实生活中对实际所发生的现象进行观察。实地观察与实验室观察的不同之处除了地点或场景的不同外,还体现在它通常是一种直接的、不借助其他工具或仪器的观察。从实际情况看,大部分的实地观察,适用于定性类型的调查研究,是一种无结构的观察,尽管它也可以是结构式的。因其观察简便易行,获得的资料真实可靠,观察的过程直观生动,是进行社会调查经常采用的一种方法。实地研究者在研究中采用的主要是这种类型的观察。

实地观察是研究主体获得感性经验和事实的根本途径,也是检验和发展假说的实践基础。通常,只有通过实地观察才能深入彻底地挖掘人们生活和工作的潜在需求,并提炼出人们潜意识中的某些信息。进行实地研究的研究人员在研究开始时往往只有一个大致的研究设想或计划,并且随时准备根据实际情况进行修正或者改动。因为这个原因,实地研究不像问卷调查和实验研究那样,有相对固定的、明显的步骤顺序。实地观察有利于搜集第一手数据,形成研究假设和理论,它更加关注对现象的描述和解释,而不是对现象的测量和定量化。

实地观察有很多的案例,如雷米希运用公开观察方法研究电视对未成年人和婴幼儿的影响。研究者访问了 79 个家庭,并观察儿童在 1~2 小时中收看电视的情况。鲁勒则对 90 多个家庭的收视习惯进行了一项公开的观察研究。研究者和这些家庭共同生活两天,然后对调查对象进行个别访问,发现访问所得资料在某些方面与观察所得资料并不吻合。从观察记录中可以看出父亲是电视机的主要控制者,而访问结果却显示父亲的影响并没有这么大。①

小资料:适合做实地观察的课题

1. 意义,指参与者对其行为的定义和解释,通常用语言、文字、行为来传递一定的意义和信息。在很多情况下,根据现场情境的不同,同样的语言和行为传递的信息和意义也可能不同。这种微妙的信息传递和意义诠释很难通过实验或问卷调查来研究,而实地观察在这方面就具有优势。

2. 行为,指语言行为和非语言行为,特别是人们的异常行为。一般而言,大多数的异常行为不是公开行为,而且,很少有人愿意与他人公开讨论自身的异常行为,这就给我们研究异常行为带来了难度。我们不可能设计一个实验,要求参加实验者展示他们的异常行为;我们也不可能设计一个大规模的问卷调查,要求被调查者回答各种极为敏感的问题。而采用实地观察的话,我们就能够在自然的场合下密切观察异常行为的开始、经过与结束,从而获得对异常行为研究的第一手资料。

3. 事件,指发生持续时间不长的事件,可能是几秒钟、几分钟或几小时的事件。当然,很多事件可以通过问卷调查来研究,但是有些事件要通过实地观察的方法来研究,如学校庆典、运动大会等,这些事件就很不适合问卷调查。

4. 相遇,指的是两个人或两个以上的人互相交往的过程。在某种交流活动中人们初次相识的过程、人们互相介绍的情景,以及利用 OICQ、MSN 交往的过程都可能是实地研究的对象。人们的交往过程一般不容易用变量来概括或代表,但是,却可以通过文字与图片来描述。

5. 角色,根据洛夫兰德的定义,角色并不是指观察者所扮演的角色,而是指被观察对象所扮演的角色。比如,一项关于课堂教学模式研究中,我们关注教师为主导,学生为主体的角色体现,教师花多少时间,用什么方式进行学习指导,学生用多少时间,用什么方式主动参与学习活动等。对角色的研究也可以通过问卷调查来实现,但是,问卷调查侧重于发现模式与普遍情况,而实地观察则侧重于背景、状况与原因。

6. 关系,由于角色不可能孤立地存在,因此,实地观察也同时研究关

---

① 龙耘. 注重宏观把握,审视整体过程——定性研究方法简介[J]. 当代传播,2000(5):50.

系。社会生活中充满了各种各样的关系:父子关系、母子关系、师生关系、买主卖主关系等。这些关系千变万化,很难用定量方法作透彻的研究。比如,父子、母子、师生关系就很难用一个变量来概括,仅仅把父子、母子、师生关系归纳入"好""一般""差"的范畴,就很明显地漏掉了这种关系内许多细微的层次。如果我们的研究重点正是在于这种关系的细微之处,那么,实地观察就是合适的方法。

7.组织与社区,指研究的基本单元不再是个人,而是小组、组织或社区这类个案。由于这些个案中包括了角色之间的关系、人际之间的交往、各种各样的行为和事件以及它们所传递的意义与信息,对小组、组织与社区的实地观察往往是综合性的个案研究。

(资料来源:约翰·洛夫兰德,等.分析社会情境:质性观察与分析方法[M].林小英,译.重庆:重庆大学出版社,2009.)

二、结构式观察与非结构式观察

(一)结构式观察

结构式观察(Constructed Observation)也称有结构观察、有控制观察或系统观察,是根据事先设计好的观察项目和要求进行观察的类型,指的是观察前制订好观察计划,按照一定的程序、采用明确的观察提纲或观察记录表格对现象进行的观察。这种观察方法适用于欲详细研究的行为已被确认,并且已清楚知道需要获得何种信息资料的情况(如行为的时间、频率和类型)。它具有系统化,标准化和定量化的特点。其特点是观察过程的标准化。即它对观察的对象、范围、内容、程序都有严格的规定,一般不得随意改动,因而能够得到比较系统的观察材料。结构式观察常将注意力集中到若干具体的、明确的、多是可以计数的行为和特征上。结构观察内容大概有三个方面:物质表征、动作行为、态度行为。

结构式观察需要确定观察对象和观察内容,然后将观察内容具体化,作出详细的分类,确定观察项目及项目之间的相互关系,然后选择反映观察项目具体特征的观察指标或单位,形成标准化的观察范畴。观察范畴要有明确的定义,并且不会使人产生歧义,根据观察范畴就可以制订具体的观察表(Observation Sheets)或卡片(Observation Cards)。

在制订观察表时,首先要明确列出各种观察范畴和分类,还要标明观察的时间、地点、观察客体的特性等。分类系统是在大量的初步观察基础上建立的。例如,对中学生在班集体中的交往的研究,班级在长期交往中会有一些固定的行为类型,这些类型不仅可以通过对某一特定班级的观察得到,而且也可以依据过去的经验得到。适当的分类可以使观察的资料比较集中,减少那些不必要或不重要的信息,但这要经过一个筛选、检验和完善的过程。可以设计如表9-1的观察表:

例9-1 结构式观察表

中学生在班级中的交往　编号

学校＿＿＿＿＿＿＿＿＿＿＿　　年级＿＿＿＿＿＿＿＿＿＿＿

班级＿＿＿＿＿＿＿＿＿＿＿　　班级人数＿＿＿＿＿＿＿＿＿

观察日期＿＿＿＿＿＿＿＿＿　　时间＿＿＿＿＿＿＿＿＿＿＿

观察范畴　　　　观察结果　　　　　　　观察者意见

　帮助同学　　　☐　1 ＿＿＿＿＿＿＿＿＿＿＿＿＿＿＿＿

　与同学游戏　　☐　2 ＿＿＿＿＿＿＿＿＿＿＿＿＿＿＿＿

　与同学交谈　　☐　3 ＿＿＿＿＿＿＿＿＿＿＿＿＿＿＿＿

　请求帮助　　　☐　4 ＿＿＿＿＿＿＿＿＿＿＿＿＿＿＿＿

　拒绝帮助　　　☐　5 ＿＿＿＿＿＿＿＿＿＿＿＿＿＿＿＿

　拒绝交谈　　　☐　6 ＿＿＿＿＿＿＿＿＿＿＿＿＿＿＿＿

　孤独　　　　　☐　7 ＿＿＿＿＿＿＿＿＿＿＿＿＿＿＿＿

（资料来源:仇立平.社会研究方法[M].重庆:重庆大学出版社,2008:237.）

例9-1中把"班级交往"这一概念操作化,分解为7种交往行为类别,然后根据这些分类制作成观察卡片。观察卡片没有统一的格式,而是根据具体的观察内容来设计的。设计的原则是简单、易行、可靠、准确。

结构式观察与问卷调查、结构访谈的形式有点相似,其观察的内容是固定的,观察记录表也类似于结构式问卷,明确列出各种观察范畴和分类,表上的范畴类似问卷的题项,行为类别相似于问题中的答案类别。观察者根据统一的要求,严格按照设计要求进行观察,在观察表格或卡片相应的格内标记,而不作出自己的评价。因而观测数据通常可以像问卷调查的结果那样进行定量的处理和分析,即可对数据做出总体描述、分类统计,有时也可做相关分析。

许多专家经常提到的结构式观察经典范例是美国哈佛大学社会学家贝尔斯对小团体内部成员互动过程的观察。贝尔斯观察的范畴是"小组讨论会上人们的互动行为"。他把"互动行为"这一概念操作化,分解为12种互动行为类别,以此进行"互动过程分析"。他根据这些分类制作成观察卡片,然后进行观察,并将观察结果标记在相应表格内,作为互动行为分析的依据。

由表9-1的统计数据可以分析出,在与会者全部719个互动行为中,情感方面的极端行为(1和12类)很少,仅占1%;积极反应(1、2、3类共占33.5%),远远超过消极反应(10、11、12类共占5.4%);互动行为集中表现在解答工作问题(4、5、6类共占57.3%)和肯定他人意见方面(三类占24.9%)。这些数据可以与其他类型的小组讨论会进行比较,也可比较小组内部不同个人的互动行为,还可用于某些自变量之间的相关分析。

表9-1　贝尔斯观察小团体互动的分类及统计

互动范围	行为类别	行为数	%
社会—情感范围 积极反应	1. 显示团结	5	0.7
	2. 缓解紧张,开玩笑等	57	7.9
	3. 表示赞同	179	24.9
工作范围 解答问题	4. 提供建议	59	8.2
	5. 提供意见	192	26.7
	6. 提供工作方向	161	22.4
中性反应 提出问题	7. 探询工作方向	12	1.7
	8. 探询意见	12	1.7
	9. 探询建议	4	0.5
社会—情感范围 消极反应	10. 不赞同	29	4.0
	11. 表现紧张,或退场	7	1.0
	12. 表现对抗	2	0.3
合　计		719	100

(资料来源:袁方.社会研究方法教程[M].北京:北京大学出版社,1997:341.)

　　结构式观察的结果较客观、准确。但它们的观察范围较小，缺乏深度和广度，观察的焦点集中在少数几个非常特定的行为，只有预先确定的观察项目才被记录，其搜集的是文字较少的定量资料。

　　有的研究也用到了半结构观察。半结构式观察表相当于一份访谈提纲。由美国社会学家戴维斯主持的有关儿童消费的研究，其中也采用了半结构式观察方法，观察了香港一家购物中心儿童购买玩具的情况，观察表如例9-2所示：

例9-2　半结构式观察表

　　　　计划一：购物中心和商店的田野工作细目表

（请注意，学生应两人一起工作，每个人做独立观察，并在每一次结束后相互比较田野笔记）

　　1. 表格填写人：

　　2. 观察地点：香港太古广场

　　3. 观察日期：　　　　开始时间：　　　　　　结束时间：

　　4. 请描述该商店/购物中心：

　　5. 请描述该玩具部门（在出发前，发一份玩具清单给观察员）：

　　（请附上主要玩具的配置和广告的描述）

　　（请收集一些针对促销的广告文字）

　　6. 请描述该玩具部门的购物者（请务必注意性别和估计大约年龄；本研究集中观察与父母一起购物的小学生，务必请指出他们所注意的玩具和最后购买的玩具）：

　　7. 请简述你所听到的关于他们在买玩具时的对话：

　　——父母与小孩之间的对话（请务必注意性别和大约的年龄）

　　——小孩子之间的对话（请务必注意性别和大约的年龄）

　　8. 请记下你所得到的商店店员对下列问题的回答：

　　问题：我想帮我六岁大的侄子/侄女买个礼品，请问最近比较流行的玩具哪些比较适合这样的孩子（一位访员问侄子，另一位问侄女，如店员反问所需玩具的价钱，可回应说"中等"。交谈中请留意店员基于什么理念推荐这个玩具）

　　9. 请描述在童装部门的顾客：

　　（请务必注意性别和大约年龄；本研究集中观察与父母一起购物的小学生）

（请附上主要服装的配置和广告的描述）

（请收集一些针对促销的广告文字）

10.请描述在童装部门的购物者：

（请务必注意性别和估计大约年龄；指出他们所注意的衣服和最后购买的衣服）

11.请简述你所听到的关于他们在购买童装时的对话：

——父母与小孩之间的对话（请务必注意性别和大约的年龄）

——小孩子之间的对话（请务必注意性别和大约的年龄）

12. 请记下你所得到的商店店员对下列问题的回答：

问题：我想帮我六岁大的侄子/侄女买件衣服作为礼品，请帮我介绍（引导谈话，以诱出对方针对为何这件比另一件好的决定性评论；并确切记下不同衣服的价钱以及描述不同衣服的样貌）

（资料来源：仇立平.社会研究方法[M].重庆：重庆大学出版社，2008：236.）

（二）非结构式观察

非结构式观察（Non-constructed Observation）也称无结构观察、无控制观察或简单观察，指的是没有任何统一的、固定不变的观察内容和观察表格，完全依据现象发生、发展和变化的过程所进行的简单观察。对观察的内容、程序事先不作严格规定，只要求观察者有一个总的观察目的和要求，或一个大致的观察内容和范围，但是并没有很明确的研究假设和具体的观察内容与要求，然后结合现场的实际情况进行观察。研究人员事先并不专注于某些特定的行为和特征，在观察过程中也不只是期待这种行为的出现，而是到观察现场去根据当时环境和条件变化随时进行观察内容和观察角度的调整，或者对该场景下的所有行为和现象都进行观察并记录下来。在观察过程中，观察者可以拟订初步的提纲，抓住重要现象集中观察，能够取得较为深入的资料。无结构观察比较灵活，适应性较强，而且简便易行，因此最为常用，是实地研究中最主要的观察方式。

非结构观察的内容，主要有对情景环境、对人物、对事物的动因、对社会行为、对出现频率和次数等的观察。但非结构式观察所得到的资料不系统，分散在许多方面，不便于分类和分析。故无法进行定量分析和严格的对比研究。它通常只能从定性角度用来描述所研究的对象和行为。例如，恩格斯就是在英国曼彻斯特等地运用非结构式观察等方法,调查工人阶级生活状况,得出资本主义是工人极端贫困的根本原因等定性结论。它与无结构访谈的特征相类似,其观察的结果也不具有统一的形式,观察所得资料通常只能进行定性的分析。

结构式观察与非结构式观察的不同主要有两点:1.结构式观察所获得的资料大多可以进行定量处理和分析,而非结构式观察所获资料则大多是从定性角度描述所观察的对象。2.非结构式观察没有明确的研究假设和观察内容,观察内容和观察角度也多在观察过程中随环境和条件变化而作一定的调整,有时这种调整是相当大的。结构式观察适用于因果性和预测性研究应使用,非结构式观察调查法适用于探索性研究。

三、参与观察与非参与观察

(一)参与观察

参与观察(Participant Observation)也称局内观察,是观察者亲自投身到所观察的社会现象和社会生活中去,在自身成为社会生活中各种活动的一员的同时所进行的观察。参与观察是在自然场所里进行的直接观察,而且多采取无结构的形式,预先并没有什么具体的理论假设。而是通过观察者长期参与到被观察者的社会环境、社会关系之中,参与他们的活动,从而搜集与研究有关的资料。因此需要根据调查研究主题,从大量现象中逐步概括出调查对象的主要特征。

在社会调查研究中,它常用于对现代社会某些特殊群体和社区的调查研究,比如一些无法从外部观察的"封闭性"集体,用于研究小集团内部的关系。参与观察的方法能够对研究客体进行深入的了解,能够获得从外部观察得不到的资料。

关于参与式观察将在本章第三节"参与观察"部分详谈。

(二)非参与观察

非参与观察(Non-participant Observation),也称为局外观察,就是观察者置身于所观察的现象之外,以旁观者的身份观察特定的行为。实验室观察就是典型的局外观察,在实地观察中,有些也是以局外观察的形式进行的。这种方式一般适用于观察者无法介入或无需介入被观察活动的情况。

比如观察交通违规现象、球迷骚乱等。

采用非参与观察，一般有近距冷淡法与远距仪器法两种方法。① 近距冷淡法，即观察者在距离被观察者很近的地方观察，但对被观察者及其行动不表示任何兴趣，只是听和看，例如对车站上排队候车的人上车行为的观察，在书店某个隐蔽处对光顾书店的顾客行为的观察，等等。远距仪器法，即借助望远镜、摄像机等设备在距离较远的地方进行观察，例如对考试中渐趋严重的作弊、泄题等问题进行调查，隐蔽的设备摄录考场外一些人用手机等现代通讯工具向考生传递试题答案的情景，摄录考场内一些考生作弊的表现。

"冷眼旁观"或"坐山观虎斗"是非参与观察的突出特点。它主要是观察者单方面的观察活动，一般不依赖语言交流，不与被观察者进行人际交往，不干预当事者的行为方式，只是记录事件发展的自然过程。使被观察者意识不到他们正在被观察，保证他们在极其自然的、不受干扰的环境中行动。因此，被观察者的活动不易受到观察的影响，有利于排除语言交流或人际交往中可能发生的种种误会和干扰，避免了被观察者感到不自在而影响到观察结果的真实性和准确性。下列的说法可视为非参与式观察法的基本状态：纯粹的观察者跟随着事件的自然发生，行为和互动持续的发生，仿若没有观察者的存在，不会有来自观察者的介入而被打断。②

一般来说，非参与观察比较客观、公允，但是由于非参与观察只能使观察者作为第三者"冷眼旁观"，因而不能做到深入、全面的观察。非参与观察中看到的多是一些表面的，甚至偶然的社会现象，所获得的也多是感性知识；并且，这种观察方法无法全面了解被观察者的主观态度、价值取向等方面的情况，也容易渗进观察者的主观猜想或偏见，容易对观察对象的活动发生误解，从而得出不正确的结论。

这种观察方法常用来研究儿童的行为，或用于对某些公共场所中（比如会议、剧场、车站、书店、图书馆、体育场等）人们的活动进行的观察，或某些公众活动（比如游行、集会、考试等）中人们行为和表现的观察。在一项研究的最初阶段，人们有时也采用这种观察方法去了解最基本的情况，以帮助形成问题的焦点或者研究的假设。

---

① 侯亚非，等. 社会调查研究原理与方法［M］. 北京：华文出版社，1998：139-140.

② Uwe Flick. 质性研究导论［M］. 李政贤，廖志恒，林静如，译. 台北：五南图书出版股份有限公司，2007：219.

采用非参与观察方法,最理想的局面是观察者隐蔽起来观察,使被观察者一点也意识不到有研究者在场正在观察他们。但可能会影响观察对象的行为,也可能会引起欺骗、侵犯他人隐私权等道德、法律上的问题。

四、直接观察与间接观察

(一)直接观察

直接观察(Direct Observation)即对那些正在发生、发展和变化着的社会行为和社会现象所进行的观察。研究者当时亲眼目睹人们的行为举止,目睹正在发生的各种事件和过程,从观察到的现实社会事物那里直接获得所需的信息资料。一般来说,直接观察比较简便易行、真实性和可靠性高。直接观察的应用最为广泛,上面所讲的实验室观察与实地观察、参与观察和非参与观察、有结构观察和无结构观察,都是对当前正在发生的活生生的社会现象的观察,因而都是直接观察。直接观察的局限性主要在于观察者或观测工具对被观察者的影响,直接观察可能引起被观察者的心理反应而改变行为方式,以致观察结果不实;而且,涉及社会禁忌或个人隐私的行为无法直接观察。

(二)间接观察

间接观察(Indirect Observation)是对人们行动以后、事件发生以后所遗留下的痕迹这一中介物进行观察。间接观察的对象通常不是正在活动着的人们,不是人们当时的行为和表现,也不是正在发生的事件和活动,而主要是人们行为以后、事件发生以后所留下的各种痕迹。间接观察是通过对实物的观察,来追索和了解过去所发生过的事情,故又称为"实物观察法";因其并未直接闯入被观察者的生活与活动空间,也称为"未闯入的观察"(Unobtrusive Observation)。比如,通过观察某城市公共卫生状况,可以间接了解到该市市政建设、市政管理和居民文明程度等社会情况;通过观察农民的住宅和家庭摆设情况,可以间接了解到它的主人的经济状况和文化素质等特征。这种观察方法有点类似于侦探或刑事警察侦察犯罪的情形,他们虽然未目击犯罪现场,却可以搜集相关线索与证物来确定犯罪行为。

间接观察包括物质痕迹观察和行为标志观察两种类型。① 物质痕迹观察是对人们活动以后所遗留下的迹象进行观察,由于行为者并不曾想到调查研究人员会对这些迹象感兴趣,因而他们的行为是真实的、自然的。这种间接观察获得的资料的真实性往往高于访谈法和问卷法所获得的资料。美国社会学家韦布将物质痕迹观察分为两类,即腐损测量与累积物测量。②

腐损测量,它观察人们在活动时有选择地使用某物造成的腐损程度。例如,在一定期间内,图书馆中哪些书刊磨损得比较严重,就说明人们更经常地借阅这些书刊,由此可以看出这一期间读者的阅读倾向;通过观察不同的展览会的地板的磨损程度,可以比较哪个展览会更受欢迎。另一种是累积物测量。考古学家观察历史文物,由此了解古代人们的社会生活状况;古生物学家观察各地层沉积物,由此认识自然界和动植物的演变情况。社会学家通过观察人们遗留下的物质,也可以推测人们的行为特征。例如,查看校园中烟蒂的多少,借以推知学生抽烟的情形;通过观察学校课桌上涂写的内容和数量,可以用来分析学生思想情操和道德观念,等等。同样,从食堂的剩饭桶、垃圾桶、公园里的野餐包装纸等物品也可分析出人们的某些行为倾向。

当然,对物质痕迹资料的搜集和分析都比较困难,尤其是很难判断这种资料的有效性和普遍性。比如,造成图书馆书刊磨损的原因也许不是因为受读者欢迎,而是因为图书馆本身管理不善所致。但是,这种方法作为辅助手段,可以提供某些行为线索,可以对其他方法获得的资料进行检验。如,观察刑警队车辆的轮胎磨损程度可以推测某一时期刑事案件的发案率,它可以与报表统计的发案率相互验证。

小资料:垃圾调查

查尔斯·巴林在 20 世纪初对芝加哥街区垃圾的调查便是间接观察法的一个例子。市场调查人员通过对家庭垃圾的观察与记录,收集家庭消费资料。这种调查方法的特点是调查人员并不直接地对住户进行调查,而是通过察看住户所处理的垃圾,进行对家庭食品消费的调查。美国亚利桑那大学的几位社会学教授曾采用"垃圾学"的方法,调查土克桑市居民的食

---

① 袁方.社会研究方法教程[M].北京:北京大学出版社,1997:351.

② 袁方.社会研究方法教程[M].北京:北京大学出版社,1997:351.

品消费情况。调查结果表明：土克桑市的居民每年浪费掉9 500吨食品；被丢弃的食品中有许多是诸如一整块牛排、一个苹果或者一听打开的豆子罐头等可以食用的食品；低收入家庭比高收入家庭能更合理地安排食品消费；所有的家庭都减少对高脂肪、高蛋白食品的消费，但对方便食品的消费却有增无减。这项由政府资助的项目得到有关方面的高度重视，它对调查美国居民的食品消费提供了样本和数据。

（资料来源：佚名.间接观察法［DB/OL］.智库·百科，2010-6-7. ［2011-02-14］. http://wiki.mbalib. com/wiki/%E9%97%B4%E6%8E%A5%E8%A7%82%E5%AF%9F%E6%B3%95）

行为标志观察是通过一些表面的或无意识的现象来推测人们的行为方式和价值观。它假定，这些现象是人们行为或态度的间接反映。例如，社会学家将一些标有姓名、住址的物品故意丢在不同地区，然后观察各地区的归还率，由此看出各地区居民的道德水准。还有社会学家通过在采访中给起居室打分的方法来度量社会阶级。起居室内有窗帘、硬木地板、多边桌、报纸和杂志则加分，如起居室内摆放床、闹钟或煤气炉等物则减分。根据草坪、房屋的外观（可维修状况和大小），也可估计出一个社区的社会地位状况。①

间接观察比较复杂，需要观察者有较强的分析能力，有时还需要有科学的鉴定手段和方法，而且在推论时也可能发生种种误差，但是，它对已消逝的历史事物来说是唯一可行的观察方法；对一时无法直接观察到的现实事物来说，也很有效，往往可以弥补直接观察的不足。因此，间接观察虽然应用较少，但也不可或缺。

间接观察的主要优点是观察的时间、空间极大地扩展，但却没有实感，缺乏亲身感受。虽说直接观察比较简便易行、真实可靠。但是，过去了的社会现象无法直接观察，有些反映时弊的社会现象、隐秘的社会现象难以直接观察。间接观察则比较复杂、曲折，它需要有比较丰富的经验和知识，有时还需要有科学的鉴定手段和方法，而且在推论时可能发生种种误差。但是，它却可弥补直接观察的不足，对于过去了的社会现象来说，它是唯一可行的观察方法；对于当前正在发生的社会现象来说，它是直接观察的辅助手段。因此，在实际调查中，间接观察也是一种不可缺少的观察方法。

---

① 齐斯克.政治学研究方法举隅［M］.沈明明，贺和风，杨明，译.北京：中国社会科学出版社，1985：286-287.

第三节　参与观察

一、参与观察的适用范围

参与观察是人类学研究中搜集第一手资料的最基本方法,被视为传统人类学田野调查的特征之一,由英国人类学家马林诺夫斯基创立。它要求观察者在较长时间内置身于被观察者的社区中,通过参加他们的日常活动尽可能的成为其中一员。社会学也将这种方法运用到对现代社会某些特定群体和社区的研究中,成为实地研究中最基本的方法。

有研究者曾经明确指出"参与是一种策略,让我们得以进入以其他方式均无法进入的人类活动和经验范畴。……特别适合探索性及描述性的研究目的,其却仍然可用于产生归纳结果,进而用来形成新理论或检验既存理论。"①

适用参与观察的情况主要有以下几种:

1. 采用参与观察方式进行的研究,通常不是要验证某种理论或假设,其目的是对现象发生的过程提供直接的和详细的资料,以便对其有比较深入的理解。因而参与观察不用事先准备特定的假设,其研究的过程也无特别的限制,常常会观察到原先并未期望得到的资料,得到意外的收获。

2. 当研究的主要目的是了解局内人的意义建构以及他们的行为互动方式时。比如,一般人可能认为学校里有的学生参加青少年流氓集团是道德品质败坏的表现,而这些学生自己可能认为这是他们寻找友谊和身份认同的一种积极方式。如果研究者参与到这些学生的日常活动之中,与他们建立了相互信任的关系,便有可能了解他们的具体行为方式以及他们自己真实的想法。

3. 当研究者需要对社会现象进行深入的个案调查,而且这些个案在时空上允许研究者进行一定时间的参与观察时。通过参与观察,研究者可以将所研究的个案放在当时当地的社会文化情景中,对事件的发生过程以及社会成员之间的行为互动关系就能获得较为直接、完整和全面的了解。

---

① Danny L Jorgense. 参与观察法 [M]. 台北:弘智文化事业有限公司,1999:33-34.

4.当对不能够或不需要进行语言交流的研究对象进行调查时,参与型观察具有一定的优势。比如,对婴儿或聋哑人进行研究时无法使用语言,对于处于不同文化背景之中的人们进行研究时,如汉族研究者对藏族人进行研究,双方语言可能不通。

5.当研究者希望发现新观点,建构自己的扎根理论时。由于探索型参与观察允许研究者灵活地调整和重新定义自己的研究问题,研究者在建构自己的理论时可以采取一种开放、灵活的发现逻辑。根据搜集到的原始资料,研究者提出自己的初步理论假设,然后通过解释的循环不断修订自己的观点,直至形成基本理论。

6.以场域当下的日常生活为研究与探究的基础。参与观察的方法要求研究者参与到自然的、不经过人工的控制或改变的环境中去进行研究,要有比较长的时间来从事观察,对某一现象或群体做全面的和综合的了解。

7.对其他研究方法起辅助作用,比如在访谈之前进行一次预备性的观察,可以使访谈的内容更加有针对性。

参与型观察不适于在面上就研究问题对研究对象进行大规模的宏观调查;对过去的事情、外域社会现象以及隐秘的私人生活进行调查;对当地人的思想观念、语词概念和意义解释进行细密的探究;对社会现象进行数据统计和量化分析或因果分析。

二、观察者的角色

参与观察,则是一种对研究者要求很高的资料搜集方式。这种方式不仅要求研究者深入到所研究的对象的生活背景中,而且还要求研究者实际参与研究对象日常生活和各种活动,并在参与的同时进行观察。正是因为参与观察所具有的这种特征,所有使用参与观察方法的研究者,都将不可避免地面临一个非常现实的问题:在观察过程中,研究者应该采取什么样的现场角色?

关于实地研究观察者的角色划分问题,引用最为广泛的是戈尔德(Gold)关于观察者角色的分类。他将观察者的角色区分为完全参与者(Complete Participant)、作为观察者的参与者(Participant-as-observer)、作为参与者的观察者(Observer-as-participant)及完全的观察者(Complete Observer)4 种类型。① 其中,完全的观察者实际上是上节所谈到的局外观察者,保持了观察者与所观察事件间的距离。不与背景中的人们互动,人们根本就不知道研究者的存在,本节中不再重复阐述。其他的三种角色类型都以不同的程度和方式参与到了所观察的事件当中。以下将对这三种角色类型进行介绍。

(一)完全参与者(Complete Participant)

根据戈尔德的说法,完全参与者扮演着社会背景中的一个完全真实的角色,而其真正的作为研究者身份则不被其他人所了解。因此,他是一个隐蔽的观察者。例如,苏联社会学家奥里珊斯基为了研究生产集体中所形成和确立的社会价值的性质和内容,以及为了找出个体把这种价值内化的某些机制,来到工厂,成为一名装配工。在好几个月中他一直干装配工的工作。他经常到工人家中串门,很快与工人建立了友谊关系,并在工人中享有一定的威信。没有一个工人疑心车间里来了一个研究者。结果,他用这种完全参与观察所获得的资料出版了一本有关现代社会心理学最迫切问题的著作。美国社会学家奥瓦波安便是使用这种完全参与法进行监狱管理与囚犯生活调查的。他先取得政府当局的同意,装成一个犯人,进入监狱中与犯人一起生活。因而,一般犯人对他毫无隔阂,将生活情况及所受待遇予以倾诉。这样,他获得了许多实际的材料,并用这些材料在 1914 年发表了一本名为《在监狱内》的著作。对监狱生活描述得十分详细,给予美国政府改善监狱设施以很大的贡献。我国老一辈社会学家严景耀教授,解放前也曾采取完全相同的方法到监狱当犯人,研究中国的犯罪问题。类似的例子还有许多。一位美国社会学家把自己装扮成流浪汉,混迹于纽约街头的流浪者队伍,10 天中忍饥挨饿,露宿街头。他抑制住强烈的自尊心,忍受收容所和招工处的冷眼,通过大量的观察和亲身的体验,写出了极其生动的研究报告。美国社会学家 S. 罗伯特(Robert)和 M. 兰德(Rand)对美国中部城镇进行研究时,要求观察员长期住在城镇的公寓或私人住宅里,让他们在任何可能的情形下,参与该城镇的生活,交朋友,建立社会关系,就像住在城镇的居民一样尽他们的义务。

① Raymond L Gold. Roles in Sociological Field Observations. Social Forces[M]. 1958, 36(3): 217-223.

　　"完全参与者"的角色所具有的最大优点是,研究者既能生活在被研究对象的生活环境之中,又能隐蔽地进行观察和了解被研究对象的行为表现,这种观察和人们的表现都比较真实自然。

　　这种方法的最大问题是伦理道德问题,即研究者有没有为了研究的目的而享有欺骗研究对象的权利。如美国社会学研究生哈姆弗瑞斯(Humphreys)在1970年出版了《茶室交易》一书,观察研究了同性恋现象,就引起了一场较大的伦理问题争论。

　　然而,大多数研究者需要面对的问题只是在观察对象的知情权与保证观察结果的客观性之间做充分权衡。学者们普遍的共识是:只有在既不伤害、影响研究对象,又能够保证学术研究客观的前提下,隐瞒研究目的的全参与观察才是可行的。研究者在进行研究的过程中,还应该努力将对研究对象的影响降到最低,而对于涉及隐私的研究,更要信守不披露被研究者身份的准则,事后更要"努力去忘记所有人的真名实姓。"①

　　即使如此,也是有可以质疑之处的:是否受到伤害,是否对其构成影响,只有被观察、被研究者自己才最有发言权,研究者有进行这样的评定的权利吗? 或者,即使真的未伤害、未影响,当事人的知情权是否同样是一个无法逾越的问题呢? 约根森(Jorgensen)认为对此大可不必多虑,他解释说:"参与观察者在日常生活的一般情境下和人们进行互动,就和任何一位参与者相同。参与观察者对于研究尽管各有不同的兴趣,这些兴趣却都和人们对于互动关系的某些特殊兴趣相似。因此,对于研究过程中所遇到的人,参与观察者所背负的道德义务,就和他们在日常生活中的道德义务完全相同。……研究者却不一定得将自己的研究意图告知研究对象,甚至不一定得帮助研究对象避开可能发生的有害结果。"②一些研究者认为,从伦理的角度看,了解研究的真实目的和实施计划是被研究者的权利,他们有权知道这些情况,然后根据自己的意愿来决定是否参加研究。问题在于,许多时候如果研究者公开他们的意图,将无法排除观察结果即使是无意间被更改和操纵的可能性。人们面对一个圈内人的闲聊,与面对一个研究者的访谈,表达有所差异是在情理当中的。他们认为,世界上并不存在绝对"客观的真相",被研究者在知道研究计划的情况下向研究者披露的情况

---

　　① 潘绥铭.生存与体验[M].北京:中国社会科学出版社,2000:10.

　　② Danny L Jorgense.参与观察法[M].台北:弘智文化事业有限公司,1999:41.

就是"真相"。这个世界是一个"真实的世界",人对任何事物的了解都是在一定的情境下通过交往双方之间的互动而获得的①。被研究者选择向研究者袒露的信息也就是他此时此地向这一特定对象所展现的"真相"。被研究者没有一个唯一的、固定不变的"真相",研究者永远也无法穷尽被研究者的"真相",被研究者和研究者双方都在不断地变化,他们之间的每一次相遇都受到特定时空的限定,他们的每一次理解都是一次新的建构。

其次,观察者的"成员"身份可能也会影响到所观察的社会过程。巴比形象地描述了这种影响,假设你们(观察者)被问及这个群体:下一步该怎么做?无论你们说什么,在某些方面你们都将影响这个过程。如果群体采纳你们的建议,则你们对这个过程的影响是明显的;如果群体决定不采纳你们的建议,这个拒绝的过程也可能对于以后所发生的事产生重大影响;如果你们表示不知道该怎么办,你们就为这个群体带来了不确定性以及不果断的整体感受。② 最后,完全参与观察者还有被同化的危险,可能全盘接受研究对象的观点,从而不能客观地分析所观察到的现象。

(二)作为观察者的参与者(Participant-as-observer)

这一角色与完全参与者一样,但被观察群体中的人们知道参与者作为研究者的身份。研究者与人们进行正常的互动,参与他们的日常生活,在这种互动和参与中进行观察。从一开始群体成员就知道参与者就是一个观察者。然后,观察者努力与群体中的成员建立密切的关系。这种角色意味着观察者既可以在活动中通过参与进行观察,也可以通过向群体成员询问来了解正在发生的事情的各个方面。这种角色最典型的例子是前文曾提到的美国著名社会学家威廉·福特·怀特所做的"街角社会"的研究。怀特在1936年选择了一个位于波士顿名叫"科纳威里"的意大利贫民区进行研究。为了进入这个地区,怀特尝试了多种方法。最后在一位社会工作者的安排下,怀特认识了当地青年帮伙中的一个叫多克的头目。多克同意做怀特的保证人即"多克的朋友"去观察和研究社区中的各种活动和人们之间的联系。当地人也逐渐知道了他是一个研究人员,但仍然接纳他从事

---

① Renato Rosaldo. Culture & Truth:The Remaking of Social Analysis[M]. Boston:Beacon Press,1993:178.

② 艾尔·巴比. 社会研究方法(上册)[M]. 邱泽奇,译. 北京:华夏出版社,2000:363.

观察和研究。怀特在科纳威里生活了三年,和帮伙的青年人聚在一起,参与他们的各种活动。其中有一年半的时间是同一个意大利家庭住在一起。在长期的观察中,怀特收集了丰富生动的资料,得出了有关群体结构与个体表现之间关系的一系列结论。利博关于黑人流浪者的研究也是这种观察方式的例子。他采取的也是公开观察者的角色,即当地的黑人流浪者都知道利博是一个研究者。美国社会学者斯太克也是花了三年时间生活在一个贫困的黑人杜区中,进行她对黑人家庭结构的研究。她的著作《都是我们的亲戚》在美国至今仍是对黑人家庭结构最详尽的描述之一。斯太克在她的研究中力图回答以下这些问题:血缘和友谊的纽带在黑人社区中扮演了什么角色? 谁使这些出生在贫民窟的孩子社会化? 什么样的民间标准决定一个妇女生育一个孩子? 基于性的联盟和由多户家庭所组成的亲属网络的可接受的功能是什么? 在长达三年的参与观察中,她试图理解他们的交换系统的复杂性。她写道:"我努力地想搞清楚家庭交换的参与者如何相互制约,他们对对方的行为和表现有什么样的期望,什么样的人才能成为合作网络的一份子,他们如何成为新的成员,什么因素使参与者主动把自己置身于这些交换当中。……后来我和足够多的关系密切的人非常熟悉了,因此,在任何家庭的争吵、聚会和争斗后,我都能够从不同人对事情的看法中综合出总的解释。在我国,费孝通教授的许多研究是运用参与观察法开展研究的突出例子。

　　这种角色的最大优点,就是研究者能够相当公开地进行观察和询问他所关心的问题,受到的限制较少。其主要缺点是,由于被观察的人们十分现实地感觉到他们正在被观察,所以,他们的行为、活动往往受到影响,表现出不正常的情况。但是如果能够与被观察群体建立比较和谐的关系,并且能够在一个比较长的时期里进行观察,观察者对被观察群体的影响会慢慢减少。

(三)作为参与者的观察者(Observer-as-participant)

　　在这一角色中, 研究者主要是一个观察者、研究者,不会包含任何的参与,并且研究者的身份对于被研究对象来说是公开的。但是,任何一个身份公开的研究者是否能够不参与现场中的活动还是一个问题。因为他的角色已经是包括他在内的更大的群体中的一员了。

　　这种方法是人类学家研究原始的非本族文化时最常用的一种方法。

马林诺夫斯基1914—1921年在西太平洋的新几内亚附近的特罗布里恩群岛进行考察时,他生活在土著人中间,讲当地土语,可以得心应手地记录各种内容,并以敏锐而客观的眼光观察各种反应。在此基础上,他提出了在社会人类学发展过程中具有基本意义与动力的各种理论性见解,其中包括性与婚姻家庭生活、原始法规与习俗、巫术与宗教等。他的名著《西太平洋的航海者》一书就详细描写了他如何参与到土著社会的情况:"……当我每天清晨在村中散步时,我可以很靠近而且详细地看到他们的家庭生活,包括清洁、排泄、烹煮食物以及进餐等;我也可以看到他们安排一天的工作,看到人们开始干自己的事情,男人们或女人们忙于生产某种东西。争吵、开玩笑、家庭琐事等,有时是琐碎的,有时是戏剧化的,但这些都形成了我们及土著的日常生活中重要的气氛。土著们每天都看到我,所以他们不再对我有兴趣,对于我的出现,他们既不感到惊慌,也不会在意。"这段话生动具体地描绘了观察的过程。有关警察部门的人类学研究经常采取这种类型的角色,因为出于法律的考虑以及会干扰正常警务的原因,进行参与的机会非常少。

虽然这种角色的研究者并不是一个参与者,但哪怕研究者只是出现在周围也会产生影响。所以,所有的研究者都参与了他们所出现的环境中的情景。但是在这种角色中,研究者并不正式地承担群体中的一个角色,而只是作为研究者。[①]

这种观察角色的优点是观察者不仅能够通过与被观察者共同活动得到大量生动具体的感性资料,而且能够公开地同被观察者深入探讨问题,收集到许多完全参与观察难以得到的理性资料。但这种方法会使被观察者时时感到他们正在被观察,从而有可能改变他们的行为方式,影响观察资料的真实性和准确性,而且观察结论易带主观感情成分。

戈尔德关于观察者的这一分类可以排列成一个涉入和疏离于社会背景中成员程度的连续体。这4种角色所排成的连续体如图9-1所示:

不同的观察场景决定着研究者所能够采取的观察方式和观察者的角色。而不同的观察方式和观察者角色对观察者的要求不同,他们所受到的观察限制不同,得到的观察结果也不一样。研究者要根据研究目标和特定

---

① Matthew David,Carole D Sutton. Social Research:The B Asics[M]. Sage Publications,2004:108.

的观察场景,来决定和采用合适的观察方式和观察者角色。比如,一个研究者希望观察大学生的学习生活,以了解当今大学生的学习动力和就业倾向。那么,他可以采取下列观察方式中的一种。

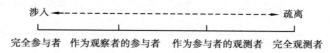

图 9-1　Gold 的参与观察者角色的分类

(资料来源:Alan Bryman. Social Research Methods[M]. 2nd ed,Oxford Univercty Press,2004:301.)

1. 他可以采取局外观察的方式。每天到大学校园(公共场景)去溜达,到学生自习的教室(对于学生来说也是公共场景)去坐着看书,到图书馆的阅览室(公共场景)去翻杂志。他在所研究的群体和场景中只是陌生的过路者和局外人。他不打扰、不影响被观察的对象,也不被观察对象所意识到。

2. 他也可以采用参与观察的方式。通过事先联系,进入到一个院、系或班级中,作为一个研究青年问题的研究者(真实身份),参与大学生们的各种活动和日常生活。但他在所研究群体的眼里是一种外来人。他可以采用全参与观察的角色。通过关系和事先的安排,将其作为刚入学的新生中的一员(虚假身份),进入一个系、一个班级、一个宿舍,参与学生的全部活动。在场景中有特定角色的行为要求(表现要像个大学生),同时行为也受到角色规范的制约(要上专业课、要回答老师的问题,等等),他在所研究群体的眼里和场景中被看成是局内人。

小资料:寻找自身该扮演的观察角色

20 世纪 60 年代,Humphreys(1975)采用观察法进行了一项关于同性恋者性行为的研究。这个研究引发了伦理问题的长期论战,争论焦点在于类似的场域从事如此的观察研究是否有违研究伦理。Humphreys 所观察的场域是公厕,在同性恋的次文化里,公厕成为彼此见面的场所。在那个同性恋尚未合法化的年代里,公厕为其提供了少数可偷偷摸摸见面的可能。Adler(1998)认为此项研究可作为研究者未参与其中之观察的例子,因为 Humphreys 在进行此研究时,完全是以社会学家的角色进行观察,他成为一个窥看者(Voyeur),虽非所观察事件里的成员,但却被接受为一个观察者。为了从事此研究,Humphreys 选择扮演了某种角色——放哨妹

（Watchqueen），这个角色的工作，是去确保没有任何陌生人会接近所观察的事件。担任放哨妹的角色，让 Humphreys 能够观察到所有发生的事件，却不用参与事件本身，亦不会被认为是干扰。

（资料来源：Uwe Flick. 质性研究导论[M]. 李政贤，廖志恒，林静如，译. 台北：五南图书出版股份有限公司，2007：221. ）

三、参与观察法的应用困境

参与观察法是一种从外在观点进入被观察场域的研究方式。在研究的过程中，当观察者在纷乱的场域中，被汹涌而来的事件"淹没"是很严重的一个问题，常会导致研究者观察上的阻碍。有鉴于此，研究者提出了补救措施：……此问题是可以被妥善掌控的。除了可以选择最理想的观察起点（观察记录表中应该已列出最理想的观察起始点）之外，研究者也可以借由界定其观察目标为何，并能够在自身的能力已近耗竭时，主动离开观察场域。这些都是非常有效的控制策略。然而，要运用这些策略之前，研究者也需了解到自身能力的局限性。[①]

参与式观察常用在对次文化的研究中。当观察者一头栽进所观察场域时，观察者经常会经历巨大的文化冲击。在异文化之民俗研究里，这样的冲击尤为明显。此外，当研究者观察次文化、陌生的群体，或观察较特别情境时，也会感受到同样的冲击。举例而言，在观察加护病房时，一般医疗熟悉而且理所当然的道理，或是常态的规范与例行实务做法，等等，就失去了常态规范的作用。在这种情况下，观察者面对的则是不熟悉的价值，以及该特殊情境当中不言而喻的道理或做法。

当研究者一开始遇到上述情境时，他可能觉得难以理解，然而他必须要能够去接受它们，以便了解这些情境及其中所蕴含的意义。特别是就参与观察而言，研究者的行动虽可能会干扰该观察场域，但这些行动却同样是额外获得知识的来源与基石。"观察者的存在与活动若被场域成员所觉知，此一向被认为是一件意外且糟糕的事情，因此，最好能尽快在场域中把它们隐藏起来。然而，幸运地是，当我们善加运用那些因观察者的存在与

---

① Uwe Flick. 质性研究导论[M]. 李政贤，廖志恒，林静如，译. 台北：五南图书出版股份有限公司，2007：232.

活动所产生的所谓的'干扰'时,它们将成为有系统性之行为科学的基石。"①

总的来说,参与观察说明了一种两难的状况:研究者该增加其参与场域的程度,或是该与场域保持距离。前者可避免仅得到研究结果,却缺乏中间的过程;而后者则可避免所得到的仅是科学性、可验证的知识。

参与观察之初,研究者都需要为自己作为一个陌生人出现而进行某种方式的解释。参与观察能否成功也在很大程度上取决于研究者能否被其所研究的群体所接纳。因此,能否得到所研究的群体中关键人物的支持和帮助,就常常是研究者获得成功的关键环节。怀特获得了街头青年帮伙的主要人物的友谊,帮伙头目多克成了他的保证人。这可以说是他成功的基础;利博的经历也很相似,他获得了街头大亨塔利的信赖和友谊,从而使他为这一黑人流浪者群体的其他成员所接受。当研究者在参与观察中参与得越深,体验得越深,其主观情感、看问题的角度、思考的模式等方面受到的影响也就越大;他在看待、分析和解释人们的行为时丧失客观性、中立性的可能性也就越大,程度也就越深。怀特写道:"开始时我是一名非参与性的观察者。但是,当渐渐为这个群体接纳时,我发现自己几乎成了一名非观察性的参与者。"这样就出现了一种新的危险:观察者因陷得太深而失去其观察的超然性和敏锐性,并变得过于想当然。所以说,参与观察者往往要经历一个"先融进去""再跳出来"的过程。或者说,参与观察过程中有一个角色转换的问题。在参与和观察之初,研究者要尽快"进入角色"——将自己作为研究者的角色转换为观察对象群体中一员的角色,从语言、行为举止到生活方式,都尽量"同化于"被观察对象及其社区,以达到"移情理解"的目的。而当要对观察到的现象和行为进行判断、分析和解释时,研究者又要能随时"跳出角色"——恢复到研究者客观的、中立的立场上来,从局外人的角度,重新审视被观察对象的行为表现,发掘其所具有的客观含义,以达到"超脱理解"的目的。

根据参与观察的特点,我们在采取这种研究方法时还应注意以下几个方面:1.要尽快融入被观察者的生活中,成为他们中的一员。2.对所观察事物的社会背景要有一定了解,观察中要保持客观的、实事求是的态度,不

---

① Uwe Flick. 质性研究导论[M]. 李政贤,廖志恒,林静如,译. 台北:五南图书出版股份有限公司,2007:233.

带偏见。3. 要善于分析观察结果，分清表象和实质，不要被假象迷惑。4. 要具有高度的注意力、忍耐力和认真吃苦的精神。

四、参与观察的优缺点

（一）参与观察的优点

与其他研究技术相比，参与观察导致研究者把他自己的看法和观点强加于他试图理解的那个社会世界的可能性最小，它常常是在"没有先入之见"的情况下进行这种探讨的。因此，它为获得社会现实的真实图像提供了最好的方法，能直接全面地观察社会现象，可以使人对事物有深刻和充分的理解，能够细腻、透彻地描述角色之间的关系、人际之间的交往与行为事件所传递的意义和信息。而采用调查研究的方法（无论是结构式访谈还是自填式问卷），都要求研究者事先决定好一组要求被访者回答的问题，这样做就有可能使研究者把他自己关于所研究现象或行为的特定猜想、判断、看法和观点，强加给社会世界；在这种特定的注意力和特定的分析框架指导下得出的很可能是所研究的现象的变形的和曲解的图像。正因为如此，利博特别担心他所希望观察的现实遭到歪曲。他说，从一开始进行研究，他就"特意不在一些有关的问题上作出明确的假设"，他只是尽量地听和看。当观察者深入实地、完全参与到被观察者的实际生活中，边同他们一起生活，边进行自己的观察时，他往往能够直接地、真切地感受被观察者的思想感情和行为动机，特别有利于研究者"设身处地"地"理解"被观察者。这是参与观察最大的特点和优点。

当然参与观察还有很多其他优点：它实际上是对无文字民族进行民族志调查的唯一途径；调查者长期置身于该社区当中，他会对当地所发生的事情了如指掌；融入社区生活可以提高调查者的信用度，还有利于直接与被观察者接触，有利于在与被观察群体的共同活动中与被观察者建立感情、增进信任和友谊，并在此基础上深入、细致地了解被观察者在各种不同情况下的具体表现；观察所得不是他人的叙述而是第一手的资料；调查者可以更加容易地了解当地人的生活方式和风俗习惯，可以了解到被调查社会的结构以及社会文化中各因素间的功能联系。实地观察法的最大优点是它的直观性。与直观性相联系，实地观察法的另一重要优点是它的可靠性。最后，实地观察法简便易行，适应性强，灵活性大，可随时随地进行，观察人员可多可少,观察时间可长可短,只要到达现场就能获得一定的感性知识。因此,它是一种使用得最为广泛的调查方法。

(二)参与观察法的缺点

参与观察的不足之处在于:观察的对象和范围有很大的局限性,它需要花费较多的人力和时间,而其中一部分的效率并不是很高;观察者不停提问的行为很可能会引起当地人的反感;向他人解释参与观察也比较困难;观察者的出现有时会影响被观察者的行为;参与观察在很大的程度上依赖于观察者的敏感性、领悟能力和解释技巧;在参与观察的整个过程中,主观因素的作用和影响很大,而很难有比较客观的评价标准,它的程序是不明确的,它的观察是无系统的,它的资料是难以用数量表示的,获得的资料往往不利于进行定量研究,它的研究结果也是无法重复的,要证明观察者的结论是否正确事实上也是不太可能的。

第四节　观察法的实施步骤

各种类型观察法的实施都包括三个阶段,即准备阶段、实施阶段和资料整理分析阶段。在实际操作中,各个阶段各自之间有不同程度的交叉和融合,具体可分为 6 个步骤。

一、确定研究目的,制订观察计划

(一)根据研究目的,确定观察对象和范围

这一部分主要涉及计划观察什么人、什么现象;观察范围有多大,有多少人在场,他们属于一个什么样的群体,在群体中各自扮演什么角色和处于什么地位;观察这些人和现象的目的何在,通过这些观察要解决哪些问题等。观察对象的选择也要考虑研究目的和观察者角色的影响。如果要研究工人的劳动积极性,就要观察不同年龄、不同工种的工人,并且观察必须考虑研究者本人是否适合于从事这种观察,例如,国外有的社会学家要研究洗衣店工人的工间活动,他采用了参与观察,即进店当了临时工。洗衣店大部分是 50 岁以上的女工,而他本人才 20 多岁,因此,当他在场时,

女工们的工间交往活动都集中于同他交谈,并且以母亲对待儿子的方式同他交往,结果,他获得的资料并不是研究目的所需要的。

(二)选择适当的观察方法,确定观察的时间地点

选择观察方法主要涉及观察是隐蔽进行还是公开进行;采取实验室观察还是实地观察;实地观察的方式是不参与、半参与还是完全参与,是有结构还是无结构;观察时是否需要结合其他调查方法等。研究者要根据需要,以及观察客体的性质选择合适的观察方式。一般来说,在正式研究中,观察可以从无结构观察开始,然后到半结构型观察,最后根据需要采用结构型观察方法。在观察的时间的选择上要考虑在什么时间段进行观察,计划观察多少次,一次持续多长时间;选择该时间段、观察次数和每次持续时间的理由。在观察地点的选择上主要涉及观察对象所处的地理位置和地域范围;当地的情境,如自然环境、风俗习惯、宗教信仰、社区历史、社区经济发展、政治制度等。如果是非参与观察,还要说明观察点设在这一地区的具体什么位置;与观察对象保持多远的距离;这一距离对观察结果有什么影响;在当地观察是否需要办理有关手续等。观察地点的选择最重要的是应适合于研究目的。例如,要观察少数民族的风俗习惯却选择一个受外来文化影响较大的村镇就不可能得到预想的资料。

(三)计划观察的内容

任何观察都包括下列内容:

1. 现场的情境:即事件或活动的舞台与背景。2. 观察对象的角色、地位、身份、数量以及相互间的关系等。3. 人们行动的目的、动机、态度。4. 社会行动的类型、产生与发展过程,行为的性质、细节以及影响等。5. 事件和行为发生的时间、出现频率、持续期间等。还要确定观察项目之间的相互关系,建立各种变量或现象之间的关系,以便根据观察所收集的资料,探索变量或现象之间的关系。但是,无结构观察预先对具体的观察范畴和观察内容没有明确规定,它可能是全面观察,也可能是观察某些方面的内容,这些都可以在研究过程中灵活变动。在计划观察内容时要注意观察范畴的选择和操作化。例如,以对"成人"书店顾客的描述为例,在确定观察范畴时要考虑他们(如婚姻状况、社会阶层)对于研究目的来说是否是重要的和有效的,然后要考虑所确定的操作化指标是否能表示上述范畴,如

以带结婚戒指来表明已婚是否有效（在实际观察中，研究者通过抽样调查发现，50%的已婚男子不带戒指，他们根据这个比率对观测结果进行了修正①。

（四）进行理论与物质的准备

理论准备包括查阅文献，提出理论假设或将观察范畴操作化，确定观察指标和分类系统。至于观察的物质准备，则应根据观察的方式方法而定。如果是实验室观察，就需要提前准备好符合条件的场所和观察设备；如果是必须借助辅助工具才能进行的隐蔽式非参与实地观察，就要有一定的专用仪器。另外，无论哪种类型的观察，最好都配备照相机、录音机等工具。当然，也要考虑到经费、人员安排等方面的问题。

（五）预计观察中可能出现的问题及其对策

如：观察中可能出现哪些影响资料可靠性的问题，采取什么措施，才能获得更准确的资料；观察过程可能对观察对象的正常生活产生什么作用，这些作用对观察结果有什么影响；在观察中出现意外事情应如何处理等。

总而言之，在制订观察计划时，不仅要考虑到观察者和被观察者双方的角色、地位、数量及相互间的关系，也要考虑到社会行为或社会现象发生的时间、地点、过程和背景，还要考虑到参与者的动机、目的、态度等主观因素。事先制订一个系统、周密的观察计划，对于观察法的实施至关重要，在结构式观察中尤其如此。在非结构观察中虽然预先对具体的观察内容没有明确规定，可以在实际观察过程中灵活机动，但观察内容也不外乎上述内容。

二、观察训练

观察是一项技能性较高的工作，因而在正式观察以前，要进行观察训练，以便能以标准化的方式来观察所欲探究的焦点。一个合格的观察者不仅要具有良好的注意力、忍耐力、记录能力，而且要仔细、认真，要善于控制自己的行为，使自己对观察对象的影响以及由此引起的变化减少到最低程度。对于观察者的训练除了要注意培养观察者的观察能力、判断能力外，

---

① 袁方.社会研究方法教程［M］.北京：北京大学出版社，1997：354-355.

还要注意培养他们的记忆力和记录能力。在训练过程中,要使观察者能够仔细区分被观察的事实以及被观察对象对此产生的反应,并在这些事实中分析出主要或重要因素。

观察训练的具体方式可以采用模拟观察方法,录制类似观察者预观察行为的情境并探讨该行为,也可以让受训者一边观察专门的表演或电影,一边记录;受训者可以到真实的情境中做观察练习;研究者与受训者也可以在观察开始阶段共同观察某一现象,然后对研究者和受训者的观察记录进行比较,并由研究者解释他们各自记录不同的原因所在。此外,在训练过程中,观察者还要掌握各种观察工具或器具的使用方法。

三、进入观察环境

正式实施观察首先要保证能够顺利进入观察现场。研究者进入观察环境的难易程度主要取决于两个因素:一是环境的公开性,二是研究对象接受观察的意愿。一般而言,最易接受的环境是公共场合,人们在这些环境中对自己的行为没有保密的必要;最难接近的观察环境是限制进入而且参加者都有保守自己行动秘密的理由。

在参与观察中,研究者获准进入原始社区需要各种特殊的方式,这是因人而异,因地制宜的。而获准进入现代社会的社区和群体则是更为现实和复杂的问题。一般都要经有关部门的允许或受其委托。借助上级机关和领导人的支持,显示出自己的重要地位,使当地的人认识到你的研究的重要性。如无这种正式的关系,则通常是靠熟人关系。再就是取得当地关键人物的支持,使他们意识到你的研究也与他们的某些利益相一致。为了获准进入现场可采取一些策略,如协作搞研究,为当地解决某些困难等,还有一种逐步扩大研究领域的策略,即开始只申请短期的或只在某一分支部门进行的观察,随着研究的进展再提出扩大研究范围或延长时间的要求,这时就比较容易得到批准了。对于一些禁止外人进入的社区和群体,常常是采用完全参与的方式,但在选择这一方式前要慎重考虑,并注意职业道德的问题。

对于非参与观察来说,完成观察任务的关键是不能惊扰观察对象。

四、观察实施

观察的过程应逐步具体化,并聚焦于与研究问题有关的核心面向。参与观察有下列三个阶段：

（一）描述性观察

在研究一开始，让初进入场域的研究者能了解整个情况。描述性观察提供非特定的描述，以尽可能地去理解观察情境中整个错综复杂的情况，并进一步地去发展比较具体的研究问题，以及可行之研究路线。

（二）焦点观察

观察观点逐渐聚焦在与研究问题相关的历程与问题上。

（三）选择性观察

在资料收集的尾声阶段，选择性观察会针对在第二阶段中获得的各种类型的事物与历程，寻找更进一步的证据与例子。

在参与观察中，完成观察任务的关键是与观察对象建立良好的关系。为此观察者应当注意解决好如下问题：

1. 消除观察对象的种种顾虑。观察活动往往会对被观察者产生一定影响，使被观察者产生一种戒备心理，从而导致行为失常。在这种情况下，观察到的可能是一种假象，而不是处于自然状态下的真实情况。为了避免这种现象，观察者应表现出谦虚、友善的态度，使观察对象尽快消除对观察者的畏惧感和陌生感。同时观察者应与观察对象进行耐心细致的思想交流，必要时还可以通过当地政府部门或在群众中有威望的人物做一些解释工作，以使观察对象相信，观察者只是来了解情况，而不是来故意找茬；观察的目的不是针对某个人或某件事，而是了解各种社会现象，观察对象的一切活动都可以照常进行，所以完全不必有任何顾虑。

2. 深入到观察对象的生活之中。观察者要建立同观察对象的亲密无间的关系，必须尽可能参加他们的各项社会活动，同他们共同工作和生活，逐步取得观察对象的信任。只有这样，才能不仅看到他们的所作所为，而且了解到他们的所思所想；不仅看到他们的一般表现，而且了解到他们的兴趣、爱好、道德标准、行为特征、人际关系、政治态度、意见要求，以及一些个人隐私之类的活动等。只有这样，观察才有可能全面和深入。

3. 遵从观察对象的生活习惯和生活方式。观察者不但要尊重观察对象的风俗习惯、语言、道德规范和生活方式,而且要尽可能使自己的行为与它们保持一致,例如根据当地的习俗安排自己的饮食、起居、迎送宾客、服饰打扮、言谈举止,尽量学会使用当地语言等。在一些少数民族地区进行观察时尤要注意这一问题。这样才能与观察对象很快融为一体,建立信任和友谊,为实现观察目的创造良好的条件。

4. 重视个别交往。观察者既要经常参与公共活动,密切同被观察群体的关系,取得广泛的信任和合作,也要特别注意与个别观察对象交朋友,建立较密切的日常往来关系和较好的私人友谊,以利于同观察对象作深入的思想沟通。这种关系的建立,能够使观察者了解到在公开场合不易看到的、真实的情况,如对一些问题的个别人主张和深层看法、对领导人的意见、一些秘密情况等。

5. 热情帮助观察对象。要获得观察对象的信任和友谊,很重要的一点是在观察对象有困难时,尽量给他们以帮助。如,为该社区或群体出谋划策,向观察对象提供各种有用信息,帮助他们解决纠纷,在生活上给他们以关怀和帮助等。

在观察的实施过程中,除了要与观察对象建立良好关系和遵守观察的一般原则之外,还要注意两个具体问题:1. 观察要先从大处着眼。在观察的初期,观察者不要急于观察一些细微问题,而应先对观察现场进行全方位的、整体的、感性的观察,即对观察对象所处的自然环境、物质环境和人文环境有全面的了解,对观察对象所属的社会群体的特征与结构有总体的认识。这样才能看清具体观察内容产生的背景和深层次的原因。2. 注意转换观察视角。在对具体内容进行观察时,不能只盯着某一现象或某一被观察者,而忽略了其他观察对象,也不能只固守一种思维定式去进行观察。相反,应注意转换观察的角度,并根据客观情况随时调整观察的思路。大致地说,观察者可以在局部和整体之间转换观察视角,以兼而获得宏观和微观层面的资料;可以在主要观察现象和次要观察现象间转换视角,以获得有关观察对象的更全面的资料;可以在重点观察和一般观察间转换视角。

在观察结束时,还涉及退出观察环境(Exiting)的问题。根据职业道德的要求,研究者有责任尽最大努力防止造成对研究对象在心理、情感或物质上的伤害,因而在上述情形下退出观察环境需要机智处理。

五、观察记录

观察记录是对所观察到的现象的文字描述。观察记录的过程是观察者对观察现象思考、分类和筛选的过程,也是一个澄清事实、提炼观点的过程。因此,观察记录可以使观察者对所观察现象的了解和认识更加明确和深入。

观察记录的方式主要有当场记录与事后追记。

当场记录是最常用的一种记录方式。为了观察记录的完整与准确,但凡有可能,人们总是随时随地记下所观察到的现象和行为,而且经常是同时由两个以上的观察者分别记录,以便相互对照、取长补短。

当场记录的主要方法是手工记录。在结构式观察中,观察者会去建立观察表格(详见本章第二节结构式观察相关内容),这些记录通常或多或少具有结构化的形式。设计记录卡的基本要求:1. 要详细注明观察的时间、地点,作为原始观察记录的重要凭证。2. 观察内容应具体、详细,并尽量将观察内容数量化,以使观察结果更具说服力。3. 观察员必须签名,以明确责任,并备查。4. 要将记录中的客观描述与观察者的看法和解释区分开来,分别归类。

还有的做法是制作研究情境的博多稿(Protocols)而且应该尽可能的详细,以便获得对研究场域的详细描述,见例9-3。

例9-3　博多稿举例

博多稿编号:

观察者姓名　_____

观察日期/时间/地点　_____

观察对象　_____

观察行为记录:

(资料来源:王文科.教育研究法[M].台北:五南图书出版股份有限公司,2001:373-374. 有改动。)

一般常见的叙述性行为博多稿记录,多在提纲之下,表现直接叙述的文字记录,见例9-4。

例9-4　叙述性行为博多稿记录举例

观察行为　　　　　　　表现水准

　合作性　_____

　独立性　_____

　依附性　_____

（资料来源：黄世钰.幼儿行为观察与记录[M].台北：五南图书出版有限公司,2006:15.有改动。）

　　若将行为记录归以某些判断与评准时，则具有半结构性的架构，虽为文字记录，在归类上已具统整的形貌，有助于资料的意义与易于传达（如例9-5）。

　　无论研究者是喜欢采用博多稿，或是偏好详细记载每一项活动与情境特征而采用结构化的记录表，何种形式的采用需视研究问题及观察过程处于哪个阶段等因素而定。

　　当记录表越详尽地区分出各个面向时，被列入有待观察的面向也越容易变得数目大增，影响所及，观察者很容易察觉不到或忽视记录观察记录表里面未包含的那些面向。因此，在描述性观察阶段，结构性之记录表的使用则十分有帮助，它可以帮助研究者在之前已被记载说明的面向中，更完整地选择出有关联的部分。不过，受限于观察者自身有限度的观察角度，参与式观察会面临到无法同时观察与记录情境中所有面向的困难。

例9-5　归类性行为博多稿记录举例

标的行为　　　　　　　　　　（行为评准）

名　称　　1　　　　2　　　　3　　　　4　　　　5

　　　　非常好　　良好　　　尚可　　　不好　　非常不好

合作性　_____

独立性　_____

依附性　_____

（资料来源：黄世钰.幼儿行为观察与记录[M].台北：五南图书出版有限公司,2006:17.有改动。）

　　在非结构式观察中，手工记录方式没有结构式观察那样统一、固定，但基本要求是一定要清楚、有条理。在记录时需要注意以下几点：

1.手工记录毕竟难以做到事无巨细分毫不爽,现代化的观察工具,如数码相机、数码录音机、摄像机等,可以弥补观察笔记的不足,增强观察法的效度。机器记录能真实、准确地再现发生过的事实,因此正越来越广泛地运用到观察活动之中。不过这些技术手段通常用于对某些特殊现象的观察记录,适于某些特殊部门使用,一般社会调查研究人员在使用这些手段时要十分慎重,以免引起不必要的麻烦。另外,这种观察记录不像手工记录可以一边记录事实一边记下观感,而是要在事后做整理分析。

2.记录的时机以当场记录最为理想,以避免事后追记的不完整。现场记录应在现场要专心地观看和聆听,集中研究的焦点,寻找人们谈话的主要用词,注意人们每次交谈中最先和最后说的话。当场记录需要注意的最关键一点,是不能破坏观察现场的自然状态。如果观察者感到当场记录会被观察对象发现并且会导致后者行为的改变,就不能采用这种方法。在有些场合,如所观察的内容属敏感问题,或者突发事件,不可能在观察的同时做记录。遇到这种情况时,有经验的观察者通常利用记忆技术在短期内记住行为的细节,或用一些简单的符号注明事件的过程和重要事项,以帮助回忆。然后在事件过后马上做笔记。这种当场或短时间内的笔记一般是杂乱的、潦草的。许多实地研究人员经常在每天晚上对白天的速记进行整理,重新写工作日记或事件记录。它通常包括客观的描述与观察者自己的解释、印象、感想等两部分内容。但事后追记即便再好,也毕竟是一种补救性的记录方式,其真实性、完整性和说服力都不如当场记录。因此除非必要,应尽量不使用这种方法。但是,很多观察的同步记录难以实现,原因在于当场公开的记录容易引起观察对象的不自然甚至反感,从而使言语行为背离常规。其他诸如突发事件的观察更不适合现场记录。分阶段记录是解决问题的很好的方法,即在现场作简略记录,在离开现场之后,立即再将记录详细地重写。

3.记录的原则是"能记尽记",把所有知道的细节完完全全地记下来。许多观察内容在当时可能认为不太重要、不值得记录,但在随后的工作中又往往发现它们其实非常重要却又无法弥补。到了分析资料阶段,你可能会发现原以为重要的信息并不重要了,而原本看起来并不重要的信息却变得很重要。这也是实地研究的显著特点。所以记录应记得尽量详细、具体,足以使观察者在很长时间内能再次对观察对象做出完整的、生动的描述。

4.严格区分对观察现象的客观描述（事实）与观察者个人的推断、思考。对现象的客观描述与观察时的思考都非常重要。当时的思考源自灵感，是对即时感官刺激的直接反映，对于后期的分析资料至关重要。每一页记录纸应至少分为两部分，一部分用于观察现象描述，另一部分用于分类、编码、补充记录、观察者的感受与评语、观察者使用的具体方法、观察者对观察资料的初步分析和推论、进一步观察的信息或线索等。

六、记录整理

在长期连续的观察中，会积累大量的观察记录。非结构式观察当场手工记录的观察资料和观察者的认识往往比较庞杂、分散和零乱，需要进行整理；事后追记的内容虽然有一定条理，但也往往需要进一步分类和补充资料。机器记录的只是原始观察资料，必须进行整理和分析。结构式观察则要对观察卡片进行梳理。因此，对于各种观察记录，都应当进行再加工。通常的做法是采用分类学或流程图的方法对观察记录做进一步的整理和分析。分类主要是以人物、事件或行为为指标，分别建立资料档案以便查阅和检索。流程图是从资料中归纳出事件发展的几个重要阶段，然后按时间顺序对各个阶段做详尽描述和深入分析。它们虽然仍然不是资料整理、分析的最终结果，但能够为社会调查研究后期的资料整理和资料分析工作提供良好的基础。

第五节　观察的误差

一、观察的误差

从严格的科学意义上讲，任何观察都会有一定的误差，而观察误差的大小会对调查结果产生很大影响。观察误差来自以下几个方面：

1.观察者的偏差

观察者总是多少带有一些个人偏见。对任何社会现象或社会问题，观察者都会根据自己的世界观作出判断和形成看法。如果观察者在观察过程中单凭自己的立场观点来筛选、记录事实，而这种行为与客观事实又有不符之处，就必然造成观察结果的误差；观察者如果缺乏事业心和责任心，对工作敷衍了事,观察不深入不细致等,就会导致重要信息的遗漏和观察结果的差错;观察者如果反应迟钝,观察能力不强,或者严重缺乏有关观察内容的知识,或者没有一定的调查研究经验,都会严重影响观察结果的质量;观察者本人感官和记忆力的影响,观察者有时会出现错觉,特别是在紧张、疲劳或情绪不好的时候,他们也会对某些经常出现的现象熟视无睹,而未加记忆。

2. 被观察者的"反应"

当被观察者意识到有人对他们观察时,总是会在不同程度上有意识或无意识地改变他们的习惯行为,从而影响到观察结果的真实性和准确性;尤其是在某些敏感性的问题上(如从事违法行为或私下活动时)。

3. 研究手段

实践证明,借助现代科学技术手段的观察误差较小,主要依靠观察者感官的观察误差较大;结构式观察的误差较小,非结构式观察的误差较大。即使是富有经验、素质极高的观察者,凭借自己的器官,采用非结构式观察的方法,在不同的时间观察同一事物,观察结果也会有一定误差;一批这样的观察者在同一时间观察同一事物,各自得出的结论也互不相同。在资料处理阶段,研究者有可能依据自己的偏好来决定资料的取舍,或者挑选有利的数据来构造自己喜好的理论。这些都会影响观察结论的准确性。

4. 其他一些因素

比如一些人为制造的假象。有时被观察者事先知道了有人要来观察,就会出于某些功利的目的,刻意营造一种环境或行为。还有,事物本质也不是能即时地显现。在实施观察时,往往有许多作为观察对象的事物正处于发展变化的动态过程之中,其本质特征还没有充分显现出来,观察者如果对此没有正确的认识,就可能对它们产生一些片面的看法,从而造成观察结果的误差。

针对造成观察误差的原因,可以采取相应的解决措施。首先要选择合格的观察者,然后对他们进行必要的培训,使他们统一思想,提高观察能力。在实施观察的过程中,要按照前述观察法的基本原则和要求行事。可以将其减少到最低程度,观察结果也可以做到基本准确。

二、观察信度

由于观察法是直接目睹社会现象的发生与演变,因此它的表面信度较高。观察的信度包括三种类型:不同观察者的相关度;稳定系数,即同一观察者在不同时间观察的符合度;信度系数,即不同观察行在不同时间内观察的符合度。一般来说,不同的观察者或同一个观察者在不同的时间对日常现象的观察是很难完全一致的。

无结构观察的信度很难信赖,也很难检验,除非对一切都进行录像。因为无结构观察主要依靠具体观察者的感官和主观描述,这种主观描述不是以数量表示的,也不是标准化的,很难相互对比。

观察的可靠性取决于不同观察者都集中注意的某些事项。他们不仅要看到而且必须探寻每一个细节,并用标准化语言记录。对信度的精确评估,必须运用统计检验,而这只有在结构式观察方式才有可能。

提高观察信度的方式,一种是通过在不同时间的重复观察,另一种是增加观察者的人数。但前一种更为可信一些。另外,要注意选择有经验的和受过专业训练的观察者,对观察的类别要有较清楚的定义。在对不同时间的行为观察时,要注意情境的变化,以及同一个人在不同时期中行为的变化,因为这些都对观察之信度有影响。

三、观察效度

观察的效度很难检验,尤其是对无结构的观察。检验效度通常是与其他方法的结果相比较。表9-2 列出了两种方法对"成人书店"顾客的调查结果:

表 9-2 "成人书店"顾客的特征

社会特征	观察法	问卷法
年龄(或平均年龄)	30 ~ 49 岁	32 岁
性 别	99% 男性	90% 男性
社会阶层—服装	47% ~ 51% 中产阶层(西装领带)	
社会阶层—职业		49%(专业—管理人员)
婚姻状况	52% 已婚(26% 带戒指)	61% 已婚

(资料来源:袁方.社会研究方法教程[M].北京:北京大学出版社,1997:355.)

在问卷调查时,由于研究人员取得了书店老板的合作,采用不记名的方式请顾客填写问卷,并且只调查几项非敏感性的问题,因此,它的效度可以认为是较高的。比较两种方法的结果可看出,尽管观察法的定量方式有些直观,但两种结果是比较一致的。

国外的研究人员对观察中主观判断的效度进行过某些检验。例如,他们请50名学生表达10种面部表情,让另一组学生观察记录。结果,观测高兴、友爱、恐惧的准确率为75%,其他如厌恶,轻蔑等表情的准确率为50%左右,总的效度是0.62。可以断定,经过训练的观察员其正确观测的比率要更高。

以上例子说明,结构式的观察只要在各个阶段上注意消除干扰因素的影响,就可以达到较高的内在效度。无结构的观察和间接观察的内在效度不易检验,但它们外在效度较高,而且具有其他方法所不及的优点。

本章思考题

1. 什么是观察法?日常生活观察和科学观察的区别在哪里?

2. 使用观察法应遵循哪些基本原则?

3. 观察法有哪些分类?

4. 哪些现象比较适合参与观察,哪些现象比较适合非参与观察?请举例说明。

5. 对大学生中午就餐行为设计一份结构式观察表进行现场观察。

6. 怎样与被观察者建立良好关系?

7. 如何进行观察记录?

8. 观察误差是怎样产生的?

推荐阅读

1. 威廉·富特·怀特. 街角社会[M]. 黄育馥,译. 北京:商务印书馆,1994.

2. 严景耀. 中国的犯罪问题与社会变迁的关系[M]. 吴桢,译. 北京:北京大学出版社,1986.

3. 风笑天. 论参与观察者的角色[J]. 华中师范大学学报:人文社会科学版,2009(3).

第十章

个案法

徐涵　朱敏晓
魏顺宝　胡颂

个案法是社会科学研究比较常用的一种收集、分析资料的方法。在某些采用量化研究方法难以达到既定目的，或是研究成本较大的情况下，质性研究因其特殊的功能和优势而在社会研究中被逐渐接受和应用，并获得了较大发展。个案法作为一种重要的质性研究方法，应用范围相当广泛。随着质性研究方法体系的形成，个案法也在规范化、科学化方面不断完善和进步。本章主要介绍个案法的概念与特点、开展个案研究的基本步骤、撰写个案研究报告以及使用个案法应注意的原则等知识。

第一节 个案法概述

一、个案法的基本概念

个案法（Case Study）又称个案研究法、案例研究法、个案研究。个案研究最初的研究对象是具有特殊生活经历的人，例如罪犯、性格偏异者或者精神病患者，其作为研究行为问题的一种方法而出现。而现代个案研究已不再局限于具有特殊生活经历的个人，根据研究课题的性质和目的，任何典型的个人、组织、事件等都可能成为个案研究的对象。

目前学术界还没有形成一个有关"个案研究"的统一概念。佐藤守弘所著的《现代社会学词典》中对个案研究下的定义为："一种通过对一个单独个案进行详细分析来研究社会现象的方法。个案可以是一个人、一个群体、一个事件、一个过程、一个社会或社会生活的任一其他单位。这种方法依赖于所研究的个案得出的假设具有同事物的代表性，所以通过详尽的分析能够得出普遍性的东西使用于同类的其他个案。"台湾《云五社会科学大辞典》中对个案研究法的定义是："个案研究法是社会科学的一种分析方法，其特征是将社会单位视作一个整体，并分析其生活过程的细节。社会学上的个案研究通常以一团体或一社区为单位。个案研究有双重目的，一为对个案做广泛且深入的考察，一为发展一般性理论，以概括说明社会结构与过程。"范霍恩（Van Horn）[①]将个案研究界定为："针对某些组织做广泛、详细审视的叙述，希望捕捉重要的问题复杂性，没有使用实验设计或

---

① 赵军.个案法[EB/OL].百度库,2010-12-04.[2011-10-9].http://wenku.baidu.com/view/59939330433239680ll c9263.html.

控制。"罗伯特·K.殷（Robert K. Yin）①对个案法所下定义为："个案法乃是一种实证性调查（Empirical Inquiry），其具备以下三项特性：1.在现实的背景之下，研究目前的一些现象；2.所研究之现象与现实背景间的界限并不明显；3.使用多种来源的证据。"可见不同专家学者根据个案法特征、目的、选择的方法论等的不同，可将个案法定义成多种多样的形式。但作为一种研究形式，我们应该从对个案关注的角度而非其他角度来定义个案研究，这里的"个案"可以是一个群体（例如对残疾儿童生命权保护的个案研究）、一个组织（包括家庭、社区，例如通过对北京市民丰园社区的个案研究来调查城市社区的纠纷类型及居委会的调节功能）、一个人（例如以朱自清为个案来研究中国现代知识者的身份识别）、某个事件（例如通过"艾滋女"事件研究网络新闻色情化的文本构建）或者某个社会产品（例如对某个产品品牌的研究）等。本章中我们将个案法定义为："通过对具有典型特征的个案（包括个体、群体或组织）进行深入分析，从而研究其发展变化及其有关特征的方法。

小资料：实地研究与个案研究

　　许多个案研究工作者都把他们所做的研究叫做别的名字，比如当人们问贝克尔（Howard Becker，私人交流，1980）他的研究叫做什么时，他迟疑地回答："实地研究（Fieldwork）"。实地研究通常是以一个社会实体或单位作为自己的研究对象，通过观察和非结构型访谈收集资料。这个实体一般是个人或社区、群体，因此，从广义上来讲，实地研究是以个案为自己的研究对象。从这方面看来，实地研究和个案研究属于同一概念。但目前学界普遍把个案研究作为实地研究的一种重要形式。如仇立平在他所著的《社会研究方法》中就将实地研究分为参与观察、个案研究和社区研究。为了区分个案研究和社区研究，书中从狭义的角度界定个案研究，即把个案看作是单个的个人、家庭（家族）、群体、组织或事件。因此，个案研究主要是对个人、家庭（家族）、群体、组织和事件的研究。

（资料来源：诺曼·K.邓津，伊冯娜·S.林肯.定性研究：策略与艺术[M].风笑天，译.重庆：重庆大学出版社，2005：465.）

---

①　罗伯特·K.殷.案例研究方法的应用[M].周海涛，译.重庆：重庆大学出版社，2004：11.

二、个案法的哲学基础

个案法因其缺乏标准化的度量手段、外部效度低等原因而受到定量研究者的批判。其实,定性研究方法与定量研究方法它们各自拥有不同的哲学基础,而哲学基础决定了研究者理解人类行动的目的和方法的不同视角以及在方法论和认识论议题上所采取的不同取向。把握个案法的哲学基础,就等于找到了开展个案研究的正当性依据。个案法的哲学基础主要是阐释学与现象学。

个案法作为一种质性研究方法,强调对现象真实性的忠实、对生活世界的尊重,以及对日常生活中被破碎得极细微的细节的重视。它主张搜集一切与研究对象相关的资料,包括环境因素及人际关系等,从中发现个案发展的过程及原因,并进一步找出问题的解决方案。由于个案的发展是个连续有机的复杂过程,而不是单个部分间的简单组合,因而个案研究也注重对研究对象的追踪调查从而很好地把握其动态过程。以上这些也是现象学的立场,现象学强调,在研究中要搜集多方面资料,对现象要进行"深描",以揭示社会行为的实际发生过程以及事物各种因素之间的复杂关系。描述越具体,越"原汁原味",就越能够显示现象的原本,对"问题"本身构成的展示就包含了对问题的解决。①

此外,阐释学也深刻地影响了个案法。阐释学强调:"如果要声称某人已经理解了某一特定行动,那么他(她)就必须把握人类行动产生(获得)意义的情境(Outhwaite,1975)。"为了理解"部分"(特定的语言、发言或行动),研究者必须把握"全体"(由意图、信仰、欲求或文本、制度语境、实践、生活形式、语言游戏等构成的综合体)。② 同时,阐释学也强调"阐释"过程不是完全客观中立的,它本身与研究者的态度、倾向有着密切的联系。个案研究中,研究者在理解和解释时,总是借助于他们的前瞻性判断和预见,而这种判断和预见本身和研究者的理论敏感性、职业经历和个人阅历等是分不开的。因此,个案研究者很难做到价值中立。

---

① 陈向明.质的研究方法与社会科学研究[M].上海:教育出版社,2001:34.
② 诺曼·K.邓津,伊冯娜·S.林肯.定性研究:方法论基础[M].重庆:重庆大学出版社,2007:209-210.

三、个案法的发展演化

（一）个案法的时间发展

　　早在 20 世纪初，美国芝加哥学派的人员开始大量使用个案法。在 20 世纪 20 年代，定性研究与定量研究之间的辩论日益激烈。与科学的统计法相比，个案法因为没有客观的数据支持而给人以不科学的感觉。1935 年以后，个案法的使用频率越来越低，取而代之的是科学的量化方法。然而，到 20 世纪中期，研究人员开始关注量化方法的局限性，于是，个案法又重新得到人们的重视。特别是第二次世界大战后期，美国成立了"案例研究发展委员会"，并获得卡内基小组（Carnegie Corporation）资助，致力于介绍案例报告的写作，以促进案例研究之教学，强调案例分析和决策理论。[①] 从英国统计学家费希尔（R. H. Fisher）提出抽样理论和推断统计的框架后，成组被试研究成为 20 世纪社会科学研究最主要的研究策略。20 世纪 70 年代后，单一被试的设计思想逐渐被学术界认可，个案研究现已成为教育研究中一种研究者常用的、重要的研究方法。[②]

（二）个案研究发展的方法演化[③]

　　从个案法的产生来看，它早先被用于罪犯学、工业社会学和社区研究中，在心理学及精神医学方面也是一种相当普遍的研究方法。教育研究中主要用于儿童发展和教育社会学领域的研究，以研究特殊的对象，如适应不良的学生或是问题青少年为主。近年来，这种强调自然观察、深入透彻地关注个例的研究传统已经涉猎教育研究的其他领域，尤其是对教育发展计划的评价上。个案研究逐渐成为学术研究和教育实践之间的中介和桥梁。有时，它采用诠释学和批判理论的方法，来诠释和批判造成案主问题的原因，并采取有效策略解决问题，其研究对象已经不在是病态的个案，而是一般常态，与人类学的参与观察法相配合。

---

　　① 李俊，倪杭英. 个案研究法及其在应用语言学研究中的运用[J]. 山东外语教学. 2006(5)：89-91.

　　② 罗伯特·K. 殷. 案例研究：设计与方法[M]. 3 版. 重庆：重庆大学出版社，2004：11.

　　③ 刘毅. 个案研究法及其在心理学中的发展[J]. 上海教育科研，2002(7)：62-64.

于是,个案研究从一种作为"纯研究"的独断型风格,逐渐成为理解教育行为,开拓研究思路的好途径。如在教育行动研究中结合使用个案法,就在于反馈信息,改进行动。这样,个案法逐渐形成两种发展取向:一是逐渐脱离主观分析,而与科学客观的量化典范连接,如个案实验法;另一个是承续精神医学的传统,强调质的分析,与诠释学、现象学及批评理论相结合,试图减少主观研究所形成的缺失。这两种趋势互相学习,不排斥。也就是说,质的研究和分析受到重视,也渗透量化资料的处理和运用,但其背后的意识形态的评析更为重要。事实上看,质的研究传统在很大程度上影响着个案研究的变化和发展。在应用中,个案研究重在对现实的本质的揭示,会加深对生活和工作中遇到的教育现象的理解,发展探索和锻炼教育实践能力。

个案法具体发展为三种类型。首先是理论探求—理论验证的个案研究——尤其是研究一般论点,目的在于弄清楚那些模糊的问题,并使读者产生兴趣。第二种是故事讲述—图画描绘的个案研究——叙述和描绘那些有趣的、值得仔细分析的教育事件、方案、计划、章程和制度。第三种是评价型个案研究——需要研究者对教育事件、方案、计划、章程和制度进行分析,判断其价值,使读者确信。

不过,有一个两难问题随之出现——信奉个例的研究(这就要求我们长期沉浸在研究现场和资料里,短时间内不可能形成研究成果),还是信奉研究形式趋向教育实践(结合使用行动研究,使我们进行短期几乎是新闻工作那样的报告形式,很快就会有研究成果呈现)。这就对研究者是一个极大的考验,要求他们能忍受住"功利"的诱惑。

四、个案法的分类

个案法可以根据不同的标准分为不同的类型,根据对"个案"关注的变化及"个案"方法论定位的不同,可以分为本质性个案研究(Intrinsic Case Study)、工具性个案研究(Instrumental Case Study)、集合性个案研究(Collective Case Study)。具体的:1. 如果研究者的目的是为了更好地理解特殊的个案,我们就将之称为"本质性个案研究"。这种研究方式的目的不在于理解一个抽象概念或普遍现象,如社会阶层、官员腐败,也不是为了理论构建。人们对个案的研究也主要不是因为它代表其他个案,也不是因为它阐述了一个特征或问题,人们进行研究是因为其本身内在的意义。

《21 世纪有影响力的画家个案研究:刘明才》《亨利·亚当斯的教育:一部自传》等都是典型的本质性个案研究。2. 如果对一个特殊的案例进行研究,目的主要是给人们提供对一个问题的认识或重新得到一个推论,我们便将之称之为"工具性个案研究"。这种个案的意义是次要的,它只起一个辅助性的作用。当然,人们也会深入研究这种个案,仔细观察它所处情境,详细叙述它的发展状况,而所有这一切都是因为它有助于研究者追求其外部意义。这个个案可以当作其他个案的代表,也可以不是。在这里,选择的个案可以增进对其他意义的理解。例如《大学治理改革的行为过程透视——基于牛津大学的个案分析》中对于牛津大学的探讨分析只是为了加深对其所代表的大学的治理改革行为过程的了解。3. 如果一个特殊的个案中本质性的意义更小,研究者可能连带着观察大量个案以便研究一个现象、一群人或总的状况,我们将这种研究称之为"集合性个案研究"。从某种意义上来讲,"集合性个案研究"也属于"工具性个案研究",它只不过把研究延伸到几个个案。例如《当前涉黑犯罪的特点与成因调查——以重庆十一个典型案件为样本》《转型期大城市多类绅士化现象探讨——基于广州市六个社区的案例分析》等就是典型的集合性个案研究。①

根据研究目的或作用的不同可以分为探索性研究、描述性研究和解释性研究。在实际应用过程中,个案法根据"研究目的或作用的不同"这个标准也逐渐发展为以下三种类型:1. 理论探求、理论验证的个案研究,尤其是研究一般论点,目的在于弄清楚那些模糊的问题,并使读者产生兴趣。2. 故事讲述、图画描绘的个案研究,它旨在叙述和描绘那些有趣的、值得仔细分析的事件、方案、章程和制度等。3. 评价性个案研究,它需要研究者对事件、方案、章程和制度等进行分析,判断其价值,使读者确信;根据研究对象的不同可以分为个人个案研究、团体个案研究和事件个案研究。

除了以上几种分类方式外,人们也认可其他类型的个案研究。如按照司腾浩斯(L. Stenhouse)的观点,个案研究至少有 4 类:1. 人种学个案研究:研究者以人种学的参与观察方法对个案进行深入研究,以了解实际情况和各种关系。2. 评价性个案研究:通过实地调查,旨在为教育工作者和决策者提供信息,帮助他们评价政策,判断价值。3. 教育性个案研究:通过实地

---

① 诺曼·K. 邓津,伊冯娜·S. 林肯. 定性研究:策略与艺术[M]. 重庆:重庆大学出版社,2007:467-469.

记录的案例,归纳概括成教育理论,充实实践工作者的思想。4. 行动研究的个案研究:在深入了解个案实际情况的基础上,完善和矫正原来的行为,旨在解决现实的问题。① 怀特(White)根据三种目的来划分社会科学个案工作的类型:身份认定(Identity)、解释(Explanation)和控制(Control)。林肯和古巴(Lincoln & Guba,1985)论述了个案研究的五种功能。拉津(Ragin,1992)将个案研究成对地进行了分类:经验的个案和理论的个案,普通的个案和特殊的个案。②

当然,在具体的实践过程中研究者往往发现并不一定完全适用以上分类,很多研究通常都是混杂在一起的,它们之间往往有个"公共地带"。而一般认为个案研究的分类主要是给我们以启发性而不是决定性的。

五、个案法在社会科学研究中的运用价值和功能

个案研究实际上如同解剖麻雀,通过对某一个体深入研究考察,可能会得到重大的发现,影响总体发展。随着科学研究的发展和实践的需要,个案研究技术所运用的领域除了体现在理论研究领域,如常见的心理学研究、教育学研究等领域以外,还扩大到医院、精神病院、救济与福利机构、公检法、劳改劳教、计划生育、企业和工厂管理、政府处理来信来访、婚姻、恋爱、家庭、民族、宗教、犯罪等研究中。例如:上海某中学积极探索教材课程改革,用实验、成品分析、行动研究等方法进行个案研究,并取得显著的研究成果。总的来说,个案法在社会科学研究中的价值和功能体现在以下三个方面:③

(一)个案法可以帮助我们了解具体情况

个案法能够帮助我们搜集有关个人或事件的相关资料,为我们提供适当的指导策略,帮助我们获得解决问题的途径。比如在教育技术课程教学的研究中,个案研究往往长期追踪信息化教育过程中的教育现象或学生心理,通过搜集相关资料,其目的是为了诊断事实,探明原委,以便解决实际问题。

---

① System Master. 个案研究法[EB/OL]. 心理咨询师,2011-03-24. [2011-10-9]. http://www.xlzxsh.com/news/html/? 2351. html.

② 诺曼·K. 邓津,伊冯娜·S. 林肯. 定性研究:策略与艺术[M]. 重庆:重庆大学出版社,2007:469.

③ 喻尔木. 个案法:解剖麻雀[J]. 现代会计,2010(6):37-38.

（二）个案法可以帮助我们解释特殊行为

个案研究在特殊性研究中发挥出"快、深、宜"的优势，从而成为社会独特现象研究的有力工具。虽然大规模的全面调查在精度和全面性上有着优势，同时更有利于将研究结论进行推广。但是，在研究某种社会特殊现象或群体时，如智障儿童、妓女、罪犯等这些少数群体时，开展大规模的调查或控制严密的实验，往往在抽样或是伦理上有很大的困难。由于个案研究的对象少，研究规模也较小，且一般都是在没有控制的自然状态中进行的，研究者可以选取一两个典型的研究对象实施研究，既不需要经过特殊的处理，也不影响研究对象的正常生活或工作活动。个案研究甚至可以对少数个案进行几年甚至更长时间的追踪研究，便于掌握个案的动态。

（三）个案法的主要价值在于从个案的详细描述与分析中，发现重要的变量，提供有用的概括和认识，形成研究假设

对于一些新现象或新事物的研究，由于认识上的不足，还难以形成系统的研究假设。因此，往往需要从个案调查开始，细致、深入了解研究中的每一个"点"，然后再扩展到对现象的普遍联系的认识，帮助研究者形成研究假设。比较典型的一个例证就是瑞士教育家皮亚杰从对自己孩子观察、访谈、实验的个案研究中受到启发，从而创立了皮亚杰儿童认知发展理论，这一理论对儿童总体发展具有普遍意义。

六、个案法的特征

个案法与调查法、实验法等研究方法相比，有其自身的特征，主要表现为以下4个方面：

（一）着重于典型事例的研究

个案法主要集中于对个别典型对象的研究，它探讨的个别典型现象，包括一系列过程、事件、个人或研究者感兴趣的其他事。例如，在教育研究中，对个别学业成绩不良、品行方面不端、身体上有缺陷、情绪上不稳定的个别学生进行深入的研究。

（二）研究内容的深入性和全面性

个案研究的范围比较小，研究者可以在研究时看到某个事物的全貌，直接、全面地观察、获得动态的资料，对观察的现象有深刻和充分的理解。一项个案研究就是有关一个特例的大量资料的汇集，以此代表整个现象。这些资料主要是文字陈述、影像、实物等，也有一些定量资料。可以运用访谈、观察、实物分析等方法。因此，研究者能够做到较精细的分析工作，并从中得出研究对象存在的问题及形成的根源，或取得成效的原因，从而针对问题或经验加以辅导与矫治，或提炼推广。[①]

（三）具有灵活性的研究

对于一些特殊的、"非正常"的社会现象，研究不可能集中在一段较短时间内突击完成，而需要随个案的发展断断续续地持续一段较长时间研究。同时，为了较全面、系统地了解研究对象，要涉及诸多方面的诊断和缺陷补偿的研究，而且有时还需要回溯研究等。因此，个案研究的设计可以因需要随时变化，而不是研究的整个过程必须依据设计好的程序进行，只要设计方案对研究对象发展有利，即可灵活采用。

（四）多样性和综合性

个案研究中所搜集的资料覆盖面广而且详细，尽可能把个案的材料搜集完整，否则就不能全面了解个案的情况，从而不能真正解决个案的问题。这些资料包括个案基本情况和历史、家庭或文化背景状况、各种测量结果及评定、观察及谈话结果等一切相关资料。在搜集这些资料的过程中，就需要综合运用各种相关研究方法，如调查访问、谈话、观察、测量，甚至医学检查等。通过直接或间接的方法全面获取材料，对个案才能有充分和深刻的理解，加深研究深度，发现挖掘问题，使研究免于表面化。

综上特点分析可知，个案研究在社会问题研究领域中占有重要的地位。这种研究适用于放在一定自然背景中进行，也特别适用于因时间而变化的事件研究。

---

① 刘毅.个案研究法及其在心理学中的发展[J].上海教育科研,2002(7):62-64.

七、个案法的适用范围

波莫纳(Bomona)将研究分为探索、设计、预测、质疑4个阶段,其中探索阶段旨在探索澄清研究计划问题及假设,故特别适合用个案法;质疑阶段旨在找出极端个案以限制结论之通用性,亦可采用个案法。① 罗伯特·K.殷将研究分为叙述、探索、假设检定、实证与解释、质疑与解释5个阶段,其中叙述阶段可用单个个案或多个个案叙述问题;探索阶段可采用多个个案来探索;实证与解释阶段可采用多个个案法;质疑与解释阶段可采用单一关键个案法。

总而言之,个案研究作为一种质性的研究,其目的不在操作变量或验证假设来回答问题,而是探讨问题中的复杂性,从研究对象本身来了解其行为。我们将其适用范围概括如下:1. 尚未有很多研究或理论基础的问题。个案研究一般而言适合研究当前较新的,未曾有许多研究或无坚强理论的研究问题,且是自然现实环境下的研究问题。在对于一些新现象或新事物的研究中,由于认识上的不足,可能难以形成系统的研究假设。因此,往往需要从个案调查开始,细致、深入了解研究中的每一个"点",然后再扩展到对现象的普遍联系的认识。2. 某些特例显然与理论相矛盾时。这种情况下,个案法往往可以通过个案加以反馈,在实践中验证理论。也可通过某些特例来不断积累资料,以个案为素材为今后的研究打基础并丰富完善现有理论。3. 适合于捕捉研究个案中人员的知识并发展理论。个案法缺乏变量操控、实验设计或控制的特点会最大限度的激发个案研究人员能动性的发挥,使研究人员根据自身的知识概念框架、分析洞察能力、归纳整合能力来描述现象、解释原因,从而发展理论。4. 研究 How 和 Why 的问题。5. 对具有典型意义的人或事进行研究。6. 对于不能预测,无法控制或由于道德原因不能重复进行的事例,个案法往往是适当的。如在教育研究中,对学生辍学、学业失败、家庭破裂、道德不良、青少年犯罪等的研究。

一般来说,判断是否适用个案法有如下准则:1. 是否只能在自然环境下进行? 2. 是否为当前事件? 3. 是否不需要控制和操作? 4. 是否已有理论基础? 5. 是否变量太多导致其他研究法无法掌握?

---

① Bomona. Case research in marketing:Opportunity, problems, and a process[J]. Journal of Marketing Research,1985,5(22):199-208.

第二节 个案法的评价

一、个案法和其他研究方法的比较

个案法作为一种定性研究工具,可以广泛应用于许多领域,个案研究能够增进我们对个人、组织、机构以及其他相关领域的了解。当然,对比其他研究方法,个案法有自己的优势,也有它的局限性所在。为了加深我们对个案法的理解,消除对传统个案法的一些误解,有必要对不同研究方法进行比较。

国内学者王建政对行动研究法、实践反思法、个案法进行了比较。他认为三种研究方法的区别可以用表 10-1 反映出来。

表 10-1 行动研究法、实践反思法、个案研究法的比较

比较项	行动研究法	实践反思法	个案研究法
1. 研究对象	工作方案、工作对象(对教师来说,是学生,对管理者来说,是管理对象)。	工作方案、工作对象、工作人员如何反思来提高工作水平。	个别的人、个别的团体或机构。
2. 研究目标	以提高工作目标达成度为参照的,工作行动水平的提高。	以工作目标达成度提高为依据的,研究假设的确认。	了解和掌握研究对象的有关内容。
3. 取样	一般为工作行动中涉及的所有对象学生或教师都可以作为研究对象。	同"行动研究"。	单个人,单个团体、机构。
4. 研究方案设计	在工作之前,先建立工作方案,研究步骤基本与工作步骤同步。	在工作之前,先建立研究假设,研究步骤与工作步骤同步。	分"追踪""追因"的不同研究目标来设计具体研究方案。

续表

比较项	行动研究法	实践反思法	个案研究法
5.测量、评估	掌握测量工具的使用方法，参与专家一起对测量结果作效果分析。	掌握测量工具的标准化使用规则、掌握测量结果对评价的作用。能独立分析绩效。	掌握测量工具使用方法。能够独立地运用测量结果来评估研究对象的各方内容水平。
6.结果应用	研究发现可立即应用于工作之中并可经常运用于调整工作实际。	可立即应用于同等人员条件的教育实践中。	要经过一定归纳比较后，慎重引用。

（资料来源：王建政.行动研究法、实践反思法、个案研究法的应用比较[J].上海教育科研,2002(5):43-44.）

另外，西方学者罗伯特·K.殷仔细地区分了不同研究方法的特点，从适用条件的角度对个案研究法和其他方法进行了比较。在他看来，案例研究同其他研究方法（实验研究法、历史研究法、调查法、档案分析法、历史分析法）既存在相似的一面，又有不同的一面。具体如表10-2所示：①

表10-2　不同研究方法的适用条件

研究方法	研究问题的类型	是否需要对研究过程进行控制	研究焦点是否集中在当前问题
1.实验法	怎么样、为什么	需要	是
2.调查法	什么人、什么事、在哪里、有多少	不需要	是
3.档案分析法	什么人、什么事、在哪里、有多少	不需要	是/否
4.历史分析法	怎么样、为什么	不需要	否
5.个案研究法	怎么样、为什么	不需要	是

（资料来源：罗伯特·K.殷.个案研究:设计与方法[M].周海涛,等,译.重庆:重庆出版社,2005:7.）

———————————

① 罗伯特·K.殷.案例研究方法的应用[M].周海涛,译.重庆:重庆大学出版社,2004:11.

从客观上来说,一种特定研究方法或者研究工具的选择,主要同该研究的实际需要以及研究者的研究旨趣有关,而同某种方法本身的好与坏没有关系。

二、个案法的优点

个案法在实际的应用当中具有如下的优点:

(一)找到个案本身内隐的实质性因素和关系

由于专注于某一个案,因此个案法能全面地调查了解个案本身及其相关因素。从斯拉姆(Schramm)所阐述的"案例研究的本质,也即各类案例研究的核心意图,在于展现做出一个或一系列决策的过程:为什么做出这一决策? 决策是怎样执行的? 其结果如何?"①由此可以看出,个案研究的对象是从原因到执行,再到结果的逻辑链,是对一系列调查的结果进行分析推理的结晶。

(二)调查研究内容动态,资料来源的可信度较高

个案法重视把研究对象放到社会、文化背景中加以考察,调查研究的内容是动态的,强调历史状况与发展过程,调查研究者能够在研究过程中得到许多体验和感受,感性知识比较丰富。依靠与被调查者有较长时间、较亲密的接触而得来的资料可信度相对较高,也降低了对格式化了的问卷的依赖。

(三)最适用于获取有关课题的丰富资料

当研究者不确定研究的主体时,便需要这些详细的资料。个案研究特别有利于研究者发现进一步研究的线索和概念。② 这表示个案研究不仅适用于研究的初探阶段,也能用于收集描述性和解释性的资料。

---

① Wibur Schramm. Notes on Case Studies of Instructional Media Project, working papers for the Academy for Educational Development[M]. Washington. D. C,1971:43.

② 李静. 个案法[EB/OL]. 中国观察网,2008-1-23. [2011-10-9]. http://www. lookinto. cn/article. asp? id=3471.

（四）可以针对特殊事件或极端事件进行研究

个案法不仅可以对典型代表用户开展研究，获得启示性成果，也可以对特殊事件或极端事件展开研究，以否定寻求"肯定"的答案。对现有产品的批判性，如电梯设计。对于创新设计、改良设计、深度设计都能提供相应的依据。系列个案研究也可以组织成为"多案例研究"，从而由"点"的存在获得"面"的结论。

（五）使研究者具有更为广阔的视角和视野

个案研究的资料来源相对而言比较广泛：文献、历史文物、系统性的访问、直接观察和传统的调查研究都能成为个案研究的资料搜集手段。事实上，案例的资料来源越多，研究就越具有效度。因而拥有更多更广泛的案例资料来源能够使得研究者拥有更广阔的视角。

（六）研究者可以进行纵向的系统跟踪研究，避免横向研究可能产生的偶然性

个案研究往往会在一个较长时间内连续跟踪研究单个的人或事，追踪研究短则数月，长达几年或更长的时间。这种纵向研究方式往往能够使研究者看到研究对象比较完整的发展过程和发展过程中的一些关键转折点，这也是横向研究所不能达到的。因此，个案法可以很好地避免横向研究产生的偶然性。①

三、个案法的缺陷

虽然个案法在对研究对象的全面、细致了解方面有着其他方法难以比拟的优点，但其自身也存在着明显的缺陷。

（一）研究样本小，所获结果缺乏代表性，即使是多个个案的材料，要用以说明总体时也要特别慎重

由于个案法以单一个体或一团体为研究对象，而个案又具有自身的特

---

① 唐本予.个案研究法[J].上海教育科研,1984(5):53.

点,因此代表性低。即使个案研究本身的结论是客观的,结果是颇有成效的,但要想得到广泛适用的结论尚且需要多种个案研究后的综合归纳,才能符合从特殊到一般的演绎,从而得出代表总体的特点。因此,国外有学者认为理论可建立在个案研究基础之上,但个案不能验证理论,个案法更适合于探索性问题的研究。

(二)个案研究难以完成因果关系的论证研究

个案研究一般是对个别对象进行的非控制的观察,所提供的材料往往是粗略的、描述性的。这导致我们在个案研究中,虽然可以通过研究对象以往经验来推断导致问题的根本原因,但是却不能肯定问题就是某种经验引起的,也因为研究者不能设置情境,控制变量,也就是说不能确定两件事件的因果关系。

(三)个案研究很难重复并且结论的信度和效度检验很困难

即使两个研究者同时独立地对同一事例进行个案研究,他们的结果也可能很不同。因为个案研究不存在严格规定的程序,不同研究并不是在严格的程序指导下循序渐进地获得结果,是很大程度上依赖研究者个人的风格和兴趣。事实上也从未有人企图通过重复来检验个案研究。个案研究的结论需要通过其他途径来检验。

(四)采用定性描述分析,缺乏量化,主观性较强,对研究人员的素质要求相对较高,误差率也相对较大

在所收集的事实当中,研究者必须得辨别哪些是重要的部分,然后决定取舍,再对所取得的资料加以综合的判断、分析,作为处理的依据。这一点往往需要科学工具与专业知识的帮助,需要专业人员和一定的资金,因此导致个案研究的广泛应用有困难。另外一个重要因素就是研究者的主观偏见,这一直是影响客观地搜集和分析资料的因素。研究者往往根据先入之见及有限的个体观察到的表面一致性,而得出在效度方面没有确定可靠的根据的结论。

（五）需要耗费大量的人力和时间，并且研究对象难以合作，实施困难①

个案研究需要对研究对象进行长时间跟踪研究，比如，对儿童进行一定的训练和矫正，往往需要追踪几年或者几十年。由于研究时间长，有时候还需要较多的人力和物力支持。除此之外，个案研究往往需要采用多种方法搜集各种资料，这也需要耗费大量的时间、人力、物力。同时，尤其是研究对象是人的时候，由于个人隐私等各种问题，研究对象很难做到与研究者进行长期的合作。这些问题都导致个案法很难实施。

（六）个案研究中的道德问题

在个案研究中，由于研究者对被研究对象资料的描述较详细，所以很容易辨认出个案的身份。这样在公开研究结果时，就不得不考虑到对当事人所带来的影响等复杂的道德问题。对被研究者生活和言谈的描述不仅可能造成对他们身份、职业和自我尊重的伤害，而且会暴露隐私和使他们难堪。资金资助、学术目的、口头的允诺都不意味着可以侵犯别人的隐私，最好的研究价值也不可能与披露人所造成的伤害相比。定性研究者在人们的私人空间只是一个客人，他们应该有合适的礼仪举止和严格的伦理规范。当规则不允许人们揭发别人隐私时，问题也随之产生了。比如当人们期望考察规范的行为，但没有提到一些严重违反规范的行为时，研究报告是不可信的。既要说明研究结果，又要尽量避免对当事人或当事团体的损害，研究者应努力在这二者之间寻求最佳点。

小资料：代表性还是典型性：个案的属性与个案法的逻辑基础（节选）

在国内外社会学界，问卷调查成为主流研究方法；个案法则备受批评，而较少被采用。在各种批评意见中，代表性问题成为个案法遭受最多批评的问题。例如，人们常常发出疑问：对单个个案的研究，能有代表性吗，能有多大的代表性？个案研究的结论怎么能推论到总体？可以说，个案研究的代表性问题是国内外社会学界至今还没有完全解决的问题。

---

① 龙耘.注重宏观把握审视整体过程（下）:定性研究方法简介[J].当代传播,2000(6):39-43.

笔者在仔细阅读了罗伯特（Robert K. Yin）的《个案研究：设计与方法》，并经过对该问题的长时间思考之后，得出了一些心得，在此提出来与同行讨论。笔者认为，关于个案研究的代表性问题是"虚假问题"，因为个案研究并不一定要求个案具有代表性。所谓代表性，指的是样本的一种属性，即样本能够再现总体的属性和结构的程度。那么，个案是不是统计样本呢？显然不是。因为在个案研究中，没有明确的研究总体。或者说，在个案研究中，研究总体的边界是模糊的。正因为个案不是统计样本，所以它并不一定需要具有代表性。

显然，如果个案能有较大的代表性，个案研究结论也就具有较大的可外推性。在个案的代表性不清楚的情况下，怎样才能提高个案研究的可外推性呢？一个重要的解决办法就是选择具有典型性的个案。典型性不等于代表性。典型性不是个案"再现"总体的性质（代表性），而是个案集中体现了某一类别的现象的重要特征。

任何个案，都具有共性和个性，是共性和个性的统一。在个案中，共性通过个性而存在，并通过个性表现出来。如果一个个案能较好地体现某种共性，那么，对于这个共性来说，这个个案就具有了典型性。但是，并非个案的所有个性特征都是共性的表现，有些个性特征可能是为该个案所独有的。因此，个案研究，既是通过个性研究来寻找共性（即典型性），又是通过个性研究来揭示个案的独特性。个案因而具有典型性和独特性这双重属性。

（资料来源：王宁. 代表性还是典型性：个案的属性与个案法的逻辑基础[J]. 社会学研究，2002（5）：123-125. ）

第三节　个案法的一般程序

在通常情况下，个案法包括：形成研究问题，个案的抽样，制定个案研究方案；进行个案现状评定；搜集资料；资料的诊断与因果分析；追踪研究；撰写个案研究报告等7个步骤。

一、形成研究问题，制订个案研究方案

任何研究，确定所要研究的问题和选择合适的对象是进行研究的起

点。研究者在一开始就要准确地确定所要研究问题的本质是什么。一般来说,进行个案研究的问题应该满足三个条件:问题要与当前在真实环境中发生的事件和行为有关。研究的问题可来自对理论的疑惑与追问、对相关文献的阅读反思以及自己工作实践中遇到的具体问题。教师所涉及的个案研究问题许多都来自实践,如李志,金莹以重庆 TXG 公司为个案研究民营企业员工激励问题与对策问题①。研究的具体问题可进一步确定为:民营企业在员工激励上存在的典型问题是什么? 民营企业员工的需求有哪些? 经实践检验,行之有效的激励措施有哪些?

个案研究方案是指实施研究的计划,是进行个案法研究必须具备的前提条件。为了有效地开展研究,进行个案研究之前,需要制订个案研究方案。个案研究方案一般包括:研究的对象与问题、研究的目的与重点、研究的步骤、研究的内容与方法、研究预期成果几部分。当然,个案研究的设计需要依据实际情况的变化进行修改或调整。

小资料:理论在个案研究中的作用

马林诺夫斯基(Malinowski,1992/1984)声称,思想禁锢的人和不断接受新思想的人在行事上有很大区别。他指出:"好的理论训练以及对最新成果的了解,与'先入为主思想'是不同的。如果一个人在开始做一次考察,决心验证某种假设,如果他不能经常改变他的观念,在事实面前抛弃它们,不用说,他的工作将毫无价值。但是他带到实地的问题越多,他就越习惯根据事实建构他的理论,就越习惯从理论的角度观察事实,他对研究的准备工作就越好。在任何科学研究中,先入为主的思想都是有害的,但是'预示性问题',是科学思考者的天赋能力的重要体现,观察者凭借自己的理论研究才首先把这些问题揭示出来。"像所有的研究一样,个案研究也有一个概念上的结构,它通常由几个研究问题组成,这些问题不仅仅是信息性问题,如"谁影响了她的职业选择?"或"他的教学效果怎么样?"而且也是论题或者主题性的概念,比如"雇佣决策的改变要求工作业绩评价指标以什么方式改变?"而理论对于这些研究问题的形成至关重要。除此之外,理论对描述性个案研究很重要。描述性个案研究中的理论不仅仅是因果

---

① 李志,金莹.民营企业员工激励问题与对策——以重庆 TXG 公司为个案研究[J].重庆大学学报:社会科学版,2004(1):123-125.

关系的一种表述,而且涉及对象所能被描述的广度和深度。如果你要描述一个人、组织或一些个案研究的其他可能的对象,你的描述应该从哪里开始,到哪里结束? 描述应该包括什么,应排除什么? 用来回答这些问题的标准将构成你描述时所需要的"理论"。研究者应事先声明该理论,听取评价和建议,为以后进行的描述性个案研究服务。一种深思熟虑的理论将有助于开展正确的描述性个案研究。

(资料来源:诺曼·K.邓津,伊冯娜·S.林肯.定性研究:策略与艺术[M].风笑天,等,译.重庆:重庆大学出版社,2005:472.)

二、个案的抽样

为了选取具有能完成研究任务的特性及功能的样本,个案研究往往采用有目的抽样。所谓有目的抽样是指当我们想要了解与选取样本有关的事物时,不需要概括所有相类似个案的抽样方式的有关有目的抽样的策略,帕顿、王文科和陈向明分别给予详细的论述。根据他们的观点,归纳出下列 8 种策略。[①]

(一)代表性个案抽样

研究者需要找出被研究对象的大致特征,然后排除不符合一般情况的人,从中选取具有一定代表性的个案,目的是了解被研究对象的一般情况。比如,当我们要研究一位医院院长的时候,先简单的分析出医院院长的大致特征,选取时要排除妇女、独身者、年龄小于 35 岁或超过 55 岁等不符合一般情况的人,以确保个案的代表性。

(二)关键个案抽样

研究者需要选取对事件产生决定性影响的个案进行研究,以期把研究结果推广,适用于其他个案。当进行一项医改实验时,我们可以选取大家公认较好的医院进行,如果成功的话,推广到其他医院的可能性极大。这可以为我国医疗制度改革提供策略。

---

① 潘苏,东白芸.作为"质的研究"方法之一的个案研究法的发展[J].全球教育展望,2002(8):62-64.

同时,研究者还可以通过选择研究现象中非常极端的情况进行调查。虽然它不具有代表性,但是反映的是特殊条件下事物发展变化的模式,所揭示的内容会较为有说服力。比如,我们打算对全国 200 所医院的医生生活满意度情况进行调查,若人力、物力、时间有限,就可以从"最好的"医院和"最差的"医院(可以事先从有关信息渠道了解)中各选择出两种医院进行密集深入的调查,作为个案进行分析。

(三)配额抽样

研究者先将研究对象按照一定的标准进行分层,然后在不同层面进行目的性抽样,这样可以了解每一个同质层面内部的具体情况,然后在不同层面进行比较,达到对总体异质性的了解。比如,如果我们想了解中国医院的运行情况,鉴于东部、中部和西部三类地区的差异很大,可以从三类地区各选择一所城市医院和一所乡村医院进行研究。这种研究能详细了解不同地区的医院发展运行情况。

(四)声望个案抽样

研究者在被研究对象中选取 1 ~ 2 名公认的声望较高的人进行研究,当我们想研究一位好医生的生涯时,向院领导了解情况时,他们往往会推荐出个人声誉较高的医生。

(五)滚雪球式抽样

当我们想了解某件事件时,可以通过一定的渠道先找到一位知情人,然后通过他再结识更多知情者,进一步了解情况。通过如此一环套一环地往下追问,研究的样本像雪球样越滚越大,直到收集到足够的信息为止。然而,这种方式有一个弱点,就是所有提供信息者可能会是同一类人。

(六)效标抽样

事先为抽样设定一个标准、一些基本条件或者是一种理论,然后将所有符合这个标准或者是可以对该理论加以证实的实例进行研究。比如,如果认为环境会对人的成长有重要影响,那么就可以选取一对生活在不同环境下的双胞胎作为案主,对他们的生长过程进行研究,考察环境对他们的成长有什么影响。通过研究的结果来判别理论的正确性,若不完全正确,则需要修改原来的理论。

(七)证实和证伪个案抽样

这种抽样策略常在研究的后期使用,目的是验证或推翻研究者在研究结果的基础上建立的初步理论假设。比如,我们在一项研究中发现,父母文化程度高的孩子学习成绩一般都较好,要证实或证伪这个初步的结论,就可以采用这种抽样策略,抽取更多的、不同类型的家庭就这个结论进行调查。

(八)综合抽样

当要调查每个参与者、组织、情景、事件或其他有关的资料时,我们往往采用综合抽样的策略。其适用条件是每个构成的单元大小适中、便于处理,同时各个单元的性质差异较大,遗漏哪一个都会对结果产生较大影响。如:当研究一项中学生社会活动的方案时,我们就必须了解活动所涉及到的不同类地点,对大学、图书馆、博物馆、青少年宫、幼儿园、社区医院、希望工程办公室等处都经过调查以后,才能对整个方案有一个全面、深刻的了解。

三、进行个案现状评定

确认个案的抽样后,随之而来的工作就是要对个案现状进行了解与评定。如果我们研究个案,会发现几乎所有个案都是一个有机的特定个体,个案是一个"有界的系统"。在社会科学和公共事业中,个案都是工作的内容,它有自身的目标,有自己的特征,它是一个综合体系。孩子无论多么幼稚,他始终是一个生理学、心理学、文化和美学等多种因素的综合体系。[①] 我们这里讲述的一般个案现状评定的基本内容除包括个案表面现状突出的方面,除进行专门的测量与评定之外,还应对个案的现状有一个全面的了解与评定。总之,了解、评定那些有助于研究者认识个案各方面发展的平行、协同的关系,有助于发现个案潜在发展趋势的现状。以研究

---

① 陈向明. 质的研究方法与社会科学研究[M].上海:教育出版社,2001:132.

学生学习障碍为例,可以考虑个案的各科学业成绩,智力测验成绩,个性测验情况,个人的兴趣爱好,父母的文化水平、职业及兴趣爱好,家庭教养、经济、成员间的关系,社会交际能力及教师教学情况等。

四、搜集资料

对个案资料的数据搜集可以分成两个阶段。第一阶段,可以通过文献检索的方法,搜集与研究问题和个案相关的各种资料,如相关的研究论文、研究报告、官方文件、个案所处的社会背景、环境等,从而为实地阶段的研究做好充分的准备。第二阶段是进入现场对个案进行全面深入的考察。此阶段对个案研究来说,并没有唯一或专有的搜集资料的方法,可以综合运用多种搜集方法。用得比较多的是观察、访谈和实物分析,有时也运用填调查表、面试或测查等方法。

1. 观察

透过观察,可以取得一些相关行为以及环境条件的信息。研究者可以对个案周围的物理环境、人际氛围等进行描述记录。值得重视的是,进入现场前研究者要设计观察提纲,确定观察的内容、事件行为以及观察时间,可以进行观察的全程式的描述记录,也可以仅对发生的事件或行为进行记录。

2. 访谈

因为大部分的个案研究都是和人有关的事务,因此访谈就成为个案研究证据的基本来源。通过访谈可以获得那些我们不能直接观察到的信息,如想法、态度、愿望、经验等,或那些已经发生的事件,从而达到对个案的现状与缘起的深入了解与分析。通常采用半结构式访谈,即访谈前要设计访谈提纲,访谈中以提纲为主线,根据被试的反应作灵活追问。在访谈中,STAR 原则是提高访谈深度及广度的一个重要原则。

3. 实物分析

实物是在自然情境下生产出来的产品,可以提供有关被研究者言行的情境背景知识。包括用各种手段记录下来的官方类和个人类的所有资料或图片,如书报杂志、档案、统计资料、广播影视资料、各种工作记录以及私人保存的资料(如书信、日记、家庭记录、照片等)。这些资料由于研究者的直接干预较少,往往更加"真实""可信",可以印证和补充观察、访谈的内容,且对研究过程不产生任何干扰。其不足在于它并不是为做研究而特别准备的材料,因此缺乏研究数据所需要的详尽性和针对性。

在资料搜集的过程中应遵循三条原则:(1)尽量采用多种方法、从多种角度、按不同来源搜集数据,这样可使研究者对数据进行互证。如对一个患抑郁症的大学生的患病原因的研究,资料搜集可以有观察、访谈、心理测验、实物分析(如该生的日记等)等多种方法,也可对该生、其老师、同学、家长等多方访谈探究其真正的发病原因。(2)建立个案研究的数据库,可以包括研究者的笔记、文件、访谈、观察的原始记录,基于调查形成的表格、档案等。(3)建立证据链,从而使一个外来者能够从最初的研究问题,跟随相关资料的引导,一直追踪到最后的结论。

五、资料的诊断与因果分析

诊断与因果分析是进行个案研究的基础。搜集资料,并加以整理的目的是要研究产生特殊或异常行为的原因,理清问题发展的脉络,发现各种因素中有哪几个主要因素对个案有影响。对于以摸索推广经验或模式为主要目的的研究者,除认识问题产生的因果关系外,还需花气力,确定问题出现的症结所在,对个案进行必要的诊断。造成个别问题产生的原因,有的容易发现,有的不容易发现;有的很复杂,有的较单纯。因此,研究者在诊断问题原因时,应该谨慎行事。有条件的地方,要依靠专门的仪器诊断、标准化的测量工具进行诊断。无条件的地方可采用经过实践确定的简易筛查方法、手段进行初步诊断。

个案研究的资料分析没有特殊的程序或规则,但罗伯特·K.殷提出的三种分析技巧可供参考:①

1. 模式比对。将一个具有实证基础的模式与一种或几种假设的模式相比较。若假设的模式和实际情况不相称,最初的研究构想就应当质疑。

2. 建构解释。研究者透过对研究现象原因的陈述,建构出一种解释。这种技巧可以采取几种形式。典型的方法是,研究者提出关于某些过程和结果的基本理论陈述,并与初步的个案研究相比较,修正前面的陈述,再分析第二种类似的案例,并多次重复这种过程。

3. 时间序列。研究者把资料中一系列的观点与假设的理论趋势或其

---

① 龙耘.注重宏观把握审视整体过程(下):定性研究方法简介[J].当代传播,2000(6):39-43.

他类似的趋势相比较。例如,几个城市曾发生青少年暴力事件,个案研究者可能提出这些城市的青少年接触大众传媒行为以及媒介内容的假设并进行个案研究,检验这些假设是否正确。

由于个案研究的独特性,仅靠一次诊断是不容易准确的。多数现象的产生及变化是一个长期的活动,某些控制措施的实施也往往要在一段时间以后才能比较全面地看到效果,因此,对于所研究的个案对象,有必要用一段较长时间的追踪观察与研究,以检查研究结论是否有效。如果有效,个案研究工作就算告一段落,如问题还没有解决,那就要重新诊断和重新矫正,继续研究下去。

六、追踪研究

在个案研究的诊断与假设、矫正与指导过程中难免出现错误的判断和推论,因此对于所研究的个案对象,特别对那些实施过矫正与个别指导的个案对象,有必要用一段较长时间的追踪观察与研究,以检查矫正是否有效。追踪研究就是在一个较长时间内连续跟踪研究单个的人或事,搜集各种资料,揭示其发展变化的情况和趋势的研究方法。追踪研究短则数月,长达几年或更长的时间。追踪研究主要有以下步骤:①

1. 确定追踪研究的对象和目的

研究者首先要明确追踪研究的对象和目的。换句话说,研究者要确定追踪研究对象是个人还是团体或机构,要追踪研究对象的哪些方面,追踪旨在了解哪些情况。

2. 实施追踪研究

追踪研究一定要紧紧围绕课题确立的内容进行,要运用规定的手段搜集有关的资料,不能让重要的信息遗漏,也不能被表面的现象迷惑。追踪研究需要较长时间,研究者一定要持之以恒,不能半途而废。

3. 整理和分析搜集到的各种资料

对搜集到的各种个案资料,要进行细心的整理和分析,作出合理判断,揭示出个案发展变化的特征和规律。必要时还要继续追踪,继续研究。

---

① 风笑天.追踪研究:方法论意义及其实施[J].华中师范大学学报:人文社会科学版,2006(6):43-45.

4.提出改进个案的建议

研究者要根据对个案追踪研究的结果,进一步提出改进个案的建议,指导和促进个案的发展。

总之,追踪研究是对相同的个案进行长期而连续性的研究,研究者能真实而直接地获得研究对象发展变化的第一手资料,能深入了解个人或某一现象的发展情况,弄清发展过程中的个别差异现象。但追踪研究也有其明显的缺点。首先,它费时且难以实施。想获得问题的答案,往往需要一段相当长的时间,有时还需要较多人力和物力的支持。其次,由于时间长,各种无关因素都可能介入而影响研究结果。此外,还由于时间太长,研究对象是否长期合作,以及研究对象的流失都是问题。

七、撰写个案研究报告

通过上述各步骤的研究,研究者经过一定的理论与逻辑的再认识,形成了自己的观点,又通过把感性认识加以探索性的实践,并上升到初步理性认识阶段。这时,就可以着手撰写个案研究报告。个案研究的表述方式没有固定的格式,而是随着研究的展开,研究者根据需要灵活选择。一般来说,不论研究者采用什么样的写作风格,研究报告通常包括以下几个部分:

(一)研究对象概况

个人简况。主要包括研究对象的基本情况以及研究问题的概述。包括问题的提出、研究的目的和意义。研究对象概述是整个研究的基础,这一部分内容为报告研究对象的诊断情况、提出研究问题做了铺垫。

(二)研究方法的选择和运用

包括抽样的标准,即个案是如何选定的;进入现场以及与被研究者建立和保持关系的方式;采用什么方法搜集资料和分析资料;关于研究伦理的考虑;研究实施过程,即研究持续时间的长短,访谈、观察的时间表及频率等。此部分的叙述要足够详细,使读者能够通过文章透彻地了解研究过程。

（三）个案研究结果分析

这一部分是用描述性方法完成一份个案研究以及撰写出研究报告的关键，也是整个研究的难点。在这一部分内容中，主要解决分析什么和怎样分析的问题。

小资料：个案研究报告（节选）

民营企业员工激励问题与对策
——以重庆 TXG 公司为个案研究

员工激励是指企业根据员工的特点，通过实施有计划、有目的的措施，营造具有刺激作用的外部环境，引起员工的内在心理变化，使之产生企业所期望的行为，以促进组织目标实现的过程。员工激励是人力资源开发与管理中的重要内容，激励效果直接影响员工的工作积极性、工作效率乃至企业的生存和发展，因而成为民营企业关注的重点。

一、个案研究背景

重庆 TXG 公司是一家以机械制造为主，多元化经营的民营企业。该公司成立于 1996 年，现有员工 131 人，管理人员 28 人，其他员工 103 人。总资产近 1.5 亿元。TXG 公司在经历了艰苦的创业期后，已经进入相对稳定的发展阶段。管理上由经验型管理向知识型管理转变，家族式管理色彩淡化，开始注重人力资源管理并在实践中摸索与企业自身相适应的方法。由于该企业属于发展中的民营企业，对其激励问题的研究有利于在一定程度上了解我国发展中民营企业员工激励状况，为相关民营企业提供有效借鉴。

二、研究方法

本文以该企业为个案，采用问卷调查法、访问法相结合的方法，探讨该企业人力资源激励管理中存在的问题，提出相应的人力资源管理策略。

三、企业员工激励存在的问题

（一）员工参与管理的机制不健全

调查发现，企业忽视对员工参与管理这一有效的激励措施的运用。……（阐述部分省略）

（二）薪酬不能充分调动员工的工作积极性

薪酬是员工工作的直接动力，合理的薪酬能起到有效的激励效果。调查发现,TXG 公司的薪酬并没有完全发挥激励作用,主要表现在:(1)薪酬与能力联系不紧密。(2)薪酬偏低。……(阐述部分省略)

（三）晋升制度不规范

企业的家长式集权管理模式成为合理利用人才的最大障碍,表现在制度上就是晋升制度的缺失或不规范。……(阐述部分省略)

（四）员工培训体系未建立

调查发现,由于员工培训体系未能建立,致使员工培训的激励作用不能完全发挥。……(阐述部分省略)

四、企业员工需要分析

本研究对员工的 11 项需要进行了调查,根据马斯洛的需要层次理论,将调查结果归入生理需要、安全需要、爱与归属需要、自尊需要和自我实现需要五个层次。统计分析发现,企业员工需要由强至弱依次为自我实现需要、生理需要、安全需要、自尊需要、爱与归属需要,企业员工需要呈现出了以自我实现需要为主导及生理需要不可缺少的特点。……(阐述部分省略)

五、完善企业员工激励的对策

（一）通过多途径满足员工发展的需要(阐述部分省略)

（二）科学设计薪酬制度,发挥薪酬的保健与激励作用(阐述部分省略)

（三）精神激励与物质激励相结合(阐述部分省略)

（资料来源:李志,金莹.民营企业员工激励问题与对策——以重庆 TXG 公司为个案研究[J].重庆大学学报:社会科学版,2004(1):123-125.)

本章思考题

1. 个案法的特征有哪些?
2. 个案法的一般程序是什么?
3. 个案研究报告包括哪些部分?
4. 当前,大学生面临着越来越大的就业压力,很多大学生反映自己的幸福指数也随压力的增加而降低,几乎体会不到"天之骄子"的自豪感。那么,大学生的幸福感状况到底如何? 请你以你所在的学校为个案做个案研究,请按个案研究的实施步骤,采取访谈法收集资料,拟订一份研究方案。

推荐阅读

1. 王建政. 行动实践法、实践反思法、个案研究法的应用比较[J]. 上海教育研究,2002(5).

2. 麦瑞尔姆. 质化方法在教育研究中的应用:个案研究的扩展[M]. 于泽元,译. 重庆:重庆大学出版社,2008.

第十一章

文献法

潘丽霞

问卷法、访谈法、实验法等前述研究方式都具有一个共同的特点,就是它们都要接触研究对象,都要收集和使用直接从社会成员那里获得的第一手资料。本章所要介绍的文献法最显著的不同在于它不是直接从研究对象那里获取研究所需要的资料,而是去收集和分析现存的,利用各类物质载体所记录并用以交流传播的一切文字、图表、数字、符号、音频、视频等知识信息资料的文献,从而达到某种调查研究目的。从研究的逻辑和基本原理上看,这一研究方式与其他几种社会研究方式(尤其是调查研究的方式)并无大的区别,只是由于这种研究方式所用资料的不同、资料来源的不同,因而导致其在具体的操作程序上有所不同而已。文献法可分为文献的定性分析与定量分析,本章重点介绍文献定量分析法中的内容分析、现存统计资料分析、二次分析与历史比较分析。

第一节　文献与文献研究

"文献"一词,古已有之。最早见于《论语·八佾》:"夏礼吾能言之,杞不足征也;殷礼吾能言之,宋不足征也。文献不足故也"。后朱熹集注:"文,典籍也;献,贤也"。故文献最早是对记载着古人先贤各种见闻、礼仪、思想以及行为的古文典籍的总称。后随着社会的发展,文化内容的多样性,特别是信息技术的发展,导致文献信息容量的广度和深度发生了质的变化,现指以文字、图表、符号、数字、音频、视频等为手段,以知识、信息为对象,所形成的信息资料载体。文献由三大要素构成:记载载体、记载对象、记载手段。

一、文献的类型

(一)按记载方式不同,文献可划分为手笔型、印刷型、图像型、音频型、微机型

手笔型是指通过各种笔录工具,以写、篆刻等方式进行记录的方式,形式如竹简、帛书、刻文、手稿等,此文献类型应用时间最早,使用范围较广。印刷型是指以纸张为载体进行记录的文献。形式包括胶印、铅印、油印、复印等。此文献类型能将各种信息以固定的形式保存下来,便于传阅,使用

方便,多用于报刊、杂志、书籍等。图像型是通过相机、图像工具等记载的各种图片、摄影成像。此文献形式优点在于直观,便于理解和掌握,并可多次反复使用。音频型是指通过录音形成的声音文献。该文献与图像型文献类似,应用范围日益广泛。微机型是指借助计算机,以磁盘、光盘、网络等为载体进行记录的文献。随着新技术的发展和应用,此文献形式的应用领域也越发广泛。

(二)按文献加工次数的不同,文献可分为零次文献、一次文献、 二次文献、三次文献

零次文献是指对当时的社会事件或者行为的直接记录,是作者根据自己的所见所闻形成的第一手的原始资料,没有经过任何的加工。如原始手稿、日记、回忆录、纪要等。零次文献具有唯一性。一次文献不是作者对社会事件的直接记录,而是在零次文献的基础上,结合自身经历和见闻加工而成的。属于加工型文献,具有独创性。二次文献程度更进一步,是指在对零次文献和一次文献进行广泛收集、整理、分析的基础上进行再加工,形成新的文献形式。此文献形式在内容上与零次文献和一次文献有一脉相承的关系。三次文献是作者在二次文献的基础上,对文献的框架、研究思路、内容进行分析、归纳、总结,提炼成为新的文献。以便人们能够快速掌握该类文献在对特定问题的阐述中所表达的思想。三次文献具有高度的概括性和总结性。但它是在前文献的多次加工后整理得到的,加上此一过程中,作者偶或加入自身的价值判断,难免会出现信息失真的情况。因此,在使用三次文献的时候,应综合考虑资料的来源、应用领域等,力求做到去粗取精、去伪存真。对这四类文献,还可以进一步划分为未加工文献和加工文献。未加工文献即指零次文献;加工文献包括一次文献、二次文献和三次文献。

(三)按文献资料来源的不同,文献可划分为个人文献、社会组织 文献、大众传播媒介文献和官方文献

1. 个人文献

个人文献主要包括个人写的日记、信件、回忆录和自传等。

(1)日记。商务印书馆对日记的注解是"天天记录生活经历的笔记"。日记是当事人对自身及周边所发生的事情的记录、感想、看法及处理意见,

反映了当事人当时的心境。通过日记可以透析当事人的思想。但是,日记大多记载着个人隐私,因此,传播面不广。

(2)信件。信件作为人与人之间沟通联系的工具,在一定程度上反映了当事人的情感、思想、价值观以及对周围事物的看法。因此,将信件作为个人文献,有其必然性和必要性。

(3)回忆录。回忆录是作者对过去一定时间亲身经历、亲身体会的事情的回忆,是其对过去事情的叙述、评价。在对过去事情的研究中,回忆录具有极高的历史研究价值。

(4)自传。自传是传记的一种,主要用于记叙人物自己的生平事迹。

2.社会组织文献

社会组织文献是指社会各企事业单位、各社会团体的章程、制度、报告、报表、文化资料等。

3.大众传播媒介文献

大众传播媒介文献的存在形式以报刊、杂志、书籍、影视资料、网络资料为主。

4.官方文献

官方文献的发布主体是政府机关,主要包括统计资料、公报、政策法规、文件等。

二、文献研究及其特点

(一)文献研究的定义

文献研究是将现有的信息资料进行收集、整理,在此基础上,借助一定的研究方法,对其内容、框架、思路进行分析、总结。目的在于获取相关信息,进而应用于相关课题的研究。文献研究过程,其实就是获取有用信息并进行加工的过程。一般而言,社会研究中的文献研究主要是利用二手资料进行分析,具有非常明显的间接性、无干扰性和无反应性,因此也称为"非介入性研究"或"无回应性研究"[①]。间接性是指文献研究面对的是已成文的信息资料,而没有直接从事件发展中获取相关信息;无干扰性是指

① 仇立平.社会研究方法[M].重庆:重庆大学出版社,2008:239.

在搜集文献资料的过程中,资料本身不会发生变化,能够真实、自然反应事件发生的状态;无反应性是指文献研究的对象是毫无感情的文献资料。

在众多社会研究中,文献研究得到了广泛而深入的使用,并取得了令人瞩目的成就。马克思的《资本论》、美国社会学家托马斯和兹纳涅茨基所作的波南农民的研究等都采用了大量的文献分析。可以说,文献研究作为社会课题以及科研课题研究极其重要的一部分而存在。特别是如今信息容量急剧膨胀,要从浩如烟海的信息中提取有价值的信息,文献研究则是必不可少的方法之一。

(二)文献研究的作用

1. 有利于快速了解、把握前沿的研究领域

科学的发展,离不开继承和发扬,真理般的知识更是需要广泛借鉴。随着信息技术的发展和信息容量的扩大,现代科学不再孤立存在,不再"闭门造车",各学科间、学科内部各分支乃至各分支不同研究者之间的研究成果都存在或多或少的联系,要充分吸收、借鉴已有的优秀成果,从一定程度来看,就必然需要应用文献研究这一方法。通过文献研究,可以充分了解前人或者他人对某一类型问题或某一领域问题的阐释,了解这类问题的来龙去脉,从而在此基础上展开新的研究,进行创新与再创新。

2. 有利于研究课题的立题

一个课题的研究方向是否得当,研究内容是否符合时代发展的要求,研究结果是否正确乃至为人所接受,很大程度上有赖于课题选题的确定。同时,如果确定的选题是他人已经研究过的或者是正在研究的,这样的课题研究最终也只能是无用功。也就是说,课题选题的成功与否,直接关系到课题研究的功效及成败。因此,课题的立题就必须遵循谨慎、细致的原则。因此,在确定课题选题时,必须充分了解时代发展的要求以及他人的研究成果,力求选题新颖并具有时代性。在这方面,文献研究就能提供极大的帮助。通过文献研究,研究者可以把握当时的研究主流,把握未来的研究趋势,同时了解他人对问题的研究视角,查缺补漏,从中发现适合课题研究的选题。只有这样,课题的选题才不会重复,课题研究的结果才能具有创新性。

3. 有利于获取课题研究的必要信息

科学研究有其必然的历史继承性,他人的研究成果往往为后续研究提供了众多可资借鉴的信息。课题研究不只是需要研究者进行独创性的思考与研究,也需要研究者充分借鉴并深入挖掘他人的研究成果,去粗取精,将有价值的信息用于佐证自身的研究成果。因此,进行科学研究,必须认真了解国内外最新的课题研究方法、研究成果,将过去和现在的研究文献进行综合分析,从而获取相关信息,不仅使课题研究更具有科学性,理论性,同时也能更好地为自身的科学研究提供有力的科学依据。

4. 与实证研究相得益彰

文献研究与实证研究可以被看作为对同一问题的不同解释方式。文献研究侧重于对已有文献的研究成果进行搜集、整理、分析,有利于从理论上构造研究假说。而实证研究,则从量化的角度对课题研究进行分析比较,从另一个角度为课题研究提供有力支撑。通过文献研究与实证研究的"双管齐下",可以互作补充,从而使课题研究更具有说服力、科学性和实用性。

(三)文献研究的特点

1. 文献研究的优点

(1)不受研究对象的"反应"影响。文献研究的对象都是在事件发生时真实自然地被记录下来,文献研究也仅仅是与资料本身进行接触,其间不涉及到人的因素,因此,资料本身不会发生变化,也不会受到资料原作者的言行影响。

(2)文献研究的范围广。对于过去已经发生的事件,研究者是无法亲身经历事件的全过程,同样,对于异地发生的事件,研究者也会由于种种原因无法亲自体验。而通过对异时异地事件的文献记载,研究者则可以拓宽自己的研究范围,不受时空限制的影响,从而获取更多、更有价值的信息。

(3)信息量大,成本低廉。文献的搜集虽然是个庞大的工程,但是,只要文献存在被搜集的可能,都可以作为被研究的对象,从而扩大信息来源。此外,文献研究不仅借助原始文献,同时也借助次级文献。对原始文献的搜集往往需要花费大量的人力、物力和财力,而搜集他人已经整理好的次级文献则显得相对容易,花费的成本也就更加少。

（4）适于作纵贯分析。由于调查、实验、观察等方法所研究的都是现实的情景，因而往往难于用来进行纵贯研究或趋势研究，文献法则在这方面有其特别的优势。随着时间的流逝，不同历史时期的时间总会或多或少的被记录或描述下来。

2. 文献研究的缺点

（1）文献的信度难以保证。大多文献资料的形成，都是研究者在对社会事件的研究过程中掺杂了自身对事件的观点，带有一定的主观性。研究者的主观意志以及文献形成过程中的各种偏误，都导致了文献信度的下降，影响了文献研究者的甄别。

（2）文献获得的难度较大。很多文献涉及到个人、组织等的利益，大多并没有公开，同时，某些研究领域的研究成果有限，可借鉴的文献几乎没有，这些都造成文献研究者获取文献的难度加大。

（3）文献的历史局限性。由于作者的地位、阶级属性、所处历史时期等原因，文献的记录并不一定与事实相符，其中一旦加入作者个人的感情色彩，更易导致文献原始资料的失真。

（4）许多文献资料由于缺乏标准化的形式，因而难于编录和分析。

文献研究的类型主要包括：内容分析法、二次分析法、现存统计资料分析及历史比较研究法。本章后面几节将对这些文献研究类型分别予以介绍。

第二节　内容分析

一、内容分析的概念

内容分析法最初主要是针对传播内容中的各种信息进行分析。拉斯维尔（Lasswell）著名的"五W"模式（Who—Through，What—To，What—To，Whom—Say，What—Affect，即谁、通过什么、为谁、说什么、什么效果）阐述了内容分析法主要的分析对象。内容分析法广泛应用于传播社会学、社会学、政治学、语言学等。[1]

---

① 仇立平. 社会研究方法[M]. 重庆：重庆大学出版社，2008：241.

内容分析以客观、系统、定量为准则,对各种传播媒介内容进行分析。各种传播媒介主要指反映信息内容的外在载体,如报刊杂志、电视媒体、报告、影像资料、音视频资料等。内容是指文字、视听手段等所传达的信息。内容分析其实质并不单纯针对资料内容本身来进行分析,而是要透过资料内容所传达的信息,了解社会情境等对资料内容所产生的影响的价值。这是内容分析的着力点所在。

内容分析是定量分析与定性分析相结合的过程。B.贝雷尔森(B. Berelson)认为:内容分析为对于明显的传播内容做客观而有系统的量化并加以描述的一种研究方法①。但是,内容分析在对研究内容进行定量分析的过程中,最终目的是要推论出研究内容所反映的实质问题以及研究内容与周边事件的实质关系,这又是一种定性分析。

内容分析形态有6种类型:1.比较同一来源而不同时间的传播内容是否存在差异,以确定事件的发展趋势。2.比较同一来源而不同情境对传播内容是否存在影响差异。3.比较同一来源而不同对象的传播内容的变化差异。4.在同一来源的传播内容中不同内容的相互关系的分析形态。5.分析两种不同来源的传播内容,分析因内容的差异而推论不同来源的传播者之间是否有显著的差异。6.借不同来源的传播内容(其一为标准化的传播内容),比较传播表现的成效。此种形态的内容分析主要在于分析两种不同来源的讯息(其中之一为标准化之来源),借以比较传播者的表现②。

二、内容分析举例

例11-1 《职场面试专家》的编写

《职场面试专家》一书在编写过程中,通过 http://www.rezhi.com 搜索引擎(2006年由重庆联英人才有限公司研发,这是一个具有强大搜索功能的招聘信息搜索引擎,能够即时地把我国所有的招聘网站上的招聘信息"一网打尽"),对随机抽取的2 000多个较为规范的招聘广告进行了任职

---

① 杨国枢,文崇一,等.社会及行为科学研究法[M].13版.重庆:重庆大学出版社,2006:650.

② 杨国枢,文崇一,等.社会及行为科学研究法[M].13版.重庆:重庆大学出版社,2006:655-658.

资格的频率统计,结果得到词汇共有1 000余个,通过内容分析方法归纳合并,最后确定了80条较高频率的职业能力和职业人格词汇。全书以这80条词汇为基础进行了专门的应聘面试研究。

(资料来源:李志,金钦,李苑凌.职场面试专家[M].重庆:重庆大学出版社,2008.)

例 11-2 网络游戏研究现状:一个定量分析

以文史哲、政治与法律、教育与社会科学、电子技术与信息科学、经济与管理为搜索素材,以1998—2007年为时间跨度,以"网络游戏"为关键词,汇集1 331篇论文,后剔除与网络游戏主题不相干的论文,实得598篇样本。在实得样本的基础上,进行了四个类别的分类,分别是:研究议题、研究方法、理论运用、研究议题发展模式。

对研究议题,继续细分为十四个议题,包括网络游戏产业、网络游戏法律、网络游戏成瘾、网络游戏行为、网络游戏文化、网络游戏认知、网络游戏的结构和特点、网络游戏的类型与发展、网络游戏技术、网络游戏的社会影响、网络游戏在教学中的应用、网络游戏规范和监管、网络游戏广告、与网络游戏相关的其他内容。经过统计分析发现,样本论文中,研究内容主要集中在网络游戏产业现状、发展及运营模式等方面。

对研究方法的分析。作者以是否采用定量分析为衡量标准,统计分析得出,88.5%的论文采用的是定性分析,且发现大多缺乏明确的研究方法。此外,对定量分析,作者采用了四个维度:问卷调查、实验、二次分析、内容分析。经统计发现,采用问卷调查方法的论文占据绝对数量。

对理论运用的分析。经定量统计分析发现,大多数缺乏理论支撑。即使在为数不多的运用了理论分析的论文中,所采用的理论也比较杂乱,差异性巨大。

对研究议题发展模式的分析。作者以论文发表时间为标准,将研究时间分为两个阶段:1998—2002年和2003—2007年。并借助媒介四阶段发展模式分析框架,发现绝大多数网络游戏论文处于第一和第二阶段。

综合以上的分析,作者得出结论,现有对网络游戏产业研究的学术论文,研究议题主要集中于网络游戏产业、技术和社会影响上,绝大多数采用的定性分析的方法,但在其中,缺乏理论支撑,即使采用了理论,理论也过于杂乱,并且网络游戏的研究仍然处于初级阶段。最后,作者认为,拓展和深化网络游戏研究议题,对于网络社会科学的研究发展具有极其重要的意义。

(资料来源:王胜,石碖.网络游戏研究现状:一个定量分析[J].兰州大学学报:社会科学版,2009(1):79-83.)

例 11-3 基于内容分析法的老年人旅游动机研究

采用深度访谈中的半结构化访谈法,访谈议题为:请回忆您最近的一次旅游经历,您上次为什么出去旅游,访谈后运用内容分析法对整理后的访谈文本进行编码并统计。有效样本总数为 70 人,根据访谈结果,作者进行了分类。包括 7 个一级类目和 15 个二级类目,分别为:追求美、异动机(求美动机、求异动机);身心健康动机(身体健康动机、心理健康动机);亲情和爱的动机(实现儿女孝敬心愿动机、探亲访友动机、带孩子增长见识动机、爱国主义动机);文化动机(知识获取动机、艺术欣赏动机、宗教朝拜动机);从众动机(各种媒体宣传或介绍影响、因名人提名激发的从众动机);奖励及弥补遗憾动机(奖励动机、弥补遗憾动机);思乡动机。运用内容分析方法进行分析后,作者认为,一是老年人出游动机呈现出多样化的趋势,多种旅游动机并存;二是老年人旅游动机的分布不均匀,追求美与异的动机是最主要的旅游动机,占所有动机的 39.89%,而思乡动机仅占动机总量的 2.13%;三是老年人旅游动机呈现交叉性,每次老年人旅游的动机并不是单一的,而是多种动机共同作用。此外,国内已有研究结果显示,思乡动机是老年人旅游最主要的动机,而本研究却发现,思乡动机成为了老年人旅游的最薄弱动机,与已有研究不一致,说明另外还存在影响老年人思乡动机的因素。同时,此次分类,作者增加了对老年人旅游的爱国主义动机、实现儿女孝敬心愿动机、带孩子增长见识动机的分析,这在已有研究中也是很少提及的。

(资料来源:张运来,李跃东.基于内容分析法的老年人旅游动机研究[J],北京工商大学学报:社会科学版,2009(9):102-105.)

例 11-4 基于内容分析法的市场机遇发现实证研究

以日益激烈的市场中机遇把握为研究对象,分析市场机遇发现过程中的影响因素。作者查阅了大量国内外相关文献(次级文献),分类出市场机遇发现的几个主要因素,包括信息化、决策者的信息敏感度、职位、个体特性、决策者的先验知识、组织特性六个维度,并进行相应编码,样本总量为 79 个,且这些样本分布于各个行业。以二值数据项(0,1)来表示,0 代表该类别对市场机遇的发现过程没有影响,1 则表示有影响。在分类和编码完成后,进行信度和效度的统计分析。作者采用 SPSS11 进行统计分析,设定所有相伴概率小于 0.05 时才认为影响显著。将频数分析与相关性检验结合分析,发现,信息敏感度、个人特质、先验知识及组织机制双侧近似概率明显小于 0.05,则这些因素可确定为市场机遇发现的显著影响因素,即构成市场机遇发现的信息约束。信息敏感度反映了市场主体是否能够及时察觉市场机遇的存在,个人特质和先验知识反映了市场主体是否具备发现市场机遇的主观条件,组织机制则反映了市场主体是否具备发现市场机遇的客观条件。信息化和职位较之此四个因素,对市场机遇发现的影响稍弱,但这两个因素又是不能忽略的,它们对市场机遇的发现是存在积极意义的。

(资料来源:蔡淑琴,马龙强,等.基于内容分析法的市场机遇发现实证研究[J],武汉理工大学学报:信息与管理工程版,2007(1):128-130.)

以上 4 个例子所采用的内容分析法,侧重于量化研究。其基本研究思路大致是,先对已有的文献(原始文献和次级文献)进行整理、分析、归纳,对研究对象的影响因素进行分类并编码,在此基础上,进行资料分析,最后对研究结果的信度和效度进行检验。

三、内容分析的程序

(一)确定研究主题

研究主题是研究者从事研究的灵魂所在,关系到整个研究工程的方向和结果。一旦研究主题确定,研究者将遵循这一研究主线开展资料搜集、资料分析和结果评定。可以说,研究主题是整个研究工作的起点,也是重点。同时,内容分析法的基础在于对已有文本资料的分析,没有确定的研究主题,则无法确定所应采用的文本文献,这样内容分析法也就无从适用。

在确定研究主题的过程中,应该综合查阅大量相关文献资料,包括原始文献和次级文献。从已有文献中了解哪些主题已经被研究过,哪些主题正在被研究、哪些主题是未来研究的趋势和方向,只有这样,研究者才能避免重复别人已经做过的工作,确保自己的研究成果具有价值和创新性。

(二)抽样

抽样是根据所拟定的研究主题,按照一定的抽样方式和标准,对文本文献进行抽样,这也是一个对文献进行筛选的过程,获取符合研究主题的文献。

抽样的方式可采用分层抽样、整群抽样和随机抽样等方式。分层抽样是对并行不悖的多个同等级事物按照一定比例进行抽样,得出的样本进行合并后作为研究样本。分层抽样可以根据时间或者空间的划分来进行。例如,要分析电视台娱乐节目的发展趋势,可以各省份为单位,搜集同类型的娱乐节目,然后根据各省份人口多寡、现有收视率、节目时长等进行分层,继而对分层后的样本进行抽样并合并。此外,分层抽样也可以根据时间段来进行抽样。整群抽样是对总体中互不相干、互不交叉的若干小集合的抽样。例如,对杂志的选择就是整群抽样。随机抽样则是对事件总体进行机会均等的抽样。①

经过抽样后得出的样本,并不一定能够切合研究主题的要求,由于随机抽样的存在,或许抽样出来的样本只是与研究主题有一定的相似性。如《网络游戏研究现状:一个定量分析》一文中,作者以"网络游戏"为关键词,进行文献搜索,以 1998—2007 年为时间跨度,共搜索文献 1 331 篇。但其中部分文献,研究主题并不是"网络游戏",剔除这部分文献后,实际得到 598 篇论文。这就是说,在抽样后,还应该对样本进行检查,确认样本是否符合研究主题的要求,只有这样,才能确保样本的正确性。

(三)分类

在确定研究主题和抽样后,内容分析进入重要的环节,即分类。特定的研究必须建立起适用于问题和内容的明确的类别。在进行分类时,应注意以下问题:一是分类标准必须能够充分反映研究目的。各类目的划分应

---

① 艾尔·巴比.社会研究方法[M].10 版.邱泽奇,译.北京:华夏出版社,2005:307.

遵循的原则是完善和互斥。也就是说所设置的类目能够涵盖所选择的文献,且类目之间不能有交集;二是类目的设置必须能够充分反映研究内容。进行分类的目的是对文献的归属设定相应的类别,通过各类别的分析探求研究结果。各类别设置的正确与否、其功能是否符合研究内容的要求直接关系到研究的展开和研究结果的获得。因此,所设置的类目应该准确反映文献内容,具备相应的功能;三是类目设置的数量是有限的,防止类目过多或者过少。类目过多,会导致分类层级过多,内容归属到每一个类目就少,可能造成研究陷于复杂;类目过少,会导致内容无法合理归属,造成研究的趋同化。

(四)编码和测量

　　分类后的工作就涉及到编码。内容分析法本质上是一种编码运作。编码是将分析单元纳入到类目中的工作。编码分为对量化内容的编码和对质性内容的编码。量化内容的编码是在内容分析采用定量分析时,用数字标注文献的类别,建立相应的"数字编码库";质性内容的编码是在内容分析采用定质分析时,以文字或者数字标注文献的类别。编码的一般程序是:一是选择编码单位,二是编制编码表。例如表 11-1。

表 11-1　编录单

小说标题 ＿＿＿＿＿＿	小说编号＿＿＿＿＿＿
人物的姓名 人物的描述	
1—居住国 　（1）　中国 　（2）　外国 　（3）　不详 2—国籍 　　＿＿＿＿＿＿＿＿	3—民族 　（1）　汉族 　（2）　少数民族 　（3）　其他（写明）＿＿＿＿ 　（4）　不详

续表

4—性别	6—年龄
（1） 男性	（1） 儿童
（2） 女性	（2） 少年
（3） 不详	（3） 青年
5—角色	（4） 中年
（1） 主要英雄人物	（5） 老年
（2） 主要方面人物	（6） 年龄变化
（3） 一般角色	（7） 不详
（4） 小角色	

（资料来源：袁方.社会研究方法教程［M］.北京：北京大学出版社，1997：408.）

测量是对编码表进行分析，这个过程可分为对量化的统计分析和质性的主观分析。量化的统计分析大多采用一般频数计算法、回归分析法、相关性检验等。质性的主观分析主要采用归纳、总结的方法，对已编码的内容进行抽象和概括，提升到另一个高度，用文字说明和论证分析结果。

（五）检验效度和信度

采用内容分析法进行文献研究的案例越来越多，但是内容分析法本身并不能完全保证研究结果的正确性。一是内容分析法采用的多是二手资料，而部分二手资料的内容中掺杂了作者的主观意愿，资料来源的层级决定了内容分析所依据的基础并不一定可靠，资料一旦发生偏差则会导致整个内容分析的失败；二是在运用内容分析的过程中也存在一些不确定的因素，比如类目是否划分正确，二级类目是否准确纳入相应的一级类目中，统计方法的运用是否恰当等都会影响最终的分析结果。因此，在运用内容分析时，还应进行效度和信度的检验，检验资料来源是否可靠、资料内容是否真实、分类是否准确，统计方法运用是否得当等。

第三节 二次分析

一、二次分析的含义

二次分析又叫元分析、整合分析、次级分析,主要是对他人搜集整理的二手资料进行再分析。二手统计资料包括原始数据和经过整理后的数据。原始数据指的是他人搜集的资料,但没有经过统计分析整理,如 2000 年向社会开放的"中国综合社会调查"数据库;经过整理后的数据则是指经过统计分析整理的资料。

在此,要着重区分二次分析与现存统计资料分析的不同之处。二次分析与现存统计资料分析都会用到二手统计资料,但二次分析的目的在于运用资料进行自己的统计分析,而现存统计资料分析则是利用他人已经完成的统计资料进行分析。

二次分析所依据的资料的获取相对比较容易,所花费的成本较低,不少研究成果都采用了二次分析法,如《当代中国家庭结构变动分析》(王跃生,《中国社会科学》2006 年第 1 期)、《中国城市居民的社会网络资本与个人资本》(王卫东,《社会学研究》2006 年第 3 期)、《渐进转型与激进转型在初职进入和代内流动上的不同模式》(梁玉成,《社会学研究》2006 年第4 期)等。

二次分析的发展经历了一个探索的过程。最初,学者多把二次分析作为对文献资料进行定量分析的方法使用,美国心理学家格拉斯(Glass)对二次分析的发展作出了卓越的贡献,他认为二次分析是对已有研究结果进行整体和系统的定量统计分析的一种方法,这种观点为大多数学者所接受,开启了二次分析应用的新时代。但随着二次分析应用的深入,越来越多的实践证明,二次分析并不单纯是定量分析,应该是定量分析与定性分析的结合。

二、二次分析举例

例 11-5 《中国波普:肥皂剧、小报和畅销书如何改变一种文化》的二次分析

张梅从文化与权力的视角,对此书中收集的素材再进行一次文献研究的"二次分析"(Secondary Analysis),重点检视主要以符号形式(文字、图片、影像)出现的文化产品——《废都》《渴望》和《霸王别姬》,而其他文化类型则作为补充融入到比较中。她结合政治(国家)、经济(市场)与文化这三个互动的主要领域,设置国家主导下的文化领域和市场主导下的文化领域两个理想类型,从以它们为端点构成的"连续统"来考察 20 世纪 90 年代初的大陆文化领域这特定时空中文学与权力的交织。在由两种理想类型构成的连续统中,《中国波普》一书所呈现的时空背景恰落其中。在从计划经济滑向市场经济的过程中,1992 年之后的中国的文化领域既不是全然的政治挂帅,也不是彻底的经济挂帅,而是政治权力(国家)与经济权力(市场)同时介入其中,外在的政治、经济权力与追求自身相对自主性的文化领域间呈现出复杂的、动态的博弈过程。此研究不但揭示了这一特定时期大陆文化与政治、经济权力复杂的交织状态,还主要以《中国波普》所描述的几大文化事件分析了大陆政治、经济权力介入文化的静态形式和动态过程。

(资料来源:张梅.中国波普:肥皂剧、小报和畅销书如何改变一种文化[J].福建师范大学学报:哲学社会科学版,2009(1):119-123.)

例 11-6 基于网络环境下教师教学评价的二次分析

对教师的教学评价是教育技术评价的一个方面,教师的教学评价随着校园网络的普及和各类教务管理评价系统的广泛应用而变得快捷、方便、准时、有效。目前,网上评教已成为高校所普遍采用的一种形式与手段。宋光辉在对网上教学评价的调查中发现,不同的班级在对教师进行评教时有他们自己的标准,由于标准的不统一,从而造成学生评定的结果的可比性并不强,但目前的最终评价的认定却是将这种不可比性的结论作了可比较性的处理。

为了使网上评教的结论更合理更公正,他认为可以对网上教学评价的结果进行二次分析,从而能较好地修正由于班级评价标准不同而造成的结果偏差,其具体的操作过程可以用以下的图示来说明:

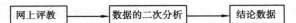

网上评教依然可参照目前的评价方式进行。为了使不同班级间评价的数据具有可比性,比如 A 班的 80 分和 B 班的 95 分之间有一定的可比性,可以采用二次分析的方法。首先对同一班级各课程按其绝对分数取得参照值,然后再将参照值运用代数求和的法则运用到每一名教师所授的各门课程中,最终得到对教师的教学评价数据。对数据的二次分析处理后,形成新的数据,教务管理部门及教学系可以利用。

(资料来源:宋光辉.基于网络环境下教师教学评价的二次分析[J].中国教育技术装备,2007 (3):25.)

三、二次分析的步骤

(一)确定研究主题并选择适用的资料

二次分析的应用也需要在一确定的研究主题的指导下进行。研究主题的确定需要借助研究者对文献资料的熟悉度,深刻把握现有研究领域中研究的历史和未来发展趋势,确定一个有研究价值的主题。这一过程可通过对大量相关领域文献资料的查阅、归纳、整理、分析来完成。在确定研究主题的基础上,筛选对本研究有价值的文献资料作为分析对象。

(二)抽样、分类及编码

在确定主题和适用资料后,对文献进行抽样,并选择研究的分析单位,在此基础上,确定若干维度作为分类标准,并进行相应的编码。

(三)统计分析

在分类和编码基础上,进行统计分析。统计分析方法包括定性和定量分析。定性分析是通过对研究内容的归纳总结,进行文字描述;定量分析则是通过频数/百分比计算分析、回归分析、相关性检验等方法进行。

（四）结果分析

借助统计结果,对所得到的定性和定量分析结果进行深入的挖掘,探求其所反映的内在联系,或预测事件的未来发展趋势,或总结事件的发展状态。

四、二次分析的优缺点

（一）二次分析的优点

1. 对资料信息的充分而深入的挖掘。二次分析的应用是要将同类型文献资料进行综合,从同类型文献资料中挖掘反映共同价值的信息。这其实也是对此类型文献研究的进一步拓展。

2. 二次分析方法应用简便和安全。二次分析的应用程序模式化,能够很好地引导使用者按照规范的步骤进行分析,对使用者来说能够节省大量的时间和精力,对研究结果来说也增添了安全系数。

（二）二次分析的缺点

1. 所采用的资料与研究所需要的资料之间存在差异。由于在选取资料的过程中,或多或少的会受到一些主客观因素的影响,如,研究者思维的偏差、资料搜集的时间和地点的偏差、所使用的抽样和统计方法的偏差等都有可能导致差异。

2. 研究者如果对所研究资料的知识理解较少,则有可能导致研究者在研究过程中,由于错误的理解而造成错误的分析方法和错误的分析结果。

3. 有时研究者过于追求统计数据的精准性,原意是通过精确的数据来更有利的佐证自己的研究,却反而有可能导致误置精确性谬误。①

---

① 劳伦斯·纽曼. 社会研究方法:定性和定量的取向[M]. 5版. 郝大海,译. 北京:中国人民大学出版社,2007:408.

第四节 现存统计资料分析

一、现存统计资料分析的概念

现存统计资料分析就是根据研究者的研究目的,对现有资料(数字性统计资料和文字性文献资料)进行搜集、整理,作为研究的素材和依据。其来源具有广泛性,多来自研究报告、官方统计资料、信息调查机构和咨询公司的数据库[①]。现存统计资料分析主要应用于那些会采用大型科层组织已经搜集到的信息的课题。一般情况下,这些组织所搜集的信息都作为为公众服务的项目而存在,研究者可以很方便的获得这些信息。但这些信息并不是专为研究者的特定研究而搜集和公布的,研究者往往是对一具体、特定的问题进行研究,基于此,研究者需要对这些资料信息进行广泛的搜集和整理,从中摄取对研究有价值的信息。

现存统计资料的分析与二次分析都是利用别人已经收集好的资料,不同之处就在于二次分析用的是原始数据资料,现存统计资料分析利用的是以频数、百分比等统计形式出现的聚集资料。

二、现存统计资料分析举例

例 11-7 中国历年专利数据统计分析研究

该文着重对发明专利、实用新型专利以及外观设计专利三种类型专利的专利申请量和专利权人的组成进行了分析。统计分析显示,我国发明专利申请量仅占国内专利申请数总量的 18.7%,国外为 86.8%;实用新型专利申请量占申请总量的 52.1%,国外为 1.6%;外观设计专利申请量占申请总量的 29.2%,国外为 11.6%。从专利权人的组成来看,国内非职务专利授权 11 661 件,占国内授权总量的 4.3%,国外为 4.3%。据此,作者认为我国专利申请量增长速度虽然较快,但是总量还偏低,没有与经济发展的速度相匹配。很多企业缺乏专利保护意识,重视专利研发忽视专利保

---

① 李怀祖.管理研究方法论[M].2 版.西安:西安交通大学出版社,2004:164.

护,导致专利研发成功后的专利侵权事件屡有发生。因此,作者建议企业应该从以下几方面入手,建好专利预警、做好专利保护:一是与政府主管部门、行业协会加强联系;二是加强市场调研,把握市场方向;三是建立企业专利数据库、加强专利数据分析;四是建立企业专利事务管理部门;五是聘请专业知识产权机构作为法律顾问。

(资料来源:王晓琳.中国历年专利数据统计分析研究[J].科技情报开发与经济,2008(2):77-78.)

例11-8　广东省人力资源投资状况分析

分析类别为:1995—2003年广东省教育经费支出情况、教育发展状况、广东省各地区的平均受教育年限、广东省从业人员的人力资本存量。经过数据分析可知,广东省教育经费在GDP中的比重低于全国平均水平,年均增长率在提高;各层级教育发展状况良好,但职业教育慢于高等教育;经济越发达地区受教育年限越高,同时受教育年限出现了性别上的不均等;广东省从业人员人力资本的层次结构处于较低水平,平均受教育年限徘徊在9年左右。在此分析基础上,作者查阅《广东省统计年鉴》,获取广东省生产总值、广东财政用于教育支出、固定资产投资的数据进行回归分析。分析发现,研究期间不同的教育层级对经济发展的促进作用是不一样的。小学学历人口对经济发展的促进作用逐年递减,初中、高中、大学学历人口对经济发展的促进作用逐年递增,但其中初中和高中增长速度较快,而大学则作用相对较弱。据此,作者提出如下建议:一是提高认识,促进教育投资主体多元化;二是创造平等的人力资源投资机会;三是调整产业结构,优化人力资源配置。

(资料来源:董福荣,姚玲.广东省人力资源投资状况分析[J].商业经济文荟,2006(2):43-47.)

三、现存统计资料分析的步骤

(一)查找适合研究主题的资料

研究主题确定后,就应该以此为主线,查阅适合本研究主题的资料。要在现有资料的基础上,寻找那些来源可靠、资料内容信度高的资料,这是对资料群的甄别。

（二）对资料进行处理

查找的资料内容并不一定全都对研究有用,研究者所要做的就是对这些资料的内容进行分解,从中准确获取所需信息,这是对资料的分解。

（三）资料来源的说明

资料的效度和信度如何说明,很重要的一个方法就是说明资料的来源,让阅读者可以很容易的了解和把握研究者的资料相关内容。因此,研究者应该准确标注资料的来源、指标的选择标准、测量方法选择标准等,这样才能保证阅读者对研究者所使用资料的信任。

四、现存统计资料分析的效度和信度

（一）现存统计资料分析的效度[①]

1. 研究者对研究的理论见解与资料搜集者的理论见解存在差异。其中包括对研究的理论定义、问题的广度、深度等问题。一旦两者出现了不一致,研究的方向、程序、结构都会出现相应的错误,而对问题的定义等问题,相关资料中都会明确予以规定,在借助资料进行研究时应注意这点。

2. 研究者搜集资料用于研究时可能出现以偏概全的错误。指标与指标之间、指标与数据之间往往会出现不一致的情况。若研究者在进行研究时,对自己的研究主题没有深入的了解,对指标的采用也没有经过慎重考虑,一旦选择了与研究主题不相符合的指标来替代原本应该采用的指标,则会出现以偏概全的情况,导致数据的错误或者数据的不全,而使得研究变得毫无意义。

3. 由于最初资料搜集者的主观因素,而导致资料的无效。资料的搜集需要人工劳动,只要存在人为因素,资料或许会存在人为制造的痕迹。如果研究者完全依靠资料所提供的信息,没有自己的调查和甄别,一旦资料存在人为错误,则会直接影响研究者的研究成果。

---

① 劳伦斯·纽曼.社会研究方法:定性和定量的取向[M].5版.郝大海,译.北京:中国人民大学出版社,2007:409-412.

（二）现存统计资料分析的信度

1. 由于资料搜集标准及信息定义的不断变迁导致资料信度的降低。某些资料的搜集标准和信息定义都是特定历史时期下,根据当时的情况而确定的,随着时代的发展和情况的变化,标准和定义也随着变化,在这种情况下,研究者即使知道这种变迁,由于时间上的不连续性,也会导致研究者对问题的长期、持续研究,甚至出现研究不一致的情况。

2. 资料定义的国际差别也会影响信度。研究者有时会用到国别比较法,也就是通过将国内与国际的资料进行比较来从事研究。但是由于国内与国际搜集资料的标准可能存在不一致的情况,这就会导致研究者在运用资料时出现标准不统一的情况,影响研究的信度。

小资料：杜尔克姆关于自杀的研究

对于自杀现象的研究,显然用实验法、调查法、实地研究等方式是行不通的。但实际上有关自杀的统计资料确是可以得到的。法国社会学家杜尔克姆一百多年前对自杀现象的经典研究就选择了对现存统计资料进行分析的研究方式。

表1　欧洲不同国家每百万人中的自杀率

	时 期			在不同时期所居位次		
	1866～1870 年	1870～1875 年	1874～1878 年	第一时期	第二时期	第三时期
意大利	30	35	38	1	1	1
比利时	66	67	78	2	3	4
英 国	67	66	69	3	2	2
挪 威	76	73	71	4	4	3
奥地利	78	94	130	5	7	7
瑞 典	85	81	91	6	5	5
巴伐利亚	90	91	100	7	6	6
法 国	135	150	160	8	9	9
普鲁士	142	134	152	9	8	8

续表

	时　　期			在不同时期所居位次		
	1866 ~ 1870 年	1870 ~ 1875 年	1874 ~ 1878 年	第一时期	第二时期	第三时期
丹　麦	277	258	255	10	10	10
萨克森	293	267	334	11	11	11

引自《自杀论》第 120 页。

　　杜尔克姆探讨自杀问题时,不仅仅关心从个人心理方面来解释,他希望发现环境特别是社会条件对于自杀的影响。他仔细查阅和比较各国关于自杀的统计资料。一方面他注意到自杀率具有相对稳定性。自杀率是以每 10 万或 100 万人口的自杀人数定义的。杜尔克姆对欧洲 11 个主要国家 1866 ~ 1878 年的每百万人中的自杀率进行了比较,见表 1,发现:(1)每一个国家的自杀率在短期内变化很小;(2)不同国家之间的自杀率差异恨大,而这些国家之间的死亡率基本上无差异;(3)在三个时期内,各国的自杀率均上升了,但每个国家之间保持一定的距离。这些事实表明,自杀率具有整个社会或某一省、某一地区的特征,即对一个特定的群体来说,必然有一特定比率的自杀者,因此应从环境中去寻找各个国家、地区间自杀率差异的原因。

　　另一方面,他又发现夏季自杀的发生率比其他季节多得多。为检验自杀与温度有关的假设,杜尔克姆比较了不同纬度地区的自杀率;同一国家不同地区,不同国家在不同季节的自杀率。依据并变法,如果气候对自杀率有决定性影响,那么气候不同的地区之间的自杀率相异应该是恒定的。杜尔克姆详细考察了意大利首都由北部迁到中部过程中自杀率的变化。截至 1870 年以前(当时首都尚在北部),北部省份自杀率最高,其次是中部,再次是南部。但北部与中部的差异是逐渐减小的,乃到 1864 ~ 1876 年间,两者基本持平,最后在 1884 ~ 1886 年间,北部省份的自杀率反而低于中部。而这期间各地区气候的差异性是恒定不变的,但自杀率却在变动。所以说,自杀率的差别不能用气候的差异来解释。以上自杀率变迁的真正原因是社会因素。

表2　意大利自杀率的地区分布　　自杀人数/百万人

	1866～1867 年	1864～1876 年	1884～1886 年
北　部	33.8	43.6	63.0
中　部	25.6	40.8	88.0
南　部	8.3	16.5	21.0

　　统计数据也表明:温度对自杀率似乎是有影响。例如,在欧洲的所有国家与地区,春夏两季的自杀率总高于秋冬两季。但发现平均气温较高的国家,如西班牙、葡萄牙及意大利,自杀率均比法国低。杜尔克姆推论春夏两季自杀率高的原因,不是温度本身或温度等自然因素的关系,而是因这两个季节是人们社交活动最频繁的季节,物理环境间接促进了人类的社交密度,是社会因素本身,才直接对自杀率发生影响作用。

　　同样地,杜尔克姆对将自杀归因于遗传、种族特性、迁都等因素的解释进行了批驳。

　　杜尔克姆认为社会性因素是引起自杀的原因,并以之确立不同的自杀类型。按照他的观点,"一定的后果总是出于同一原因"。以自杀而言,不同的原因,即有不同的自杀现象产生。因此,自杀类型可由产生自杀的各种原因区分。由于原因是属于社会性的,故而可就产生自杀现象的社会条件的异同,先将这些社会条件分组,就可把相对应于这些社会条件的组别的自杀现象分类,从而得到不同类型。这种分类方法是一种溯因式而非形态学分类法。按照这种方法,他将自杀分为三种类型:自利式自杀、利他式自杀和脱序式自杀。

(资料来源:袁方.社会研究方法教程[M].北京:北京大学出版社,1997:728-737.

　　风笑天.社会学研究方法[M].2 版.北京:中国人民大学出版社,2005:240-241.)

第五节　历史/比较分析法

　　不做比较的思考令人不可思议。而且,在缺乏比较之下所做的科学思考与科学研究都令人匪夷所思。社会科学家的研究不论是明显地或隐晦地使用比较,抑或是比较遍及社会科学家工作的每一个角落,还是从他们工作的一开始就使用比较,都不应该令人惊奇。①

一、社会学家对历史比较方法的使用

历史研究方法也是社会研究的重要方法,尤其是在对宏大社会现象进行研究或者对社会现象进行历史性考察时,历史研究方法是不可缺少的。不少现代社会学家的奠基之作或代表性著作中,都会或多或少地引用详细的历史文献资料。

如社会学的奠基人孔德描绘的进化图景中,人们是从对宗教的信任转到形而上学再到科学阶段的。而科学则是从生物学及其他自然科学出发,演进到心理学的发展,最后才发展到科学社会学。许多后来的社会科学家也将注意力放在广泛的历史过程上。很多人考察社会形式的历史发展,从最简单的到最复杂的,从乡村(农业社会)到都市(工业社会)。例如,美国人类学家摩尔根(Lewis Morgan)就认为进步是从"野蛮"到"蒙昧"再到"文明"(1870)。另一位人类学家,雷德菲尔德(Robert Redfield)也著述从"俗民社会"到"都市社会"(1941)。马克思(Karl Marx)考察经济系统的历史性进步,从原始到封建再到资本主义,看到了社会主义的发展以及最终走向共产主义的远景。然而,并非社会科学中的所有历史研究都有这种进化论特色。事实上,有些研究历史记录的社会科学作品指出一种大循环式的而非线性的发展。最能代表这种观点的就是索罗金(Pitirim A. Sorokin)。索罗金提出社会是在两个观点间做循环式的交替,他称为"意象的"和"感觉的"。索罗金在感觉的观点中,将事实定义为感觉经验。相反,在意象的观点中,则大量地强调精神的和宗教的因素。索罗金对历史记录的见解更进一步指出,连接意象的和感觉的两者之间的通道必须通过第三个观点,他称之为"理念的"。理念的观点将感觉的和意象的元素合并为一个整合的、理性的世界观。

二、适合历史比较研究的问题

1. 重大问题

历史比较研究是一个讨论重大问题的有力方法:例如,主要的社会变

---

① 劳伦斯·纽曼. 社会研究方法:定性和定量的取向[M]. 5 版. 郝大海,译. 北京:中国人民大学出版社,2007:402.

迁如何发生？绝大多数的社会有哪些共同的基本特征？为什么当前的社会制度安排，在某些社会呈现的是某种特定的形式，而在另一些社会呈现的是另一番风貌？

2. 某个特殊结果的问题

历史比较研究适用于探究诸如某个特殊结果是哪些社会因素共同促成的这类问题，也适用于比较整个社会体系以了解不同社会之间，哪些是共同特性，哪些是独特之处，以及长期的社会变迁问题。

3. 理论应用问题

历史比较研究者可以将某个理论应用到个案中，以说明该理论的用处。研究者说明或显示不同社会因素或团体之间的相关性，并比较不同文化或历史情境下相同的社会过程与概念。

4. 重新解释或挑战旧的解释的问题

研究者也可以利用历史比较法，重新解释资料或挑战旧的解释。通过提问不同的问题，发现新证据或者以不同的方式组织证据，历史比较研究者对以前的解释提出质疑，并且根据文化历史情境来诠释资料，以找出支持新解释的证据。

5. 增强概念化与理论的建构问题

历史比较研究可以增强概念化与理论的建构。通过检验历史事件或不同的文化情境，研究者不仅能够产生新的概念，并且还能拓展自己的观点。概念比较不可能被限制在单一的历史时刻或单一的文化之中。它们可能植根于生活在某个特定文化与历史情境之下的人类经验。

三、历史比较研究的资料收集

历史研究方法比较关键的是要根据研究目的收集大量的历史文献资料，这些文献资料有的收藏在档案馆里，有的为个人收藏，其中包括公开出版物、原始文献资料、个人日记、回忆录等。对于收集的大量的文献资料还要进行评估，有的甚至需要考证，其中包括文献的作者是谁，文献的历史背景，文献的时间，文献本身的资料在当时是通过什么方法获得的，文献是否存在着偏见（政治的、宗教的、文化的），如何克服偏见，文献作者的分析概念或理论范畴和主要议题等。

当托马斯和兹纳尼茨基研究本世纪初期移民到美国的波兰农民调适

过程时,他们考察了移民者写给他们在波兰家属的信件(通过报纸广告获得这些信件)。其他研究者则分析日记。然而,这些私人文件只能掌握问题的表面。在研究家庭生活史的过程中,罗兹曼指出了以下的资料来源:除了私人来源外,有一些公共资料也会显露家庭的历史。报纸从地方观点所提供的以往家庭生活中教育、法律、娱乐方面的资料特别丰富。杂志则反映家庭生活的一般化模式;学生们通常发现自己对主流家庭的价值认知及期望的资料很感兴趣。杂志可以同时提供许多不同的来源:可见的资料(图像及广告)、评论(社论及建议栏)以及小说。受欢迎的期刊中后两类资料尤其丰富。关注家庭问题的许多建议——从管教小孩的适当方法到节约壁纸的办法——从 19 世纪早期到现在都充满杂志各栏。提供家庭生活一般经验建议及认知的说教仍在继续出现。

一般来说,各种组织都有自己的文件,假如研究一些组织的发展就应该考察它的正式文件:证照、政策陈述,领导者演讲等。如果研究当代日本宗教团体——创价学会的兴起,不仅要关注这个团体的周报及杂志,还要得到原领导者所有演讲的合集,只有这样才有可能去追踪它历来的成员。通常,政府文件是一个重要的资料来源。为了更进一步地了解美国的种族关系,希金博特姆考察了 200 年来涉及种族的法律及法庭个案。他自己是第一位被指定为联邦法官的黑人,希金博特姆发现法律并不在保护黑人,而是顽固地压迫黑人。在最早的法庭个案中,对于黑人到底是定了契约的仆人还是奴隶有相当多的含糊之处。后来的法庭个案以及法律澄清了这个问题——将黑人视为低人一等的东西。

历史分析可以使用的资料实在是太广泛了,需要提醒的是,不能完全相信资料的正确性——官方的或是非官方的,初级的或是次级的,最保险的办法就是重复检验。此外,还要留意资料的偏见,如果可能的话,应该尽量从不同的来源获取资料以代表不同的观点。

小资料:阅读及评估文件

罗恩·阿明扎德和芭芭拉·莱斯雷特　　明尼苏达大学

下面这些评论的目的是想让你们对历史学家所做的解释工作的种类以及他们对于资料来源的批判取向有一个了解,以帮助你们了解历史学家如何用既有的资料来重建过去,如何评估不同文件的可信度,以及如何确认推论及解释的范围等。以下是一些历史学家对于文件所提出的问题:

1. 谁做了这些文件？为什么有人写出这些文件呢？为什么这些文件保存这么多年？它们使用什么方法来取得文件中的信息呢？

2. 文件中的偏见是什么？如何检查或修改这些偏见？文件涉及的个人、事件等的样本是如何计算或代表的？文件是在什么样的制度限制和组织形式下准备的？在什么程度上文件提供了制度性活动指标而不只是被研究的现象？对事件观察的文件与对事件目击的文件的时间差距是什么？文件的制作人希望它有多秘密或多公开？成规、习俗及风俗在文件中扮演什么样的角色？如果只是依赖这些文件所包含的证据，你们对过去的见解将受到如何的扭曲？对于相同的议题你们还可能看到哪些文件？

3. 文件的作者使用哪些主要的范畴或概念来组织想传达的信息？这些范畴有怎样的选择性或根本没有选择性？

4. 这些文件提出了什么样的理论议题和辩论议题？这些文件帮助回答了什么样的历史的和(或者)社会学的问题？人们从这些文件提供的信息中可以做什么样的有效推论？人们根据这些文件提供的信息，可以做哪种概化？

在这张问题表中，阿明扎德和莱斯雷特所做的批评性回顾敦促我们阅读历史/比较研究目的之外的能为我们所用的历史文献。试试用表中的一些问题去研究诸如总统新闻发布会、广告或大学课本。所有这些都没有提供直接的现实，而只包括了作者和他人的主观性。

(资料来源:艾尔·巴比.社会研究方法[M].10版.邱泽奇,译.北京:华夏出版社,2005:324-328.)

四、历史比较研究计划的执行步骤

艾尔·巴比认为历史研究方法是一种质性研究法，不能简单地列出几个步骤，而是从大量文献中发现模式。也就是说，历史研究方法最为关键的是研究者通过对文献的阅读建立自己的理论分析框架和概念，在此基础上对文献资料进行分析和归纳，以文献资料阐述和论证自己的理论或概念。

例如，《英国工人阶级的形成》一书中，E.P.汤普森继承了马克思的阶级理论，认为"阶级是社会与文化的形成，其产生过程只有当它在相当长的历史时期中自我形成时才能考察，若非如此看待阶级，就不可能理解阶级。"因此，汤普森把工人阶级的"经历"看作是工人阶级"形成"的关键。

"经历"是"存在"与"觉悟"之间的纽带,没有这些经历,意识就不会出现,"觉悟"也不会产生。他利用大量历史文献资料详尽地考察了18和19世纪英国工人阶级从劳动到生活水平、从组织到政治活动、从宗教情绪到文化娱乐方式等"经历"中的每个方面,提出正是这样的经历使得英国工人意识到他们的利益与雇主的利益是对立的,从而形成了阶级。[①]

进行历史比较研究涉及以下6个步骤:

1. 调查对象的概念化

研究者从熟悉的历史情境入手,将所研究的事物加以概念化。研究者可以从一个比较松散的模型或一组粗浅的概念出发,然后将其应用到某个特定的情境。

2. 找出证据

接下来,研究者从广泛的参考文献中找出证据,然后加以收集。研究者使用许许多多的索引、书目、参考文献,查阅各大图书馆的藏书。

3. 评估证据的质量

历史比较研究者收集证据时,会问两个问题。第一,证据与浮现的研究问题和演化的概念之间到底有何相关? 第二,这个证据究竟在多大的程度上是准确有力的?

4. 组织证据

研究者通常提出低层次的概括性原则或主题,开始进行初步分析。在整理证据时,他们借助理论的洞察力来激发组织资料的新方法与向证据提出新问题。研究者超越表面的证据检验,根据理论对证据展开批判性评估,从而发展出新的概念。

5. 综合整理

研究者提炼概念,并且搜集到大部分的证据之后,朝向一般性的解释模型迈进。研究者寻找贯穿时间或单位的模式,用类比法找出相似与相异之处。研究者把不同的事件整理出前后顺序,然后将它们合并起来呈现一个更大的图像。当研究者把证据整理出一个具有连贯性的整体时,便发展出兼有概念与证据的可靠解释。然后研究者反复阅读笔记,根据分类框架将之再三筛选,分成不同的堆或档案。研究者寻找并记录下他们以不同方

---

① 仇立平.社会研究方法[M].重庆:重庆大学出版社,2008:246-247.

式检验证据时所看到的关联或环节。

6.撰写报告

最后一个步骤是把证据、概念和综合分析串联成一篇研究报告。撰写报告的方式是历史比较研究的关键。研究者从堆积如山的证据中提炼出说明,并预备好留有广泛余地的注解。研究者把证据与论点编织成一幅连贯的、充满说服力的图画,与读者交流。①

本章思考题

1. 文献研究的优点和缺点是什么?
2. 内容分析法的基本程序是怎样的?
3. 二次分析的步骤是怎样的?
4. 哪些问题适合历史比较研究方法?
5. 现存统计资料分析的信度和效度怎样?
6. 查阅两三项分别运用内容分析、二次分析、现存统计资料分析及历史比较研究方法进行的研究,分析如何运用好每种方法?

推荐阅读

1. 约翰·奈斯比特,帕特裏夏·阿伯迪妮.2000年大趋势[M].军事科学院外国军事研究部,译.北京:中共中央党校出版社,1990.
2. 李钢,蓝石,等.公共政策内容分析方法:理论与应用[M].重庆:重庆大学出版社,2007.
3. 埃米尔·迪尔凯姆.自杀论[M].冯韵文,译.北京:商务印书馆,2008.
4. 汤普森.英国工人阶级的形成[M].钱乘旦,等,译.南京:译林出版社,2001.
5. 费孝通.江村经济[M].呼和浩特:内蒙古人民出版社,2010.

---

① 劳伦斯·纽曼.社会研究方法:定性和定量的取向[M].5版.郝大海,译.北京:中国人民大学出版社,2007:514-528.

第十二章

常用的数据统计分析简介

陈小异　赵晨鹰

本章以目前主流的社会科学统计软件 SPSS15.0 版本为例,简要介绍该软件的 File,Edit,View,Data,Transform,Analyze,Graphs,Utilities,Window,Help 10 个基本菜单。在此基础上,介绍数据文件的建立与编辑,特别是 SPSS 程序可以实现的主要统计功能。

第一节　SPSS 15.0 常用菜单简介

SPSS15.0 有 10 个一级菜单,分别是:File,Edit,View,Data,Transform,Analyze,Graphs,Utilities,Window,Help。本部分针对常用的菜单进行简介。

一、File(文件管理)菜单下的常用子菜单及功能

表 12-1　File(文件管理)菜单下的常用子菜单及功能

子　菜　单		基本功能
New (新建 5 种 SPSS 文件)	Data	打开数据窗口,新建数据文件
	Syntax	新建语法文件
	Output	新建标准输出
	Draft Output	新建草稿式输出
	Script	新建脚本式语言文件
Open (打开 4 种 SPSS 文件)	Data	打开已有的 SPSS 数据文件
	Syntax	打开语法文件
	Output	打开已有的标准输出文件
	Script	打开脚本式语言文件
Open Database (打开非 SPSS 数据库)	New Query…	按照某一数据源新建查询
	Edit Query…	编辑已建立的查询
	Run Query…	运行已建立的查询
Read Text Data		读取 ASCⅡ文本数据文件
Save		存盘,默认路径存盘,快捷键 Ctrl + S
Save As		另存为,按照指定路径存盘
Save All Data		存储所有打开的数据文件中的数据

续表

子 菜 单		基本功能
Export to Database		将数据输出为非 SPSS 格式的数据库
Mark File Read Only		将数据文件标识为只读/可读文件
Rename Dataset		重命名数据库
Display Data File	Working File	通过 Output 窗口显示当前文件的信息
Information	External File	通过 Output 窗口显示指定文件的信息
Print Preview		打印预览
Print		数据表格打印输出,快捷键为 Ctrl + P
Switch Severs		切换服务器
Connect to Repository		连接到贮存库
Recently Used Data		最近使用过的数据文件列表,系统默认为 9 个
Recently Used File		最近使用过的其他文件列表
Exit		退出 SPSS

二、Edit(编辑)菜单下的常用子菜单及功能

表 12-2　Edit(编辑)菜单下的常用子菜单及功能

子 菜 单	快 捷 键	功　能
Undo	Ctrl + Z	撤销上一步操作
Redo	Ctrl + R	恢复上一步被撤销的操作
Cut	Ctrl + X	剪切(选定单元格数据)
Copy	Ctrl + C	复制(选定单元格数据)
Paste	Ctrl + V	粘贴
Paste Variables…		粘贴变量设置
Clear	Del	清除(选定单元格数据)
Inserts Variables		插入变量
Inserts Cases		插入个案
Find	Ctrl + F	查找
Go to Case		转到指定样本(按个案编号查找个案)
Options		选项(设置各种参数)

三、View(窗口外观控制)菜单下的常用子菜单及功能

表 12-3　View(窗口外观控制)菜单下的常用子菜单及功能

子 菜 单	快 捷 键	功　能
Status Bar		隐藏或显示状态栏
Toolbars		隐藏或显示快捷工具栏
Fonts		字体设定
Grid Lines		隐藏或显示表格线
Value Labels		隐藏或显示变量取值的标签
Display Custom Attributes		显示自定义特征
Variables/Data	Ctrl + T	数据/变量编辑切换

四、Data(数据整理)菜单下的常用子菜单及功能

表 12-4　Data(数据)菜单下的常用子菜单及功能

菜 单	子 菜 单	功　能
Define Variable Properties		定义变量属性
Copy Data Properties		复制变量属性
New Custom Attributes		建立新的个性化设置
Define Dates		定义日期
Identify Duplicate Cases		标识重复样本(辨识重复观察单位)
Identify Unusual Cases		标识异常样
Sort Cases		按某变量值对观测量进行排序
Transpose		行列转换
Restructure		重建
Merge Files(合并文件)	Add Cases	增加样本量(纵向合并)
	Add Variables	增加变量(横向合并)
Aggregate		数据汇总
Copy Dataset		复制数据集
Split File		拆分文件
Select Cases		选择样本
Weight Cases		样本加权(定义频数变量)

五、Transform（数据转换）菜单下的常用子菜单及功能

表 12-5　Transform（转换）菜单下的常用子菜单及功能

子 菜 单	功 能
Compute	通过计算建立新变量
Recode into Same Variables	重新编码进入相同变量
Recode into Different Variables	重新编码进入不同变量
Automatic Recode	自动重置编码
Rank Cases	求样本的秩
Date and Time Wizard	日期和时间转换
Create Time Series	创建时间序列
Replace Missing Values	替换缺失值
Radom Number Generators	随机数生成
Run Pending Transforms	运行待解决的变量变换

六、Analyze（统计分析）菜单下的常用子菜单及功能

表 12-6　Analyze（分析）菜单下的常用子菜单及功能

菜 单	子菜单及功能
Descriptive Statistics（描述统计）	Frequencies, 频率统计
	Descriptives, 数据描述
	Explore, 数据探索
	Crosstabs, 交叉表（列联表）/卡方检验中的独立性检验
Tables 表格	Custom Tables, 定制表格
Compare Means 均数差异检验	Means, 平均数分析
	One-Sample T-Test, 单样本 t 检验
	Independent-Samples T-Test, 独立样本 t 检验
	Paired-Samples T-Test, 配对样本 t 检验
	One-Way AVNOV, 独立样本的单因素方差分析
General Linear Model 一般线性模型	Univariate, 多因素方差分析/协方差分析
	Multivariate, 多元方差分析
	Repeated Measures Define Factors, 重复测量设计的方差分析

续表

菜　单	子菜单及功能
Correlate 相关分析	Bivariate Correlations,双变量相关系数
	Partial Correlations,偏相关系数
	Distances,距离相关
Regression 回归分析	Linear Regression,线性回归
	Curve Estimation,曲线拟合
	Logistic Regression,逻辑回归
	Multinomial Logistic Regression,多元逻辑回归
	Ordinal Regression,有序回归
	Probit Analysis,概率分析
	Nonlinear Regression,非线性回归
	Weight Estimation,权数回归
	2-Stage Least Squares,二阶段最小二乘回归
	Optimal Scaling(Categorical Regression),类别回归
Loglinear 对数线性分析	General Loglinear Analysis,一般对数线性分析
	Logit Loglinear Analysis,Logit 对数线性分析
	Model Selection Loglinear Analysis,模型选择的对数线性分析
Classify 聚类分析	TwoStep Cluster Analysis,二步聚类分析
	K-Means Cluster Analysis,快速样本聚类分析
	Hierarchical Cluster Analysis,分层聚类分析
	Tree(Classification Tree),聚类树
	Discriminant Analysis,判别分析
Data Reduction 数据简化分析	Factor Analysis,因子分析
	Correspondence Analysis,对应分析
	Optimal Scaling,最优编码回归
Scale 尺度分析	Reliability Analysis,信度分析
	Multidimensional Scaling,多维尺度/多维标度

续表

菜　单	子菜单及功能
Nonparametric Tests 非参数检验	Chi-Square Test,卡方检验中的配合度检验
	Binomial Test,二项式检验
	Runs Test,用于检验某变量的取值是否是围绕着某个数值随机地上下波动,该数值可以是均数、中位数、众数或人为制定
	One-Sample Kolmogorov-Smirnov Test,柯尔莫诺夫-斯米尔诺夫检验来分析变量是否符合某种分布,可以检验的分布有正态分布、均匀分布、Poission 分布和指数分布
	Two-Independent-Samples Tests,两独立样本均数比较的非参数检验
	Tests for Several Independent Samples,多个独立样本均数的非参数检验
	Two-Related-Samples Tests,两相关样本均数的非参数检验
	Tests for Several Related Samples,多个相关样本均数比较的非参数检验
Survival 生存分析	Life Table,寿命表
	Kaplan-Meier,评估事件的时间长度
	Cox Regression,Cox 回归
	Compute Time-Dependent Covariate,计算时间依赖的协变量

七、Graphs(统计图)菜单下的常用子菜单及功能

表 12-7　Graphs(统计图)菜单下的常用子菜单及功能

Interactive 交互图	Bar	条形图
	Dot	点图
	Line	线图
	Ribbons	带状图
	Area	面积图
	Pie	饼图
	Box plot	箱形图
	Error Bar	误差条图
	Histogram	直方图
	Scatter plot	散点图

八、Utilities(实用程序)菜单下的常用子菜单及功能

表 12-8　Utilities(实用程序)菜单下的常用子菜单及功能

Variables	变量
Define Variable Sets	定义变量设置
Use Variable Sets	使用变量设置
Run Script	运行脚本
Menu Editor	菜单编辑器

九、Window(窗口)菜单下的常用子菜单及功能

表 12-9　Window 菜单下的常用子菜单及功能

Spilt/Remove Spilt	拆分/恢复
Minimize All Windows	最小化所有窗口

十、Help 菜单下的常用子菜单及功能

表 12-10　Help 菜单下的常用子菜单及功能

菜　单	功　能
Topics	帮助主题,可以输入相关主题的英文获得相应的资料
Tutorial	显示帮助的主题目录,可以根据相应内容所属范围查找相应资料
Command Syntax Reference	导入 Command Syntax Reference 的 PDF 格式文件,此文件中对 SPSS 所有的术语进行了详细的解释和说明

第二节　数据文件的建立与编辑

在 SPSS 程序中,建立数据文件可以通过三种方式。

一、通过 Excel 程序导入

本方法主要方便对 Excel 程序比较熟悉的人员，可以通过该程序进行一些初步的数据整理。

具体步骤是：

首先建立 Excel 文件，在表格中第一行依次输入问卷调查的所有变量名称。所有编码的规则和意义需要在专门文件中明确和保存，以便核对和统一。

建议第 1 个单元格为"编号"。可以根据调查过程中的各种情况，有计划地在测试问卷上进行编号，其编号的各个代码的意义应该在测试前确定并严格执行，以保证统一性。一般规模的调查可以是 4 位数字编码，第一位数字为调查人员或地区编码，后三位数字为该地区或调查人员调查的样本编号；大规模调查可以 6 位数字，第 1、2 位可以作为调查人员或地区编码，后 4 位数字为该地区或调查人员调查的样本编号。使用"编号"变量可以在发现数据可能存在问题时最快查找到原始资料进行核对，且在 Excel 表格中可以自动生成。

之后按照问卷或量表调查的各个变量的顺序依次输入变量名称。建议：根据量表或问卷的顺序，分部进行变量名称编码。如人文信息变量依次命名为 A1—An；量表或问卷一的各个测试条目依次命名为 B1—Bn，也可以用英文缩写或中文字首拼音代表问卷名称加上题目编号构成，如人格测量用 P1—Pn 或 R1—Rn。需要注意的是同次调查或测试中不要出现相同的变量编码，这在 SPSS 中是被认为非法的。余下部分的变量名称的编码同样操作。目前有兼容中文的更高版本的 SPSS 程序，也可以直接在变量中输入中文。SPSS15.0 可以支持 32 字符。

其中可以对输入调查数据的单元格进行设定，以避免出现错误，主要预防输入超过变量最高得分或低于最低分的数据。同时，利用 Excel 程序的简单统计功能，编制简单计算程序对量表或问卷的原始数据进行处理，计算各个量表的不同因子得分，作为正式的统计分析数据，其变量的名称依据量表或问卷的因子名称确定。

以上工作可以在确定了研究方案之后进行仔细设计，在获得调查问卷后就可以输入数据，每一个样本的数据输入对应的变量，占用 Excel 表格的一行。

所有数据输入保存后，可以导入 SPSS，具体操作程序为：点击电脑工作状态栏的"开始"—选择点击"程序"—SPSS for Windows—SPSS15.0 for Windows—点击出现在命名为"Untitled1［DataSet0-SPSS Data Editor］"的 SPSS 程序界面上的弹出小界面下的"Cancel"按钮进入"Untitled1［DataSet0］-SPSS Data Editor"编辑状态—点击"File"—点击"Open"—点击"Data"—在弹出界面中选择文件保存的位置，将文件类型选项点开选择"Excel（＊.xls）"—选中需要导入的文件名，点击右侧"打开"按钮—弹出的"Opening Excel Data Source"界面中点击"Read variable name from the first row of data"前的复选框，点击"Continue"—出现 SPSS 的"Untitled2［DataSet1］-SPSS Data Editor"界面，数据导入完成—点击"File"—点击"Save As"，可以根据自己的喜好命名文件名，选择合适的位置，点击"保存"。从 Excel 表格导入 SPSS 的任务完成。

二、运用 txt 格式输入数据后导入

也有对 txt 格式输入数据情有独钟的，txt 格式的数据可以方便地导入 SPSS 程序中。

首先建立、保存一个 txt 格式文件，并输入数据。其步骤是：

1. 点击电脑工作状态栏的"开始"—选择点击"程序"—选择"附件"—点击"记事本"，打开一个"无标题-记事本"—点击"文件"—点击"另存为"—在"文件名"对应的空白栏内填写相应文件名—选择合适的位置保存文件后点击"保存"。

2. 之后输入需要在 SPSS 中显示的变量名称（命名的方式同前述 Excel 中命名方式一致），输入时在变量之间敲击空格键，待变量名输入完毕后回车，开始输入对应的各个被试的数据，输入方式同变量输入方式一致，必须在数据之间敲入空格键，数据输入完毕后才能敲回车键。

数据输入完成后可以导入 SPSS，步骤是：

1. 点击电脑工作状态栏的"开始"。

2. 选择点击"程序"。

3. 点击"SPSS for Windows"。

4. 点击"SPSS15.0 for Windows"。

5. 点击出现在命名为"Untitled1［DataSet0］-SPSS Data Editor"的 SPSS 程序界面上的弹出小界面下面的"Cancel"按钮进入"Untitled1

［DataSet0］-SPSS Data Editor"编辑状态。

6. 点击"File"。

7. 点击"Open"。

8. 点击"Data"。

9. 在弹出界面中选择文件保存的位置,将文件类型选项点开选择"Text（＊.txt）",并选中需要导入的文件名,点击右侧"打开"按钮。

10. 弹出的"Text Import Wizard-Step 1 of 6"界面,在"Does your text file match a predefined format?"的复选框下选择"No"（如果有以前已经存在的相同的数据结构的 SPSS 文件存在,可以选择 Yes）,点击"下一步"。

11. 在"Text Import Wizard-Step 2 of 6"界面的"How are your variables arranged?"复选框中选择"Delimite",在"Are variable names included at the top of your file?"复选框中选择"Yes"（也有人愿意在输入 txt 格式数据时不输入变量名,待导入 SPSS 后再在"Variable View"标签中输入,此种情况下需要选择"No"）,点击"下一步"。

12. 在"Text Import Wizard-Step 3 of 6"界面的"The first case of data begins on which line number?"选择项中默认为"2"（即导入数据从第 2 行开始,因为第一行为变量名,你也可以选择其他大于 2 的数字,但就会遗失前面 n－1 行数据）,"How are your cases represented?"复选框中,一般默认为"Each line represents a case",另一个是可以选择多少个变量构成一个个案的数据,这在 txt 文件输入时不需要敲回车键,全部数据贯通,数据间只有空格键,但容易读入错误,不建议这种操作。"How many cases do you want to import?"选项中,一般默认"All cases in the data file",也可以根据你的需要选择"The first n cases"（所有个案的前 n 个,填写相应数据）,或者"A random sample of a specified percentage"（在选择一定比例的个案,填写相应的百分比在框中）,点击"下一步"。

13. 在"Text Import Wizard-Step 4 of 6"界面的"Which delimiters appear between variables?"中,选择 spaces（注:在 txt 文件中,根据个人的习惯在数据之间的间隔使用什么形式或符号,就在此作相应的选择）,其他的 Comma（,逗号）,Semicolon（;分号）,Tab（制表符 0,or other characters（其他的符号,选择后需要在方框中标示）;"What is the text qualifier? 复选框中一般选择"None",点击"下一步"。

14. 在"Text Import Wizard-Step 5 of 6"界面中,将鼠标放在"Data Pre-

view"的相应变量上,鼠标变成黑色下行箭头后点击,该变量名出现在"Variable Name"中,下拉"Data Format"的选项可以选择改变量数据的属性,一般默认为 Numeric,通常只对特殊变量进行该选项的选择。点击"下一步"。

15. 在"Text Import Wizard-Step 6 of 6"界面中,对"Would you like to save this file for future"和"Would you like to paste the syntax save this file for future"一般选择"No"(除非你觉得有必要或今后会有同样结构的数据会使用,可以选择"Yes"并在其指引下操作即可。),点击"完成",整个数据导入成功。

16. 以(∗.sav)格式保存数据文件,即可用于下一步分析使用。

三、在 SPSS 程序中直接输入数据

更多的时候是可以直接在 SPSS 的程序中输入数据。一般的步骤是:

1. 建立一个 SPSS(∗.sav)格式文件,该步骤同 txt 格式文件导入 SPSS 程序中的 1—5 步相同;

2. 在"Variable View"输入一个变量名称后点击"File"—点击"Save as",在弹出界面中输入文件名,选择保存为 SPSS(∗.sav)格式,点击"保存",这样建立了相应的 SPSS(∗.sav)文件。

四、定义变量

根据预先的设计将各个变量名及其属性在"Variable View"中完成(当然要注意随时保存),之后点击"Data View",就可以按照相应的顺序输入所有的数据。在一个 Case 输入数据后,按动右箭头符号移动单元格输入数据,建议一般以一个被试为单位输入完成后在开始输入新的数据。(注意:变量的属性有:Variable Name(变量名,你自己己确定;考虑到可以直接在输出的结果中出现,为减少麻烦,建议用规范化的名称);Data Type(数据类型,一般默认为"Numeric",点击"Numeric",其后出现暗色有省略号的方框,点击方框出现下拉菜单,可以选择该变量的性质,并确定其数字或字符的数量和小数位数,此处选择的结果同后两项的结果一致);Number of digits or characters(可以在对应项目中选择);Number of decimal places(小数位数);Descriptive variable and value labels(描述变量和变量取值的标签,此标签可以在结果输出时表现,Label 对应栏可以点击输入相应的字符,包

括汉字；Value 对应栏中输入各个数字代表的种类或类别）；User-defined missing values（对确实值的界定）；Column Width（变量呈现的单元格的宽度）；Measurement Level（测量数据的水平，有 Scale 连续数据，Ordinal 顺序数据，Nominal 称名数据，可以根据你量表测试的实际类型选择，这将决定你的数据可以适合哪种统计方法的检验）。

由于输入的是原始分数，心理和社会调查需要的数据往往需要对原始数据进行一定的转换才能用于分析，也可以通过 SPSS 中的一些功能实现。比如一个量表由三个分量表构成，需要计算各个分量表的均分作为分析指标，可以在"Transform"菜单下点击"Compute Variable"按钮，在弹出的"Compute Variable"界面中的"Target Variable"中输入相应的新变量名，在"Numeric Express"对应的框中填入"目标变量"的表达式，点击"OK"按钮，程序自动在原有数据表最后一个变量后面自动生成目标变量。表达式输入过程中可以单击原有变量，通过右箭头符号导入表达式中，表达式中的运算符号既可以通过表达式下方的小键盘输入，也可以用计算机键盘输入。

第三节　SPSS 中常用统计方法的应用

SPSS 程序可以实现众多的统计功能，本节主要简介在社会科学研究中常用的一些统计方法如何使用。

一、Descriptive Statistics（描述统计）

描述统计主要研究描述一组数据的全貌，使读者能够概略地了解某事物的某方面的属性，同时可以为由样本（或局部）信息推论总体（或全局）信息提供服务。描述统计主要有频率统计（Frequencies）、数据描述（Descriptives）、数据探索（Explore）和交叉表（列联表）（Crosstabs）等。

（一）Frequencies（频率统计）

频率统计可以对任何数据类型进行计数等统计处理，界面如图 12-1，左边为备选变量框，右边为分析变量框，左下角为"Display frequency table"（显示次数分布表）复选框，下方分别为"Statistics（统计量）""Charts（次数

社会科学研究方法导论

分布图)"和"Format(格式)"设置选项。

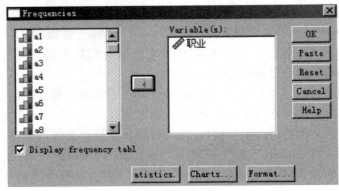

图 12-1　Frequencies 界面

1. Statistics 设置界面

图 12-2 为 Statistics 设置界面,通过该界面可以有效地输出需要的统计数据。其中,Percentile Values(百分位数)下的复选框有 Quartiles(四分位数,显示 25%、50% 和 75% 的百分位数);Cut points for n equal groups(平均分组,按百分比将数据平均分为所设定的 2~100 等分并输出相应百分位数,系统默认为 10,则输出 10%、20% 等百分位数);Percentiles(自定义百分位数,输入 0~100 之间的整数后点击"Add"按钮添加增加输出,可以添加多个自定义百分位)。

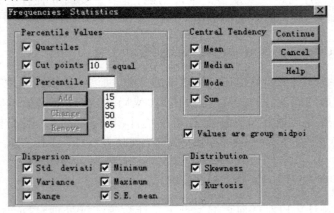

图 12-2　Statistics 设置界面

在 Statistics 设置界面中,包括 Central Tendency(集中趋势)的选项设置,如:Mean(均值)、Median(中数)、Mode(众数)和 Sum(总和),可以根据需要做出相应的选项。

在 Statistics 设置界面中,包括 Dispersion(离中趋势)的选项设置,如:Std. deviation(标准差),Variance(方差),Range(全距),Minimum(最小值),Maximum(最大值),S. E. mean(均值标准误)。

在 Statistics 设置界面中,包括 Distribution(分布趋势量)的选项设置,有 Skewness(偏度系数),Kurtosis(峰度系数)。

也可以设定 Values are group midpoints,当输出的数据是分组频数数据,并且具体数值是组中值时,选中该复选框,以避免出现错误。

2. Charts(次数分布图)界面设置

图 12-3 为 Charts 界面。其中,Chart type 单选钮组定义统计图类型,有 4 种选择:None(无)、Bar charts(条形图)、Pie charts(饼图)、Histograms(直方图,还可以选择是否加上正态曲线,With normal curve),Chart Values 单选钮组定义是按照频数还是按百分比作图(即影响纵坐标刻度)。

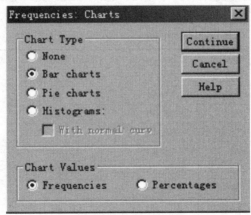

图 12-3 Charts 界面

3. Format(格式)设置选项

图 12-4 为 Format(格式)设置选项。包括:

Order by 单选钮组。用于定义频数表的排列次序,有 4 个选项:Ascending values(根据数值大小按升序从小到大作频数分布);Descending values(根据数值大小按降序从大到小作频数分布);Ascending counts(根据频数多少按升序从少到多作频数分布);Descending counts(根据频数多少按降序从多到少作频数分布)。

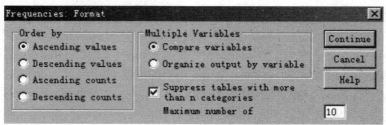

图 12-4　Format(格式)设置选项

Multiple Variables 单选钮组。如果选择了两个以上变量做频数表,则 Compare variables 可以将他们的结果在同一个频数表过程输出结果中显示,便于互相比较,Organize output by variables 则将结果在不同的频数表过程输出结果中显示。

Suppress tables more than n categories 复选框。当频数表的分组数大于下面设定数值时禁止它在结果中输出,这样可以避免产生巨型表格。例见表 12-11。

表 12-11　Frequencies **统计输出结果范例**

	职业	Frequency 频数	Percent 百分数	Valid Percent 有效数据百分数	Cumulative Percent 累加百分数
Valid	1	69	11.84	11.84	11.84
	2	165	28.30	28.30	40.14
	3	154	26.42	26.42	66.55
	4	90	15.44	15.44	81.99
	5	72	12.35	12.35	94.34
	6	33	5.66	5.66	100.00
	Total	583	100.00	100.00	

(二)Descriptives(**数据描述**)

Descriptives 是连续资料统计描述应用最多的一个过程,它可对变量进行描述性统计分析,计算并列出一系列相应的统计指标。同时可将原始数据转换成标准正态评分值并以变量的形式存入数据库供以后分析。其界面如图 12-5:

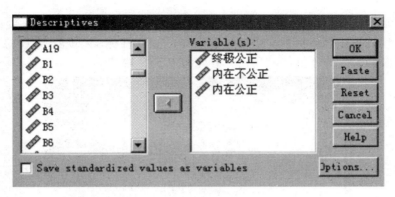

图 12-5　Descriptives 界面

　　左边为备选变量框,右边为分析变量框,左下角为"Save standardized values as variables"复选框,选中则表示将原始数据转化为标准分,并将以一个新变量的形式(变量名为原变量名前加 z)存入数据库供今后分析。右下角的"Options(选项)"中的项目(见图 12-6)与 Frequencies 统计的 Statistics 对话框中的项目比较一致,只有最下方的"Display Order"单选钮组是新的,可以选择为变量列表顺序、字母顺序、均值升序或均值降序。

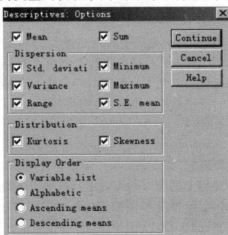

图 12-6　Descriptives:Options 界面

(三)Crosstabs(交叉表,列联表)

　　Crosstabs 主要针对计数资料和有序分类资料进行统计描述和简单的

统计推断。在分析时可以产生二维至 n 维列联表,并计算相应的百分数指标。统计推断则包括了常用的 χ^2 检验中的独立性检验(即多变量的 χ^2 检验)、Kappa 值,分层 $\chi^2(\chi^2_{M-H})$,其界面如左下图 12-7。

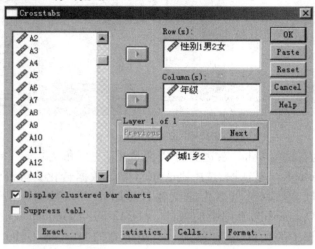

图 12-7　Crosstabs 界面

Rows 框用于选择行×列表中的行变量。

Columns 框用于选择行×列表中的列变量。

Layer 框:Layer 指的是层,对话框中的许多设置都可以分层设定,在同一层中的变量使用相同的设置,而不同层中的变量分别使用各自层的设置。如果要让不同的变量做不同的分析,则将其选入 Layer 框,并用 Previous 和 Next 来设为不同层。

Display clustered bar charts 复选框:显示重叠条图。

Suppress table 复选框:禁止在结果中输出行×列表。

Exact:针对 2×2 以上的行×列表设定计算确切概率的方法,可以是不计算(Asymptotic only)、蒙特卡罗模拟(Monte Carlo)或确切计算(Exact)。蒙特卡罗模拟默认进行 10 000 次模拟,给出 99% 可信区间;确切计算默认计算时间限制在 5 分钟内。这些默认值均可更改。

Crosstabs 中的 Statistics 选项见图 12-8,其主要设置和意义如下:

Chi-square 复选框用于计算 χ^2 值;

Correlations 复选框用于计算行、列两变量的 Pearson 相关系数和 Spearman 等级相关系数;

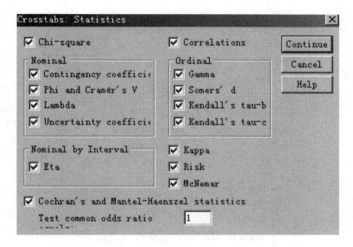

图 12-8　Crosstabs：Statistics 界面

　　Norminal 复选框组用于选择是否输出反映分类资料相关性的指标,一般很少使用;

　　Ordinal 复选框组用于选择是否输出反映有序分类资料相关性的指标,一般很少使用;

　　Eta 复选框用于计算 Eta 值,其平方值可认为是因变量受不同因素影响所致方差的比例;

　　Kappa 复选框用于计算 Kappa 值,即内部一致性系数;

　　Risk 复选框用于计算比数比 OR 值;

　　McNemanr 复选框用于进行 McNemanr 检验(一种非参检验);

　　Cochran's and Mantel-Haenszel statistics 复选框用于计算 χ^2_{M-H} 统计量(分层 χ^2,也有写为 χ^2_{CMH} 的),可在下方输出 H_0 假设的 OR 值,默认为 1;

　　Cells 对话框用于定义列联表单元格中需要计算的指标,其界面如图 12-9,主要设置和意义如下:

　　Counts 复选框组用于是否输出实际观察数(Observed)和理论数(Expected);Percentages 复选框组用于是否输出行百分数(Row)、列百分数(Column)以及合计百分数(Total);Residuals 复选框组用于选择残差的显示方式,可以是实际数与理论数的差值(Unstandardized)、标化后的差值(Standardized,实际数与理论数的差值除理论数),或者由标准误确立的单元格残差(Adjusted standardized)。

　　Format 用于选择行变量是升序还是降序排列。

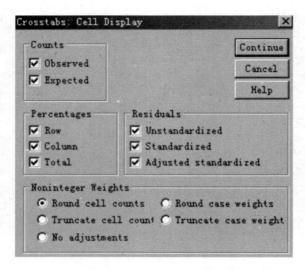

图 12-9　Crosstabs：Cell Display 界面

二、均值统计（均值比较检验 Compare Means 与方差分析）

在社会科学研究中，经常需要比较各种现象之间的某些指标是否有显著差异，均值的比较检验主要考察正态总体的均值有关的假设是否成立的问题，通常用于解决此类检验方法要求数据服从正态分布或近似地服从正态分布。主要的类别有：

One-Sample T Test（单样本 t 检验）；

Independent-Sample T Test（两个独立样本 t 检验）；

Paired-Sample T Test（两个配对样本 t 检验）；

One-Way ANOVA（独立样本的单因素方差分析）；

General Linear Model→Univariate（单因变量的多因素方差分析）。

（一）One-Sample T Test（**单样本 t 检验**）

单样本 t 检验是检验单样本的均值是否与假定的已知总体均值之间存在差异，在社会科学研究中，常用某个样本的均值与常模对比以确定该样本是否与常模有显著差异。实现的步骤是：

Analyze—One-Sample T-Test—将要检验的样本均值的变量名称从左侧导入右侧—在下方"Test"方框内填入该变量的常模（见图 12-10）—点击

"Options"弹出菜单（见图12-11），选择置信度（默认项是95%）和缺失值的处理方式—点击"Continue"返回 One-Sample T-Test 菜单—点击"OK"，完成单样本 t 检验。样例结果输出见表12-12和表12-13。

图 12-10　One-Sample T Test 界面

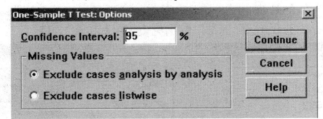

图 12-11　One-Sample T Test：Options 界面

表 12-12　　数据的基本统计描述

	N 样本容量	Mean 均值	Std. Deviation 标准差	Std. Error Mean 标准误
躯体化	516	1.52	0.44	0.02

表 12-13　One-Sample Test（单样本均值 t 检验的检验结果）

			Test Value = 1.37（已知总体均值）			
					95% Confidence Interval of the Difference 均值差的95%置信区间	
	t 值	df 自由度	Sig.（2-tailed） p 值（双侧检验）	Mean Difference 均值差	Lower 下限	Upper 上限
躯体化	7.81	515	0.000	0.15	0.11	0.19

（二）Independent-Sample T Test（两个独立样本 t 检验）

Independent-sample T Test 是检验两个没有联系的总体样本均值间是否存在显著的差异。在社会科学研究中,我们考察不同地区、不同类别的样本在某些心理特征或社会态度方面的差异。实现的步骤是：

Analyze—Independent-sample T Test—将要检验的样本均值的变量名称从左侧导入右侧—选择分组变量"性别"进入分组框中（见图 12-12）—单击 Define Group 按钮,打开分组对话框,如图 12-13 所示,确定分组值后点击"Continue"返回 Independent-sample T Test 主对话框（如果没有分组,可以选择 Cut point 单选项,并在激活的框内输入一个值作为分组界限值）—点击"Options"弹出菜单（同 One-Sample T Test 一致）,选择置信度（默认项是95%）和缺失值的处理方式—点击"Continue"返回—点击"OK",完成 Independent-Sample T Test。样例结果输出见表 12-14 和表 12-15。

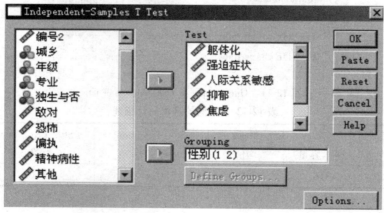

图 12-12　Independent-Sample T Test 界面

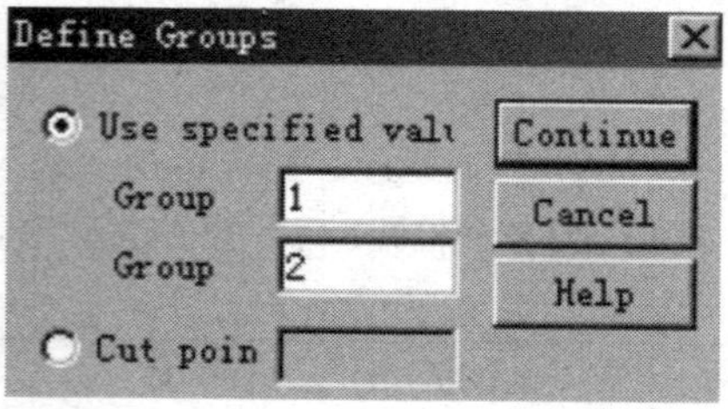

图 12-13　Independent-Sample T Test：DefineGroups 界面

表 12-14　　Group Statistics（分组统计描述表）

	性别	N 样本容量	Mean 均值	Std. Deviation 标准差	Std. Error Mean 标准误
强迫症状	男	229	1.82	0.63	0.04
	女	287	1.62	0.45	0.03

（三）Paired-Sample T Test（两个配对样本 t 检验）

该检验适用于两相关联样本或配对样本的总体均值差异检验，需要数据类型为连续等距测量且服从正态分布。在社会科学研究中，可以考察某一个群体在接受了某种处理的前后测是否存在差异，比如说某种教育教学方法、某种管理制度的实施（当然需要严格按照实验处理来有效控制相关变量），从而判定该处理是否具有实验效应，为是否推行该举措提供科学依据。该检验的实施步骤是：

点击"Analyze"—选择"Paired-Sample T Test"—将配对的变量分别选中进入"Current Selection"后，点击界面中间右箭头导入"Paired Variables"中（见图 12-14，可以重复操作进行多对配对变量的检验）—点击"Options"弹出菜单（同 One-Sample T Test 一致），选择置信度（默认项是 95%）和缺失值的处理方式—点击"Continue"返回—点击"OK"，完成检验。样例结果输出见表 12-16 和表 12-17。

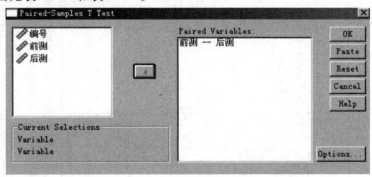

图 12-14　Paired Samples Statistics 界面

社会科学研究方法导论

表 12-15　Independent-Sample Test（两个独立样本均值 t 检验的检验结果）

		方差齐性检验 Levene's Test for Equality of Variances		均值相等的 t 检验 T-test for Equality of Means						95% Confidence Interval of the Difference 均值差的 95% 置信区间	
		F 值	Sig. p 值	t 值	df 自由度	Sig. (2-tailed) p 值	Mean Difference 均值差	Std. Error Difference 标准误差		Lower	Upper
综合得分	Equal variances assumed	32.35	0.00	4.03	514.00	0.00	0.19	0.05		0.10	0.29
	Equal variances not assumed			3.88	399.88	0.00	0.19	0.05		0.10	0.29

注意：表中有两个 p 值。前一个是方差齐性检验（通常 $p > 0.05$ 判断为方差齐性，反之则方差不齐性；齐性看上一行，不齐性看下一行），后一个是独立样本 t 检验的。本例中即为方差不齐性，看下一行的 t 检验结果。

表 12-16　Paired Samples Statistics（配对样本统计量分析）

		N 样本容量	Mean 均值	Std. Deviation 标准差	Std. Error Mean 标准误
Pair 1	前测	57.68	34.00	10.05	1.72
	后测	74.91	34.00	9.35	1.60

表 12-17　　Paired Samples Test（配对样本均值差检验表）

		Paired Differences 配对样本的两均值差					检验 统计 量 t	自由度 df	p 值（双侧） Sig. (2-tailed)
		Mean 均值	Std. Deviation 标准差	Std. Error Mean 均值差	95% Confidence Interval of the Difference				
					Lower	Upper			
Pair1	前测 后测	17.24	6.56	1.13	19.53	14.94	15.31	33.00	0.00

（四）One-Way ANOVA（独立样本的单因素方差分析）

完全随机化设计的单因素方差分析主要对不同的总体的数据的均值之间的差异是否显著进行检验（通常用于三个及以上的均值比较），该检验要求在不同的水平（因素变量取不同值）下，各总体应当服从方差齐性的正态分布，该检验在社会科学研究中应用广泛。该检验的实现步骤是：

Analyze—One-Way ANOVA—将要检验的变量从左侧导入到右侧"Dependent List"中（见图 12-15）—将因素变量导入到"Factor"对应框中—点击 One-Way ANOVA Contrasts，弹出相应菜单（见图 12-16），该界面的设置可以用来进一步分析随着控制变量水平的变化，观测值变化的总体趋势以及进一步比较任意指定水平间的均值差异是否显著。如果要对组间平方和进行趋势成分检验，选中 Polynomial 多项式复选项，选中后激活 Degree 参数框，在 Degree 框中选择趋势检验多项式的阶数，有最高次数可达 5 次。系统将给出指定阶数和低于指定阶次各阶次的自由度、F 值和 F 检验的概率值。在 Contrast 栏，指定需要对照比较两个水平的均值。在 Coefficients 框中输入一个系数，单击 Add 按钮，系数就进入到 Coefficients 框中。

社会科学研究方法导论

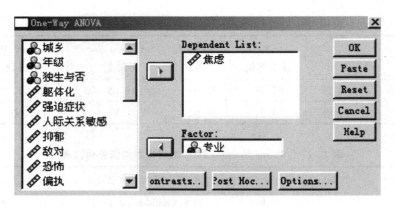

图 12-15　One-Way ANOVA 界面

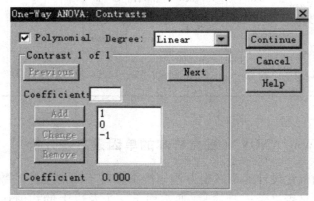

图 12-16　One-Way ANOVA：Contrasts 界面

重复上述,依次输入各组均值的系数。注意系数的和应当等于 0。点击"Continue"返回 One-Way ANOVA 界面,点击"Post Hoc Tests"(事后多重比较)进入 One-Way ANOVA：Post Hoc Multiple Comparisons 界面(见图 12-17),该对话框中列出了 20 种多重比较检验,实际中一般选择常用的方法即可,如 LSD;对话框下部的 Significance Level 表示显著性水平,默认值是 0.05,也可输入设定其他值。点击"Continue"返回 One-Way ANOVA 界面,点击"Options",进入"One-Way ANOVA：Options"界面(见图 12-18),设置输出项目,包括:不同水平下样本方差的齐性检验,缺失值的处理方式及均值的图形。设置结束后点击"Continue"返回 One-Way ANOVA 界面—点击"OK",完成检验。样例结果输出见表12-18至表 12-21：

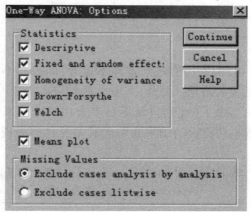

图 12-17　One-Way ANOVA：Post Hoc Multiple Comparisons 界面

图 12-18　One-Way ANOVA：Options 界面

表 12-18　Descriptives（**基本统计描述**）

	N	Mean	Std. Deviation	Std. Error	95% Confidence Interval for Mean		Minimum	Maximum
					Lower	Upper		
理科	206	1.57	0.46	0.03	1.51	1.63	1.00	3.10
文史	201	1.56	0.42	0.03	1.50	1.61	1.00	3.70
工科	109	1.59	0.53	0.05	1.49	1.69	1.00	3.60
Total	516	1.57	0.46	0.02	1.53	1.61	1.00	3.70

表 12-19　Test of Homogeneity of Variances(**方差齐性检验**)

Levene Statistic	df1	df2	Sig.
3.17	2.00	513.00	0.04

表 12-20　ANOVA **方差分析表**

	Sum of Squares 平方和	df	Mean Square 均方	F	Sig.
Between Groups 组间变异	8.021E−02	2	4.011E−02	0.188	0.829
Within Groups 组内变异	109.382	513	0.213		
Total 总变异	109.462	515			

　　由表 12-20 可知,各均值之间差异不显著,即表明不同专业之间的焦虑程度不存在显著的差异。另外,方差分析结果差异不显著,就可以无视事后多重比较的结果了(此处只是显示多重比较的结果供学习);但差异显著就必须要看事后检验的结果来明确其差异具体表现为哪些两两之间存在差异。

表 12-21　Multiple　Comparisons(**多重比较表**)

Dependent Variable:**焦虑**　LSD

(I) 专业	(J) 专业	Mean Difference (I-J)	Std. Error	Sig.	95% Confidence Interval	
					Lower	Upper
理科	文史	0.01	0.05	0.80	0.08	0.10
	工科	0.02	0.05	0.69	0.13	0.09
文史	理科	0.01	0.05	0.80	0.10	0.08
	工科	0.03	0.05	0.54	0.14	0.07
工科	理科	0.02	0.05	0.69	0.09	0.13
	文史	0.03	0.05	0.54	0.07	0.14

三、Generalized Linear Model(一般线性模型)

　　Generalized Linear Model(一般线性模型)中使用最多的是 Univariate (多因素方差分析),该统计方法要求因变量和协变量(如果有协变量的话)必须是数值型变量,且因变量来自或近似来自正态总体。因素变量是分类变量,变量可以是数值型或字符型的,各水平下的总体假设服从正态分布,而且假设各水平下的方差是相等的。双因素方差分析过程可以分析出每一个因素的作用;各因素之间的交互作用;检验各总体间方差是否相等;还能够对因素的各水平间均值差异进行比较等。比如说,我们探讨不同居住地区的男女在某个社会问题上的态度,考察地区差异和性别差异是否具有显著效应,就可以采用 Univariate 统计方法。其基本实现的程序是:

　　1.点击"Analyze"。

　　2.点击"General Linear Model"。

　　3.点击"Univariate",出现弹出界面(见图 12-19)。

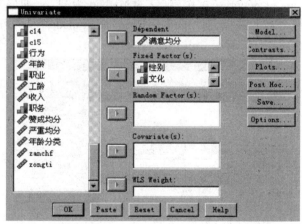

图 12-19　Univariate 界面

　　4.将要检验的因变量导入 Dependent Variable 框。

　　5.将固定因子变量导入 Fixed Factor(s)框。

　　6.(根据统计需要)导入"Random Factor(s)"。

　　7.(根据统计需要)导入"Covariate(s)"。

　　8.(根据统计需要)导入"WLS Weight"。

　　9.点击"Model",出现弹出菜单(见图 12-20),其中"Specify Model"有

两种模式,默认为"Full factorial model",选择"Custom"后可以在"Build Term(s)"下拉菜单中选择你需要的模型。

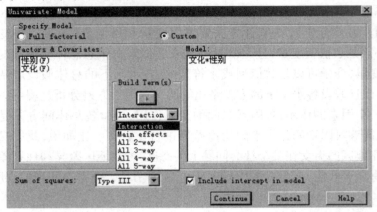

图 12-20　Univariate:Model 界面

10. 在"Sum of Squares"框中,默认的 Method 为"Type Ⅲ",也可以通过下拉菜单进行合理的选择,对"Include intercept in model"可以作选择,设置结束后点击"Continue"返回 Univariate 界面。

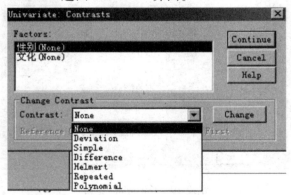

图 12-21　Univariate:Contrasts 界面

11. 要对特定的两水平间的均值比较则点击"Contrasts"进入"Univariate:Contrasts"界面(见图 12-21),Factors 栏中因素后面的括号内显示的是当前的比较方法(默认的),点击因素后可以改变分析的方法,通过点击"Contrasts"下拉菜单进行选择,相应项目的对应意义是:None,不进行均数比较;Deviation,以观测量均值为标准进行比较;Simple,以第一个或最后一个水平的观察值均值为标准;Difference,各水平上观察值均值与前一个水平的均值进行比较;Hermert,各水平上观察值与最后一个水平的均值比较。选择后点击"Change"按钮确认,点击"Continue"返回 Univariate 界面——如果需要进行图形展示,点击"Plots"按钮,进入"Univariate:"界面设置(见图 12-22)。在 Factor 框中选择因素变量进入横坐标 Horizontal Axis框内,然后单击 Add 按钮,可以得到该因素不同水平的因变量均值的分布;若需要了解两个因素变量的交互作用,将一个因素变量送入横坐标后,将另一个因素变量送入 Separate Lines 分线框中,然后单击 Add 按钮。就可以输出反映两个因素变量的交互图,设置结束点击"Continue"返回 Univariate 界面。

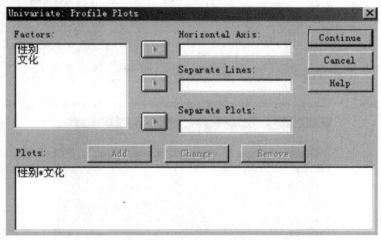

图 12-22　Univariate:Profile Plots 界面

12. 若需要对各因素的水平间均值进行两两比较,单击 Post Hoc 按钮,打开"Univariate:Post Hoc Multiple Comparison for Observed Means"重比较设置界面(见图 12-23),从 Factor 框中选择因素变量进入 Post Hoc Test for 框中,然后选择多重比较方法。设置结束后点击"Continue"返回 Univariate 界面。

13. 根据需要,单击 Save 按钮,进入"Univariate:Save"界面打开保存对话框(见图 12-24),选择需要保存的变量。Predicted Value 预测值栏,选择此栏系统将给出根据模型计算的有关预测值的选择项;Diagnostics 诊断异常值栏,有 Cook's distance(库克距离)和 Leverage value(杠杆值);在"Co-

efficient Statistics"栏下可以创建并命名新的数据集或新 File;Residual 残差栏,有非标准化和标准化残差、学生化残差和剔除残差等。设置结束后点击"Continue"返回 Univariate 界面。

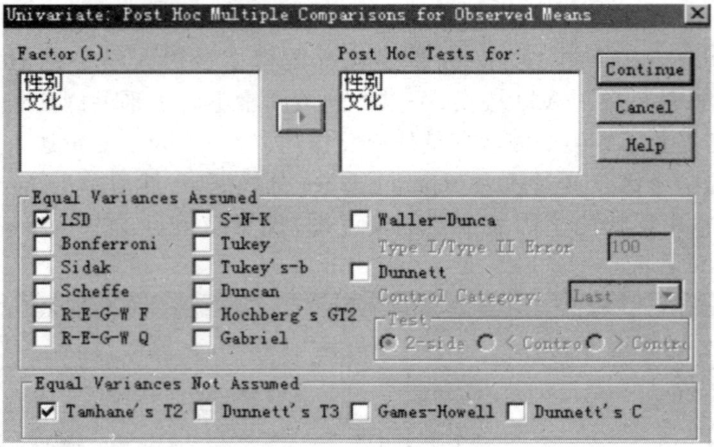

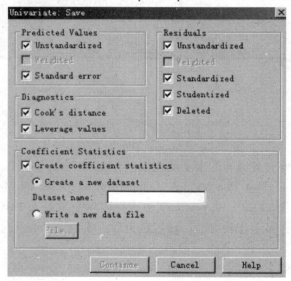

图 12-23   Univariate:Post Hoc Multiple Comparison for Observed Means 界面

图 12-24   Univariate:Save 界面

14. 点击"Options"按钮,进入"Univariate:Options"设置界面(见图 12-25)。将需要显示的平均数的因子从"Factor(s) and Factor"栏导入到

"Display Means for"栏内;选择"Compare main effect"复选框后可选择相应的参数,一般默认为"LSD(None)";"Display"对应下的复选框可以根据需要选择;"Significance Level"显著性水平一般默认为 0.05,可以输入其他值;设置结束后点击"Continue"返回 Univariate 界面。

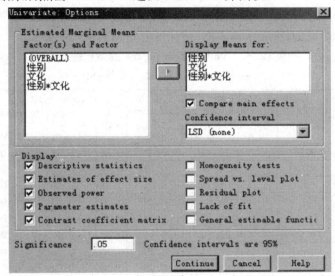

图 12-25　Univariate:Options 界面

15. 点击"OK",即可输出统计结果。样例输出结果见表 12-22 和表 12-23。

表 12-22　某因子的双因素方差分析检验表

Tests of Between-Subjects Effects

Dependent Variable:满意均分

Source	Type III Sum of Squares	df	Mean Square	F	Sig.
Corrected Model	2.97	6.00	0.50	1.00	0.43
Intercept	889.20	1.00	889.20	1 785.49	0.00
性别（主效应）	0.24	1.00	0.24	0.48	0.49
文化（主效应）	2.35	3.00	0.78	1.57	0.19
性别 * 文化（交互效应）	0.20	2.00	0.10	0.20	0.82
Error(误差变异)	483.08	970	0.50		
Total	6 989.23	977			

a. Computed using alpha = 0.05
b. R Squared = 0.006（Adjusted R Squared = 0.000）

由表 12-22 得出,性别主效应、文化程度主效应及两者的交互效应均不显著,即表明,性别与文化程度各水平及其共同作用在"满意均分"上均不存在显著差异。

表 12-23 是"满意均分"在文化程度各水平上的 LSD 事后检验结果。注意,因为文化程度主效应差异不显著,事后多重比较的结果没有统计学上的显著意义,再次展示该表格,是让读者熟悉其呈现的方式。

表 12-23　Multiple Comparisons(多重比较表)

Dependent Variable:满意均分 LSD

(I) 因素 A	(J) 因素 A	Mean Difference (I-J) 均值 Ai-均值 Aj	Std. Error 标准误	Sig. p 值	95% Confidence Interval 95% 的置信区间	
					Lower	Upper
研究生	大学	0.26	0.29	0.36	−0.31	0.83
	中学	0.22	0.29	0.46	−0.35	0.78
	小学	0.05	0.31	0.88	−0.55	0.65
大学	研究生	−0.26	0.29	0.36	−0.83	0.31
	中学	−0.05	0.05	0.30	−0.14	0.04
	小学	−0.22	0.11	0.05	−0.43	0.00
中学	研究生	−0.22	0.29	0.46	−0.78	0.35
	大学	0.05	0.05	0.30	−0.04	0.14
	小学	−0.17	0.11	0.12	−0.38	0.04
小学	研究生	−0.05	0.31	0.88	−0.65	0.55
	大学	0.22	0.11	0.05	0.00	0.43
	中学	0.17	0.11	0.12	−0.04	0.38

注:文化程度各水平区分为:研究生;大学(本专科);中学(初高中、职高中专);小学(小学及以下)

Based on observed means.

* The mean difference is significant at the 0.05 level.

四、Correlate(相关分析)

社会现象纷繁复杂,因此在社会科学研究中,研究者通常假定变量间存在相互关联、相互影响的"不严格确定的依存关系"[1],而不是简单地通过确定因果来考察完全确定性关系,比如企业员工的职业忠诚与经济待遇

---

① 黄希庭.简明心理学词典[M].合肥:安徽人民出版社,2004:274.

或个人成就就属于相关关系。在 SPSS 中,相关关系的分析主要有:

(一)Bivariate Correlations(双变量相关分析)

双变量相关分析主要用于计算多个变量间"两两"直线型相关,同时进行相关系数的显著性检验,实现的步骤是:

点击"Analyze"—点击"Correlate"—点击"Bivariate Correlations",弹出界面(见图 12-26),将需要计算相关系数的变量导入"Variables"框中—在"Correlation Coefficients"复选框中选择计算相关系数的种类(有 Pearson 积差相关系数,Kendall's tau-b 系数和 Spearman 等级相关系数)—在"Test of Significance"复选框中选择 One-tailed(单侧)或 Two-tailed(双侧)检验—在"Flag significant correlations(标注出显著相关)"复选框中做出选择—点击"Options",弹出"Bivariate Correlations:Options"界面(见图 12-27),设置输出项和缺失值的处理方式后点击"Continue"返回"Bivariate Correlations"界面—点击"OK"即可输出相应统计结果。样例输出见表 12-24 和表 12-25。

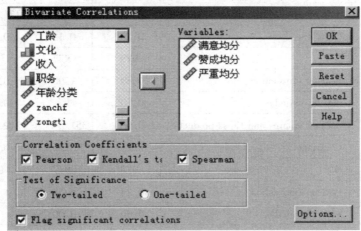

图 12-26 Bivariate Correlations 界面

表 12-24 Descriptive Statistics(基本统计描述)

	Mean	Std. Deviation	N
满意均分	2.58	0.71	977
赞成均分	2.81	0.60	977
严重均分	3.41	0.69	977

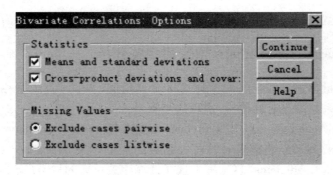

图 12-27　Bivariate Correlations：Options 界面

表 12-25　Correlations（**相关系数检验**）

		满意均分	赞成均分	严重均分
满意均分	Pearson Correlation	1.00	0.32**	0.37**
	Sig.（2-tailed）		0.00	0.00
	Sum of Squares and Cross-products	486.05	130.06	176.41
	Covariance	0.50	0.13	0.18
	N	977	977	977
赞成均分	Pearson Correlation	0.32**	1.00	0.54**
	Sig.（2-tailed）	0.00		0.00
	Sum of Squares and Cross-products	130.06	351.44	219.09
	Covariance	0.13	0.36	0.22
	N	977	977	977
严重均分	Pearson Correlation	0.37**	0.54**	1.00
	Sig.（2-tailed）	0.00	0.00	
	Sum of Squares and Cross-products	176.41	219.09	466.18
	Covariance	0.18	0.22	0.48
	N	977	977	977

** Correlation is significant at the 0.01 level (2-tailed).

上表结果显示，三者之间相关显著，只是"赞成均分"和"严重均分"之间是较高的正相关，而"赞成均分""严重均分""满意均分"的相关均为较低的正相关。

（二）Partial（偏相关）

一般的积差相关系数并不一定反映两个变量之间的真正联系，其间可能掺杂其他变量的影响；而偏相关系数是在控制其他额外变量情况下对两变量间线性关系的描述，是两变量间"真正的、纯粹的"关联的反映，也被称为"净相关"，要求数据服从二元正态分布。在企业调查中，我们需要考察职工对企业的忠诚度和事业发展程度之间的相关关系，这种关系可能还受到员工对上司的满意度的影响，就可以用偏相关来进行分析。具体的实现步骤是：

点击"Analyze"—点击"Correlate"—点击"Partial Correlations"，弹出界面（见图 12-28），将计算相关系数的变量导入"Variables"框中—将其他客观存在的（可能也对该相关关系有影响的）变量作为控制变量进入"Controlling for"框内—点击"Options"，进入"Partial Correlations：Options"界面（见图 12-29）。在 Statistics 栏中选择输出项，有平均值及标准差，Zero-order correlations 表示在输出偏相关系数的同时输出变量间的简单相关系数以及缺失值的处理方式。设置结束后点击"Continue"返回"Partial Correlations"界面—点击"OK"即可输出相应统计结果。样例输出结果见表 12-26和表 12-27。

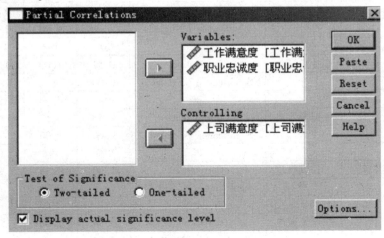

图 12-28　Partial Correlations 界面

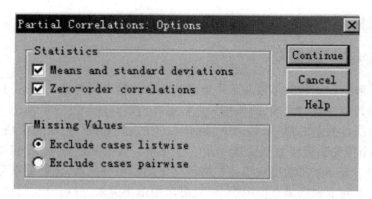

图 12-29　Partial Correlations：Options 界面

表 12-26　Descriptive Statistics

	Mean	Std. Deviation	N
工作满意度	3.38	1.25	200.00
职业忠诚度	3.36	1.15	200.00
上司满意度	3.24	1.13	200.00

表 12-27　"两两"线性相关和偏相关

Control Variables			工作满意度	职业忠诚度	上司满意度
-none-(a)	工作满意度	Correlation	1.00	0.51	0.43
		Significance (2-tailed)		0.00	0.00
		df	0	198	198
	职业忠诚度	Correlation	0.51	1.00	0.52
		Significance (2-tailed)	0.00		0.00
		df	198	0.00	198
	上司满意度	Correlation	0.43	0.52	1.00
		Significance (2-tailed)	0.00	0.00	
		df	198	198	0
上司满意度	工作满意度	Correlation	1.00	0.38	
		Significance (2-tailed)		0.00	
		df	0	197	
	职业忠诚度	Correlation	0.38	1.00	
		Significance (2-tailed)	0.00		
		df	197	0	

由表 12-26 可见,三者之间的"两两"线性相关,表 12-27 反映的是"上司满意度"作为协变量状态下"职业忠诚度"和"工作满意度"之间的偏相关,二者之间的差别比较大。

五、Linear Regression(线性回归分析)

线性回归通过建立变量间的数学模型,反映一个或多个自变量对"一个"因变量的预测关系,也可以利用数学模型限定自变量的取值从而实现对因变量变异的控制。值得注意的是,因果关系的明确只能由实验的方法来实现,而回归分析只是对这种自变量和因变量之间的因果关系给予验证,回归分析本身得出的并不是真正意义上的因果关系。在社会科学研究和实践中,利用线性回归分析技术可以对比较复杂的社会因素如何共同影响某个特定的社会现象进行研究,为有效控制该现象提供切实可行的措施。

根据自变量的多少,区分为一元回归分析(一个自变量)与多元回归分析(多个自变量),其实现手段在 SPSS 中是同一个操作菜单,基本统计过程均分为"回归模型的建立"和"回归模型的有效性检验"两大步骤,只是多元回归分析需要建立与检验更多的回归系数等。另外,此处的回归分析均针对于线性回归,因此在进行回归分析之前需要通过散点图等方式(详见"相关分析")来检验其线性关系假设。

由于篇幅有限,本文直接以二元回归分析为示例来阐述其在 SPSS 中实现 Linear Regression 的基本程序。

点击"Analyze"—点击"Regression"—点击"Linear Regression",进入"Linear Regression"主对话框(见图 12-30)—选择因变量进入"Dependent"框内,选择一个或多个自变量进入"Independent"框内(选入一个为一元回归分析、选入多个为多元回归分析)—从 Method 框内下拉式菜单中选择多元回归分析方法,有 Enter(强行进入法)、Stepwise(逐步筛选法)、Remove(消去法)、Backward(向后剔除法)及 Forward(向前选择法)5 种,具体操作含义见其他统计书籍,此处选择 Stepwise。

点击"Statistics"按钮弹出"Linear Regression Statistics"界面(见图 12-31),设置输出选项。除了确认默认项 Estimates(主要输出回归系数的相关统计量,包括回归系数,回归系数标准误、标准化回归系数、回归系数检验统计量 t 值及相应的检验统计量概率的 p 值 sig.)和 Model fit(输出复

相关系数 r, r^2 及 r^2 修正值,估计值的标准误,方差分析表)之外,还可选择进行偏相关分析 Part and partial correlations(用于输出相关系数及偏相关系数)与多重共线性检验 Collinearity diagnostics(用于多元回归模型,分析各自变量的之间的共线性的统计量,包括容忍度和方差膨胀因子、特征值,条件指数等)。设置结束后点击"Continue"返回"Linear Regression"主对话框。点击"OK"按钮即可输出。样例统计结果见表 12-28 至表 12-32。

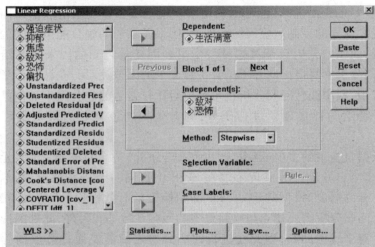

图 12-30　Linear Regression 界面

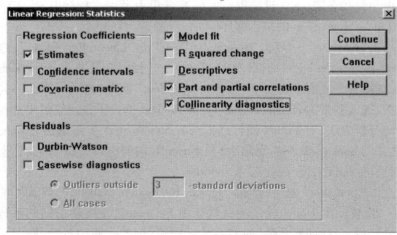

图 12-31　Linear Regression:Statistics 界面

表 12-28   测定系数表

Model	R	R Square 测定系数 r^2	Adjusted R Square	Std. Error of the Estimate
1	0.180[a]	0.032	0.030	1.068 6

a. predictors：(Constan)，恐怖

表 12-28 所示为测定系数表。测定系数 $r^2 = 0.032$（多元回归分析中需看调整后的 r^2），即自变量可以解释因变量 3.2% 的变异（注：此处只是演示多元回归分析的操作过程，实际上此例中该测定系数太小，就自变量对因变量的预测功能而言意义不大）。

表 12-29   回归方程的有效性检验

ANOVA[b]

Model		Sum of Squares	df	Mean Square	F	Sig.
1	Regression	19.548	1	19.548	17.119	0.000[a]
	Residual	586.916	514	1.142		
	Total	606.463	515			

a. Predictors：(Corstant)，恐怖

b. Dependent Variable：生活满意

表 12-29 所示为回归方程的有效性检验。从结果中可以看出，$p < 0.001$，可以认为该回归方程非常显著。

表 12-30 所示为偏回归系数的显著性检验、相关分析和多重共线性分析（一）。从结果中可以看出，$p < 0.001$，可以认为，自变量"恐怖"对因变量"主观幸福感"具有显著影响。在相关分析列中，偏相关、部分相关和普通相关系数值相等，说明变异所解释因变量再不能被其他变量所解释；容忍度 Tolerance 值为 1，方差膨胀因子 VIF 值为 1，无多重共线性问题。

表 12-31 所示为剔除变量的分析表。可以看出，变量"敌对"在方程中被剔除。

社会科学研究方法导论

表 12-30　偏回归系数的显著性检验、相关分析和多重共线性分析（一）

Coefficients[a]

Model		Unstandardized Coefficients		Standardized Coefficients	t	Sig.	Correlations			Collinearity Statistics	
		B	Std. Error	Beta			Zero-order	Partial	Part	Tolerance	VIF
1	(Constant)	3.938	0.165		23.872	0.000					
	恐怖	−0.431	0.104	−0.180	−4.138	0.000	−0.180	−0.180	−0.180	1.000	1.000

a. Dependent Variable: 生活满意

表 12-31　剔除变量的分析表

Excluded Variables[b]

Model		Beta In	t	Sig.	Partial Correlation	Collinearity Statistics		
						Tolerance	VIF	Minimum Tolerance
1	敌对	-0.060[a]	-1.061	0.289	-0.047	0.584	1.712	0.584

a. Predictors in the Model：(Constant)，恐怖

b. Dependent Variable：生活满意

表 12-32　多重共线性分析（二）

Collinearity Diagnostics[a]

Model Dimension		Eigenvalue	Condition Index	Variance Proportions	
				（Constant）	恐怖
1	1	1.958	1.000	0.02	0.02
	2	4.152E-02	6.868	0.98	0.98

a. Dependent Variable：生活满意

表 12-32 所示为多重共线性分析（二）。从结果中可以看出，维度 2 的 Eigenvalue 特征值过小，表明可能存在多重共线性问题。

六、Scale（Reliability Analysis，信度分析）

社会科学研究中，经常编制量表作为研究工具，为了保证量表的科学性，需要对所编量表的信度进行检验，Scale 菜单下的 Reliability Analysis 该问题。在研究中，对已有的量表或问卷在测试后也可以进行 Reliability Analysis，获是得较好的数据来证实研究的科学性。该程序实现的基本步骤是：

1. 点击"Analyze"。

2. 点击"Scale"。

3. 点击"Reliability Analysis"，进入"Reliability Analysis"界面（见图12-32）。

4. 将完整的量表或问卷的题目变量导入到"Items"对应框中。

5. 点击"Model"右边对应的下拉菜单，出现：Alpha（Cronbach）（Cronbach α 系数，是评价问卷信度最常用的信度系数）；Split-half（分半信度，也

是评价问卷信度最常用的信度系数）；Guttman（格特曼）；Parallel；Strict parall。单击作出选择。

6. 点击"Statistics"，弹出"Reliability Analysis：Statistics"界面（见图 12-33）。其中"Descriptives for"有复选项"Item"（显示每个题项均值，标准差和样本数），"Scale"（显示量表的得分均值，方差，标准差和题目数），

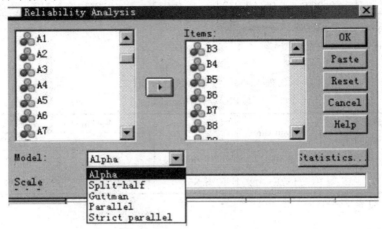

图 12-32　Reliability Analysis 界面

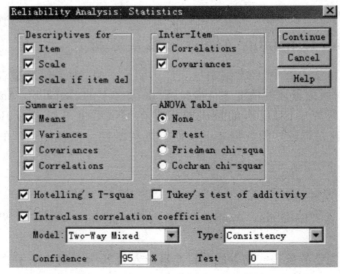

图 12-33　Reliability Analysis：Statistics 界面

"Scale if item deleted"（列表显示如果该题目被单独删除后现有题目构成的量表的信度）；"Summaries"提供 Means，Variance，Covariances 和 Correlations 显示；"Inter-Item"提供 Correlations 和 Covariances 显示；"ANOVA Table"提供 None、F test、Friedman chi-square、Cochran chi-square 等 4 种之中的一种检验；此外可以选择"Hotelling's T-square"和"Tukey's test of additivity"检验，而选择"Intraclass correlation coefficient"则需要在下框填入相应的参数。点击"Continue"返回"Reliability Analysis"界面。

7. 点击"OK"，即可输出相应的结果。

样例输出见表 12-33 至表 12-35。

表 12-33　Case Processing Summary

Cases	Valid	515.00	99.81
	Excluded[a]	1.00	0.19
	Total	516.00	100.00

a. Listwise deletion based on all variables in the procedure.

表 12-34　Reliability Statistics

Cronbach's Alpha	Cronbach's Alpha Based on Standardized Items	N of Items
0.97	0.97	90.00

表 12-35　运用 Split-Half 获得的信度系数

Cronbach's Alpha	Part 1	Value	0.94
		N of Items	45.00
	Part 2	Value	0.95
		N of Items	45.00
	Total N of Items		90.00
Correlation Between Forms			0.90
Spearman-Brown Coefficient	Equal Length		0.95
	Unequal Length		0.95
Guttman Split-Half Coefficient			0.95

表 12-33 显示，用于统计分析的有效数据为 515 个，1 个无效数据被删除了。

结果表明,该量表具有很好的信度。关于效度的检验方法之一,可以使用与 SPSS 配套的 AMOS 软件进行路径分析获得。

七、Factor(因素分析)

Data Reduction(数据简化)的主要形式是 Factor Analysis(因素分析),其目的是减少变量数目,用较少的更有意义的潜在构念来解释一组观测变量,即用简洁的"维度结构"来概括与综合众多的题项,通常应用于对诸多题项进行几个维度的划分。

首先,适宜于进行因素分析研究样本数据要求为:1. 观测变量必须是连续变量。2. 样本容量足够充足。要求样本容量与题量之比至少为5∶1,建议为8∶1,原则上越大越好。

该分析实现的基本步骤是:

1. 点击"Analyze"。

2. 点击"Data Reduction"。

3. 点击"Factor Analysis",进入"Factor Analysis"主对话框(见图12-34)。

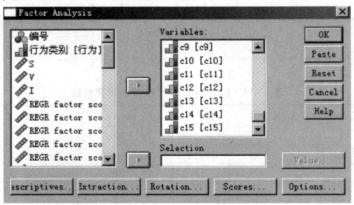

图 12-34　Factor Analysis 界面

4. 将需要进行数据简化的所有题项导入"Variables"框中。

5. 点击"Extraction"按钮进入"Factor Analysis:Extraction"(抽取因子)界面(见图 12-35)。"Method"选项中有 7 种方法,其中默认为 Principal components(主成分分析,通常都选这种),其余的还有 Maximum likelihood(最大似然法)、Principal axis factoring(主轴分析)等。Analyze 单选框有

Correlation matrix（相关矩阵）和 Covariance matrix（协方差矩阵）。输出选项有 Unrotated Factor Solution（未旋转前的因子分析结果）和 Scree plot（碎石图，较重要，用以确定因子数的参考标准之一）。Extract 选项可以单选"Eigenvalues ove"（指抽取特征值超过一个特定值的所有因子，默认为 1，但这种方法通常会抽取过多因子，只用于探索性分析）或"Number of factors"（指定一个特定数字作为因子数量，用于在因素分析之前已有理论建构，做验证性分析），通常这两种分析需根据实际情况来结合着应用。在"Maximum Iterations for Convergence"后面填入允许迭代的最大次数，默认为 25 次。设置结束后点击"Continue"返回"Factor Analysis"主对话框。

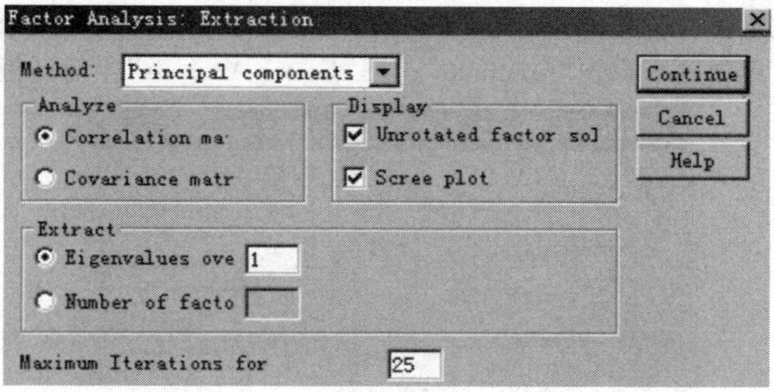

图 12-35　Factor Analysis：Extraction 界面

6. 点击"Rotation"按钮进入"Factor Analysis：Rotation"（旋转因子）界面（见图 12-36）。"Method"选项中选择"Varimax（最大变异法，直交旋转最常用的方法）"，其余选项为：Direct Oblimin（直接斜交转轴法）、Quarti-

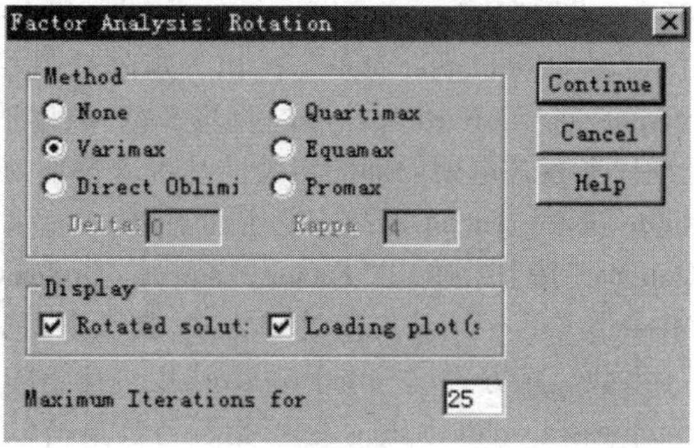

图 12-36　Factor Analysis：Rotation 界面

max（四次方最大值）、Equamax（相等最大值法）、Promax（转轴法）或者None。"Display"复选框有"Rotated solution"（输出旋转后的分析结果，这个必须选，才能看到因素分析旋转后的因子负荷矩阵）和"Loading plot(s)"两个选项。在"Maximum Iterations for Convergence"后面填入允许迭代的最大次数，默认为25次。设置结束后点击"Continue"返回"Factor Analysis"主对话框。

7. 点击"Scores"弹出"Factor Analysis：Factor Scores"（因子得分）界面（见图12-37），设置变量保存的方法 Regression（回归，默认）、Bartlett 或 Anderson-Rubin。选择"Display factor score coefficient matrix"（呈现因子得分的系数矩阵）。这一界面通常是用于理论统计分析与数理建模的，应用统计不太用得到。点击"Continue"返回"Factor Analysis"主对话框。

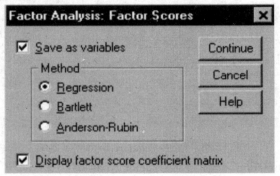

图 12-37　Factor Analysis：Factor Scores 界面

8. 点击"Descriptives"弹出"Factor Analysis：Descriptives"（描述统计）界面（如图12-38）。设置"Univariate descriptives"和"Initial solution"（未旋转前的初始解）；设置"Correlation Matrix"（相关矩阵），其中的"KMO and Bartlett's test of sphericity"（Bartlett 球形检验与 KMO 取样适合度检验）按钮很重要，它是用以考察各题项内部的相关性是否适合于因素分析。设置结束点击"Continue"返回"Factor Analysis"主对话框。

9. 点击"Options"按钮，弹出"Factor Analysis：Options"界面（见图12-39），设置"Missing Values"（缺失值处理方式，默认即可）和"Coefficient Display Format"（系数呈现方式："Sorted by size"指负荷矩阵按负荷大小进行排序呈现，"Suppress absolute values less"指设定其负荷低于某一指定值的不予呈现、通常设定为 0.30）。设置结束点击"Continue"返回"Factor

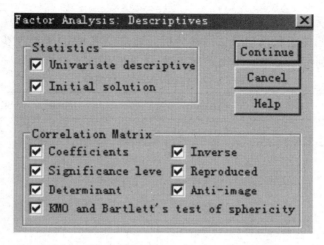

图 12-38　Factor Analysis：Descriptives 界面

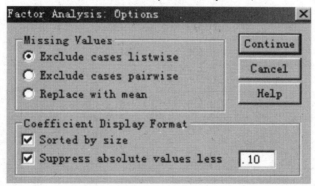

图 12-39　Factor Analysis：Options 界面

Analysis"主对话框。

10. 点击"OK"按钮,完成因素分析并输出报表结果。

样例输出结果见表 12-36 至表 12-41 和图 12-40 至图 12-41。

表 12-36　KMO 取样适合度检验与巴特利特球形检验

Kaiser-Meyer-Olkin Measure of Sampling Adequacy.		0.926
Bartlett's Test of Sphericity	Approx. Chi-Square	13 312.55
	df	703
	Sig.	0.000

KMO 系数为 0.926（大于 0.9），$\chi^2 = 13\ 312.55$，$p = 0.000$（检验结果显著），说明该组数据适合做因素分析。通常要求 KMO 系数至少大于0.7，并且巴特利特球形检验得出差异显著，才适宜做因素分析。

表 12-37　Communalities 共同度

	Initial	Extraction		Initial	Extraction
a1	1	0.514	b9	1	0.573
a2	1	0.553	b10	1	0.597
a3	1	0.551	b11	1	0.555
a4	1	0.552	b12	1	0.487
a5	1	0.550	c1	1	0.542
a6	1	0.522	c2	1	0.640
a7	1	0.517	c3	1	0.651
a8	1	0.502	c4	1	0.612
a9	1	0.506	c5	1	0.593
a10	1	0.575	c6	1	0.558
a11	1	0.535	c7	1	0.642
b1	1	0.647	c8	1	0.485
b2	1	0.588	c9	1	0.543
b3	1	0.618	c10	1	0.568
b4	1	0.689	c11	1	0.517
b5	1	0.714	c12	1	0.581
b6	1	0.462	c13	1	0.660
b7	1	0.548	c14	1	0.612
b8	1	0.486	c15	1	0.388

Extraction Method：Principal Component Analysis.（抽取因子方式：主成分分析法）

表 12-38 Total Variance Explained（方差解释）

Component	Initial Eigen values			Extraction Sums of Squared Loadings			Rotation Sums of Squared Loadings		
成分	Total	% of Variance	Cumulative %	Total	% of Variance	Cumulative %	Total	% of Variance	Cumulative %
1	9.343	24.588	24.588	9.343	24.588	24.588	5.278	13.888	13.888
2	3.818	10.048	34.635	3.818	10.048	34.635	4.171	10.976	24.865
3	2.252	5.926	40.561	2.252	5.926	40.561	3.495	9.196	34.061
4	1.461	3.844	44.405	1.461	3.844	44.405	2.586	6.805	40.866
5	1.254	3.299	47.704	1.254	3.299	47.704	1.740	4.579	45.445
6	1.223	3.218	50.922	1.223	3.218	50.922	1.649	4.339	49.784
7	1.072	2.822	53.743	1.072	2.822	53.743	1.400	3.685	53.469
8	1.009	2.656	56.400	1.009	2.656	56.400	1.114	2.930	56.400

　　共同度是所有公因子对该题方差的总贡献量,反映了该题的变异中能被所有公因子共同解释的部分(即所有公因子对该题共同起作用的程度)。因此,其值越高越好。通常以 0.4 为标准,低于此值则可以考虑删除该题(如 C15)。

　　表 12-38 给出的信息是,不限定因子数的情况下,因素分析提取出特征值大于 1 的因子为 8 个,其中在旋转前,第一个因子的特征值为 9.343、方差解释率为 24.588%,第二个因子的特征值为 3.818,方差解释率为 10.048%,与第一个因子合计累加的方差解释率为 34.635%。通常要求,所有因子解释的累计方差解释率至少在 40% 以上(宜 60% 以上),每个因子至少解释 5% 以上。这是用于确定因子数的标准之一(据此,可以考虑所抽取的公因子宜为 3~4 个)。

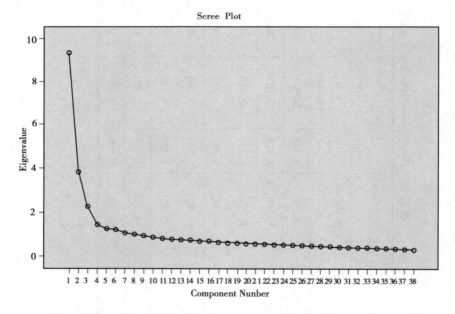

图 12-40　Scree Plot 碎石图

　　碎石图(见图 12-40)又称陡坡检验,下降曲线先快会慢,其拐点处即为应当抽取的因子数。这也是用于确定因子数的标准之一。结合 Scree Plot 和原有的理论构建,该问卷划分为 3 个因子比较合适。

　　表 12-39 是旋转后的因子负荷矩阵,按之前设定"抽取出特征值大于 1 的所有因子"共 8 个,这一探索性分析与预期理论构想差距较大。但根据

表 12-37 和表 12-38 所示,原来 38 个题项中,有 33 个题项可以较好地归入 3 个因素之中。

注意,根据因子负荷删减题项的标准如下:1. 最大因子负荷值小于 0.30;2. 较大两个因子负荷值相近的(如 d<0.10)。如果符合两条标准之一的,删除该题。另外,如果得出某维度所包含的题项不足三条时,宜删除该因子。每次删题或删因子后都要重新进行因素分析,直到得出满意结果为止。特别强调,所得出的因素分析结果一定要与已有理论构想相互磨合。

因此,在抽取时设定所抽取的因子数为 3 个。结果如表 12-40(根据旋转后因子负荷矩阵来报告)。

表 12-39　Rotated Component Matrix(旋转后的因子负荷矩阵)

	1.000	2.000	3.000	4.000	5.000	6.000	7.000	8.000
c3	−0.655							
c2	−0.646							
c6	−0.639							
c5	−0.621	0.318						
c4	−0.615							
c7	−0.608						−0.348	
c9	−0.594							
c1	−0.588							
c14	−0.558							
c10	−0.557							
c11	−0.539		0.368					
b12	0.519		0.371					
c8	−0.517							
a7	0.506	0.462						
b1	0.505				0.384	0.324		
b11	0.502		0.369					
a3	0.498	0.487						
a9	0.497	0.479						
b2	0.497					0.360		0.361

续表

	1.000	2.000	3.000	4.000	5.000	6.000	7.000	8.000
a5	0.487	0.389		0.317				
b10	0.480		0.449					
a1	0.480	0.460						
a6	0.479	0.414						
a11	0.475	0.445						
c15	-0.471		0.308					
a4	0.465	0.538						
a8	0.454	0.515						
a10	0.464	0.513						
a2	0.495	0.505						
b7	0.408		0.453					
b8	0.424		0.453					
b9	0.429		0.450					-0.334
c12	-0.400		0.412				0.411	
b6	0.333		0.403					
b5				0.584	-0.496			
b4				0.464	-0.353			0.334
b3						0.575		
c13	-0.378		0.373				0.544	

表 12-40 Rotated Component Matrix 和 Component Matrix 结果

Rotated Component Matrix（a）				Component Matrix（a）			
	Component				Component		
	1.000	2.000	3.000		1.000	2.000	3.000
c11	0.684			c3	0.664		
c14	0.649			c2	0.653		
c7	0.645			c6	0.645		

续表

Rotated Component Matrix(a)				Component Matrix(a)			
	Component				Component		
	1.000	2.000	3.000		1.000	2.000	3.000
c15	0.610			c5	0.625	0.322	
c6	0.608			c4	0.622		
c5	0.606		−0.356	c7	0.612		
c8	0.606			c9	0.597		
c9	0.585			c1	0.589		
c2	0.577		−0.391	c10	0.572		
c12	0.573			c14	0.554		
c10	0.567			c11	0.545		0.375
c3	0.563		−0.426	b12	−0.521		0.389
c13	0.553			c8	0.517		
c4	0.553		−0.343	b11	−0.506		0.380
c1	0.465		−0.358	a7	−0.503	0.467	
a4		0.711		a9	−0.493	0.480	
a2		0.709		b10	−0.487		0.473
a10		0.694		a5	−0.484	0.404	
a8		0.692		c15	0.476		
a3		0.691		a1	−0.475	0.472	
a9		0.675		a6	−0.473	0.426	
a7		0.667		a11	−0.470	0.448	
a1		0.653		c13	0.380		0.358
a11		0.635		a4	−0.465	0.548	
a6		0.619		a8	−0.454	0.526	
a5		0.603		a2	−0.494	0.523	
b10			0.691	a10	−0.463	0.521	
b9			0.660	a3	−0.498	0.499	
b7			0.655	b9	−0.429		0.474
b8			0.651	b7	−0.411		0.467
b12			0.646	b8	−0.425		0.461
b11			0.617	c12	0.403		0.419
b6			0.579	b6	−0.335		0.405

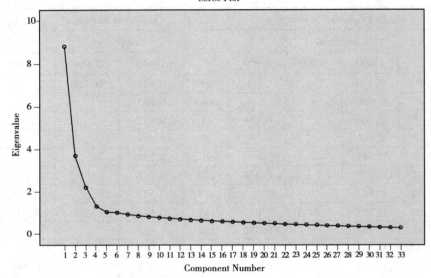

图 12-41　Scree Plot 碎石图

　　从再次因素分析的结果来看,33 个题项分为 3 个因子比较合适,这与问卷编制前的理论维度的构建比较一致,3 个因子能解释 44.623% 也是比较合适的。

　　最后再来提一下因素分析中的一些注意事项:

　　1.因素分析通常不可能一次就能得出理想结果的,需要在确定因子数、筛选题项上进行多次分析(每改变一次因子数或题项,均需要重新分析)。

　　2.在改变因子数的情况下,之前筛选的题项需重新全部纳入到新一轮的因素分析中。

　　3.在最终的维度及题项的确认上,一定要结合理论构想,既不能完全听任于因素分析结果,也不能无视其结果,要相互磨合(通常仍是理论假设指导统计操作)。

　　在实际应用中,可能因为开始的理论维度的构建并不一定合理或者周到,问卷或量表的因素分析会比较困难,需要不断地将不合理的题项删除后再重复地做因素分析,会产生多种题项的组合方式,需要足够的耐心、细心才能避免出错。当然了,最好的效果是在编制问卷之前对相关的理论要合理、深入建构,问卷的编制要规范。

表 12-41　Total Variance Explained(方差解释)

Component 成分	Initial Eigen Values			Extraction Sums of Squared Loadings			Rotation Sums of Squared Loadings		
	Total	% of Variance	Cumulative %	Total	% of Variance	Cumulative %	Total	% of Variance	Cumulative %
1	8.811	26.701	26.701	8.811	26.701	26.701	5.549	16.816	16.816
2	3.707	11.232	37.933	3.707	11.232	37.933	5.265	15.955	32.771
3	2.208	6.690	44.623	2.208	6.690	44.623	3.911	11.852	44.623
4	1.324	4.012	48.635						
5	1.042	3.156	51.791						
6	1.017	3.082	54.873						
7	0.933	2.827	57.700						
8	0.854	2.589	60.289						

八、Nonparametric Tests(非参数检验)

非参数检验方法主要针对总体的分布未知而对总体进行的参数检验，或者是检验总体服从一个指定的分布。主要有 Chi-square Test(单变量的 χ^2 检验)，Binomial(二项分布检验)，Runs(游程检验)，1-Sample K-S (单个样本柯尔莫哥洛夫-斯米诺夫检验)，2 Independent sample(两个独立样本检验)，K Independent sample(K 个独立样本检验)，2 Related Independent sample(两个相关样本检验)，K Related Independent sample(K 个相关样本检验)。本章只对最常用的 Chi-square Test(单变量的 χ^2 检验)进行介绍，多变量的 χ^2 检验在 Crosstabs(交叉表)分析中进行。

Chi-square Test(卡方检验)是一种常用的检验总体分布是否服从指定的分布的一种非参数检验方法。其检验思想是：将总体的取值范围分成有限个互不相容的子集，从总体中抽取一个样本，考察样本观察值落到每个子集中的实际频数，并按假设的总体分布计算每个子集的理论频数，最后根据实际频数和理论频数的差构造卡方统计量，当原假设成立时，统计量服从卡方分布。以此来检验假设总体的分布是否成立。实现的步骤是：

Analyze—Nonparametric Test(非参数检验)—Chi-square(卡方)，弹出主对话框如图 12-42：

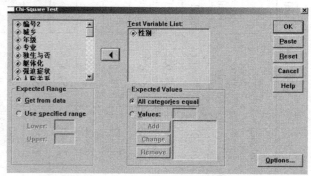

图 12-42　Chi-square Test 界面

其中，我们选定性别做卡方检验，即检验本研究中男女人数上是否差异显著。选从左边变量备选栏中选入所要分析的变量"性别"至右边分析栏。由于是无差假说(即理论期望值是男女比例相同)，因此选"All categories equal 所有类别比例相同"；如果是有差假说，如预期男女比例为 1∶3，则选"Values",分别输入 25→Add→75→Add(按编码的变量取值排序输入期望值,本例中男为 1、女为 2)。设置好了,点击"OK"。分析结果如下表12-42。

表 12-42 卡方检验结果

性别的频率(Frequencies)

	Observed N	Expected N	Residual
男	229	258.0	−29.0
女	287	258.0	29.0
Total	516		

性别 Test Statistics

	性别
Chi-Square[a]	6.519
df	1
Asymp. Sig.	0.011

a. 0 cells(0.0%)have expected frequencies less than

5. The minimum expected cell frequency is 258.0.

结果表明,男女人数上存在显著差异($p = 0.011 < 0.05$),女 287 人明显多于男 229 人(期望值均为 258 人)。

卡方测试的程序列出反映一个变量分类和测试的假设,即观测频率不同于他们的预期值。

小资料:各种多重方法特点及其适应条件

条件	检验方法	特 点
方差整齐适用	LSD	用 t 检验完成组间两两配对均值的比较,利用了整个样本信息,但仍然存在放大 I 型错误概率问题,和 Bonferroni 法一样,侧重减少第 II 类错误。
	Bonferroni	同 LSD,但通过设置每个检验的误差率来控制整个误差
	Sidak	用 t 检验完成多重配对比较,为多重比较调整显著值,但比 Bonferroni 的界限要小。

续表

条件	检验方法	特　点
方差整齐适用	Scheffe	对所有的组合进行同步进入的均值配对比较,当各个水平个案数不相等或想进行复杂的比较时,用此法较为妥当。
	R-E-G-W F	Ryan-Eiont-Gabriel-Welsch F,用 F 检验进行多重比较。
	R-E-G-W Q	Ryan-Eiont-Gabriel-Welsch range test,在正态分布范围内进行多重比较。
	S-N-K	Student-Newman-Keuls,用 Studentized Range 分布进行各组均值间的所有配对比较,对 I 型错误控制较好,是应用最广泛的方法之一,和 Tukey 法一样适用于组数相等条件。
方差整齐适用	Tukey	Tukey's honestly significant difference,用 Studentized Range 统计量进行所有组间均值比较,用所有配对比较集合的误差率作为试验误差率。
	Tukey's s-b	同上,但其临界值是 Tukey 和 S-N-K 检验相应值的平均值。
	Duncan	进行配对比较时,使用的顺序与 S-N-K 检验的顺序一样,但并不是给每个检验设定一个误差率,而是给所有检验的误差率设定一个临界值。
	Hochberg's GT2	用正态最大系数进行比较检验和范围检验
	Gabriel	用正态标准系数进行配对比较检验,单元数较大时较自由
	Waller- Duncan	用 t 统计量进行比较检验,使用贝叶斯逼近
	Dunnett	选择最后一组为参照组,其他组和其进行配对比较,要激活控制类别框选择对照组
方差不齐适用	Tamhane's T2	用 t 检验进行配对比较检验
	Dunnett's T3	在正态分布范围进行配对比较检验
	Games-Howell	同 Dunnett's T3,这种方法较灵活
	Dunnett's C	正态分布下的配对比较

（资料来源：黄希庭,张志杰.心理学研究方法[M].2 版.北京:高等教育出版社,2010:289-290.）

本章思考题

1. 建立数据文件主要有几种方式,分别是如何进行的?

2. 均值比较检验主要有哪些类别,其分别适用于什么情况?

3. 举例说明因素分析在 SPSS 分析中的步骤。

推荐阅读

1. 卢纹岱,朱一力,沙捷,朱红兵. SPSS for Windows 从入门到精通[M]. 北京:电子工业出版社,1999.
2. 何晓群. 现代统计分析方法与应用[M]. 2 版. 北京:中国人民大学出版社,2007.

第十三章

社会科学研究报告（论文）的撰写

王麒凯

第一节　研究报告（论文）撰写概述

第二节　研究报告（论文）撰写的主要流程和基本内容

第三节　研究报告（论文）撰写的注意事项

在《现代汉语词典》中，"研究"一词有两个涵义，其一是探求事物的真相、性质、规律等，其二是考虑或商讨问题。这说明研究离不开问题，研究就是探求、考虑、商讨问题的答案。一般来讲，我们认为一项研究工作成败与否有至少三个关键点：一是选题的价值，二是研究方法的妥当，三是研究成果的呈现。研究者按照科学、可行的方法、程序对某一问题进行探索，最终得出研究结论或研究成果，而研究结论则需要依靠一个载体有序、完整地呈现出来，这就是研究报告或研究论文。一个好的研究报告（论文）能够充分展现研究者的设计思路、研究方法、研究结论、研究价值；而不好的研究报告（论文）读来晦涩，阻碍研究者和读者之间的沟通和理解，从而最终导致研究失败。在研究报告（论文）的撰写中，许多研究者仍然存在着较多误区，比如认为研究报告（论文）的撰写就是写一篇文章，只要研究者文笔流畅，是再也简单不过的事情。往往如此，就会使得研究报告（论文）被"写"得富有想象、充满情感，着实成为一篇散文。准确地讲，研究报告（论文）是"研"出来的，而不仅仅是"写"出来的。在众多的研究过程中，许多科研人员或博士生、硕士生因为研究报告（论文）的失败而降低了整个研究工作的成效。那么到底研究报告有什么意义？有哪些类型？一个好的研究报告有什么基本要求？基本内容应包括哪些？其规范性如何展现？有哪些技巧或经验值得总结积累？如何高效地展示一项研究成果或研究历程，是研究者过去、现在、未来一直应该探讨的问题。

第一节　研究报告（论文）撰写概述

一、研究报告（论文）的含义及类型

　　裴娣娜指出研究论文和研究报告是对研究的成果、事件、情况、进展或者解释结果的陈述。[①] 风笑天认为研究报告是反映社会研究成果的一种书面报告，它以文字、图表等形式将研究的过程、方法和结果表现出来，其目的是告诉有关读者，对于所研究的问题是如何进行研究的，取得了哪些

---

① 裴娣娜.教育研究方法导论［M］.合肥:安徽教育出版社,1995:51-52.

结果。① 可见,写研究报告是全部社会科学研究过程中最重要的也是最后的环节,它是研究方法、研究成果的体现形式,它用调查研究获得的大量事实或翔实资料说明现状、提出问题、披露矛盾、揭示事物发展规律,向人们提供经验教训和建议措施,为解决问题提供重要依据和信息支撑。

研究者在撰写研究报告(论文)时首先应该斟酌的问题是写成什么类型的研究报告,以什么形式能够最佳呈现出研究成果。研究报告类型的选择应该遵循最优化原则。对于研究报告(论文)类型的划分,研究者说法不一,不同的划分维度,呈现出不同的划分结果,归纳起来,大致从三种不同角度进行划分和阐述。

1.根据研究成果的性质和特点,可以将研究报告(论文)划分为三大类。一类是理论性的学术报告(论文)。成果多以阐述对某一事物、问题的理论性认识为主要内容,要求能提出新的观点或新的理论体系,并阐述新旧理论之间的关系,向人们展示的是论点及理论体系形成的思维过程。理论性的学术报告(论文)常见的形式有:学术评论、理论探讨、经验总结等。一类是文献性的研究报告,这一类的研究报告注重对文献的时间、人物、流派、主要观点等的梳理,对理论发展过程和最新研究进展进行有序分析,归纳出本领域研究的特征和趋势。这类研究论文标题一般带有"文献综述""文献分析""内容分析"等字眼。另一类是实证性的研究报告,是通过实证研究而形成的研究成果,实证研究作为一种研究范式,产生于培根的经验哲学和牛顿——伽利略的自然科学研究,而法国哲学家孔多塞、圣西门、孔德等倡导将自然科学实证的精神贯彻于社会现象研究之中,主张从经验入手,采用程序化、操作化和定量分析的手段,使社会现象的研究更加精细化和准确化。这类研究所呈现的研究报告都以对事实直接研究所得的材料为基础,所以报告中事实材料是主要的构成,又因对事实认识的形成与方法设计、操作过程等有密切关系,所以,此类研究报告中还必须包括研究方法与过程的说明,用确凿的事实与科学的操作为研究结果与结论的可靠性提供"坚强后盾",是这类报告最显著的特点。其常见的形式有:实验报告、调查报告、观察报告等。

2.根据研究成果的呈现形式,可以划分为研究报告和学术论文两大类。研究报告主要对研究目的、研究设计、研究工具、研究价值、研究结论

---

① 风笑天.社会学研究方法[M].北京:中国人民大学出版社,2009:318-319.

等内容的系统呈现,研究报告又分为综合研究报告、科研报告、实验设计、调查报告、读书报告等。比如中国行政管理学会联合课题组撰写的《关于政府机关工作效率标准的研究报告》、龚禄根等撰写的《政府部门绩效评估研究报告》。而学术论文是对某个学术问题进行研究后表述科学研究成果,用以提供学术会议上宣读、交流、讨论或学术刊物上发表,或用作其他用途的书面理论文章。学术论文又大致可以分为期刊论文、会议论文、学位论文三种形式。期刊论文指作者根据某期刊载文的特点和取向,将自己撰写的学术论文有针对性地投稿,并被所投刊物采用、发表的论文。会议论文指作者根据即将召开的各种学术会议(国际、国家、省、市、行业学术团体等)的研讨主题及相关规定,撰写专题论文并投寄给会议主办单位,经有关专家审查通过后被录用的学术论文。学位论文是作者为了取得高等学校及科研院所的相应学位,通过专门的学习、从事科学研究所取得的创造性或创建性的认识、观点,并以此为内容撰写而成、作为提出申请授予相应学位时评审用的论文。学位论文包括学士学位论文、硕士学位论文及博士学位论文三种。

3.根据研究对象的学科性质,可以划分出不同学科的研究报告(论文),社会科学所涵盖的内容较广,包括经济学、政治学、法学、伦理学、历史学、社会学、心理学、教育学、管理学、人类学、民俗学、新闻学、传播学等。社会科学在研究问题时所运用的方法或程序具有相似性,比如常用的方法有文献法、历史法、调查问卷法、实验法等,类似的方法和程序运用到不同的研究对象上,可以呈现出经济学研究报告、管理学研究报告、心理学研究报告等。

二、研究报告(论文)的特点

在国内外众多的社会科学研究方法的教材中,专家们一致认为研究报告(论文)与一般的工作报告或其他文体相比有其独特之处。提法较多的包括:结构严谨、论证有力、文字精炼流畅、具有可读性、鲜明的创造性、针对性强、科学规范等不胜枚举。王重鸣[1]认为心理学研究报告应具有的特点:具有一个或多个具有理论意义的结果、研究结果具有重要的实际意义和可应用性、论文构思新颖、研究结果的解释明确合理、论文以简明方式综

---

① 王重鸣.心理学研究方法[M].北京:人民教育出版社,2000:297-298.

合新的研究数据、指出先前理论观点的问题或局限、研究有明确的图式或实验操作、研究结果具有普遍性。杨晓萍[①]认为教育研究报告应该具有精确性、客观性、公正性、逻辑性、创新性、可读性6大特点。我们认为一篇高质量的研究报告至少应具有以下几个基本特点：

（一）科学性

科学性是科学研究成果的生命所在。科研成果的表述必须观点正确、材料可靠，论证要以事实为依据，无论是阐述因果关系，结论的利弊和价值，结论的实用性和可行性，都必须从事实出发。推理要合乎逻辑，不可无根据地臆断。毛泽东指出："写文章要讲逻辑。就是要注意整篇文章、整篇说话的结构，开头、中间、尾巴要有一种关系，要有一种内部的联系，不要互相冲突。"科学性也就是治学要严谨、严肃、严密，这"三严"应该成为研究报告的一大特点。

（二）系统性

科研成果的表述虽无定法，但有常规可循。在撰写社会科学科研成果时，要按照一定的格式进行系统阐述，不能忽视最基本的规范要求。一般来讲，一个研究成果应该至少包括研究目的、研究对象、研究设计、研究思路、文献综述、正文、参考文献等部分，只有系统化、全面化的展示研究成果，才能真正发挥其作用。我国著名社会学家史国衡先生于1946年2月出版的长篇调查研究报告《昆厂劳工》一书，就是完整性与系统性运用得较好的一个范例，它有自己的严密的逻辑系统和内在联系。

（三）创新性

无论什么科研课题必须要有创新性，这是最突出的特点。申报课题的创新是要求在前人没有研究过的或是在已有的研究基础上的再创造。研究的结果应该是前人所不曾获得的方法和结论，它可以是结合课题研究实践提出的新观点、新发现、新设想、新见解，也可以是通过研究建立的新理论、新技术、新方法或开拓的新领域，还可以是某个学科领域、制度、政策等

---

① 杨晓萍.教育科学研究方法[M].重庆:西南师范大学出版社,2006:339-341.

方面的突破。这一块内容一般在研究报告中的"本文的创新之处"中陈述出来,创新性表达不能含糊,不能虚,要实实在在的展现在评审面前。

（四）规范性

一篇较好的研究报告应该在文字表达方面具有规范性,按照一定的模式、范式进行撰写,文字切忌带个人色彩,一般不采用比喻、拟人、夸张等修辞手法;不可把日常概念当作科学概念,不宜采用工作经验总结式的文字。国内学术界认为,学术报告或论文属于议论文体,因为其通过充分的论据和严谨的论证证明某个观点或得出某个结论,带有典型的议论文色彩。同时,学术报告或论文又具有说明性质,要对相关问题予以说明,稍微带有说明文色彩。一篇高质量的研究报告或论文,不仅要程序严谨、结论严谨,也要讲求辞章,达到科学与艺术的结合。

三、研究报告（论文）的意义

社会科学研究报告（论文）,是对研究结论的严密呈现,是学术研究的结晶,而不是一般的"收获体会",其具有较丰富而重大的意义。主要表现在以下方面:

（一）对研究过程和研究结论及价值进行系统反映

科研成果的表述,说明了研究什么、如何研究以及研究结果及其价值。通过科研成果的表述,可以对整个课题研究过程进行高度概括和科学总结,揭示社会科学的某种规律,实现理论升华,显示其理论价值。同时,又为解决某一现实问题提供理论依据、建议、方案或办法,从而推动社会的变革和改进,显示其实用价值。因而,科研成果的表述,不仅仅是反映科研成果的问题,而且是深化和发展科研成果的问题。

（二）有利于学术探讨,加强沟通交流

社会科研过程是我们获得直接经验的过程,这种经过精心设计、精心探索而获得的直接经验;不仅对直接参加者来说是十分宝贵的,而且对于所有实践工作者,对于人类整体认识的提高和发展都是十分宝贵的。社会科研成果的表述,有利于不同空间、不同时间的人进行学术交流。

（三）有利于科研资助或管理机构对研究成果的验收和评价

社会科研成果的表述，是一个严密的思维过程，需要一定的分析、综合、抽象、概括的能力，要求有准确运用语言文字的能力和技巧。缺乏一定的思维能力和表述能力，总结、表述不好，课题研究只能是一种无效或低效的劳动。研究成果的表述，有助于培养、提高研究者的思维能力和表述能力，进行有效的科研活动。

（四）有利于对研究成果的应用和推广

社会科学研究的目的是揭露社会现象的本质和规律，为经济、政治、文化实践服务。通过研究成果的系统阐述，有利于扩大成果的影响力和认同度，使得更多人认识、接受观点、建议、对策等。同时，科研成果重在推广和运用，有了较为正式的成果文本，更加有利于操作和管理的规范性，有利于深入探讨和研究，在应用和推广中不断发现新问题、解决新问题，进而促进研究报告（论文）的不断完善和严谨性。

第二节　研究报告（论文）撰写的主要流程和基本内容

一、研究报告（论文）撰写的原则

上一节中，我们将研究报告（论文）撰写归纳为科学性、系统性、创新性、严谨性四大特点。在认识事物过程中，我们知道特点是由其含义或概念所决定，而含义、概念、特点从属于"是什么"层面，决定着原则、要求、方法、流程等"怎么办"层面的内容。由此推断，我们在撰写研究报告（论文）过程中应该坚持科学原则、系统原则、创新原则、严谨原则。这里重点对前三个原则进行阐述分析。

（一）科学原则

在社会科学研究报告（论文）的撰写过程中，要遵循科学原则，至少要注意两个方面：一是不管是研究报告的立论、分析，还是结论、讨论都要以客观规律为准绳，实事求是地反映问题的本质；二是在得出任何结论之前，要搜集到充分的证据，此类证据不光是调查数据，还包括已有的研究、现实情况、归因分析等，只有论据充分、论证严密，才能保证科学原则的体现。

（二）系统原则

要坚持系统原则，就必须注重保持宏观的视野和全局观点。要善于把所研究的问题，包括具体的研究对象和微观的问题，放到大的社会历史背景下来进行考察，充分思考研究问题与其他问题的关系，理顺其内外部关系。同时研究报告应该具有全局观点和战略观点，针对某一个微观问题，也要体现其对事物发展的社会历史原因、发生发展的客观规律、发生发展趋势、在此基础上提出解决问题的对策。

（三）创新原则

要坚持研究报告撰写的创新原则，就必须做到独立思考和善于从不同角度寻求突破。在进行撰写之前甚至在刚想到这个选题时，首先运用自己目前的知识水平思考一下，能否理清研究顺序，能否理清研究结果，是否已经胸有成竹？比如要研究用人单位校园招聘特征，首先我们应该从脑海中迅速搜寻与招聘或校园招聘相关的词语，来理顺校园招聘特征至少应该从哪些方面予以分析，如校园招聘理念、原则、方法、流程、选人标准等，在此基础上，再系统、深入查阅文献，将在阅读文献中产生的灵感记录下来，在独立思考的基础上借鉴吸收，逐渐找到本研究的关键点和突破点。最后，我们还可以从新方法、新理论、新措施等方面寻求创新。

二、研究报告（论文）的主要流程

对于研究报告（论文）的主要流程或主要步骤的归纳，学术界大致分为三步走、四步走或五步走。袁方、董奇、林聚任、风笑天等主流学者提法较多的是四步走。本书认为，一个研究报告（论文）至少应该包括四大流程：确定类型、拟定提纲、撰写初稿、修改终稿。

（一）确定类型

撰写研究报告（论文）之前，首先应该确定采用何种类型的报告，即以什么形式来呈现研究成果。是运用专门的研究报告呢？学术论文呢？学位论文呢？还是会议论文？或者选择几种形式同时呈现。如果要选择研究报告，那么在之前应该弄清楚资助或验收课题机构对于该研究报告的具体要求，包括框架结构、数据要求、文字要求、格式情况、提交方式等。如果要选择以学术论文的类型予以发表，应该对此类选题的学术期刊进行搜寻，一般来讲，我们可以通过 CNKI 的关键词搜寻就能够查阅到近十年发表过类似主题文章的学术期刊，再根据刊物的风格，选择适合本研究成果发表的刊物予以重点投放，同时，也要搞清楚该刊物对于文章发表的要求，经济学、管理学、心理学、教育学等社会科学的学术杂志上千种之多，一些核心刊物都会在其网站上发布"投稿须知"之类的通告。研究者需按照刊物要求组织撰写文章，才能提高被发表的几率。

（二）拟定提纲

研究报告跟一般的文章一样，有骨架有血肉，有硬件有软件，而提纲就是研究报告的"骨架"，其意义非凡。一个好的提纲能够迅速帮助研究者理顺思绪，找到展示成果的最佳顺序；相反，若一个研究者一直没有理顺提纲，思考混乱，就会导致一团乱麻，或者边理边写都是不高效地选择。拟提纲的关键仍然是理顺正文的顺序。理清好论文的时间顺序、空间顺序、逻辑顺序、重要性顺序，综合协调，谋篇布局。在研究过程中，我们经常发现做一项研究工作的顺序和最后提纲的顺序恰恰相反或者不完全相同，比如，我们在做重庆市 2010 年高等教育改革项目"大学生就业规划意识、就业准备、就业竞争力及其关系的研究"这个选题时，基本构想是解决一个大学生就业竞争力的高低受什么因素影响？是个人的基本条件？是职业规划意识还是就业准备行为？由此，在进行研究设计过程中，我们首先解决了就业竞争力如何衡量的问题，其次设计了大学生就业规划意识量表的编制，用以对就业规划意识进行调查，最后，完成了大学生就业准备行为的调研问卷。然而，在呈现研究报告时，我们首先描述了大学生就业规划意识的情况，再讨论就业准备情况，逐一深入，像剥笋子一样一层一层揭露问题的本质。

小资料：大学生就业规划意识、就业准备、就业竞争力及其关系研究报告提纲

首先，中文摘要、英文摘要、关键词部分。

第一部分　绪论，内容包括：前言、相关概念的界定、大学生就业规划的内容分析，大学生就业竞争力的内容分析，以往研究的总结。

第二部分　研究设计，内容包括：问题的提出、研究目的、研究意义、研究内容、模型假设、研究流程、研究创新。

第三部分　大学生就业规划意识的研究，内容包括：大学生就业规划意识问卷编制，大学生就业规划意识的实证研究。

第四部分　大学生就业准备的研究，内容包括：大学生就业准备的问卷编制，大学生就业准备的实证研究。

第五部分　大学生就业竞争力的研究，内容包括：大学生就业竞争力指标体系的构建，大学生就业竞争力的实证研究。

第六部分　大学生个人基本条件、就业规划意识、就业准备与就业竞争力关系的研究，内容包括：大学生个人基本条件、就业规划意识、就业准备与就业竞争力的相关关系、回归关系、结构关系。

第七部分　相关对策措施及研究总结，内容包括：基于就业竞争力提升的大学生就业规划及就业准备的对策研究、研究结论总结、研究存在的不足和进一步研究的建议。

最后，致谢、参考文献、附录。

（资料来源：王麒凯.大学生就业规划意识、就业准备、就业竞争力及其关系研究[D].重庆：重庆大学,2010:1-3.）

拟定报告撰写提纲的过程，实际上是对所从事的研究工作进行全面总结和构思的过程，对搜集到的大量材料，经过比较、提炼，进行必要的取舍和增删，精选出最有价值的论点和论据。并对篇章结构、中心思想、内容表达层次，每一章节叙述什么内容，穿插哪些图表、照片，都做缜密考虑。先列出粗纲，然后修改补充为详细提纲。拟定提纲时，一般按照从大到小、由粗到细、由表及里的顺序逐一拟定。

（三）撰写初稿

撰写初稿是撰写过程的中心工作。对于初稿的完成，应该是一气呵成的。研究者应该首先选择自己比较擅长的模块进行撰写，根据自己的实际情况进行切入，找到灵感的起点下手，不至于导致"老虎吃天，无从下口"的局面。经验丰富的执笔者常有一个经验，在撰写过程中常常状态越来越好,思绪会越来越好,想法也越多,这种情况下,执笔者要常常善于尽快记录,将瞬间的灵感尽快记录下来,以便最后整合到初稿的内容中去。"万事开头难",执笔者往往在撰写初稿时,陷入信息混乱的局面,"我的信息资料太丰富了,我不知道该怎么处理了?"到底哪些该直接引用? 哪些该加工整理? 这些问题常常让执笔者非常头痛。正如格尔茨所说,"为了理解某些事情,我们不必知道所有的事情",可以从很小的一点(如一个想法、一个概念、一个事件)开始写,然后逐步扩大开来,这也意味着,不是等所有的资料和数据都收集齐全了,才开始撰写,形成边收集、边撰写、边思考、边修改的格局①。国外有学者为了在短时间内将自己所掌握的写作信息融合起来,首先将他们录入录音机,然后一边听一边整理,最终形成初稿。

当然,对于大部分课题或项目来讲,应该组建一个较为专业的课题或项目小组,课题负责人根据每个人的特长进行合理分工,规定好时间、行文风格、行文格式等,以便分头撰写,再在此基础上进行合并、整理。对于大部分实证性研究来讲,研究者应该先组织对数据进行处理,根据数据不断整理出共性、现状、特征来,最后在此基础上进行初稿的撰写。

(四)修改终稿

鲁迅先生说过,写作时不要十步九回头,写完后不要一去不回头。列夫·托尔斯泰也认为"写作而不加以修改,这种想法永远应该摒弃。"研究经验比较丰富的研究者经常会感叹研究报告(论文)不是写出来的,是"改"出来的。修改稿件在某种意义上讲,比撰写初稿更重要,难度更大。而且经验显示,往往因为初稿是研究者精心撰写出来的,而再来修改的时候难以发现错误。从修改的方向出发,应该着重从三方面进行:一是调整结构。通过通读全文,在宏观的角度下,考虑研究报告的层次是否清晰,内容是否翔实,是否要对文章的大结构、小结构、微结构进行调整。二是修改内容。包括对于引证内容准确与否的检验、结果分析是否科学的检验、数据支持是否有力、表述是否有问题等。三是检查小错误。一个成熟的研究报告应该尽量避免小错误的出现,在研究过程中,有两种错误要尽量避免,一是原则性错误,这种错误发生之后方向就偏差了,后面的任何研究工作

---

① 李晓凤. 质性研究方法[M]. 武汉:武汉大学出版社,2006:136-137.

都失去意义,二是小错误,这种错误的发生会让同行专家或课题验收方怀疑课题组的专业水平和职业态度。对于小错误的检验,主要针对改正不恰当用词、错别字、标点符号等。从修改的时间上来讲,研究者最好在撰写完初稿之后,搁置一段时间再说。人的思维往往具有"滞后性",写完马上修改,难免跳不出思维定势,再简单的错误也难以发现,等一段时间后有了新的启发,这时修改的效果会更好,当然也不能隔太久时间,以免遗忘当时的思考和选择。从修改的主题来讲,除了研究者自身修改或课题组成员反复修改,还应该请教他人,请一些研究过此类问题的学者,特别是该领域较为权威的专家进行审定,只有经过精雕细刻,精益求精,才能达到比较成熟的程度。

三、研究报告(论文)的主要内容

撰写研究报告(论文)没有统一的格式或内容,社会科学界至今也没有关于这方面较为权威的写作与出版手册,但一个规范的研究报告总有几块基本内容或基本格式要求。我们认为一个完整、系统的研究报告应该包括标题、摘要、关键词、前言、研究设计、正文、参考文献与附录等模块内容,见表 13-1。

表 13-1　研究报告(论文)的一般结构

名　称	释　义
标题	标题即研究报告的题目,是研究报告内容的高度概括。
摘要	摘要是一篇论文的缩影,通过最简明、最快捷的方式客观地反映论文主要内容的信息。
关键词	关键词是反映论文主题概念的词或词组。
前言	前言是研究报告的开场白。
研究设计	研究设计是对整个研究工作的方法和流程的展现。
正文	正文是研究报告的主体,占报告的绝大部分篇幅;是研究报告的关键部分,体现着报告的质量和水平。
参考文献	参考文献又称为引文,即研究过程中所参考引用的主要文献资料。
附录	附录是指内容太多、篇幅太长而不便于写入研究报告但又必须向读者交代的一些重要材料。

（一）标题

标题即研究报告的题目，是研究报告内容的高度概括。标题是吸引读者的首要因素。标题好，一下子就能抓住读者；标题一般，再好的内容恐怕也难以引起读者的关注，所以才有"题好一半文"之说。在确定标题时要注意文字不要太长，当然也不能太少，一般不超过 20 个字。同时标题应以简练、概括、明确的语句反映出研究的对象、研究的问题、研究的方法三个部分，使读者一目了然。比如："师生关系对学生心理素质的影响研究"这个题目就没有对研究对象进行明确化，学生到底是中学生呢？大学生呢？还是其他学生呢？这样会对阅读者造成误解，足见题目的明确具体性非常重要。

对于一篇研究报告来说，常用的标题主要有以下几类：

1. 直接式

即直接对调查研究的对象或问题以陈述的语气表达出来。此类标题一般用于综合性、专业性较强的研究报告中。如《用人单位校园招聘特征及毕业生应对策略的研究》《校院两级毕业生就业指导机构的工作内涵调查》《重庆市农村经纪人发展环境研究》等，均属此类标题。

2. 判断式

这种标题往往就是调查研究的结论或评价。既揭示了主题，又表明了作者的观点和态度，较为吸引人。此类标题在专业性的刊物上用得较多，如《农产品经纪人要有六种本事》《农村经纪人需要宽松的发展环境》《电器连锁企业基于胜任力的员工培训》等。

3. 双标题式

它又有两种形式：一种是主标题和副标题的形式，如《农村劳务经纪人发展困境与对策研究——以对重庆市调查为例》《不同性质用人单位对大学生核心素质需求差异研究——基于重庆市 272 家用人单位的调研》《城市化进程中失地农民城市适应的社会学探析——基于帕森斯社会行动理论的视角》；另一种是引题和主标题的形式：如《新医改方案的制度预期：一个制度变迁理论框架的分析》《高校教师胜任力——评价模型与指标体系》《三种模式打开农民专业合作社融资瓶颈——信贷支持农民专业合作社的研究》等。这种标题具有前面两种标题的优点，也是在各种报纸、杂

第十三章　社会科学研究报告（论文）的撰写

志、期刊中使用最多的。

（二）摘要

　　研究报告（论文）一般应附有中英文摘要。摘要是一篇论文的缩影，通过最简明、最快捷的方式客观地反映论文主要内容的信息。摘要必须简明扼要，一般不超过 300 字。但在短短 300 字内将长达上万字的研究报告概括完整实属不易，因此就应该抓住核心内容予以阐述，不必面面俱到。摘要应该至少包括三项内容：问题说明、创新点、论证途径的说明，问题说明是指出该研究所解决的问题；创新点即指出本研究工作的贡献和价值；论证途径说明即指出论证方法和技术的改进之处。

　　摘要一般排在作者署名与关键词之间，英文摘要的内容一般应与中文摘要相对应。中文摘要前以"摘要："或"［摘要］"作为标识；英文摘要前以"Abstract："作为标识。

（三）关键词

　　关键词是反映论文主题概念的词或词组，一般每篇可选 3～8 个，应尽量从《汉语主题词表》中选用。未被词表收录的新学科、新技术中的重要术语和地区、人物、文献等名称，也可作为关键词标注。关键词应以与正文不同的字体字号排在摘要下方。多个关键词之间用分号分隔。中文关键词前以"关键词："或"［关键词］"作为标识；英文关键词前以"Key Words："作为标识。

　　例 13-1

　　在一篇《母亲教育观念与儿童心理特征的相关研究报告》中，摘要和关键词可以这样撰写：

　　摘要：本研究着重于探索母亲教育观念与儿童心理特征之间的关系。通过问卷调查，发现母亲教育观念主要包括儿童发展观、教育观和期望三个方面的内容。结果显示，母亲教育观念与儿童性别、年龄差异以及儿童心理特征，尤其是儿童气质特点有关的心理特点有显著相关。

　　关键词：母亲，儿童，教育观念，心理特征

（四）前言

前言是研究报告的开场白，又称序言、引言、绪论或问题的提出。前言撰写的形式也是多种多样的，比如有以介绍背景、目的为主的，即通过大量的政策、领导讲话、前人研究介绍本研究的背景和目的，以论证研究的合理性和必要性；比如以情况交代为主，即在前言中着重说明研究的过程，将研究设计、研究方法等一览无遗地介绍给读者；再比如以直接概述结论为主，通过开门见山，对研究的结论进行扼要交代，展示研究的价值。无论如何，在撰写前言时，研究者至少应该对研究问题进行界定和说明，其次进行与本研究相关的文献综述，最后对以往的研究进行总结，引出本研究的必要性和重要性。

1. 研究问题的界定

在陈述和介绍中，研究者应采用沙漏式的写作方法，即大的社会背景，逐渐缩小到本案例所研究的问题或现象上。[①] 这一部分的撰写需要基于对本研究领域文献的深加工，研究者可以引用一些政策方针、背景材料、数据、已有成果等。在此基础上对研究对象进行界定和操作化定义，告诉读者到底如何界定研究对象，是直接运用的别人的界定呢？还是研究者自身对研究对象进行界定。要注意这部分不宜写得过于详细，应用十分简明的语言，尽量清晰地向读者呈现出调查研究的背景和所要研究的问题。

2. 文献综述

文献综述是针对该问题的以往研究的系统回顾和整理。文献综述是"综"和"述"的结合，"综"是要求对文献资料进行综合分析、归纳整理，使材料更精练明确、更有逻辑层次；"述"就是要求对综合整理后的文献进行比较专门的、全面的、深入的、系统的论述。一个好的文献综述至少应该做到内容综合、语言精要、信息浓缩、评述客观。在文献综述这一部分中，应着重考虑以下几个问题：一是这一研究方向中，前人的研究进展情况；二是对于这一特定研究对象，是否可以用某些相关理论去解释，有哪些不同的理论；三是前人的相关研究都用了哪些研究方法，已得到了哪些有价值的研究成果；四是已有的研究成果中还存在着那些缺陷和不足。文献综述既

---

① 风笑天. 社会学研究方法［M］. 北京：中国人民大学出版社，2009：57-58.

是介绍，又需评论。既要简单明了且有重点地介绍每一篇文献的主要结果和结论，又要对这些结果和结论的优劣做出自己的评价。评价和介绍的重点要集中在与自己研究相关的内容上，其他完全无关的内容可完全略去。文献综述的目的与作用，是在帮助读者了解这一领域中已有的研究成果基础上，为其阅读和评价自己的研究打下基础。对于某些热点问题，搜寻出来的文献较多，研究者需对文献综述中摘录的文献进行重点审视和筛选，筛选的标准可以按照"五个是否"进行。即综述中是否展现了本研究的脉络，是否对研究特点进行了归纳和提炼，是否有本研究的丰碑性文献，是否有本研究的特色性文献，是否有最前沿的观点和提法。

在文献综述结束后，研究者可单独拿一部分来对所有文献的特点和趋势进行简要概括，以引出本研究的必要性。比如在研究大学生就业素质特征的研究中，我们归纳出以往关于大学生就业素质的研究存在以下不足：文献较多，高质量较少；定性较多，定量研究较少；引进国外多，原创研究少；学科局限较大等。

小资料：文献综述中应该弄清楚的问题列表

1. 从内容上看，近几年已经做了哪些工作？现在正在做着什么？哪些问题已经解决了？怎样解决的？还有什么问题？这些没有解决的问题的症结在哪里？关键是什么？已经得出了哪些结论？这些结论可靠吗？已有的研究工作有什么经验和教训？别人用了什么样的研究手段、设备、方法和技术路线？做了什么样的实验？需要哪些仪器、设备、装置、样品？在已知问题中，哪些属于现象性的或者是方法不合理和设备不准确所至？哪些是事物的本质所决定的？已有的实验揭示了什么新的事实和现象？对现象的解释合理不合理？

2. 从文献上看，最近一年里有多少文献与这个课题有关？最近两年、最近五年、最近若干年呢？本课题最初一年的文献收集了吗？最早的文献是哪篇？里程碑式的文献有哪些？标志性文献有哪些？基础性文献有哪些？

3. 从研究者上看，这个课题现在有哪些研究者，叫什么名字？这些研究者的相关文献收集全了吗？这中间，谁是一般研究者？谁是学术带头人或权威专家？这些研究者属于哪些机构？这些机构的相关工作和文献收集全了吗？哪些是一般机构？哪些是重点和著名机构？高等院校有哪些？研究院所有哪些？企事业研究机构有哪些？这些机构分布在哪些国家？这些国家相关机构的工作收集全了吗？

4. 本课题已经召开过的学术会议有哪些？谁组织的？是系列会议吗？下一届在哪？

（五）研究设计

研究设计是对整个研究工作的方法和流程的展现。一般情况，其包括：研究目的、研究意义、研究内容、研究假设、研究方法、研究创新等方面。从图 13-1 可见研究设计的基本流程。

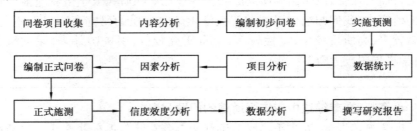

图 13-1　某研究设计流程图

（六）正文的撰写

正文是研究报告的主体，占报告的绝大部分篇幅；是研究报告的关键部分，体现着报告的质量和水平。所以，必须重视正文部分的撰写。各种不同类型的研究报告在正文部分叙述的内容不尽相同，但要写好正文部分，都必须掌握充分的材料，然后对材料进行分析、综合、整理，经过概念、判断、推理的逻辑过程，最后得出正确的观点、并以观点为轴心，贯穿全文，用材料说明观点，做到材料与观点的统一，这是基本的要求。在研究报告中，根据研究的层次和研究内容，这一部分要被拆分为几大板块，再根据现实情况进行逐一说明和分析；在研究论文中，研究者在撰写正文时常用的模式是"数据结果＋讨论分析＋结论"，在"数据结果"部分，研究者可以综合运用文字、表格、图形等方式更加科学地得出结论，表达应该表达的意思或观点；而在"讨论与分析"部分，研究者要解释研究所得的结果，并且答复在研究设计中关于自变量与应变量之间的假设，说明假设是否被证实等。在讨论与分析的过程中，要讨论课题研究结果的可靠性，对研究结果做理论上的分析，提出自己的看法和意见，包括提出质疑；与他人研究结果进行比较、论证和分析；还要讨论课题研究方法的科学性、可行性，以便为同行进行同类研究提供参考。正文应该包括以下几块内容：解释研究结果、依据研究结果进行综合推论、根据结果建立或验证理论、指出研究结果的应用价值、指出研究的局限性和值得进一步研究的问题等。在"结论"部分，研究者将把"数据结果"和"讨论分析"部分的结论性观点再次罗列，以便读者更加简明、客观地把握研究的内容，这也是正文的最后一部分。研究报告的结论部分是作者经过反复研究后形成的总体论点，它是整篇报告的归宿。结论往往以条文的形式表达，文字要简明扼要，措辞严谨，逻辑严密，不能模棱两可，含糊其辞，当然结论可肯定，也可否定。

在正文撰写时，执笔者要注重将课题研究的实施方案和研究报告对照起来撰写，这样在比较中分析、归纳，能更好的形成系统性、针对性强的研究报告。比如在研究实施方案中提到解决某一问题，那么在研究报告中就要呈现具体解决了怎么一个问题？最后的结论如何？再比如在研究实施方案中提到运用了调查问卷法、文献研究法进行研究，那么在研究报告中就要交代到底运用了哪些文献，问卷调查的情况如何？回收的效果如何？得出了什么结论？在撰写正文过程中，要全面掌握和充分利用有关材料，撰写时要重新熟悉课题研究领域内的相关情况，他人研究的理论观点、成果、动态和方法，以及应用于实际后的问题和建议等，均可作参考；再次熟悉课题实施方案，尽量搜集齐全各阶段的过程性探索、研究资料，并注意对材料的检验和筛选，紧扣研究问题，注重定量分析和定性分析的结合，对具体材料做中肯的理论分析。

在正文撰写时，研究者要清楚地表达研究的观点，赞成什么，反对什么，要给予明确地呈现。不管是对事物特征的归纳探索，还是对事物的归因分析，还是政策建议的分析，研究者应该做到论证有力，有理有据。一般来讲，任何一个结论应该包含议论文体的三个基本要素，即论点、论据、论证，而最关键又是在论证阶段。常用的论证方法包括举例论证、引证论证、比较论证。举例论证是通过列举能够论证这一观点的案例、数据进行逻辑分析；引证论证是通过寻找支撑这一观点的经典型结论、科学公理和定理、有关参考文献等进行剖析；比较论证是根据一定的比较维度或标准将彼此有某种联系的事物加以比较分析，确定它们的异同，从而证明论点。

在正文撰写上,研究报告和学术论文存在差异,各有侧重。研究报告强调过程、求全,是对未知的探索;而学术论文强调结果、求精,是对已知的整合。研究报告的正文包含研究报告及有关研究的支撑性材料,内容丰富;而学术论文是对研究报告的精加工(浓缩或重结晶),也可能是对某一方面的阐述,主要表达一项研究中最主要、最精彩和最具创新性的内容,带有较多推理成分。

最后,初学者经常会问一个问题"老师,论文需要几万字?",往往正文的字数把握成为初学者的难点,其实,研究报告或论文的水平高低不是通过篇幅来衡量,也不是说文章越长,质量就越好。1994 年诺贝尔经济学奖得主纳什一生最重要的论文《N 个人博弈的均衡点》实际上只有一页纸。中国古代经典的《老子》不过五千字,《学记》不过千余字。但出于规范考虑,一般来讲,期刊论文篇幅控制在 6 000 ~ 10 000 字左右;本科学位论文控制在 8 000 字左右,硕士学位论文 30 000 字左右,博士学位论文达到 50 000字左右。当然不同的学位授予单位要求有所不同,应遵照执行;而研究报告则根据申报书中实施方案的预期成果而定,可以是 10 000 字,也可以是 20 000 字,以最终全面、准确、清楚地展现研究的过程和成果为准。

(七)参考文献

参考文献又称为引文,即研究过程中所参考引用的主要文献资料。罗列出参考文献的好处在于其一反映了研究者严谨的科学态度,对作者研究成果的尊重;二是有利于读者更加系统地理清该领域研究的前因后果和发展脉络,加强研究成果之间的连贯性理解。文献又包括了直接文献和间接文献,直接文献是包括专著、论文、调查报告、档案材料等以作者本人的实践为依据而创作的原始文献,是直接记录事件经过、研究成果、新知识、新技术的文献;间接文献是对原始文献加工整理,使之系统化、条理化的检索性文献,一般包括题录、书目、索引、提要和文摘等。

研究者可以在研究报告(论文)结束后或以脚注形式注明出处、作者、文献标题、书名或刊名及出版时间。在撰写参考文献时,研究者不一定要等研究报告结束再来反查,浪费较多时间,并且反查出来的出处有可能不准确。因此,研究者可以在撰写研究报告时就将引用出处标写到文字后面,等研究报告成稿后再对文献进行排序。良好的研究习惯能够提高研究报告撰写的效率。

（八）附录

　　附录是指内容太多、篇幅太长而不便于写入研究报告但又必须向读者交代的一些重要材料。如测试题、调查问卷、评分标准、原始数据、研究记录、统计检验等内容。附录的最大作用在于为读者提供可供理解的背景材料和原始资料，同时也为研究结论提供依据和证明。附录若有几份材料时，要做好排序，必要时还需在正文部分标注与附录关系。

第三节　研究报告（论文）撰写的注意事项

一、研究报告（论文）的格式要求

（一）人称问题

　　在研究报告中一般应避免使用第一人称，比如"我们认为……"，"我认为……"，"本人认为……"等相关语句。引用或提及他人资料时，只写姓名、年份即可，不用写出头衔或恭维之词。

（二）中图分类号

　　中图分类号是按照《中国图书馆分类法》（第4版）对每篇论文标引分类号。涉及多主题的论文，一篇可给出几个分类号，主分类号排在第1位，多个分类号之间以分号分隔。分类号排在关键词之后，其前以"中图分类号："或"［中图分类号］"作为标识。中图分类号一般由编辑完成，也有让研究者自己查阅的。

例 13-2

学术论文：风险投资机制与我国高校科技成果产业化

中图分类号：F830.592；G472.5（投资制度；学校科研管理）

（三）文献标识码

按照《中国学术期刊（光盘版）检索与评价数据规范》规定，学术文章应标识相应的文献标识码。具体标识为：A—理论与应用研究学术论文；B—理论学习与社会实践总结；C—业务指导与技术管理性文章；D—动态性信息；E—文件、资料。中文文章的文献标识码以"文献标识码："或"［文献标识码］"作为标识。比如：文献标识码：A；［文献标识码］A。

（四）文章编号

凡具有文献标识码的学术文章均可标识一个数字化的文章编号；其中A、B、C三类文章必须编号。文章编号由每一期刊的国际标准刊号、出版年、期次号及文章篇首页页码和页数等5段共20位数字组成，其结构为：XXXX-XXXX（YYYY）NN-PPPP-CC。其中文标识为"文章编号："或"［文章编号］"。比如：文章编号：1008-2603（2009）01-0025-04。

（五）收稿日期

收稿日期是指编辑部收到文稿的日期，必要时可加注修改稿收到日期。收稿日期采用阿拉伯数字全数字式日期表示法标注，以"收稿日期："或"［收稿日期］"作为标识，排在篇名页地脚，并用10字距正线与正文分开。

（六）基金项目

获得基金资助的文章应以"基金项目："或"［基金项目］"作为标识，注明基金项目名称，并在圆括号内注明项目编号。多项基金项目应依次列出，其间以分号隔开。基金项目排在收稿日期之后。例如基金项目：国家社会科学规划基金资助项目（项目编号：96BJL001）。

（七）作者简介

学术文章要对文章主要作者的姓名、出生年、性别、民族（汉族可省略）、籍贯、职称、学位等做出介绍，以"作者简介："或"［作者简介］"作为标识。作者简介一般排在篇首页地脚，置于收稿日期（或基金项目）之后。同一篇文章的其他主要作者简介可以在同一"作者简介："或"［作者简介］"标识后相继列出，其间以分号隔开。

例 13-3

作者简介：张宗益（1964—），男，汉族，贵州省人，重庆大学副校长兼研究生院院长，教授。研究方向：技术经济及管理。

（八）正文

正文层次不宜过多，一般不超过 5 级。大段落的标题居中排列，可不加序号。层次序号可采用一、（一）、1、（1）、①，以与标号区分开来（见图 13-2）。另外一种序号标用方式被称为十进制系统①，即序号由阿拉伯数字和"．"组成，比如一级序号为"1.""2.""3."等，二级序号为"1. 1""1. 2"等，三级序号为"1. 1. 1""1. 1. 2"等。

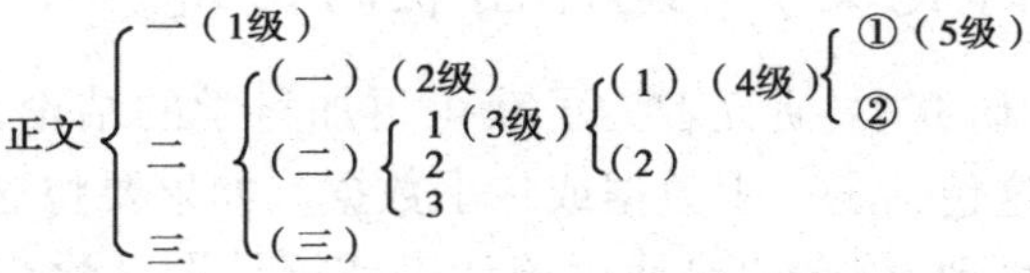

图 13-2　研究报告（论文）正文序号层次图

（九）用字

研究报告用字应符合现代汉语规范，除某些古籍整理和古汉语方面的文章外，避免使用旧体字、异体字和繁体字。简化字应执行新闻出版署和国家语言文字工作委员会以 1992 年 7 月 7 日发布的《出版物汉字使用管理规定》，以 1986 年 10 月 10 日重新发表的《简化字总表》为准。

（十）标点符号

在使用标点符号时，研究者要遵守 GB/T 15834—1995《标点符号用法》的规定。除前引号、前括号、破折号、省略号外，其余都应紧接文字后面，不能排在行首。

---

① 朱德全. 教育研究方法［M］. 重庆：西南师范大学出版社,2006：245-246.

（十一）数字使用

研究者要严格执行 GB/T 15835—1995《出版物上数字用法的规定》，凡公历世纪、年代、年、月、日、时刻和各种记数与计量（包括正负数、分数、小数、百分比、约数），均采用阿拉伯数字。年份不能简写。星期几一律用汉字。非公历纪年用汉字，并加圆括号注明公元纪年。多位的阿拉伯数字不能移行。4 位以上数字采用 3 位分节法，即节与节之间空 1/4 字距。5 位以上的数字尾数零多的，可以"万""亿"作单位。

（十二）致谢

致谢是作者对认为需要感谢的组织或个人表示谢意的文字，排于注释及参考文献之前，字体应与正文有所区别。

二、研究报告（论文）中统计图表的使用

在社会科学研究中，研究者为了获得更加科学的结论，往往搜集了大量的数据资料，这包括了一手数据或二手数据。如果要将这些数据资料进行直观、简明的呈现，就必须要使用统计表或统计图。恰当的统计表或统计图的使用，能更加有力地论证研究者的结论，能起到锦上添花的作用。

（一）统计表

统计表是直接用表格的形式呈现数据，主要包括原始数据表、次数分布表、分析结果表等。一个完整的统计表包括三部分，即表题、表体和表注。表题实际是表格编号，用"表1"标识，便于读者查阅，在编号后面应该对统计表进行命名，比如"大学生网络思想政治调研样本结构表"。表体是统计表的主体内容，它应该包括研究对象、指标、类别、数据等内容。在画表格之前，研究者应该将表格应表达的意思、题项、数据等数据搜集齐全，在此基础上设计相应的"行""列"。表注是对统计表中有关内容的说明，包括对表的来源，对统计表中所作的注的说明，见表13-2。

（二）统计图

统计图是通过一些图形的形式来展现统计分析结果，统计图的特点是

简洁、直观地反映数据的趋势及变量之间的关系,帮助研究者发现规律,探索本质。统计图的类型较多,包括线形图、条形图、圆形图等。

表 13-2 某课题调查样本结构表

项目	分 类	人数	比 例	项目	分 类	人数	比 例
性别	男	791	61.99%	学校层次	"985"高校	794	62.18%
	女	485	38.01%		其他重点大学	26	2.04%
学科性质	理工科类	644	50.55%		一般普通高校	445	34.85%
	人文社科类	347	27.24%		高等专科职业类院校	2	0.16%
	经济管理类	177	13.89%		其他	10	0.78%
	其他	106	8.32%	工作经历	有	663	52.20%
家庭所在地	省城	130	10.16%		无		
	市县	427	33.39%				
	乡镇	278	21.74%				
	农村	444	34.71%				

注:所有缺失值都未列入后面的统计检验(其他研究与此相同)

1. 线形图

线形图又称为"点状图"(Point Chart)、"停顿图"(Stopping Chart)或"星状图"(Star Chart)。线形图能够反映一段时间内数据的变化情况和连续变化发展情况。在坐标系中,横轴代表自变量,纵轴代表应变量,两轴分布从零点出发,从左至右、从下到上标定刻度,刻度应该等距。如果坐标图中同时出现多条线,可通过不同颜色或虚、实线进行区分,见图 13-3。

2. 条形图

排列在工作表的列或行中的数据可以绘制到条形图中,见图 13-4。条形图的优势在于能够显示各个项目之间的比较情况。条形图可以分为横向条形图和纵向条形图,研究者可以根据研究项目、篇幅和美观情况进行对比选择,一般情况,研究项目较多,可以选择纵向条形图。

3. 圆形图

圆形图是通过对圆形进行解剖,运用不同颜色展现百分比的图形。圆形图的特点在于擅长将不同数据在整体数据中的不同比例在一个圆中进行比较展现。比如,大学生就业意向的调查,选项包括了全民所有制企业、

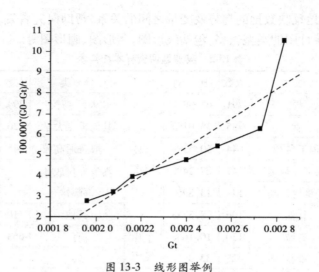

图 13-3　线形图举例

民营企业、股份制企业等,将调查结果录入,就可以清晰看到大学生就业最大的意向及分布情况,见图 13-5。

4. 路径图

路径图是通过圆圈、正方形、长方形、三角形等组成的图组,有直接关系的用实线连接起来,没有直接关系的用虚线连接起来,线上表明数据为路径系数。见图 13-6。路径图的优点在于能够反映某一组织的机构设置情况和业务流程情况,能够动态的反映变量之间的关系。

统计图的绘制是灵活多样的,研究者可根据自己的偏好、呈现对象和用途等进行选择。统计图绘制的步骤大致包括:(1)搜集整理原始数据;(2)理清目标,选择合适的图形类型;(3)选择相应的统计图绘制工具,目前能够具备统计图绘制功能的软件较多,如 Excel、SPSS、SAS、Eviews、AMOS、Liserl 等;(4)对图形进行修正和美化,绘制统计图是一门艺术,研究者应该不断总结经验,不断摸索,绘制最适合、美观的统计图表。

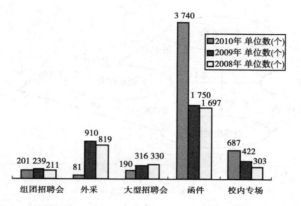

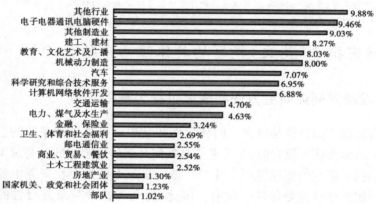

图 13-4 条形图举例

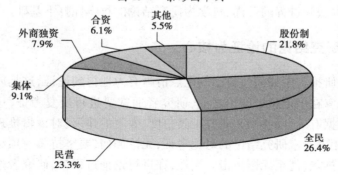

图 13-5 圆形图举例

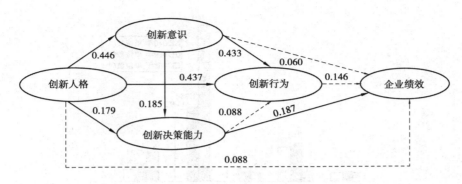

图 13-6　路径图举例

(资料来源:李志. 企业家创造性与创新行为和企业绩效关系的研究[D]. 西南大学博士学位论文,2008:96-97.)

三、研究报告(论文)撰写的具体注意事项

(一)以清楚阐述研究方法和研究过程为基础

研究报告的价值是以方法的科学性和结果的可靠性为条件的。读者在阅读或审查研究报告时,主要关心是如何开展研究工作的? 要解决一个什么问题? 研究的流程经历了几步? 每一步怎么做的? 在研究中发现了什么问题? 这些问题解决了没有。因此,研究者在撰写研究报告的过程中,主要精力应该关注研究方法和研究过程的描述,要把整个设计交代清楚,通过方法和过程的严谨、科学为研究结论的科学性打下基础。

(二)以研究结论的论证为核心

在科研报告中如何使自己的论点清晰有力地得到论证,这是应关注的核心问题。在确定一个结论之前,研究者通常要进行反复考证,这种考证包括对数据有效性的检验、研究工具信度、效度的建议、对逻辑推理过程的考证、与相关专家研究结论的对比考证,无论如何,要坚持每一项结论的论证经得起推敲,甚至无懈可击。当然,在进行论证过程中,研究者选择恰当的论证方法往往取得事半功倍的效果,比如例证法、正反论证法、事实论证法等。在分析讨论过程中,不要扩大化也不要缩小化,不要绝对化,也不要以偏概全,将局部经验说成是普遍规律。坚持实事求是,讲求严密论证才

能做出质量较高的研究报告（论文）。

（三）不断总结实践经验，加强理论提炼

实践出真知，研究报告的撰写，不是完全定律化、格式化的机械操作，而是一个不断提升、不断优化的学习过程。研究者应该在撰写过程中不断总结失败教训，积累成功经验。在科学研究的过程中，许多研究者对此做了较多发现，比如专家们对于在研究报告（论文）撰写过程中常犯的错误进行了提炼。常见的错误包括：1. 文献回顾没有紧扣主题，文献组织过于分散；2. 研究方法复杂不当，物理学家丁肇中认为最重要的不在于是否选择复杂的方法而在于是否选择适当的方法；3. 语言晦涩、用词生僻甚至文理不通；4. 将论文写成教材、科普读物、宣传文章、工作总结等；5. 论证不清，结论不科学；6. 格式、篇幅或参考文献引言有问题。总之，研究报告（论文）的撰写是科学和艺术的结合，只有我们掌握规律，总结经验，才能真正在社会科学研究报告（论文）的撰写中游刃有余、妙笔生花。

本章思考题

1. 研究报告及论文的特点有哪些？

2. 研究报告及论文撰写的主要原则有哪些？

3. 研究报告及论文撰写的主要流程是什么？

4. 研究报告及论文撰写的主要内容有哪些？各有哪些注意事项？

5. 谈谈如何利用图表展现和说明研究成果？

推荐阅读

1. 邓津，林肯. 定性研究：方法论基础［M］. 风笑天，等，译. 重庆：重庆大学出版社，2007.

2. 赫文，多纳. 社会科学研究的思维要素［M］. 李涤非，潘磊，译. 重庆：重庆大学出版社，2008.

3. 罗伯特·K.殷. 案例研究方法的应用［M］. 周海涛，等，译. 重庆：重庆大学出版社，2009.

4. 赛卡瑞安. 企业研究方法：定性研究与定量研究［M］. 祝道松，林家五，译. 北京：清华大学出版社，2005.

5. 福勒. 调查研究方法[M]. 孙振东,龙藜,陈荟,译. 重庆:重庆大学出版社,2009.

6. 杜晖. 研究方法论——本科、硕士、博士生研究指南[M]. 北京:电子工业出版社,2010.

附录:

大学生就业素质现状的实证研究[①]

摘要:金融危机蔓延全球,大学生就业问题引发极大关注。本文通过对重庆市 161 名在校大学生、141 名高校教师、109 名大学生员工、74 名用人单位管理者就当前大学生在职业知识、职业能力、职业人格三个方面就业素质的调查,对大学生就业素质的现状进行了实证研究。

关键词:就业素质,大学生,实证研究

Abstract: With the spread of the global financial crisis, college students lead to the employment problem of great concern. Based investigation on the Chongqing Municipality at 664 college students, 141 college teachers, 109 university employees, 74 managers of the employing units about vocational knowledge, vocational ability, vocational personality quality of the three aspects of employment surveys, we had an empirical study on employment quality status of college students.

Key Words: Employment Quality, College Students, Empirical Study

一、引言

由美国次贷危机引发的金融危机蔓延全球,世界各国经济发展均受到不同程度影响。我国亦不能独善其身,随着金融危机的持续,一些中小企业和预警机制薄弱的企业缩减了用人需求,同时,2008 年的大学毕业生再创历史新高,人数达 559 万,有专家预计,全国普通高校毕业生将在 2009 年达 592 万多人,再加上去年没能实现就业的往届毕业生,就业竞争的压力之大可想而知。温家宝总理在 2009 年"两会"的政府报告中指出,"千方百计促进就业,充分发挥服务业、劳动密集型产业、中小企业、非公有制经济在吸纳就业中的作用","实施更加积极的就业政策,中央财政拟投入

---

① 李志,王麒凯,等. 大学生就业素质现状的实证研究[J]. 青年探索,2009,3.

420 亿元资金"。在国家采取积极的就业扶植政策外,大学生自身就业的成功实现的根本在于大学生自身就业素质的培养和提升。那么,大学生作为劳动力的供给方,其就业素质的现状如何? 用人单位作为劳动力的需求方,其对就业素质的现状到底如何? 两者是否存在显著性差异? 这些问题的研究对于解决大学生就业问题具有实质性的理论意义和现实意义。

大学生就业素质问题引起国内外有关学者的关注,已有一定的研究成果发表。"素质"的概念,英文为 competency,是在哈佛大学麦克利兰教授(1973)根据大量的实证研究结果提出的。从广义上来讲,"素质"的含义是指和参照效标(有效的绩效或优秀的绩效)有因果关联的个体的潜在特征,这是指能够将某一工作(或组织、文化)中表现优秀者与表现一般者区分开来的个体潜在的深层次特征。Fugate(2004)[1]认为就业素质指的是个体在其职业期间确认和实现在组织内部和外部职业机会的能力。在 Ronald W. Mcquaid 和 Colin Lindsay(2005)[2]的概括出的就业素质的内容当中,个体因素的成分包括了个人的就业技能和属性、人口特征、健康状况、工作寻求能力及适应性和灵活性等;个人情况包括了个体和家庭的工作福利、工作文化和工作的便捷性等;外部因素包括劳动力市场因素、宏观经济因素和可获得支持的因素。我国学者陈薇静(2004)[3]认为,就业能力是人们从事某种工作所需具备的能力,包括特殊就业能力与基本就业能力。张丽华,刘晟楠(2005)[4]通过实证研究,编制了大学生就业能得出大学生就业能力由思维能力、社会适应力、自主能力、社会实践能力五个维度。从总体上看,国内外学者对就业素质进行了大量的理论探讨和实证研究,重庆大学李志教授(2008)[5]通过随机抽样的 2 000 多个较为规范的招聘广告进行了任职资格的频率统计,再对排名靠前的词汇进行归纳合并,确定了创造力、策划能力等 41 条职业能力的词汇和保密意识、成本意识等 39 条职业人格的词汇,颇具特色。本研究正是在此基础上,通过实证研究法,对当前大学生就业素质现状及用人单位的职业素质需求现状进行系统分析和研究,以期为大学生就业素质的培养和提高提供参考。

二、研究方法

本研究通过文献分析并结合开放式问卷收集指标,后通过专家评价归纳出大学生的就业素质 25 项,共分为职业知识、职业能力、职业人格三个维度,试测后,形成正式的封闭式问卷。问卷调查采用分层抽样方法,调查时间为 2007 年 9 月—2008 年 12 月,在重庆地区分别有效调查了(见表 1)

在校大学生 161 名、高校教师 141 名、大学生员工 109 名、用人单位管理者 74 名,共发放问卷 500 份,有效回收 485 份,有效回收率为 97%。其中调查的高校教师和在校大学生主要来自重庆大学、重庆交通大学、重庆科技学院、第三军医大学、西南大学和重庆师范大学;调查的大学生员工和企业管理者主要来自于重庆联英人才有限公司、重庆建设集团、重庆长安集团、重庆新科建筑工程公司、重庆亨格信息科技股份有限公司等。问卷中要求研究对象对当前大学生就业素质的重要性(从很重要到很不重要)、或者强弱(从很强到很差)的李克特五点量表上作唯一回答,统计时均按照 5、4、3、2、1 计分。为了使研究更加深入,研究者与部分研究对象代表进行了多次座谈。

数据统计采用 Spss for Windows 13.0。

表 1 各样本群体的人数分布

样本群体	大学生	高校教师	大学生员工	用人单位管理者
人数	161	141	109	74
百分比	33.2%	29.1%	22.5%	15.2%

三、结果分析

对大学生就业素质的调查是通过让被调查者对"您认为目前大学生就业素质的总体情况如何"的问题从"很强"到"很弱"的唯一选择来实现的。大学生、大学生员工、教师、用人单位管理者四个群体同时对大学生的就业素质进行评价。

1. 各样本统计的具体描述

目前重庆市大学生对自身的就业素质评价各维度均呈现出较高水平呈现出较高水平,出现了职业人格(M = 4.32)高于职业知识(M = 3.67)和职业能力(M = 3.86)的评价特征。职业人格这一维度平均得分最高,具体表现在自信心、诚实守信、责任感、敬业精神、进取心等职业人格均给予较高的自我评价,平均值均超过 4.30;但同时对职业知识和职业能力的自我评价也达到一般以上水平,但与职业人格的评价呈现一定差距。

通过大学生员工评价的统计分析,大学生员工对大学生就业素质的整体平均水平低于在校大学生的自评。其中职业人格的评价呈现出高分特征(M = 4.10),其中责任感、诚实守信、进取心、敬业精神、吃苦耐劳精神等均超过平均水平(M = 4.10),但在自信心、忠诚度两项的得分均低于这一维度的平均水平,这可能与大学生员工在经历了 1~3 年的工作后,在职业人格方面经过实际工作中的历练,更容易发现自身的不足;同时由于在实际工作中的实践,也更容易找出自身的职业知识和职业能力方面的不足,因而在职业知识(M＝3.48)和职业能力(M＝3.86)方面的评价得分也低于在校大学生。

通过教师对在校大学生素质的统计分析发现,大学生素质的虽然也呈现对职业人格的评价优于职业知识和职业能力的评估,但总体评价不高,仅能达到一般水平。在职业人格的评价中,教师更认为大学生的进取心(M＝3.70)、主动性(M＝3.62)、自信心(M＝3.32)、诚实守信(M＝3.22)要优于其他几项职业人格,但也只是达到一般以上水平,这与在校大学大学生更看好自己的自信心、敬业精神和务实精神有一定的差距;教师对在校大学生的职业知识(M＝3.06)和职业能力(M＝3.18)评价仅达到一般水平,教师在职业能力水平上更看好在校大学生的创新能力(M＝3.58)、表达沟通能力(M＝3.41)、学习能力(M＝3.34)和团结合作能力(M＝3.21),而其他指标都是需要提升的。

通过用人单位管理者对大学生就业素质的统计分析发现,大学生就业素质也呈现对职业人格(M＝3.65)的评价优于职业知识(M＝3.51)和职业能力(M＝3.58)的评估,但整体水平也不高。在职业人格维度的分析统计中,企业管理者较为肯定大学生的自信心(M＝3.94),诚实守信(M＝3.83),进取心(M＝3.77)这三项个性品质,而其他的个性品质的得分都没达到这一维度的平均分;在职业知识维度的统计中,企业管理者更认可大学生的专业理论知识,而对公共基础能力和专业相关的其他知识的评定均低于平均水平。在职业能力维度的统计分析表明,企业管理者对于大学生员工的学习能力、团队合作能力、独立工作能力、计算机技能能力、专业技能给予了较高的评价,但对于外语应用能力和抗挫折能力、组织管理能力则给出了较低的评价,与平均分有较大的差距。

2.各样本统计的总体趋势

通过以上分析,我们可以对各样本群体对大学生就业素质的情况进行排序:位于最下面的是教师评价均值,除了在创新能力超过用人单位管理者的打分,进取心和主动性方面略低于用人单位打分以外,其余就业要素打分均低于学生自评、大学生员工和用人单位管理者评价;用人单位管理者评价均值处于教师评价均分线和大学生员工评价均值之间,其中,在专业理论知识、计算机应用能力、专业技能三素质的打分中,用人单位管理者高于大学生员工,而在专业相关的其他知识、学习能力、自信心三素质打分中基本一致,用人单位管理者对其余素质打分均低于大学生员工;大学生就业素质自评均值与大学生员工评价均值交替分布,其中有包括发现与解决问题能力、信息检索与分析能力、学习能力等十项素质低于大学生员工的评价,其余素质得分均高于大学生员工的评价。

结果发现(表2),虽然各样本对大学生就业素质的评价不一,但整体上表现出:职业人格优于职业能力水平,而职业能力水平优于职业知识状况,大学生、大学生员工、教师和用人单位管理者都认可这种趋势,这也说明了职业知识和职业能力提高的必要性。

表2　各群体对大学就业素质的评价

样本群体	大学生	大学生员工	高校教师	用人单位管理者
职业知识	M = 3.67	M = 3.48	M = 3.06	M = 3.51
职业能力	M = 3.86	M = 3.86	M = 3.18	M = 3.58
职业人格	M = 4.32	M = 4.10	M = 3.29	M = 3.65

3. 各样本群体的差异性检验

通过对四个样本群体进行独立样本的 t 检验后,统计分析结果如下:

(1)大学生与大学生员工的 t 检验

通过对在校大学生与大学生员工的 t 检验后,分析统计结果表明,两者在职业知识维度($p < 0.05$)和职业人格维度($p < 0.05$)上存在着显著性差异,在职业能力上则不存在显著性差异,这可能与大学生员工在经历1~3年工作后,在实践中更能体会工作中对知识和个性品质的要求,也更能察觉自身的不足,因而在对这两项的自我评定中与在校大学生产生了显著性差异。

表3

	在校大学生与大学生员工 t 检验			在校大学生与教师的 t 检验		
	t	df	Sig. (2-tailed)	t	df	Sig. (2-tailed)
职业知识	2.253	267	0.025	5.792	234	0.000
职业能力	0.030	267	0.976	5.465	234	0.000
职业人格	2.331	267	0.021	8.286	233	0.000

（2）大学生与高校教师的t检验

通过对在校大学生与教师的t检验后，分析统计结果表明，两者在职业知识维度（$p < 0.005$）、职业能力维度（$p < 0.005$）、职业人格维度（$p < 0.005$）均存在着极其显著性差异。造成这种差异的原因，一方面可能是在校学生未经社会工作的实践，对自身的知识、技能和个性品质的评定过于乐观，最自我的评价偏高，另一方面是教师从职业角度出发，更严格要求学生达到自己的预期水平，因而可能评定略低，从而造成了两者出现在了显著性差异。

（3）大学生与用人单位管理者t检验

通过对大学生员工与企业管理者的t检验后，统计结果表明，大学生员工与用人单位管理者在大学生的职业知识现状基本达成一致，没有产生较显著性差异，但在职业能力维度（$p < 0.005$）和职业人格维度（$p < 0.005$）则产生了极其显著性差异。这可能是在实际工作中，企业的管理者在工作中对大学生员工的要求也较严格，心理预期较高，不同的管理层级，使得对大学生的职业能力和职业人格有更好的预期。

（4）高校教师与用人单位管理者的t检验

在通过对教师与用人单位管理者的t检验后，分析统计结果表明，教师与用人单位管理者在评价大学生就业素质时，在职业知识维度（$p < 0.005$）、职业能力维度（$p < 0.005$）和职业人格维度（$p < 0.05$）均存在着显著性差异，原因可能在于：高校教师对于大学生的要求是最优标准，而在大学生成功就业后，用人单位管理者更在乎大学生的实际操作能力，相对于最优标准来讲有所下降，其因而在对相应的大学生素质评价时三大维度都出现了显著性差异。

4. 大学生的就业素质的总体统计分析

我们将大学生、大学生员工、高校教师、用人单位管理者的评价打分统计进行合并，得出目前大学生就业素质的总体情况。调查结果表明（表3），在大学生的整个就业素质中，均值排列前五项的素质分别是："诚实守信"（$M = 4.09$）、"进取心"（$M = 4.05$）、"团队合作能力"（$M = 4.04$）、"学习能力"（$M = 4.04$）、"责任感"（$M = 4.02$），其余大部分的素质指标的得分都介于"一般"与"比较强"之间，而"外语运用能力"（$M = 3.31$）、"公共基础知识"（$M = 3.36$）、"专业相关其他知识"（$M = 3.47$）、"组织管理能力"（M＝3.50）、"创新能力"（M＝3.59）五个素质的得分则相对更低，偏向于"一般"水平。表明进一步培养和提高大学生这些素质非常必要。

从具体的就业素质结构维度分析来看，重庆市大学生在职业知识方面的水平都介于"一般"到"比较强"之间，其中"专业理论知识"（M＝3.67）相对较好，"公共基础知识"（M＝3.36）相对最差，这可能是由于本科阶段片面强调必修课、专业课，而使大学生的公共基础知识发展失调所致；职业能力维度的统计分析表明，"学习能力"（M＝4.04）、"团队合作能力"（M＝4.04）、"独立工作能力"（M＝3.98）相对最强，而"外语应用能力"（M＝3.31）、"组织管理能力"（M＝3.50）、"创新能力"（M＝3.59）相对最弱，这与学校设置的课程、教师教育理念、方式等有很大关系，需进一步改进；从职业人格来看，无论是用人单位、高校教师，还是大学生及已成功就业的大学生员工，都认为大学生在"诚实守信"（M＝4.09）、"进取心"（M＝4.05）、"责任感"（M＝4.02）方面比较强；但同时也认为"忠诚度"（M＝3.78）、"主动性"（M＝3.85）和"务实精神"（M＝3.86）相对较弱，这可能是由于该问卷所取的样本大部分属于"80后"，相对优越和独特的成长环境导致现有在校大学生和大学生员工的相对自我。

表3　大学生就业素质总体现状

	具体条目	M	具体条目	M
职业知识	公共基础知识	3.36	组织管理能力	3.50
	专业理论知识	3.67	表达沟通能力	3.82
	专业相关的其他知识	3.47	团队合作能力	4.04
职业能力	发现与解决问题能力	3.74	责任感	4.02
	信息检索与分析能力	3.69	敬业精神	3.93
	学习能力	4.04	务实精神	3.86
	创新能力	3.59	进取心	4.05
	独立工作能力	3.98	主动性	3.85
	抗挫折能力	3.71	吃苦耐劳精神	3.89
	适应能力	3.97	诚实守信	4.09
	计算机应用能力	3.69	自信心	3.89
	外语应用能力	3.31	忠诚度	3.78
	专业技能	3.68		

注：表中"职业人格"对应右侧从"责任感"开始的各条目。

四、研究结论

1. 各样本对大学生就业素质的评价不一，但整体上表现出：职业人格优于职业能力水平，而职业能力水平优于职业知识状况。

2. 从调查的情况来看，四个样本群体在进行 t 检验时呈现出显著性差异。在大学生自评结果呈现较高水平，而大学生员工、高校教师与用人单位管理者的他评结果仅达到一般或以上水平，与自评结果出现较大差距，这也说明了目前大学生在一定程度上存在着过高的自我评估，这也与社会、企业的需要有一定脱节。

3. 在四个样本群体的描述统计中，在校大学生的就业素质自评得分最高，大学生员工的素质评价第二，企业管理者的他评第三，教师的他评第四，而且在自评样本群体中，在校大学生也与大学生员工在职业知识和职业人格方面出现了显著性差异，这说明在校大学生的自我过高评估更为严重，学校应该从学校阶段开始，强化个人的自我正确评估，这样才能帮助大学生更好地培养素质，实现更好地自我发展。

参考文献

[1] Mel Fugate, etal. Employability: A psycho-social construct[J]. Journal of Vocational Behavior, 2004(1): 14-38.

[2] Ronald W. McQuaid and Colin Lindsay. The Concept of Employability[J]. Urban studies, 2005, 42(2): 197-219.

[3] 陈薇静. 深化教育改革提高学生就业能力[J]. 中国科学教育, 2004(10): 81-82.

[4] 张丽华, 刘晟楠. 大学生就业能力结构及发展特点的实验研究[J]. 航海教育研究, 2005(1): 52-55.

[5] 李志, 金钦. 职场面试专家[M]. 重庆: 重庆大学出版社, 2008(1).

第十四章

社会科学研究的学术规范

贺芒

社会科学有着不同于自然科学的特点,它不仅要寻求普遍的、共同的规律,也注重偶然性和特殊性,它既是事实科学,也是价值科学。而在实际研究工作中,社会科学研究者往往从研究的物质成就上去理解科学,而忽视了科学的文化内涵及社会价值。在学术界也不同程度地存在着科学精神淡漠、学术失范,甚至学术造假等令人遗憾的现象。社会科学研究需要正确的研究方法,也需要学术伦理来规范,这样才能保证社会科学的持续、快速、健康发展。

在具体研究工作中,如何当好一名社会科学研究者? 应该遵循哪些规范? 引用与注释有哪些区别;文献综述如何编写;参考文献怎么规范标注? 本章将着重解决上述问题。

第一节 基本概念

一、学术(Academic)

我国著名教育学家蔡元培先生提出:"学以学理,求真为趣,术以应用,求实为目标。"20 世纪 90 年代,美国当代著名的教育家,欧内斯特·L. 博耶(Boyer)提出了 4 种既有区别又有联系的学术形式:发现的学术、综合的学术、应用的学术和教学的学术。

学,是指揭示研究对象的因果联系,形成在累积知识上的理性认识。术,是指这种理性认知的具体运用。学术是从学术活动中总结和提升出来的学识和知识。学术主要包括知识的生产、传播与应用,通常指知识的生产。知识生产指的是创造知识或以一种新的方式使用现有的知识发现问题、研究问题、解决问题。

二、学术共同体(Scientific Community)

学术共同体,有些文献也称科学共同体,科技共同体。学术共同体一词是借用了社会学中"社区"这一概念。1942 年,英国科学哲学家坡兰依(M. Polanyi)在一篇题为《科学的自治》的文章中,在探讨科学自主性的过程中第一次使用这一概念。他把全社会从事科学研究的科学家作为一个具有共同信念、共同价值、共同规范的社会群体,以区别于一般的社会群体与社会组织,如 17 世纪的格雷山姆学院。格雷山姆是英国麦塞斯公司的老板和英国皇家交易所的创办人,临终时把所有财产捐赠给科学家,建立了一所专门从事科学活动的学院,成为当时英国科学家自由聚集并举行活动的中心,被称为格雷山姆学院。17 世纪中叶,英国皇家学会就是在这个基础上成立的,是科学共同体的雏形。后来,哲学家库恩在此基础上提出"范式",将科学发展的模式与科学共同体紧紧联系在一起。社会学家默顿把这种特殊的人类"社区"定义为"科学共同体"并提出了关于科学的社会规范"四条原则",即普遍主义、公有主义、无私利性、有条件的怀疑精神,从另一角度发展了这一概念,赋予它新的内容。亓光锤,李福华等认为:学术共同体是指价值取向、文化生活、内在精神相同或相似,并具有特殊专业技能的人,为了共同的价值理念或兴趣目标,遵循一定的行为规范而构成的一个群体。① 学术共同体成员通过学术活动机制形成学术共同体,以学术研究为职业,有着共同的旨趣,遵守共同的学术规范。

三、学术规范(Academic Norm)

学术规范是科学研究者在学术活动中应该遵守的各种行为规范的总和,②是科学研究者在学术研究的过程中就如何进行知识生产、知识传播及知识应用等具体的学术活动所达成的共识。完善的学术规范应包含三个层次的内容:道德层次,内容层次,技术层次。③ 学术规范是保证学术共同体科学、高效、公正运行的必要条件,它是在学术活动中约定俗成的、相对独立的规范系统。学术共同体成员必须熟悉并掌握学术研究的行为准则(学术规范),并在实际行动中遵守这些规范。

学术规范能够防范学术研究中可能出现的失误与偏差,为学术研究创造一个公平、公正、有序的环境,保障和推动学术研究持续、文明、健康的发展,增强学术共同体的凝聚力,促进学术共同体的和谐发展。它涉及学术研究的全过程,学术活动的各方面,包括参考文献引用与注释规范、学术成果发表规范、学术评价规范、学术批评规范等。

---

① 亓光锤,李福华.学术共同体的概念及其特征辨析[J].煤炭高等教育,2010(5):37.
② 王玉林.试论学术规范的构成[J].图书情报,2005(6):30.
③ 陈学飞.谈学术规范及其必要性[J].中国高等教育:半月刊,2003(11):23.

四、学术失范(Academic Dishonesty)、学术不端(Academic Misconduct)、学术腐败(Academic Corruption)

学术失范一般指由于缺乏必要的知识而违背学术规范的行为,如:数据核实不足、文献引用出处标注不规范或注释不全等。

学术不端是指在学术活动中,为骗取学术共同体和社会承认而出现的违背学术规范的不良学术行为。具有三层含义:1.学术不端行为发生在整个学术活动和学术管理过程中,包括学术研究、学术评价和学术批评等过程;2.它强调的是违背了实事求是的科学精神和态度,与一般生活中的不端行为不同;3.它违背的是学术共同体成员共同遵守的学术规范或准则,如:抄袭剽窃、侵吞他人学术成果;篡改他人学术成果;伪造或者篡改数据、文献,捏造事实;伪造注释;没有参加创作,而在他人学术成果上署名;未经他人许可,不当使用他人署名;违反正当程序或者放弃学术标准,进行不当学术评价;对学术批评者进行压制、打击或者报复等。

学术腐败是指在学术领域中为牟取私利而滥用公共权力,侵犯公众利益,破坏学术规范的不道德行为,是一种极端的学术不端行为。如:利用公共权力贩卖文凭;学术权威利用其地位、声望,采取诱骗或胁迫的方式将其他人的成果据为己有的行为。

以上三个概念的区别在于:学术失范主要指违反学术规范所犯下的技术性过失;学术不端主要指研究者涉及抄袭、剽窃的不良行为,也指恶意的一稿多投行为;学术腐败则主要指科学研究者或其他人凭借权力为自己谋求学术利益及其他利益。学术失范与学术不端行为的最大区别,在于前者是因知识缺乏或学术不严谨而引起失误,是一种无意识的行为;后者则是明知故犯,企图不劳而获,或少劳多获,是故意的行为。

小资料:井冈山大学教师论文造假

2009年12月19日,国际学术期刊《晶体学报》官方网站刊发社论,承认来自中国井冈山大学的两位教师至少70篇论文被证明是伪造的,决定撤销。29日,井冈山大学召开新闻发布会,宣布了对两位造假教师钟某与刘某的处理决定。

井冈山大学学术委员会今日认定,钟某、刘某的行为分别属于教育部《关于严肃处理高等学校学术不端行为的通知》中列举的"伪造或篡改数据""侵吞他人学术成果""未参加创作,在他人学术成果上署名"和"未经他人许可,不当使用他人署名"等学术不端行为类型,影响特别恶劣,属于严重的学术不端行为。

为此,井冈山大学决定,撤销钟某的造假学术成果,追回所有造假论文的全部奖励3.2万元;撤销刘某的造假学术成果(因其论文内容不属于其专业研究范围,按学校规定,未予奖励)。撤销钟某、刘某的高等学校教师资格;解聘钟某、刘某的高等学校讲师专业技术职务;撤销钟某、刘某的高等学校讲师专业技术资格;撤销钟某于2009年12月15日获得的高等学校副教授专业技术资格;开除钟某、刘某的公职;开除钟某党籍。

(资料来源:徐光明.两教师发表70篇论文竟造假,井冈山大学严惩学术不端行为[N/OL].中国教育报,2009-12-30.[2011-03-23].http://paper.jyb.cn/zgjyb/html/2009/12/30/content_23160.htm.)

第二节　社会科学研究者应遵循的学术规范

在社会科学研究中,研究者必须明确应该遵循的学术规范。这对抵御学术失范与学术腐败,树立良好学术风气有着重要意义。长期以来,我国学者注重的是政治方向与学者本人的道德水准,不注重具体的学术规范。不少违反学术规范的学者属于不懂得学术规范或缺乏抵制学术上不良风气的能力,缺乏针对学术规范的实际训练,以致造成引文不注明出处、注释、参考文献缺失等不规范行为,从而引发抄袭、剽窃、弄虚作假等严重后果。在论文指导中,笔者经常发现研究生或本科生引用他人数据或引用他人观点不注明出处,引文篇幅过大,所列参考文献与论文内容无关等现象,违反了学术规范自己还不知道,不明白学术规范的基本要求。所以,研究者要遵循学术规范,明确学术规范的基本准则与相关规定是至关重要的。

一、基本准则

最早对学术的基本准则进行概括的是默顿,他在1942年发表的《科学和民主的札记》中,第一次系统地阐述了科学的精神气质,包括:普遍性、公有主义、无私利性和有条件的怀疑主义,但默顿忽视了功利性对科学发展的积极作用。英国社会学家齐曼作出了进一步概括,即专有性、局域性、威权主义、任务的目标定向性和研究者被当作专家来使用。

近年来,教育部先后印发了《关于加强学术道德建设的若干意见》(2002)、《高等学校哲学社会科学研究学术规范(试行)》(2004)、《关于树立社会主义荣辱观,进一步加强学术道德建设的意见》(2006)、《关于严肃处理高等学校学术不端行为的通知》(2009)等文件;出版了《高校人文社会科学学术规范指南》(2009)一书,提出了作为社会科学研究者进行学术研究应遵循的基本准则。具体包括:求真务实,诚实守信,继承创新,信任与质疑,自律与他律,恪守职责、以人为本,相互尊重、学术民主。

(一)求真务实

科学精神源于人类的求知、求真精神和理性、实证的传统,其本质是不懈地追求真理和捍卫真理。科学精神体现为严谨缜密,每一个论断都必须经过严密的逻辑论证和客观验证。求真务实是基本的科学精神。社会科学研究者应倡导求真务实的学术作风,以德修身,率先垂范。求真务实包括两方面的含义:一是孜孜不倦地追求真理,二是要脚踏实地地解决实际问题。

(二)诚实守信

诚实守信是保障学术成果可靠性的前提。诚实,即忠实于事物的本来面貌,不说谎,不为不可告人的目的而欺瞒别人;守信,就是讲信用,讲信誉,信守承诺,忠实于自己承担的义务。诚实守信是保障学术成果可靠性的前提,社会科学研究者在学术活动中不应有任何不诚实的行为,必须在学术活动的各个环节中坚持实事求是,一旦发现研究成果中的错误或失误,应及时以适当的方式予以承认并纠正;在自我评价和评价他人时,应态度严谨、客观公正、真实准确,避免主观臆断,不可掺杂非学术因素。

(三)继承创新

学术继承指社会科学研究者学习、吸收、参考前人研究方法和研究成果;学术创新是研究主体通过实践,首创性地对事物(物质)进行旧质形态向新质形态转化的活动,包括过程创新和结果创新两方面,科学发展尊重首创和优先权,鼓励发现和创造新的知识,鼓励知识的创造性应用。创新的同时,要注意继承。社会科学是积累性极强的科学,认识人类自身和认识社会发展不是几个人和几代人所能完成的,必须吸取前人的智慧和经验,站在巨人的肩膀上总结规律、提炼理论,使研究逐步接近真理。必须对前人所做的经过历史检验的研究成果给予信任、加以继承,在前人的终点上寻找自己的起点。

(四)信任与质疑

信任与质疑源于科学的积累性和进步性。信任不是盲目的信任,是以他人用恰当手段谋求真实知识为假定,把科学研究中的错误归之于寻找真理过程的困难和曲折。质疑是有条件的怀疑,要求科学家对科研中可能出现的错误随时保持警惕。在社会科学研究中,研究理论和研究方法都是经过无数次的信任与质疑才被认可而具有效力的,也是在这一过程中不断逼近真理的,是科学研究的必然过程。

(五)自律与他律

遵守学术规范、维护学术声誉是学者的责任,社会科学研究者既要修身正己,又要主动接受社会监督,实现自律与他律的结合。自律主要指通过教育引导,提高思想觉悟,借助道德力量,使之不愿违背学术道德;他律内涵主要有两方面:一方面要加强制度约束,规范学术管理,借助制度力量,使之不能违背学术道德;另一方面要加强社会监督,形成社会舆论,借助社会力量,使之不敢违背学术道德。自律是他律的前提,他律是自律的保障,自律和他律是相互促进的,必须有机地结合在一起。社会科学工作者应该从维护学术声誉和自身尊严的高度,把遵守学术规范贯穿在教学与科研工作的每一个环节中,使自己的研究成果在建设祖国、改造社会中发挥应有的作用。社会科学研究者要通过履行学术规范,养成主动遵守学术规范的习惯,把规范变成自觉的行为,达到自由的境地。

(六)恪守职责,以人为本

恪守职责是指社会科学工作者承担学术引领社会进步和发展的责任,正当行使学术权力,探索真理、追求真理,珍惜职业荣誉,勇于承担学术责任。以人为本是指社会科学研究应将体现人性、尊重人格、保障人权作为基本的价值取向,将增进全社会和每个社会成员的进步和幸福作为终极目标。社会科学研究既要考虑全社会的整体利益,又要尊重人的个性发展。

(七)相互尊重,学术民主

尊重他人的知识产权,通过引证承认和尊重他人的研究成果和优先权,反对不属实的署名和侵占他人成果;尊重他人对自己科研假说的证实和辩驳,对他人的质疑采取开诚布公和不偏不倚的态度;要求合作者之间承担彼此尊重的义务,尊重合作者的能力、贡献和价值取向。

二、学术规范中的相关规定

(一)资料规范

社会科学研究离不开资料的收集与整理。资料的收集、整理、消化是学术研究的基础性工作,贯穿学术活动整个过程。在学术活动中,良好的资料规范具有降低研究难度,减少研究失误,增强研究严谨性,加速研究进程,推动研究等积极作用。

1. 资料定义

资料指用作参考或依据的研究材料,如书籍论文、图表照片、遗迹实物、手稿、录音带、录像带等。资料按其载体,可分印刷型和非印刷型资料;按其传播范围,可分内部资料和公开出版资料。

2. 资料获取的相关途径

资料是进行学术研究必不可少的,在进行研究工作时,必须充分占有资料。那么,研究资料从何而来呢? 主要途径有以下 6 种:(1)从图书、期刊、档案资料中去搜集;(2)从国内外已有的数据库、信息网络上去搜集,如 CNKI 网等;(3)从社会和专业实践中去搜集。搜集有关数据、实例、典型经验等;(4)通过科学实验搜集。搜集实验的数据、方法、步骤、结果等;(5)从有关专业与学术会议上去搜集。搜集最新观点、最新材料、最新研究成果等;(6)从发源地、遗迹遗址或博物馆等地方去收集。

3. 资料相关规范

(1)系统收集资料,及时补充资料。著名历史学家陈垣主张"竭泽而渔",即搞一个研究课题,应对这个课题的有关资料进行全面收集。[①] 同时,应当根据课题需要,收集与选题相关的资料,具体包括:第一手文献、研究性著作、重要研究论文、统计资料和数据库等。在研究之初,收集资料应尽可能全面,避免遗漏重要的文献或实物资料;获得资料之后,还要根据需要对资料进行阅读,了解该选题的研究现状和发展趋势;随着研究的深入,新问题的提出,研究者应及时地发现和补充资料,避免先入为主的假设对研究工作的消极影响,保证研究过程及其结论的客观性和科学性。

(2)资料的研读与选取。前期收集资料是以尽量系统,不遗漏为主要目标,而实际上每份资料来源不同,深浅不一,含金量也并不相同。因此,在研读和选取资料时应注意以下问题:①不同类型的资料其含量不同,社会科学研究者应注意所获取资料的科学性、真实性,如专业性工具书与普通资料的科学性与真实性就有所不同;②对资料的研读时,应及时地归纳、整理,选出有用材料,通过分析、归纳、合并、提炼等方式把有用而又分散、重复交叉的资料形成系统性的资料;③对研究资料进行区分和甄别,社会科学研究者不能只选取有利于佐证先验假设的资料,而有意忽视那些不利于证明先验假设的资料。

(3)分析和诠释资料。在综合和诠释资料的过程中,对文献资料的真实性,社会科学研究者应尽量通过不同资料的相互印证来进行甄别;对前人通过实验、调查获得的实证数据,应注意其获取数据的手段和方法是否科学,其获取数据的社会背景与本课题社会背景之间是否存在显著性差异;对相似观点,应准确分辨论点与论据的差异,从资料总体和全部事实及其相互联系出发去把握资料,防止在分析和诠释过程中因为自己的疏忽、误读、主观想象等因素而造成资料的遗漏和误解,从而尽量保障资料分析和诠释的科学性。

(二)引用规范

学术引用是论著写作的基本表达方式,也是学术规范的一个重要内容。离开了引用,论著的写作难以想象。学术的发展是一个漫长的过程,学术问题的展开是一个推陈出新、承前启后的过程,每一个时代都在倡导创新性,而创新是在前人研究基础上的创新。社会科学研究者在实际的学

---

① 黄宗忠.经济师如何写论文——经济论文资料的收集与研究[J].经济师,1999(12):110.

术活动中都不可避免地直接或间接、有意或无意地引用前人的成果。①

1. 引用的定义

引用是指把前人研究成果(观点、结论、数据、公式、表格、图件、程序)作为依据。在社会科学研究中,以抄录或转述等方式使用他人的著作、学术成果,供自己著作佐证、注释、介绍或评论之用,推陈出新,创造出新的成果,称为引用,主要有直接引用、间接引用、转引三种形式。

2. 引用的形式

(1)直接引用:指直接引用原作者研究成果,引文前后加引号。直接引用必须:①用引号把他人的研究成果和自己的文章、著作区分开来;②通过夹注、脚注或尾注等方式注明引号范围内的信息来源(作者姓名、文章或者著作的标题、出版商、出版年月和页码)。在某个特定的领域内,被大家所广泛熟悉的知识称为公理,如牛顿万用引力定律;对于公理,在引用时不需要注明出处。

例 14-1

……其实,公共行政的价值研究从公共行政学这门学科诞生时就产生了。公共行政学的创始人威尔逊说过:"行政学研究的目标在于了解:首先,政府能够适当地和成功地进行什么工作。其次,政府怎样才能以尽可能少的成本完成这些适当的工作。"[2]

……

参考文献

……

[2]彭和平,等.国外公共行政理论精选[C].北京:中央党校出版社,1997.

这篇论文使用引号将作者所引用的威尔逊的观点与自己的陈述区分开,并在文后的参考文献中对引文出处进行了标注。

---

(2)间接引用:指作者综合转述别人文章某一部分的意思,用自己的表达去阐述他人的观点、意见和理论,也称为释义。间接引用往往注入作

---

① 陶范.学术引用的规范与禁忌[J].学术论坛,2006(4):148.

者自身对原文的理解而为一种独特的表述,因此它也是一种知识创造活动。

(3)转引:是指引用二手资料,而非原始资料与第一手资料。转引的资料来自于别人的文章中所引用的资料,自己不一定亲自阅读过。这是一种不良行为,是学术不严谨的体现。一是无视原始文献,埋没原作者的学术劳动;二是容易断章取义,导致谬误流传。学术研究倡导引用原始文献与第一手资料。

3. 引用规范

引用他人作品的,应当指明作者姓名、作品名称、作品来源(当事人另有约定或由于作品使用方式的特性无法指明的除外)。学术论文中所使用的他人研究成果,包括观点、结论、数据、公式、表格、图件、程序等必须在正文中标明并在注释或文后参考文献中注明文献出处;引文原则上应使用原始文献和第一手资料,凡转引他人成果,应注明转引出处;在引用文献前应仔细阅读文献内容,了解清楚文献作者的研究方法、研究结果和结论以及这些结果结论与自己研究工作的关系,引用时应尊重文献的原意,避免断章取义。

4. 合理使用和适当引用的规定

根据《中华人民共和国著作权法》(后简称《著作权法》第 2 条的规定,"合理使用"必须具备以下几个条件:(1)使用的作品已经发表。已经发表的作品是指著作权人自行或者许可他人公之于众的作品。(2)使用的目的仅限于为个人学习、研究或欣赏,或者为了教学、科学研究、宗教或慈善事业以及公共文化利益的需要。(3)使用他人作品时,应当注明作者姓名、作品名称、作品来源(当事人另有约定或者由于作品使用方式的特性无法指明的除外)。(4)使用他人作品,不得影响该作品的正常使用,也不得损害著作权人的合法权利。以上 4 个条件在判断使用他人作品行为的合理性时,缺一不可。

在写作学术论文时,为了研究而引用已经发表的作品,只要注明了作者姓名和作品名称,不影响该作品的正常使用,就属于在"合理使用"的范围。在这个前提下,《著作权法》第 27 条进一步指出,"适当引用"指为介绍、评论某一作品或说明某一问题,在作品中可以适当引用他人已经发表的作品,应具备以下的 4 个条件:(1)引用目的仅限于介绍、评论某一作品或者说明某一问题;(2)所引用部分不能构成引用人作品的主要部分或者实质部分;(3)不得损害被引用作品著作权人的利益;(4)应当指明作者姓名、作品名称、作品来源。从量上看,作品中适量地引用了他人作品中的观点、论据或内容,而不构成自己作品的主要观点及论据或主要内容,则属于适当引用的范畴;从质上看,"所引用部分不能构成引用人作品的主要部分或者实质部分"。若在量上未占作品主要部分,但该作品的实质内容即核心论点是他人的,即使没有引用他人的原话或引用数量不超过法律规定的范围,而且注明了来源,也应属于不当引用范畴。

(三)注释规范

在阅读文献资料时,我们经常会发现文章中某一语句的右上角标有数字序号,它指明此观点来源或进行深入解释,这便是注释。注释是学术论文的附加部分,其目的除了标明引文出处,还进行释义,帮助读者理解。

1.注释的定义

注释亦称"注解",指对论著正文中某一特定内容的进一步解释或补充说明,一般排印在该页地脚(脚注),注释用数字加圆圈标注(如 ①、②……),与正文对应,也可在正文中加括号,写明注文(夹注),还可以把注释集中于全文或全书末尾(尾注),以此来说明此观点、结论、数据、公式、表格、图件、程序的来源,并加以进一步说明。

2.注释的形式

(1)夹注。在正文或图释中注释,即在需要注释的字词后面加上括号,在括号内写明注文。夹注有以下几种情况:①直接引文,在引文后注明出处;②间接引文,在表述后面注明他人的姓名以及见解发表的年份;③对文中某个词语作简单说明或标出其另外一种提法;④引文为短语,在引文后注明(某某语)即可。

例 14-2

《门外中外文论絮语》①一文中,"'……尽管中国的科学家有多人得过诺贝尔奖,中国的作家却无人得此殊荣,中华的文评家无人争取到国际地位。'见曹文页 21 引)"

---

① 季羡林.门外中外文论絮语[J].文学评论,1996(6):12.

（2）脚注。也叫页下注，即在需要注释的地方用①、②之类的标示，把注释的内容置于本页下端。

（3）尾注。把注释集中于全文、全书或书中某一章的末尾。

3. 注释的相关格式规范

注释格式无明确规定，因此参考《文后参考文献著录规则》（GB/T 7714—2005）以及教育部组编的《高校人文社会科学学术规范指南》，可将注释的相关格式归纳如下：

（1）中文引文注释格式规范。

①著作需注明：责任者与责任方式/文献题名/出版地点/出版者/出版时间/页码；

例 14-3

佚名.晚清洋务运动事类汇钞五十七种［M］.北京：全国图书馆文献缩微复制中心，1998：56.

---

②文集析出文献需注明：责任者/析出文献题名//文集责任者与责任方式/文集题名/出版地点/出版者/出版时间/页码；

例 14-4

杜威·佛克马.走向新世界主义［M］//王宁，薛晓源.全球化与后殖民批评.北京：中央编译出版社，1999：247-266.

---

③古籍需注明：责任者与责任方式/文献题名（卷次、篇名、部类）（选项）/年份、版本、页码；

例 14-5

姚际恒.古今伪书考［M］.光绪三年苏州文学山房活字本，1877（3）：9.

---

④期刊需注明：责任者/文献题名/期刊名/年期或卷期/页码；

例 14-6

何龄修.读顾诚《南明史》[J].中国史研究,1998,12(3):34.

⑤报纸需按顺序标注:责任者/篇名/报纸名称/出版年月日/版次;

例 14-7

李眉.李劼人轶事[N].四川工人日报,1986-8-2(2).

⑥未刊文献需注明:责任者/文献标题/论文性质/地点或学校/文献形成时间/页码;

例 14-8

任东来.对国际体制和国际制度的理解和翻译[J].全球化与亚太区域化国际研讨会论文,天津,2000:6-9.

⑦网络文献需按顺序标注:责任者/电子文献题名/更新或修改日期/引用日期/获取和访问路径。

例 14-9

王明亮.关于中国学术期刊标准化数据库系统工程的进展[R/OL].1998-8-16[1998-10-4].http://www.cajcd.cn/pub/wml.txt/980810-2.html.

(2)外文引文注释规范。

引证外文文献,原则上使用该语种通行的引证标注方式。

①外文专著:责任者与责任方式/文献题名/出版地点/出版者/出版时间/页码;

社会科学研究方法导论

例 14-10

Peter Brooks. Troubling Confessions：Speaking Guilt in Law and Literature
［M］. Chicago：University of Chicago Press，2000：48.

②外文译著：责任者／文献题名／译者／出版地点／出版者／出版时间／
页码；

例 14-11

M Polo. The Travels of Marco Polo［M］. William Marsden. Ertfordshire：
Cumberland House，1997：55-88.

③外文期刊析出文献：责任者／析出文献题名／期刊名／卷册及出版时
间／页码；

例 14-12

Heath B Chamberlain. On the Search for Civil Society in China［J］. Mod-
ern China，1993，4（19）：99-215.

④外文文集析出文献：责任者／析出文献题名∥文集责任者／文集题
名／出版地点／出版者／出版时间／页码；

例 14-13

R S Schfield. The Impact of Scarcity and Plenty on Population Change in
England［G］∥R I Rotberg，T K Rabb. Hunger and History：The Impact of
Changing Food Production and Consumption Pattern on Society. Cambridge：
Cambridge University Press，1983：79.

⑤外文档案文献：文献标题／文献形成时间／卷宗号或其他编号／藏所。

例 14-14

Nixon to Kissinger. February 1，1969. Box 1032，NSC Files，Nixon Presidential Material Project. National Archives II，College Park，MD.

（四）参考文献规范

1. 引用参考文献的基本原则

（1）参考文献的选择应遵循原创性、重要性、必要性的原则。具体来说，就是要求文献必须原创报道、重点突出、数量充分、著录规范。著作者要有严谨的科学态度，必须严格遵守参考文献著录的规则，著录作者阅读过、原创的、精选的、与所著论文相关的文献。

（2）不得隐匿参考文献。隐匿参考文献指论文中采纳了他人的论述，参考了他人的研究成果，却有意不将其作为参考文献列出，回避文献出处，是一种学术失范行为。隐匿参考文献与剽窃和抄袭的区别在于，作者虽付出了大量劳动，得出了研究成果，但为了突显研究的创新性，论文中故意不标注查阅到的相关或类似研究文献，变相将他人的成果据为己有。

（3）不得引用无关参考文献，不得故意引用本人、他人或某个刊物的文献。一些著作者为了在引文分析时提高自己或他人的论文引用频次，以获取私利，故意引用本人、他人或某个刊物的文献，而引用的文献与自己的论著内容毫无关联，这也是一种不良行为。

2. 参考文献的相关格式

（1）参考文献的著录应执行 GB 7714—2005《文后参考文献著录规则》及《中国学术期刊（光盘版）检索与评价数据规范》规定，采用顺序编码制，在引文处按论文中引用文献出现的先后以数字连续编码，序号置于方括号内。一种文献在同一文中被反复引用者，用同一序号标示，需表明引文具体出处的，可在序号后加圆括号注明页码或章、节、篇名，采用小于正文的字号编排。

（2）文后参考文献的排列顺序以在正文中出现的先后为准；参考文献列表时应以"参考文献："（左顶格）或"［参考文献］"（居中）作为标识；序号左顶格，用阿拉伯数字加方括号标示；每一条目的最后均以实心点结束。

（3）各种参考文献的类型，根据 GB 3469—1983《文献类型与文献载体代码》规定，以单字母方式标识：M—专著，C—论文集，N—报纸文章，J—期刊文章，D—学位论文，R—研究报告，S—标准，P—专利。其他简写代码详见《中国高等学校社会科学学报编排规范》。

（4）当注释集中排在文末时，参考文献排在注释之后。

（5）参考文献著录的条目以小于正文的字号编排在文末。其格式如下：

①专著、学位论文、研究报告：［序号］主要责任者. 文献题名［文献类型标识］. 出版地：出版者，出版年：起止页码.

例 14-15

白永秀，刘敢，任保平. 西安金融、人才、技术三大要素市场培育与发展研究［R］. 西安：陕西师范大学西北经济发展研究中心，1998：87-125.

---

②期刊文章：［序号」主要责任者. 文献题名［J］. 刊名，年，卷（期）：起止页码.

例 14-16

何龄修. 读顾城《南明史》［J］. 中国史研究，1998，24（3）：167-173.

---

③论文集：［序号］主要责任者. 论文集名称［C］. 出版地：出版者，出版时间：页码.

例 14-17

辛希孟. 信息技术与信息服务国际研讨会论文集［C］. 北京：中国社会科学出版社，1994.

---

④报纸文章：［序号］主要责任者. 文献题名［N］. 报纸名，出版日期（版次）.

例 14-18

谢希德. 创造学习的新思路[N]. 人民日报,1998-12-25(10).

⑤电子文献:[序号]主要责任者. 电子文献题名[电子文献及载体类型标识]. 发表或更新日期/引用日期(任选). 电子文献的出处或可获得地址.

例 14-19

王明亮. 关于中国学术期刊标准化数据库系统工程的进展[EB/OL]. 1998-08-16/1998-10-04. http://www.cajcd.cn/pub/wml.txt/980810-2.

⑥各种未定类型的文献:[序号]主要责任者. 文献题名[Z]. 出版地:出版者,出版年.

例 14-20

张永禄. 唐代长安词典[Z]. 西安:陕西人民出版社,1980.

(五)综述规范

1. 综述虽然是综合论述某课题的文稿,但论述范围不能过于宽泛,引文资料不宜过多,时间跨度不宜太长。参考文献的引用数目,期刊一般限定在 20 条以内,时间跨度以近 5~10 年为宜。

2. 注意引用文献的原创性、代表性、可靠性和科学性。在收集的文献中,有的文献在观点上出现类似,有的文献在可靠性及科学性方面存在着差异,因此在引用文献时应注意选用代表性、可靠性和科学性较好的文献。

3. 综述以评述为主,避免罗列文献;引用文献要忠实于文献内容,避免断章取义,以偏概全;综述一定有作者自己的整合和归纳,而不是将文献简单罗列。

4. 综述中引用文献与其他科研论文一样,遵守"适当引用"的规范,防止抄袭。综述中的引用要注意以下几点:(1)引用文献应为原始文献。(2)引用文献不是照抄别人的表述方式,而是对前人文献的方法或结果进行归纳、总结、综合与分析。(3)综述中经过对前人研究的综合概括与分析,要提出自己的观点。

三、学术成果发表规范

大量学术研究中的不端行为引起了学术界各种深思和探讨,焦点多集中在学术研究过程中。而实际上,学术不端行为不仅表现在学术研究过程中,同时也出现在学术成果发表的其他环节中。

(一)发表规范

1.不得代写论文或成果造假

学术著作应该是作者亲自进行深入研究、周密思考、精心写作、反复核查后获得的创新性知识成果,不得造假。

2.不得一稿多投、重复发表

学术成果的发表应严格遵守《著作权法》等法律法规,不得将同一研究成果提交多个出版机构评审、出版、重复发表。

3.成果署名

研究成果发表时,只有对研究成果做出实质性贡献者,才能在论文上署名。对于合作研究的成果,应按照对研究成果的贡献大小,或根据学科署名的惯例与约定,确定合作成果完成单位和作者署名顺序。对于确实在可署名成果中作出重大贡献者,除应本人要求或保密需要外,不得以任何理由剥夺其署名权。署名人应对本人作出贡献的部分负责,署名用真实姓名,并附上真实的工作单位。

4.致谢

致谢出现在著作的末尾处,应对成果完成过程中给予帮助的集体和个人表示感谢。致谢前应征得被致谢人和致谢集体的同意,致谢时应指出被致谢人和致谢集体的具体贡献。

（二）后续工作

1. 纠正错误

一旦发现作品中有疏漏或错误，作者有义务及时向相关人员和机构报告，实施有效补救措施。

2. 遵循有利后续研究原则

在所承担的国家和单位科研课题或科技项目完成后，社会研究者不得故意隐瞒研究方法或者资料，妨碍后续研究。

3. 遵守保密原则

社会科学研究者要保守国家秘密，在对内、对外的学术交流及其他经济活动中，要切实保守国家和单位的秘密，遵循保密规定，协助保密审查。

四、学术评价规范

学术评价是衡量学术水平和学术质量的重要途径，对引导学术研究方向、净化学术氛围有着积极意义。但学术评价也带有一定的主观性，在评价过程中应明确学术评价的原则和类型，明确各种类型的学术评价标准，才能对学术健康快速发展起到推动作用。

（一）学术评价

学术评价是同行专家或学术机构对评价对象符合特定学术标准的程度做出权威判断的学术活动。它包括对学术研究者个人或学术机构的学术水平和学术贡献评估，学术成果的学术质量鉴定，学术成果应获得的学术奖励等级的评估，包括学术研究的立项与结题等过程性评估多种类型。

学术评价包括学术评价者和学术评价对象。学术评价者即学术评价主体，最终主体都是同行学术专家个人；学术评价对象即学术评价客体，主要包括：从事学术活动的个人，从事学术活动的团队，从事学术活动的机构，学术成果，学术研究计划。

（二）学术评价规范

遵循学术评价规范是进行学术评价活动的前提和基础，学术评价规范,不仅具有消除学术偏见、防止学术打击、净化学术风气等积极作用,也能防止学术近亲繁殖、学术腐败、学术泄密等不良现象。

1. 同行评议

同行评议是由同一学术共同体的专家学者来评定某特定学术工作的价值和重要性的一种评估方法,通常为一项有益于学术发展的公益服务,相关专家有义务参加同行评议活动。同行评议能够保证相对公平,但对所聘请的专家的学术水平与道德素质、职业操守有较高的要求。被聘请的专家应做到:积极参与学术评价活动;当发现评价对象与本人有利害关系或存在妨碍公正评价的其他因素时,应主动申请回避;认真阅读参评项目的材料,给出详细评语和诚实的反馈意见;充分考虑评价任务的工作量和个人工作时间的安排,确保按期完成评价工作。

2. 坚持客观、公正原则

学术研究者和有关管理机构在科研立项、科技成果的评审、鉴定、验收和奖励等活动中,应当本着对社会负责的科学态度,遵循客观、公正、准确的原则,给出详实的反馈意见。相关的评价结论要建立在充分的国内外对比数据或者检索证明材料基础上,对评价对象的科学性、技术性和经济内涵进行全面、实事求是的分析,不得滥用"国内先进""国内首创""国际先进""国际领先""填补空白"等抽象的用语。对未按规定程序进行验证或者鉴定的研究成果,不得随意冠以"重大科学发现""重大技术发明"或者"重大科技成果"等夸大性用语进行宣传、推广。

3. 执行回避和保密制度

评议专家与评议对象存在利益关系时,为保证评审的公正性,评议专家应遵守评审机构的相关规定采取回避或及时向评审组织机构申明利益关系,由评审机构决定是否应予以回避。评议专家有责任保守评议材料秘密,不得擅自复制、泄露或以任何形式剽窃申请者的研究内容,不得泄露评议、评审过程中的情况和未经批准的评审结果。

五、学术批评规范

学术批评是学术活动的有机组成部分,是对学术活动的一种有效的监督,是学术的生命。科学公正的学术批评,不仅可以从不同的视角、不同的方面给学术研究以完善和提高,使其更接近真理,而且还能促使研究者恪守学术道德,遵守学术规范;促使学术评价者谨慎行使手中的权力,客观公正地进行评价。

(一)学术批评

学术批评是指对学术现象进行评论,指出其优点和缺点,并对其缺点和错误提出意见。学术批评分为两种:一种是消极性批评,或称技术性批评,主要是对抄袭、剽窃等涉及学术规范和学术道德等问题所展开的批评;另一种是积极性批评,或称思想性批评,注重的则是思想意识的批评,批评者关注的是批评对象提出的新观点或新的研究方法。

(二)学术批评的基本原则

科学公正的学术批评是学术发展与繁荣的保障;违反学术规范,借批评以中伤他人,借批评以泄私愤,便是破坏性批评,会败坏学术氛围,阻碍学术进步。所以学术批评者在进行学术批评时应遵守学术批评的基本原则。

1. 实事求是,以理服人

实事求是,以理服人,是学术批评赖以健康开展的前提。学术批评前应仔细研读相关资料,熟知该论文的研究过程,并对其中的观点、方法做过深入的研究和思考;在学术批评时,应把事实摆够,把道理讲透,不得夸大、歪曲事实或以偏概全、断章取义。

2. 鼓励争鸣,促进繁荣

学术发展需要科学的理念和宽松的环境,学术批评应坚持百花齐放、百家争鸣的方针,提倡批评与反批评。学者在进行学术批评时,要有强烈的使命感和责任感,勇于承担学术责任、道义责任和法律责任,勇于反对学术霸权,反对学术报复。

第三节　学术不端行为的主要表现形式及对策

近年来,我国学术研究呈现出繁荣发展的局面,但学术不端行为也大量出现。如果这一现象得不到有效遏制与防范,其危害难以估量。学术不端行为会破坏公平,败坏学风,阻碍学术进步,扼杀民族创新能力,引发社会危机。本节先对学术不端行为的主要表现形式进行介绍,然后提出防治学术不端行为的对策。

一、学术不端行为的主要表现形式

(一)抄袭与剽窃

近年来,学术论著的抄袭与剽窃时有发生。2002 年 1 月 10 日,北京大学社会学系学术委员会委员王某的《想象的异邦》一书,被北京大学查实抄袭。2005 年 12 月 14 日,汕头大学长江新闻与传播学院教授胡某的《中国传媒业呼唤权威型经理人》一文,被指"严重抄袭"。抄袭与剽窃的如何区分呢?

1.抄袭和剽窃的定义

抄袭是指将他人作品的全部或部分,以或多或少改变形式、内容的方式当作自己作品发表;剽窃指将他人的学术观点、学术思想、实验数据、实验结论、其他学术成果和技术成果,通过不正当手段窃为己有,冒充为自己所创成果的行为。《著作权法》认为"抄袭"与"剽窃"没有本质的区别,在法律上被并列规定为同一性质的侵权行为。

"抄袭"与"剽窃"虽然属同一性质的侵权行为,但二者在侵权方式和程度上还是有所差别的:抄袭是指行为人不适当引用他人作品以自己的名义发表的行为;而剽窃则是行为人通过删节、补充等隐蔽手段将他人作品改头换面而没有改变原有作品的实质性内容,或窃取他人的创作(学术)思想或未发表成果作为自己的作品发表。

2.抄袭和剽窃的形式

(1)抄袭他人受著作权保护作品中的论点、观点、结论,而不在参考文献中列出。剽窃他人研究成果中的观点、实验数据、图表,照搬或略加改动就用于自己的论文。剽窃他人受著作权保护的作品中独创概念、定义、方法、原理、公式等,将其据为己有。

(2)整段照抄或稍微改动文字叙述,增删句子,实质内容不变,包括段落的拆分合并、段落内句子顺序改变等,整个段落的主体内容与他人作品中对应的部分基本相似。

（3）组合别人的成果，把字句重新排列，加些自己的叙述，字面上有所不同，但实质内容就是别人的成果，并且不引用他人文献，甚至直接作为自己论文的研究成果。

（4）照抄或部分袭用自己已发表文章中的表述，而未列入参考文献，应视作"自我抄袭"。

3. 抄袭和剽窃行为的法律界定

根据《著作权法》，抄袭和剽窃侵权与其他侵权行为一样，需具备 4 个条件：（1）行为具有违法性；（2）有损害的客观事实存在；（3）和损害事实有因果关系；（4）行为人有过错。由于抄袭物在发表后才产生侵权后果，即有损害的客观事实，通常在认定抄袭时都指已经发表的抄袭物。

司法实践中认定抄袭和剽窃一般来说遵循三个标准：（1）被剽窃（抄袭）的作品是否依法受《著作权法》保护；（2）引用是否标明出处；（3）剽窃（抄袭）者使用他人作品是否超出了"适当引用"的范围。

4. 抄袭和剽窃识别技术的研究

目前，学术著作抄袭行为的严重性及其危害已经引起人们的重视，其识别技术也在不断发展。1976 年 Ottenstein 提出属性计数法检测和防止程序抄袭后，就出现了很多形式化文本抄袭识别系统，并取得较好效果。1991 年才出现自然语言文本抄袭识别软件 Word Check，该软件由 Richard 采用关键词匹配算法开发，此后抄袭识别研究取得了较大的进展。目前，用于抄袭和剽窃识别的主要技术主要有数字指纹技术，词频统计技术，图像匹配技术和字符串匹配技术 4 种①。

小资料：AMLFP 检测技术防抄袭

我国 CNKI 科研诚信管理系统研究中心也提供基于自适应多阶指纹（AMLFP）特征检测技术的文献抄袭检测、文献保护、文献对比服务。

Turnitin 国外著名学术不端检测软件，在国外有大量的用户。国外一些有名的大学使用该系统。2009 年 8 月起，该公司针对中文、日语、韩语、泰语和马来语推出文章原创性检查和评注服务。该公司已经与亚太地区

---

① 史彦军，滕弘飞，金博. 抄袭论文识别研究与进展[J]. 大连理工大学学报，2005（1）：50.

的数百家教育机构达成了合作关系。在全球范围内，Turnitin 和 GradeMark 已经被广泛应用于超过 109 个国家。

（资料来源：英文主站，http://turnitin.com
中文首页，http://www.turnitin.com/index_i18n.html? lang = zh_hans ）

（二）伪造与篡改

伪造与篡改严重违背求真务实的学术精神，是一种严重的学术不端行为，且屡见不鲜于各项报道中。2000 年 11 月，日本的《每日新闻》刊出了"石器之神"藤村新一自埋自挖式的"考古"行为。日本考古协会经调查发现，由其参与的 162 处旧石器遗迹挖掘属伪造①。

1. 伪造和篡改的定义

伪造指不以实际观察和试验中取得的真实数据为依据，而是按照某种科学假说和理论演绎出的期望值，伪造虚假的观察与实验结果。篡改指科研人员在取得实验数据后，按照期望值随意篡改或取舍数据，以符合自己的研究结论，一般为主观取舍数据和篡改原始数据等形式。

2. 伪造和篡改的形式

（1）伪造实验数据，实验记录，伪造论文材料与方法。伪造主要分两种：

一种是指在科研过程中，未经过试验、调查，仅根据局部科学现象甚至没有任何根据，凭空编造、虚拟出一些试验数据、结果或事实、证据作为支持自己论点的论据，如，2002 年，维克托·尼诺夫由于捏造发现超重元素的实验数据，后被美国劳伦斯实验室解雇②。

另一种是指捏造学历、论文或书刊发表记录。如，武汉大学经济学院某学者为了破格升教授和博导，谎称写了一本《发展经济学的发展》，到商务印书馆骗取出版证明，然后在各报社骗发了 6 篇书评，用这些材料评上

---

① 李东帅. 日本权威机构判定藤村新一考古发现纯属伪造［EB/OL］. 2002-5.［2010-10］. http://www.people.com.cn/GB/kejiao/42/152/20020525/736922.html.

② 佚名. 美国"发明"新元素的科学家具有欺诈行为［EB/OL］. 2002-8-2.［2010-12］. http://tech.china.com/zh_cn/news/first/1105/20020804/11303120.html.

了教授和博导①。

（2）篡改实验数据和实验记录，故意取舍数据和篡改原始数据，以符合自己期望的研究结论。篡改主要是指在科研过程中，用作伪的手段按自己的期望随意改动、任意取舍原始数据或试验结果以支持自己的论点。如1977年，中国科学院微生物研究所研究人员刘某随意按期望值处理数据，形成论文，被发现后，未复核实验，只经任意取舍数据就修改了研究结论，以应付检查。

（三）一稿多投、重复发表

一稿多投、重复发表是在学术发表过程中常见的一些现象，由作者故意为之的一稿多投与重复发表属学术不端行为。但如果由刊物造成的则不属于作者的责任。比如，超过刊物退稿时间而突然发稿造成一稿多投。所以，一稿多投、重复发表并不全属于学术不端行为。

1. 一稿多投、重复发表的定义

一稿多投是指同一作者或同一单位及不同单位的合作者，将同一文稿或将内容基本相同的文稿，同时或先后投向不同的期刊等载体并且在编辑未知的情况下，被超过一次地刊载。如：陈某等人的《光催化降解有机磷农药废水的研究》一稿四投②。

重复发表指的是发表与已发表的文稿大致相同的文稿，其文稿内容有相当重复而且文稿之间缺乏充分的交叉引用或标引的现象。重复发表有三种情况：（1）作者故意一稿多投的结果；（2）作者无意一稿多投的结果；（3）作者和编者都同意重新发表的结果。如：在专业学术会议上做过口头报告或者以摘要、会议墙报的形式发表过初步研究结果的完整报告，再次以出版物的形式发表。第（2）、（3）两种情况的重复发表不属于学术不端行为。

一稿多投可以导致重复发表，但不是所有的一稿多投最终都会引起重复发表。论文是否系一稿多投，与其最终是否发表无关。

---

① 沙林. 谁玷污了象牙塔［N］. 中国青年报,2001-7-18(4).

② 李贵存,刘小梅. 委托办中华系列杂志一稿两投重复发表的现状与对策［J］. 编辑学报,2001(5):293.

2.一稿多投的形式和界定

同一篇论文将作者的署名顺序变化后,投寄不同的期刊,属一稿多投;投到不同期刊的论文,半数以上内容相同时,属一稿多投;投给不同期刊的论文,其主要数据或图表相同,只是文字表达存在某些不同,属一稿多投;同一篇论文将题名变化以后,投寄不同的期刊,属一稿多投;同一组资料从不同的角度去写作,不属一稿多投;同一篇论文以不同的文字发表,属二级发表,不属一稿多投;同一篇论文在内部资料与公开发行的刊物上分别发表,不属一稿多投;不同期刊间的相互转载,征得首发期刊与作者的同意后,不属一稿多投。

二、学术不端行为的对策

由于整个社会大环境的影响,以及目前学术不端现象存在的广度和深度,想要彻底扭转学界的种种不良风气,并非教育部门发一两个《意见》《规范》,学者们开研讨会,发文檄讨就能解决的。这是一项复杂的系统工程,它需要科学的管理、学者的自律以及学术规范的有效制约;同时,它更是一个需要管理部门、学者和社会各方面共同努力的长期过程。

远离学术不端,必须做到:1.重学术自由,改革科研管理制度;2.建立和完善学术道德与法治规范;3.加强学术道德教育,培育学术精神;4.成立专门机构,拓宽监察和惩戒渠道。

(一)尊重学术自由,改革科研制度

应当确立以学术自由为价值理念的管理模式。具体来讲,就是减少行政权力,减少各种量化评价标准,最大限度给予学者学术自由和权力。

首先,借鉴西方国家先进的学术管理模式,把学术管理的权力集中到教授手中。学术事务则主要由大学教授组成的大学评议会(德国)或大学理事会(法国)来行使决策权。在英国,校长是荣誉性职位,校务委员会只是形式上的最高权力机构,由校外人士组成的理事会才是实质性的行政权力部门。由教授组成的评议会则全权负责大学的学术管理。这样可以充分授权于研究者,保证学术自由。

其次,减少甚至取消各式各样的行政干预。改革和完善评审管理制度,减少量化指标,形成更加科学、合理的评价指标体系,形成良好的学术管理制度和学术规范,这对学界形成良好的学术风气至关重要。

(二)建立和完善学术规范与法治规范

学术不端行为泛滥的原因之一就是学术规范的缺失,所以,应尽快建立和完善学术规范与法治规范。

首先,应该完善原有的学术研究规范,呼吁相关部门制定科学研究的学术规范,制订实施细则,使之具有可操作性。

其次,各个高校、科研院所、各个学科应该根据各自的职业特点制定自己领域的学术研究规范。尽管现在一些科研院所出台了自己的研究规范,如《中国科学院院士科学自律准则》和《北京大学教师学术道德规范》,但更多的高校和科研院所,尤其是各个学科领域缺乏细化的学术规范。

第三,进一步完善相关法律规范。应该尽早拿出《关于惩端行为的意见》,更应该在相关法律如《著作权法》《专利法》中完善学术不端的内容,或专门立法,确保惩治学术不端行为有法可依。

(三)加强学术道德教育,培育学术精神

杜绝学术不端,扭转学术风气,提高广大学生和科研工作者的学术道德水平是非常重要的一环。目前,学术道德教育对象不仅包括一般本科生、研究生,也包括学者,尤其是青年学者,还应该包括学术管理者。

首先,重视对青年学生的学术诚信教育,开设相关必修课程。重视学生尤其是大学生的学术诚信教育,这不仅关乎学生诚信品质的培养,也是发展我国高等教育,推动学术创新的重要保证。

其次,加强对教师的引导和培训。应该对教师进行专门的职业培训,既要指引他们如何做科研,又要教他们如何识别学生的作弊行为。只有这样,才能持续地向学生提供怎样才是"学术诚实"的指导,才能改善增强学生学术荣誉的程序和环境,才能经常性地审查荣誉守则、诚信档案的执行效果。

(四)成立专门机构,拓展监察方法和惩戒渠道

如果缺乏有效的监督和惩戒,即使再好的制度、规范,再成功的教育恐怕也无济于事。所以,需要成立专门的学术机构,拓宽监察和惩戒的渠道,发挥惩戒和监督机制的作用。

在学术监督方面,我国可建立类似于美国"研究诚信办公室"的学术打假机构来规范学术行为。对学术不端行为的监督和惩戒,可以从三个方面来进行:1.拓宽投诉和举报的渠道,让学者便于监督,易于揭露学术不端行为。2.完善调查程序,科学、客观、实事求是地认定学术不端行为。可以借鉴贝尔实验室在"舍恩事件"中的做法,一旦接到有学术不端行为的举报,应该立即成立一个为学术界所信赖的中立调查专家组展开调查,对调查的原因、程序、结果都应该进行公布。3.妥善处理学术不端行为。结合学术不端行为的严重性,采取公示、通报批评甚至提起法律诉讼等形式进行严肃处理。

本章思考题

1. 什么叫学术规范?
2. 什么叫学术失范、学术不端、学术腐败?
3. 学术规范中有哪些相关规定?
4. 学术不端行为的主要表现形式有哪些?
5. 应对学术不端行为的对策有哪些?

推荐阅读

1. 教育部社会科学委员会学风建设委员会组.高等学校科学技术学术规范指南[M].北京:高等教育出版社,2009.
2. 教育部社会科学委员会学风建设委员会组.高校人文社会科学学术规范指南[M].北京:高等教育出版社,2009.
3. 中国科学院.关于科学理念的宣言[S].社会科学论坛:学术评论卷,2007(4).
4. 中国科学院.关于加强科研行为规范建设的意见[S].社会科学论坛:学术评论卷,2007(4).
5. 中国蔡元培研究会.蔡元培全集(第三集)[M].杭州:浙江教育出版社,1999.
6. 王力,朱光潜.怎样写学术论文[M].北京:北京大学出版社,1981.

参考文献

[1] 艾尔·巴比. 社会研究方法[M]. 10 版. 邱泽奇,译. 北京:华夏出版社,2005.

[2] 埃尔姆斯,等. 如何做质性研究[M]. 马剑虹,等,译. 北京:中国人民大学出版社,2011.

[3] 陈浩元. 科技书刊标准化 18 讲[M]. 北京:北京师范大学出版社,1998.

[4] 陈李绸. 个案研究[M]. 台北:台湾心理出版社,1996.

[5] 陈薇静. 深化教育改革提高学生就业能力[J]. 中国科学教育,2004(10):81-82.

[6] 陈向明. 社会科学质的研究[M]. 台北:五南图书出版股份有限公司,2002.

[7] 陈志宏,林茵. 新著作权法解读思考[J]. 图书馆论坛,2004(6).

[8] 陈志宏. 论著作权限制——新著作权法解读思考[J]. 图书馆论坛. 2004(6).

[9] 杜晖. 研究方法论——本科、硕士、博士生研究指南[M]. 北京:电子工业出版社,2010.

[10] 邓津,林肯. 定性研究:方法论基础[M]. 风笑天,等,译. 重庆:重庆大学出版社,2007.

[11] 董奇. 心理与教育研究方法[M]. 北京:北京师范大学出版社,2004.

[12] 董正华. 学术不端行为研究及对策[D]. 大连:大连理工大学,2009.

[13] 范柏乃,蓝志勇. 公共管理研究与定量分析方法[M]. 北京:科学出版社,2008.

[14] 福勒. 调查研究方法[M]. 孙振东,龙藜,陈荟,译. 重庆:重庆大学出版社,2009.

[15] 范伟达. 现代社会研究方法[M]. 上海:复旦大学出版社,2001.

[16] 冯雪姣. 学术论文中抄袭现象的法律思疑[J]. 烟台职业学院学报,2009(1).

[17] 冯雪姣. 学术论文中"适当引用"的法律思疑[J]. 出版发行研究,2009(1).

[18] 风笑天. 社会学研究方法[M]. 2 版. 北京:中国人民大学出版社,2005.

[19] 风笑天. 论参与观察者的角色[J]. 华中师范大学学报:人文社会科

学版,2009(3).

[20] 教育部社会科学委员会学风建设委员会组.高等学校科学技术学术规范指南[M].北京:高等教育出版社,2009.

[21] 郭强.调查实战指南:定性调查手册[M].北京:中国时代经济出版社,2004.

[22] 龚如义.学术论文署名失范、违规、侵权的分析及应对[J].四川教育学院学报,2006(1).

[23] 郭秀艳.实验心理学[M].北京:人民教育出版社,2004.

[24] 高燕.社会研究方法[M].北京:中国物价出版社,2002.

[25] 黄希庭,张志杰.心理学研究方法[M].北京:高等教育出版社,2005.

[26] 黄希庭.简明心理学词典[M].合肥:安徽人民出版社,2004.

[27] 何传启.怎样当一名科学家——科学研究中的负责行为[J].民主与科学,2003(6).

[28] 郝大海.社会调查研究方法[M].北京:中国人民大学出版社,2004.

[29] 韩丽峰,徐飞.学术成果发表中不端行为的形式、成因和防范[J].科学学研究,2005(5).

[30] 赫文,多纳.社会科学研究的思维要素[M].李涤非,潘磊,译.重庆:重庆大学出版社,2008.

[31] 何亚平.科学社会教程[M].杭州:浙江大学出版社,1990.

[32] 肯尼斯·D.贝利.现代社会研究方法[M].上海:上海人民出版社,1986.

[33] 科学院社会学研究所.社会学手册[M].浙江:浙江人民出版社,1983:492.

[34] 罗伯特·K.殷.案例研究方法的应用[M].周海涛,等,译.重庆:重庆大学出版社,2009.

[35] 陆宏纲.林展.个案研究:教育研究范式的新转向[J].中国石油大学学报:社会科学版,2007(4):93-97.

[36] 李怀祖.管理研究方法论[M].2版.西安:西安交通大学出版社,2004.

[37] 林聚任,刘玉安.社会科学研究方法[M].2版.济南:山东人民出版社,2008.

[38] 刘良华.科学研究方法与论文写作[M].上海:华东师范大学出版

社,2007.

[39] 劳伦斯·纽曼. 社会研究方法:定性和定量的取向[M]. 5 版. 郝大海,译. 北京:中国人民大学出版社,2007.

[40] 李明. 科学不端行为的成因及其对策[D]. 武汉:华中师范大学,2008.

[41] 李士. 维护科学尊严[M]. 长沙:湖南教育出版社,1999.

[42] 刘毅. 个案研究法及其在心理学中的发展[J]. 上海教育科研,2002(7):41-43.

[43] 李咏吟. 个案研究[M]. 台北:五南图书出版股份有限公司,1987.

[44] 李志,金钦. 职场面试专家[M]. 重庆:重庆大学出版社,2008.

[45] 刘志军. 教育研究方法基础[M]. 北京:人民教育出版社,2006.

[46] 孟庆茂,常建华. 实验心理学[M]. 北京:北京师范大学出版社,1999.

[47] 诺曼·K. 邓津,伊冯娜·S. 林肯. 定性研究:策略与艺术[M]. 重庆:重庆大学出版社,2007.

[48] 裴娣娜. 教育研究方法导论[M]. 合肥:安徽教育出版社,1995.

[49] 邱德雄. 我国普通高校定位的理性选择[M]. 成都:四川出版集团巴蜀书社,2009.

[50] 秦珂,尤太生. 抄袭、剽窃的判断与法律责任[J]. 图书与情报,2008(5).

[51] 仇立平. 社会研究方法[M]. 重庆:重庆大学出版社,2008.

[52] 齐斯克. 政治学研究方法举隅[M]. 沈明明,贺和风,杨明,译. 北京:中国社会科学出版社,1985.

[53] 孙国强. 管理研究方法[M]. 北京:格致出版社,2010.

[54] 舒华,张亚旭. 心理学研究方法[M]. 北京:人民教育出版社,2008.

[55] 赛卡瑞安,企业研究方法:定性研究与定量研究[M]. 祝道松,林家五,译. 北京:清华大学出版社,2005.

[56] 唐本予. 个案研究法[J]. 上海教育科研,1984(5):52-53.

[57] 唐晓娟. 如何进行个案研究及撰写研究报告[J]. 山东教育,2002(7):26-28.

[58] Uwe Flic. 质性研究导论[M]. 李政贤,译. 台北:五南图书出版股份有限公司,2008.

[59] 维尔斯马,于尔斯. 教育研究方法导论[M]. 袁振国,等,译. 北京:教

育科学出版社,2010.

[60] 汪谋岳.一稿多投、重复发表与二级发表[J].中国科技期刊研究,2002(1).

[61] 王宁.代表性还是典型性:个案的属性与个案研究方法的逻辑基础[J].社会学研究,2002(5):123-125.

[62] 王绍平,陈兆山,陈钟鸣.图书情报词典[M].上海:汉语大词典出版社,1990.

[63] 徐冰鸥.中小学教师怎么进行课题研究:教育科研方法之个案研究法[J].教育理论与实践,2008(5):43.

[64] 小卡尔·迈克丹尼尔,罗杰·盖兹.当代市场调研[M].4版.北京:机械工业出版社,2000.

[65] 许晓东.定量分析方法[M].武汉:华中科技大学出版社,2008.

[66] 谢宇.社会学方法与定量研究[M].北京:社会科学文献出版社,2006.

[67] 严春友.把学术批评的重心引向思想性批评——纪念"学术批评网"创办五周年感言[J].太原师范学院学报:社会科学版,2006(4).

[68] 于东,肖玉平.敏感性问题调查的技巧[J].数理医药学杂志,2008,21(6):652-654.

[69] 易彤,徐升华,万常选,等.抄袭剽窃论文识别研究综述[J].情报学报,2007(4).

[70] 袁方.社会研究方法教程[M].北京:北京大学出版社,1997.

[71] 应国瑞.案例学习研究:设计与方法[M].张梦中,译.中山大学出版社,2003.

[72] 杨国枢,文崇一,等.社会及行为科学研究法[M].13版.重庆:重庆大学出版社,2006.

[73] 约翰·洛夫兰德,等.分析社会情境:质性观察与分析方法[M].林小英,译.重庆:重庆大学出版社,2009.

[74] 杨进军.当前我国学术不端行为的成因及对策研究[D].成都:西南交通大学,2005.

[75] 颜玖.访问法在社会科学研究中的应用[J].北京市总工会职工大学学报,2002(2):44-46.

[76] 杨巧梅.统计抽样调查方法的实例分析[J].市场周刊:理论研究,

2009(5):90-91.

[77] 杨治良.实验心理学[M].杭州:浙江教育出版社,1998.

[78] 中国蔡元培研究会.蔡元培全集(第三集)[M].杭州:浙江教育出版社,1999.

[79] 中国科学院.关于科学理念的宣言,关于加强科研行为规范建设的意见[J].社会科学论坛:学术评论卷,2007(4).

[80] 张丽华,刘晟楠.大学生就业能力结构及发展特点的实验研究[J].航海教育研究,2005(1):52-55.

[81] 曾凉凉.抽样设计中若干问题的探讨[J].天津市职工现代企业管理学院学报,2004(3):35-37.

[82] 郑全全.社会心理学研究方法[M].北京:北京师范大学出版社,2010.

[83] 曾五一,汪彩玲,王菲.网络调查的误差及其处理[J].统计与信息论坛,2008(2):5-10.

[84] 周孝正,王朝中.社会调查研究[M].北京:中央广播电视大学出版社,2005.

[85] 张彦.社会调查研究方法[M].上海:上海财经大学出版社,2008.

[86] GB/T 7714—2005 文后参考文献著录规则[S].北京:中国标准出版社.2005.

[87] Alan Bryman. Social Research Methods[M]. 2nd ed. London:Oxford University Press,2004.

[88] Buford Junker. Field Work[M]. Chicago:University of Chicago Press,1960.

[89] Colin Robson. Real World Research[M]. 2nd ed. Oxford:Blackwell Publishing,2002.

[90] Chava Frankfort Nachmias, David Nachmias. Research Methods in the Social Sciences[M]. 6th ed. New York:Worth Publishers and St. Martin's Press,2000.

[91] David Dooley. Social Research Methods[M]. New Jersey:Prentice-Hall Inc,1984.

[92] Duane Davis. Business Research for Decision Making[M]. 6th ed. Belmont CA:Duxbury Press,2005.

[93] Earl Babbie. Survey Research Methods[M]. 2nd ed. California：Wadsworth Publishing Company,1990.

[94] Floyd J Fowler. Survey Research Methods[M]. 2nd ed. California Sage Publications,1993.

[95] Kvale Steiner. Interviews：An Introduction to Qualitative Research Interviewing[M]. Thousand Oaks, CA：Sage Publications Inc,1996.

[96] Lawrence Neuman. Social Research Methods：Qualitative and Quantitative Approaches[M]. 5th ed. New York：Pearson Education Inc, 2003.

[97] Linda Eberst Dorsten, Lawrence Hotchkiss. Research Methods and Society[M]. New York：Pearson Education Inc,2005.

[98] Lofland, John, Lyn H Lofand. Analyzing Social Settings：A Guide to Qualitative Observation and Analysis [M]. Belmont,CA：Wadsworth,1995.

[99] Matthew David Carole D Sutton. Social Research：the B asics[M]. California Sage Publications,2004.

[100] Mel Fugate. Employability：A psycho-social construct[J]. Journal of Vocational Behavior,2004(65).

[101] Raymond L Gold. Roles in Sociological Field Observations. [J]. Social Forces,1958,36(3).

[102] Renato Rosaldo. Culture & Truth：The Remaking of Social Analysis [M]. Boston：Beacon Press,1993.

[103] Peter S Lee. Social Research Methods[M]. London Butterworth & Co. Ltd, 1981.

[104] Ronald W McQuaid, Colin Lindsay. The Concept of Employability[J]. urban studies, 2005(2)：197-219.

[105] Rubin,Herbert J,Riene S Rubin. Qualitative Interviewing：The Art of Hearing Data[M]. Thousand Oaks,CK：Sage,1995：123.

[106] Tuckel,Peter S, Barry M Feinberg. The answering Machine Poses Many Questions for Telephone Survey Researchers[J]. Public Opinion Quarterly,1991,55.

[107] Walker, Jeffery T Fax Machines and Social Surveys：Teaching and Old Dog New Tricks[J]. Journal of Quantitative Criminology,1994,10(2)：181-188.

[108] William G Zikmund. Business Research Methods[M]. 7th ed. New York：Thomson/South-Western,2003.

[109] W L Neuman. Social Research Methods：Qualitative and Quantitative Approaches[M]. 3th ed. Boston：Allyn and Bacon,1994.